Rainer Geißler

Die Sozialstruktur Deutschlands

Rainer Geißler

Die Sozialstruktur Deutschlands

Ein Studienbuch zur sozialstrukturellen Entwicklung im geteilten und vereinten Deutschland

Westdeutscher Verlag

Der Westdeutsche Verlag ist ein Unternehmen der Verlagsgruppe Bertelsmann International.

Umschlaggestaltung: Horst Dieter Bürkle, Darmstadt
Druck und buchbinderische Verarbeitung: Lengericher Handelsdruckerei, Lengerich
Gedruckt auf säurefreiem Papier
Printed in Germany

ISBN 3-531-12358-0

Inhaltsübersicht

Inhaltsverzeichnis

Vorwort

Als ich im Spätsommer 1989 damit begann, ein Studienbuch über die Sozialstruktur der „Bundesrepublik Deutschland“ zu schreiben, ahnte ich nicht, daß bereits ein gutes Jahr später der Gegenstand der geplanten Publikation verschwunden sein sollte. Aus der „alten Bundesrepublik“ war eine „neue“, erweiterte und differenziertere geworden. Der rapide und radikale Wandel der gesellschaftlichen Realität zwang mich zu einem völligen Umbau meines ursprünglichen Konzepts; die Analyse in der vorliegenden Form ist also eine Antwort auf die Umwälzungen in Deutschland seit dem Oktober 1989.

In diesem Buch werden **wesentliche sozialstrukturelle Entwicklungen in der alten Bundesrepublik und in der DDR auf empirischer Grundlage dargestellt und Perspektiven des sozialen Wandels im vereinten Deutschland aufgezeigt.** Im Zentrum stehen dabei Veränderungen im Gefüge der sozialen Ungleichheit (Entwicklung der materiellen Lebensbedingungen, Umschichtungen, Wandel der Ungleichheit zwischen Männern und Frauen), in der Familie und in der Bevölkerungsstruktur sowie deren Zusammenhänge mit den Entwicklungstendenzen im wirtschaftlichen und politischen System sowie im Bildungssystem. In der zusammenfassenden Bilanz werden die Grundlinien des sozialstrukturellen Wandels in den beiden Teilen Deutschlands als **Modernisierung bzw. Modernisierungsrückstand** interpretiert.

Die vergleichende Gegenüberstellung der sozialstrukturellen Entwicklungen in den beiden Teilen Deutschlands brachte eine Reihe von Problemen mit sich. Da die sozialwissenschaftliche Forschung in der DDR und die Publikation ihrer Ergebnisse an die Zustimmung der SED-Führung gebunden waren, wurden nur genehme Fragestellungen untersucht und lediglich unverfängliche Ergebnisse veröffentlicht, deren „kritischer Gehalt“ die von der Machtelite gezogenen Grenzen nicht oder nur versteckt überschreiten durfte. Daher liegen nur wenige und ausgewählte empirische Daten zur Sozialstruktur der DDR vor; darüberhinaus werden die quantitativen Angaben häufig nur vage mitgeteilt, und oft fehlen auch begriffliche und methodische Einzelheiten, die erst eine genaue kritische Würdigung der Aussagen ermöglichen. Außerdem erschweren unterschiedliche Erkenntnisinteressen und Theorieansätze in Ost und West den direkten Vergleich. Die skizzierten Ausgangsbedingungen für diese Sozialstrukturanalyse schlagen sich in zwei Punkten nieder: 1. die westdeutschen Entwicklungen sind in der Regel umfangreicher, umfassender und genauer dargestellt als die ostdeutschen; 2. der Vergleich der beiden Teilgesellschaften ist in manchen Bereichen, wo er interessant wäre, nicht möglich, in einigen bleibt er problematisch, die Konturen seiner Ergebnisse weisen ab und zu gewisse Unschärfen auf.

Die Darstellung ist gleichzeitig als **Studienbuch** für einen größeren sozialwissenschaftlich und sozialkundlich interessierten Leserkreis verfaßt. Die Präsentation **empirischer Materialien**, die auch in vielen Schaubildern und Tabellen erfolgt, wird durch **Einführungen in wichtige soziologische Begriffe** ergänzt. Ich habe mich um eine klare, allgemein verständliche Sprache bemüht und nur die notwendigen Fachausdrücke verwendet, aber auf verkomplizierende Formulierungen verzichtet. Begriffe wie z. B. „Bundesrepublik“, „BRD“ bzw. „BR“, „Ostdeutschland“ bzw. „neue Länder“ oder „Arbeiter“ bzw. „ArbeiterInnen“ verwende ich in undogmatischer, lockerer Beliebigkeit, um damit keine ideologischen Setzungen zu verbinden. Ein Sachregister soll die Benutzung als **Nachschlagewerk** erleichtern.

Ohne engagierte HelferInnen hätte das Buch nicht geschrieben werden können. *Christa Still* hat mit Zuverlässigkeit und unendlicher Geduld Monate vor dem Bildschirm gesessen, um Texte und Tabellen zu erstellen und immer wieder zu überarbeiten. *Birgit Berker* hat mich bei den Material- und Literaturrecherchen unterstützt und statistische Zahlen in Schaubilder umgesetzt. *Thomas Meyer*, der die Kapitel 9 und 10 allein bzw. gemeinsam mit mir verfaßt hat, verdanke ich manche Anregung bei der Überarbeitung des Textes. *Christoph Boketta, Harald Parzinski* und *Stefan Will* waren ebenfalls – zumindest zeitweise – an den Recherchen beteiligt. Ihnen allen gilt mein herzlicher Dank. Danken möchte ich auch den Kollegen, die mir unveröffentlichte oder schwer zugängliche Daten zur Verfügung gestellt haben. Ein Forschungsfreisemester im Wintersemester 1989/90 an der Universität-Gesamthochschule-Siegen ermöglichte es mir, mit der Arbeit an dem Buch zu beginnen.

Siegen, im Herbst 1991 Rainer Geißler

1. Zum Begriff der Sozialstruktur

Der allgemeine Begriff der **Struktur** ist ein Instrument, das dazu dient, den inneren Aufbau eines Phänomens zu analysieren. Er untergliedert die Gesamtheit der Erscheinung in verschiedene Elemente (Teilbereiche) und untersucht die relativ dauerhaften Beziehungen und Zusammenhänge zwischen den Elementen (vgl. *Lüdtke* 1973, 662). In diesem Sinne erforschen Chemiker die Struktur von Molekülen, Sprachwissenschaftler die Struktur der Sprache oder Psychologen die Struktur der Persönlichkeit.

Auch Soziologen wenden den Strukturbegriff auf ihren spezifischen Forschungsgegenstand an und sprechen von der „Struktur einer Gesellschaft" oder einfacher von „Sozialstruktur". Die **Sozialstrukturanalyse** zergliedert „die Gesellschaft" in ihre relevanten Elemente und Teilbereiche und untersucht die zwischen ihnen bestehenden Wechselbeziehungen und Wirkungszusammenhänge.

Der Begriff Sozialstruktur wird häufig benutzt, aber selten genauer definiert. Wenn der Versuch einer präziseren allgemeinen Bestimmung dieses Konzepts unternommen wird, so bleiben solche Definitionen notwendigerweise sehr formal und abstrakt:

- *Renate Mayntz* (1966, 2415) hebt in ihrer Begriffsbestimmung den erforderlichen **Bezug der Teile mit dem gesellschaftlichen Ganzen** hervor: „Die Sozialstruktur bezeichnet den durch das Netzwerk der Beziehungen zwischen den sozialen Elementen vermittelten bzw. bewirkten Zusammenhang des gesellschaftlichen Ganzen".

- *Friedrich Fürstenberg* (1966, 441) kommt es insbesondere auf die **Wirkungszusammenhänge der sozialen Kräfte** an: „Der erkennbare, relativ kontinuierliche soziale Wirkungszusammenhang in der Gesellschaft ist ihre Sozialstruktur".

- *Bernhard Schäfers* (1986, 283) bestimmt Sozialstruktur als „die **Gesamtheit der relativ dauerhaften Grundlagen und Wirkungszusammenhänge der sozialen Beziehungen und der sozialen Gebilde** (Gruppen, Institutionen und Organisationen) in einer Gesellschaft." (Hervorhebung von R. G.).

- Die DDR-Soziologie definiert Sozialstruktur auf einer formalen Ebene ganz ähnlich: sie umfaßt danach „im weiteren Sinne die Gesamtheit der **stabilen Wechselbeziehungen zwischen Teilbereichen der Gesellschaft**" (*Aßmann u. a.* 1977, 592; Hervorhebung von R. G.).

Bei der konkreten Arbeit mit dem Begriff stellt sich dann dem Sozialstrukturanalytiker das Problem der Auswahl: Welche Teilbereiche sind für ihn relevant? Welche Wirkungszusammenhänge, welche Wechselbeziehungen sind so bedeutsam, daß sie ins Zentrum der Analyse gerückt werden?

Unterschiedliche Erkenntnisinteressen und Theorietraditionen haben zu verschiedenen Ansätzen der Sozialstrukturanalyse geführt, die unterschiedliche Bereiche der Gesellschaft in den Mittelpunkt ihrer Aufmerksamkeit stellen. Kulturanthropologen konzentrieren sich bei der Analyse einfacher Gesellschaften oft auf die **Familien- und Verwandtschaftsordnung** und setzen diese implizit mit Sozialstruktur gleich (*Mayntz* 1966, 2416; *Fürstenberg* 1966, 442). Die Vertreter der struktur-funktionalistischen Theorie betrachten häufig das **soziale Rollengefüge** als Kernelement der Sozialstrukturanalyse und verstehen unter der Sozialstruktur den Zusammenhang von sozialen Rollen und Rollensystemen (z. B. *Nadel* 1957). Demographisch orientierte Analysen bewegen sich oft in der Nähe untheoretischer sozialstatistischer Klassifikationen und verstehen unter Sozialstruktur die Verteilung der Bevölkerung nach **sozialstatistischen Merkmalen** wie Alter, Bildung, Einkommen u. a. (z. B. *Ballerstedt/Glatzer* 1979). Schichtungssoziologen wiederum tendieren dazu, den Aspekt der sozialen Schichtung für so zentral zu halten, daß sie **Schichtung** mit Sozialstruktur begrifflich weitgehend gleichsetzen (*Mayntz* 1966, 2416ff.). Ähnliches gilt für die marxistische Sozialstrukturanalyse in Ost und West; sie richtet ihr Augenmerk vor allem auf die Struktur und Entwicklung der **Klassen** vor dem Hintergrund der Eigentumsverhältnisse an den Produktionsmitteln (z. B. *Aßmann u. a.* 1977, 592f.; *Tjaden-Steinhauer/Tjaden* 1973). Eine interessante und theoretisch anspruchsvolle Variante der Sozialstrukturanalyse als Klassenanalyse wurde in der DDR-Soziologie entwikkelt. Sie wendet das Struktur-Funktions-Paradigma konsequent auf die Klassenstruktur an und bestimmt die Klassengliederung nach den **Funktionen**, die die verschiedenen Gruppen für die Gesamtgesellschaft haben (*Lötsch/Lötsch* 1989, 232ff.). In der Tradition der Schichtungs- und Klassenanalyse steht auch die neuere Ungleichheitsforschung. Sie hat lediglich ihr Blickfeld etwas erweitert und bezieht in die Sozialstrukturanalyse neben den traditionellen „vertikalen" Ungleichheiten auch jene nach Geschlecht, Region, Alter, Generation u. a. mit ein. Sozialstrukturanalyse besteht für sie in erster Linie in der Analyse der **sozialen Ungleichheit,** in der „Analyse **ungleicher** Sozialstruktur" (*Hradil* 1987, 7).

Relativ beliebig muten auch die Versuche an, Sozialstruktur umfassender, sozusagen „vieldimensionaler" zu bestimmen als die bisher skizzierten Ansätze:

- So versteht der amerikanische Soziologe *Daniel Bell* (1979, 8) unter sozialer Struktur die „Wirtschaft, Berufsgliederung und Bevölkerungsschichtung", die er gegen die politischen und kulturellen Bereiche der Gesellschaft abgrenzt.

- *Wolfgang Zapf* (1989, 101) definiert: „Unter Sozialstruktur verstehen wir die demographische Grundgliederung der Bevölkerung, die Verteilung zentraler Ressourcen wie Bildung, Einkommen und Beruf, die Gliederung nach Klassen und Schichten, Sozialmilieus und Lebensstilen, aber auch die sozialen Prägungen des Lebenslaufs in der Abfolge der Generationen".

- In dem sehr weiten Konzept von Sozialstruktur bei *Bernhard Schäfers* (1990) werden auch das politische System, das System der sozialen Sicherheit, die Siedlungs- und Stadtstruktur sowie Teile der Kultur (Werte, Jugendkultur, Religion) mit erfaßt. Auch dem Sammelband von *Robert Hettlage* (1990) liegt ein ähnliches „möglichst umfassendes Sozialstrukturkonzept" (S. 22) zugrunde.

Das Verständnis von Sozialstruktur in diesem Buch liegt in der Mitte zwischen einem relativ engen, einer bestimmten Theorietradition verhafteten und einem sehr weiten, „vieldimensionalen" Begriff. Im Zentrum der Darstellung steht die **Entwicklung der Strukturen sozialer Ungleichheit**, insbes. zwischen verschiedenen Schichten und zwischen Frauen und Männern, mit einem Schwerpunkt beim **Wandel des Schichtgefüges**. Veränderungen im ökonomischen System, im politischen System und im Bildungssystem werden berücksichtigt, soweit sie mit den Entwicklungen in den Strukturen sozialer Ungleichheit zusammenhängen. Neben sozialer Ungleichheit werden die **Familie** und die **Bevölkerung** als weitere wichtige Teilbereiche der Sozialstruktur angesehen. Die Entwicklungen in den genannten gesellschaftlichen Teilbereichen werden in ihren Zusammenhängen miteinander sowie in ihren Wechselwirkungen mit Tendenzen dargestellt, die in Wirtschaft, Politik und Bildungswesen vor sich gehen. Dadurch soll das komplexe „Wirkungsfeld sozialer Kräfte" in seinen konkreten historischen Bezügen in den beiden Teilen Deutschlands und im vereinigten Deutschland sichtbar gemacht werden.

2. Die Entstehung der Industriegesellschaft: sozioökonomischer Wandel im 19. Jahrhundert

Die gegenwärtige Sozialstruktur läßt sich besser verstehen, wenn man weiß, wie sie enstanden ist. Wichtige Grundlagen der modernen Gesellschaft bildeten sich bereits im 19. Jahrhundert heraus. Daher möchte ich die Darstellung der deutschen Sozialstruktur mit einem historischen Abriß über wichtige Entwicklungslinien des sozioökonomischen Wandels im 19. Jahrhundert beginnen.

Der französische Sozialreformer und Soziologe *Henri de Saint-Simon* (1760-1825) charakterisierte zu Beginn des 19. Jahrhunderts die damals heraufziehende Gesellschaft der Zukunft als **„Industriegesellschaft"**. Auch heute noch wird die Gesellschaft der Bundesrepublik, wie auch andere Gesellschaften in einem ähnlichen Entwicklungsstadium, gern als „moderne Industriegesellschaft" bezeichnet (*Aron* 1962; *Galbraith* 1968)[1] – ein Hinweis darauf, daß wichtige Elemente der Sozialstruktur, die sich im Laufe des 19. Jahrhunderts entfalteten, weiterhin von grundlegender Bedeutung sind. Als namengebendes, wesentliches Merkmal der neuen Gesellschaftsform betrachtete *Saint-Simon* die industrielle Produktionsweise: technisches Wissen wird methodisch-systematisch auf die Güterproduktion angewendet und erhöht dadurch in hohem Maß deren Präzision und Effizienz. Der Begriff „Industriegesellschaft" bringt zum Ausdruck, daß Veränderungen in der Produktionsweise – auf der Basis von technologischen Veränderungen – den Kern des sozialen Wandels ausmachen und daß der technisch-ökonomische Wandel auch auf andere Bereiche der Gesellschaft ausstrahlt und weitere soziale, kulturelle und politische Veränderungen nach sich zieht.

Die Umwälzungen, die sich mit dem Vorgang der Industrialisierung verbanden, wurden von dem britischen Historiker *Arnold Toynbee* gegen Ende des 19. Jahrhunderts mit dem Etikett **„industrielle Revolution"** versehen. Auch dieser Begriff setzte sich schnell durch und wird heute noch gern verwendet (*Borchardt* 1972). Er soll deutlich machen, daß sich die technologischen, wirtschaftlichen und sozialen Entwicklungen, die mit dem Vordringen der industriellen Produktionsweise verkoppelt waren, mit einer besonders hohen Geschwindigkeit und Radikalität vollzogen.

Ich werde in diesem Kapitel die folgenden Entwicklungslinien bei der Entstehung der Industriegesellschaft grob skizzieren: die Veränderungen im wirtschaftlichen Bereich; die Umschichtungsprozesse im Sozialgefüge; das Bevölkerungswachstum, die zunehmende Mobilisierung der Menschen und die Verstädterung sowie schließlich den Strukturwandel des Bildungswesens und der Familie. Wenn dabei der Prozeß der Industrialisierung stärker ins Zentrum gerückt wird, so bedeutet das nicht, daß die komplexen historischen Vorgänge sozusagen monokausal auf die Veränderungen der Produktionsweise und der Produktionsverhältnisse zurückgeführt werden sollen. Der sozioökonomische Wandel im 19. Jahrhundert beruht auf einem komplexen Wirkungszusammenhang vielfältiger Ursachen. Die Industrialisierung bildet jedoch so etwas wie einen Knotenpunkt in dem vielschichtigen Wirkungsgefüge, von dem direkt oder indirekt verursachende oder zumindest beschleunigende Impulse auf die Veränderungen in allen angesprochenen Sektoren ausgehen.

2.1 Ökonomischer Wandel: Industrialisierung und die Entstehung des Industriekapitalismus

Vorformen der industriellen Produktionsweise existierten bereits im europäischen Mittelalter. Im dezentralen **Verlagssystem** wurden Waren im Auftrage eines Unternehmers („Verlegers“) in Heimarbeit hergestellt. In der **Manufaktur**, der Vorläuferin der Fabrik, arbeiteten Handwerker aus verschiedenen Berufen arbeitsteilig als Lohnarbeiter in einem Großbetrieb zusammen. Beiden Vorformen fehlt jedoch ein Element, das die industrielle Produktionskraft enorm steigerte und dann der Industrie im 19. Jahrhundert zum Durchbruch verhalf: der Einsatz von Maschinen. Die „eigentliche“ **Industrieproduktion** zeichnet sich durch die fünf folgenden Merkmale aus:

1. Die Technik wird systematisch zur Gütererzeugung eingesetzt: **Maschinen und Maschinensysteme** ersetzen die Produktion mit der Hand und mit einfachen Handwerkszeugen.

2. Die maschinelle Produktionsweise steigert die Produktivität und ermöglicht **Groß- und Massenproduktion**.

3. Produziert wird nicht in kleinen Gruppen wie in der Familie oder in Kleinstbetrieben, sondern in **Großgruppen bzw. Großbetrieben (Fabriken)**. Dadurch wird

4. ein **höherer Grad an Arbeitsteilung** möglich.

5. Die Betriebe werden nach dem **unternehmerischen Rationalitätsprinzip** „mehr für weniger“ geführt.

Industrialisierung meint also den Übergang zur maschinen-orientierten Produktion von Massengütern in arbeitsteiligen Großbetrieben unter Anwendung des unternehmerischen Rationalitätsprinzips.

Die Industrialisierung vollzog sich in Deutschland auf der Basis vorwiegend kapitalistischer Eigentums- und Produktionsverhältnisse. Die neue Industriegesellschaft wird daher mit Recht auch „**Industriekapitalismus**" genannt. *Karl Marx* (1818-1883) hat die besonderen Merkmale und Mechanismen der kapitalistischen Wirtschafts- und Gesellschaftsordnung bereits im 19. Jahrhundert in der „Kritik der politischen Ökonomie" (1859) und im „Kapital" (ab 1867) in wichtigen Punkten treffend analysiert. Wenn man den Marx'schen Begriffen ihre kritisch-polemische Spitze nimmt, lassen sich die wesentlichen Charakteristika des Kapitalismus in den vier folgenden Punkten zusammenfassen:

1. **Privateigentum an Produktionsmitteln**: Eine kleine Klasse von Kapitalbesitzern verfügt privat über die Produktionsmittel und gerät dadurch zur großen Klasse der lohnabhängigen Arbeiter in einen grundsätzlichen Interessengegensatz, der die sozialen und politischen Konfliktlinien zunehmend bestimmt.

2. **Erzeugung von Mehrwert**: Stark vereinfacht besagt das Konzept des Mehrwerts, daß die Arbeiter mehr Werte schaffen, als ihnen in Form der Löhne rückerstattet wird („Ausbeutung" der Arbeiter). Der andere Teil der Wertmenge, für den die Arbeiter keinen Gegenwert in Form von Lohn erhalten – der „Mehrwert" –, geht in die Verfügungsgewalt der Kapitalbesitzer über, die ihn z. T. in ihr Unternehmen reinvestieren und dadurch ihr Kapital ständig vermehren („Akkumulation" des Kapitals).

3. **Gewinnstreben** („Profitmaximierung") ist der vorherrschende Antrieb der Wirtschaftsordnung.

4. Die **Marktkonkurrenz** ist die zentrale Steuerungsinstanz der Produktion.

Eine wichtige Voraussetzung für die industrielle Revolution war die **technische Revolution**. Der russisch-amerikanische Kultursoziologe *Pitirim A. Sorokin* (1889-1968) konnte zeigen, daß im 18. und 19. Jahrhundert sechsmal mehr Erfindungen wirksam geworden waren als in den vorangehenden 1700 Jahren abendländischer Geschichte (*Strzelewicz* 1988, 4). Der Mensch hatte „die Methode der Erfindung erfunden", wie es der Philosoph *Whitehead* formulierte. Mit neuen Formen der Energienutzung und neuen Maschinen und Apparaten schuf er neue Produktivkräfte von ungeheurer Dynamik. Natürliche Energien wurden künstlich bearbeitet und in neuen Formen – als Dampf, Elektrizität, Treibstoff – genutzt. Sie standen in fast unbegrenzten Mengen zur Verfügung und waren transportabel, so daß die bisherigen Bindungen der Industrieproduktion an bestimmte Standorte und Jahreszeiten gelockert wurden oder ganz verschwanden.

Von den neu erfundenen Apparaten und Maschinen sei hier beispielhaft die Dampfmaschine erwähnt, mit der *James Watt* im Jahre 1769 die Umsetzung der chemischen Energie der Kohle in mechanische Energie ermöglichte. Sie fand schnell Verwendung im Bergbau, in der Eisen- und Stahlindustrie, in den Spinn- und Webmaschinen der Textilindustrie und im Transport- und Verkehrswesen (Lokomotiven, Dampfschiffe). Weitere Erfindungen wie Kokshochöfen zu Beginn des 19. Jahrhunderts, in der zweiten Hälfte des Jahrhundert dann neue kostensparende Verfahren der Stahlerzeugung, der Verbrennungsmotor und später die Nutzung der Elektrizität steigerten sprunghaft Tempo, Leistungsfähigkeit und Präzision der Industrieproduktion, des Transport- und Verkehrswesen und der Kommunikation (Telefon, Telegraph, Rundfunk).[2]

Die Entwicklung neuer Techniken und Energien, der Einsatz von immer mehr Kapital, die massenhafte Nutzung bisher wenig verwendeter Rohstoffe wie Kohle und Eisen und die Erschließung neuer Märkte bildeten einen sich gegenseitig verstärkenden Wirkungszusammenhang, der den wirtschaftlichen und sozialen Wandel immer mehr beschleunigte.

Wegen der politisch-territorialen Zersplitterung und wegen der großen Entfernung von den maritimen Handelswegen setzte der **Industrialisierungsprozeß in Deutschland später** ein als in England oder Frankreich. Das Fabrikwesen entwickelte sich in der ersten Hälfte des Jahrhunderts nur sehr langsam. In der preußischen Statistik galten im Jahre 1849 nur 5,4% der Beschäftigten als Fabrikarbeiter (*Borchardt* 1972, 58). Die preußische Industrie des Jahres 1861 war eine Industrie von Kleinbetrieben, die im Durchschnitt je nach Branche 17 bis 21 Personen beschäftigten. Großunternehmen mit mehr als tausend Angehörigen waren eindrucksvolle, aber seltene Ausnahmen (*Rürup* 1984, 72). Ein kräftiger Industrialisierungsschub erfolgte dann im Kaiserreich, wo sich das industriekapitalistische System endgültig durchsetzte und etablierte. Deutschland holte den Entwicklungsvorsprung der westlichen Nachbarn auf und wurde eine industrielle Weltmacht.

Versucht man, die wirtschaftliche Dynamik in Zahlen zu fassen, so bieten sich dazu die Wachstumsziffern des eingesetzten Kapitals, des Sozialprodukts, der Industrieproduktion und des Eisenbahnbaus an. Der **Kapitalbestand** stieg von 1850 bis 1913 um das Fünffache an. Etwa im gleichen Umfang wuchs auch das **Sozialprodukt**, das die Gesamtmenge der wirtschaftlich erzeugten Leistungen wiedergibt. Eine wichtige Ursache des Wachstums war die gestiegene Arbeitsproduktivität, ausgelöst durch technischen Fortschritt, verbesserte Arbeitsorganisation und bessere Ausbildung. Die zweite wichtige Ursache bestand im erhöhten Einsatz von Kapital und in einem höheren Arbeitsvolumen. Da die wachsende Bevölkerung die Zahl der Arbeitskräfte vermehrte, lag die Zuwachsrate pro Kopf der Bevölkerung niedriger: Das Pro-Kopf-Nettoinlandsprodukt stieg von 1850 bis 1913 nur um das 2,7fache (*Borchardt* 1972, 67; *Pohl* 1979, 16f.).

Am stärksten schnellte die **industrielle Produktion** in die Höhe. Sie verfünffachte sich zwischen 1870 und 1913, wobei die zunächst führende Konsumgüterindustrie (Textil, Bekleidung, Leder) von der Metall- und Chemieindustrie überholt wurde (*Pohl* 1979, 27; *Strzelewicz* 1988, 10).

Eine treibende Kraft bei der industriellen Revolution war der Ausbau der **Eisenbahn**. Nach dem Start der ersten Züge im Jahre 1835 auf der Strecke Nürnberg-Fürth wurde das Schienennetz in atemberaubenden Tempo erweitert. Nach 5.900 km Länge im Jahre 1850, 18.900 km im Jahr 1870 und 34.000 km im Jahr 1880 erreichte es mit 63.000 km im Jahre 1910 seine größte Ausdehnung im Reichsgebiet (*Rürup* 1984, 75; *Henning* 1989, 159ff.,

Abb. 2.1: *Wertschöpfung (1) nach Produktionssektoren 1850 – 1990 Deutsches Reich und Bundesrepublik (2)*

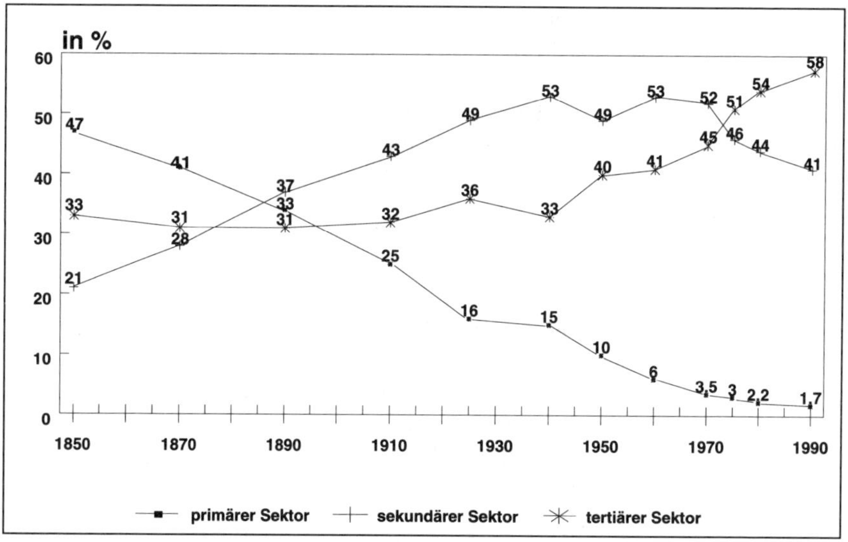

primärer Sektor: Landwirtschaft, Forstwirtschaft, Fischerei
sekundärer Sektor: produzierendes Gewerbe einschl. Bergbau und Baugewerbe
tertiärer Sektor: Handel, Banken und Versicherungen, Verkehr, Kommunikation, öffentliche Verwaltung, Bildung und Wissenschaft, sonstige Dienstleistungen

(1) Gesamtsumme der wirtschaftlichen Leistungen (Güter, Dienste). Die Statistiker fassen sie in verschiedene, leicht voneinander abweichende Meßziffern zusammen. Die Zahlen der Abbildung beziehen sich auf das „Nettosozialprodukt“ des Deutschen Reiches und die „bereinigte Bruttowertschöpfung“ der Bundesrepublik (1950 und 1990 „Bruttoinlandsprodukt“) und das „Nettoprodukt“ der DDR.

(2) Gebiet vor dem 3.10.1990

Quellen: berechnet nach Kocka/Ritter 1978-82, I S. 101ff., II S. 88ff., III S. 82; Stat. Jb. BRD 1962, S. 553, 567, 1985, S. 39, 1990, S. 30; WiSta 1991, S. 19.

240ff.). Auf die industrielle Dynamik gingen vom Eisenbahnbau mehrfache Impulse aus: Seine hohe Nachfrage nach Eisenprodukten stimulierte den Bergbau und die Eisenindustrie; gleichzeitig erhöhte er durch die Verkürzung der Transportkosten und -zeiten die Mobilität der Massengüter und ermöglichte die Bildung industrieller Ballungszentren.

Für die Entwicklung einer Agrargesellschaft zur Industriegesellschaft gibt es zwei aussagekräftige ökonomische Indikatoren: die Anteile verschiedener Produktionssektoren an der **Wertschöpfung** und an den **Beschäftigten**. Begriffliche Grundlage ist die Einteilung der Wirtschaft nach *Colin Clark* (1940) bzw. *Jean Fourastié* (1949) in den primären (Landwirtschaft, Forstwirtschaft, Fischerei), sekundären (Industrie, Handwerk, Bergbau) und tertiären (Dienstleistungen) Sektor. Bei der Interpretation der folgenden Zahlen ist zu beachten, daß der sekundäre Sektor nicht nur die moderne Industrie umfaßt, sondern auch das traditionelle Handwerk sowie die Reste der Manufakturen und „Heimindustrien".

Im Zuge des allgemeinen Wirtschaftswachstums seit 1850 wuchs das **Sozialprodukt** in allen drei Sektoren – allerdings jeweils in unterschiedlichem Tempo: am langsamsten im agrarischen Bereich, am schnellsten in der industriellen und handwerklichen Güterproduktion (Abb. 2.1). Kurz vor 1890 hatte das produzierende Gewerbe bereits die landwirtschaftliche Produktion überholt (*Pohl* 1979, 22).

Die absolute Zahl der **Beschäftigten** stieg ebenfalls in allen drei Sektoren an. 1871 arbeiteten zwei Millionen Menschen mehr in der Landwirtschaft als 1800. Dennoch verlagerte sich der Schwerpunkt auch hier allmählich zum sekundären und industriellen Bereich (Abb. 2.2). Zu Beginn des Jahrhunderts waren noch ca. 80% der deutschen Bevölkerung teilweise und knapp Zweidrittel überwiegend in der Landwirtschaft tätig (*Pohl* 1979, 13), 1871 waren es nur noch knapp die Hälfte, zu Beginn dieses Jahrhunderts nur noch etwa ein Drittel. Der Anteil der Beschäftigten in der industriellen und handwerklichen Güterproduktion stieg dagegen kontinuierlich an – von einem Fünftel zu Beginn des Jahrhunderts auf ein Viertel um die Jahrhundertmitte und dann auf über 40% im Jahre 1907. Zu Beginn der neunziger Jahre hatte der sekundäre Bereich die Landwirtschaft zahlenmäßig überholt. Unter den Beschäftigten in Industrie und Handwerk wiederum wurden die Lohnarbeiter immer dominierender. Ihr Anteil stieg von 64% im Jahr 1882 auf 75% im Jahre 1907 (*Conze* 1976a, 616).

Gegen Ende des 19. Jahrhunderts war also der Übergang von der Agrargesellschaft zur Industriegesellschaft im wirtschaftlichen Bereich vollzogen. Die industrielle Produktion dominierte die Wertschöpfung und das Beschäftigungssystem.

Abb. 2.2: *Erwerbstätige nach Produktionssektoren (Deutsches Reich und Bundesrepublik) 1800 – 1989*

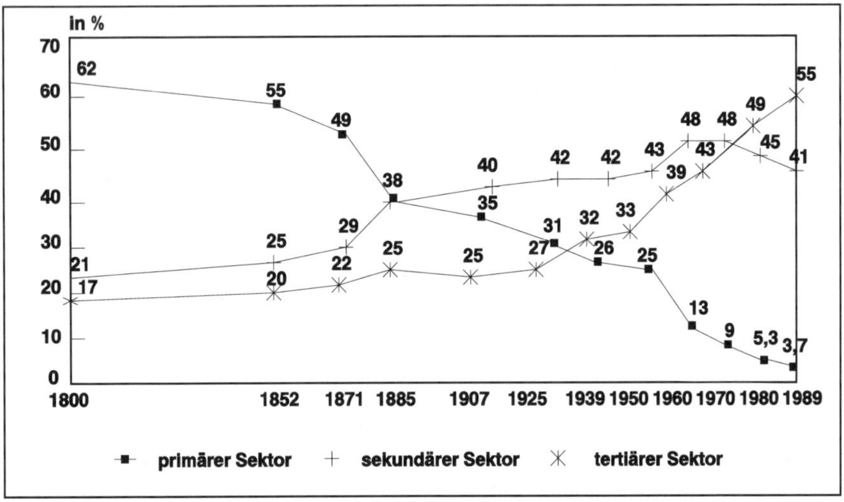

Quellen: zusammengestellt und teilweise berechnet nach Kocka/ Ritter 1978-82, I 52f., II 66ff., III 54f.; Stat. Jb. BRD 1960, 142; 1976, 149; 1990, 20.

In der Phase der Hochindustrialisierung im Kaiserreich bildeten sich im Industriesystem Strukturen heraus, die der sozialistische Theoretiker *Rudolf Hilferding* (1877-1941) als **„organisierten Kapitalismus"** bezeichnete. Dieser Begriff ist nicht unumstritten, er benennt jedoch drei wichtige Entwicklungstendenzen: Konzentration, Kartellierung und Verbandsbildung. Die von *Karl Marx* vorhergesagte Konzentration und Zentralisation des Kapitals wurde teilweise historische Wirklichkeit. **Großbetriebe und Kapitalgesellschaften**, die häufig die Rechtsform von **Aktiengesellschaften** hatten (vgl. *Pross* 1965, 45ff.), breiteten sich aus. Sie konnten billiger produzieren und besser investieren, wissenschaftliche Forschungen und technologischen Neuerungen schneller verwerten und waren daher in der Marktkonkurrenz überlegen. Von 1882 bis 1907 stieg die Zahl der Industriebetriebe mit mehr als 1000 Beschäftigten um das Vierfache auf 478; in ihnen arbeiteten 8% der Erwerbstätigen des sekundären Sektors (*Jaeger* 1988, 109). Ihre strukturelle Bedeutung läßt sich aus diesen vergleichsweise niedrigen Quantitäten nicht ablesen. Diese liegt vielmehr in ihrer Beteiligung an der **Kartellbildung**, die mit Hilfe der Großbanken seit den neunziger Jahren insbesondere im Kohlenbergbau, in der Eisen- und Stahlindustrie, in der Kaliindustrie und in der chemischen Industrie um sich griff. Die wirtschaftliche Strategie der Kartelle zielte auf Marktbeherrschung durch Preis- und Absatzregulierung. Unternehmenskonzentration und Kartellierung deuteten darauf hin, daß die liberale Konkurrenzwirtschaft von Einzelbetrieben z. T. durch ein oligopolistisches System von Konzernen mit großer Marktmacht überlagert wurde.

Etwa gleichzeitig formierten sich die wirtschaftlichen Interessengruppen in **Wirtschaftsverbänden** – z. B. im „Bund der Industriellen" (1895), die Großagrarier im „Bund der Landwirte" (1893) – und **Gewerkschaften**, um auf die politischen Entscheidungen Einfluß zu nehmen. Damit hatten sich bis zur Jahrhundertwende ein komplexes System der Interessenabstimmung und die Grundstrukturen des modernen Verbändestaates herausgebildet.

2.2. Umschichtungen: die Entstehung der Klassengesellschaft

Die Umschichtungen in der Sozialstruktur des 19. Jahrhunderts wurden von Zeitgenossen wie *Lorenz von Stein* (1815-1890) oder *Karl Marx* (1818-1883) als die allmähliche Umwandlung der Ständegesellschaft in die Klassengesellschaft beschrieben. Diese Diagnose wurde in ihren Grundzügen von späteren Soziologen, wie z. B. von *Max Weber* (1864-1920), und Sozialhistorikern bestätigt.

Soziale Ungleichheiten änderten ihre Form: aus Ständen wurden Klassen. Stände sind relativ scharf umrissene, durch Tradition, Sitte und Recht festgelegte soziale Gruppierungen. Die durch Geburt – oder auch seltener durch Verdienst – erworbene Standeszugehörigkeit ist mit bestimmten Verpflichtungen, Privilegien oder Benachteiligungen verbunden, die die gesamte Lebensführung umgreifen. Von ihr hängen Ansehen und „Ehre" ab; sie verpflichtet zu bestimmten Berufen und regelt die berufliche Tätigkeit; sie schreibt einen „standesgemäßen" Lebensstil, die Formen der Geselligkeit und die Erziehung der Kinder vor; sie greift in die Wahl des Ehepartners und in das religiöse Leben ein und bestimmt die politischen Rechte.

Die ständische Grobgliederung der deutschen Gesellschaft im 18. Jahrhundert entsprach den allgemeinen Strukturen des europäischen Feudalismus: Sie unterschied die vier Hauptstände **Adel, Geistlichkeit, Bürger** und **Bauern** und darunter die sozial schlechter gestellten „**unterbäuerlichen**" bzw. **„unterbürgerlichen" Schichten** der Armen, Nichtseßhaften und Juden. Innerhalb der Hauptstände gab es vielfach abgestufte Differenzierungen, zwischen ihnen Überlappungen.

Diese ständische Ordnung, die bereits zu Beginn des 19. Jahrhunderts aufgelockert war, wurde im Verlauf des Jahrhunderts immer weiter zurückgedrängt. Die ständischen Korporationen, die nahezu die gesamte Lebenswelt ihrer Mitglieder regelten, verloren an Gewicht. In den Städten wurden die Privilegien der Zünfte und Gilden gebrochen und schließlich aufgehoben; auf dem Lande verschwanden nach und nach die feudalen Abhängigkeiten in Grund- und Gutsherrschaften. Im Zuge der Verstädterung und Mobilisierung der Bevölkerung und im Zuge der Durchsetzung der kapitalistischen Produktionsweise in der Industrie und auf dem Lande verlor die grundlegende Unterscheidung von städtisch-bürgerlicher und ländlich-bäuerlicher Bevölkerung an Bedeutung. Räumliche und soziale Bindungen wurden abgebaut, stattdessen wurden die Menschen stärker den Kräften des Wirtschaftslebens und des Marktgeschehens ausgesetzt.

Diese Tendenzen waren die Grundlage der Entstehung von **Klassen**. Die Zugehörigkeit zu Klassen und die Stellung einer Klasse in der Sozialstruktur sind in erster Linie von ökonomischen Faktoren abhängig: von der Stellung im Produktionsprozeß, von Besitz und Einkommen. Die vorrangig ökonomisch bestimmte Klassenlage beeinflußt entscheidend die Lebenschancen der Menschen.

Wie sehen die **groben Entwicklungslinien der neuen Klassengesellschaft** aus? An der Spitze der Gesellschaft etablierte sich neben dem grundbesitzenden **Adel** das kapitalbesitzende **Großbürgertum** als zweite Führungsschicht. Auch in die Mitte der Gesellschaft kam Bewegung. In der oberen Mitte rangierten die kleinen Gruppen des akademischen **Bildungsbürgertums**, zu dem auch mit wenigen Ausnahmen die Geistlichen gezählt wurden, und des wohlhabenden **Besitzbürgertums**. In der unteren Mitte gerieten die „alten Mittelstände" der Handwerker, Händler und Bauern in ökonomische und soziale Bedrängnis und wurden teilweise proletarisiert. Der Aufschwung von Handel und Verkehr sowie die Unternehmenskonzentration hatten zur Folge, daß neben den „alten Mittelständen" ein „neuer Mittelstand" von Angestellten entstand. In den vielgestaltig zersplitterten verarmten **Unterschichten**, die die große Mehrheit der Bevölkerung ausmachten, stieg die in sich differenzierte **Industriearbeiterschaft** zur dominierenden Klasse auf.

Im folgenden soll die Herausbildung der Klassengesellschaft noch etwas genauer nachgezeichnet werden.

An der Spitze der Gesellschaftshierarchie büßte die kleine Gruppe des **Adels** – ihr Anteil an der Bevölkerung um 1800 wird auf 1% geschätzt – zwar ihre rechtlichen Privilegien ein; faktisch konnte der Adel jedoch seine Führungsrolle in Gesellschaft, Politik, Wirtschaft und Militär nahezu unangetastet bis zum Zusammenbruch des Kaiserreiches behaupten. Macht und Ansehen des Adels beruhten weiterhin in erster Linie auf Grundbesitz. Dem Industriekapitalismus öffnete sich der Adel insofern, als er seine Güter zunehmend kapitalistisch mit lohnabhängigen Landarbeitern bewirtschaftete und sich z. T. auch – wie z. B. in Oberschlesien – in Industrie und Bergbau engagierte.

Aus dem Bürgertum spaltete sich die kleine Klasse der Großindustriellen und Großbankiers ab. Sie gelangte im Zuge der Industrialisierung zu großer wirtschaftlicher und auch politischer Machtfülle und etablierte sich neben dem Adel – auf dem Lande auch zum Teil mit dem Adel zur neuen bürgerlich-adligen Gutsbesitzerklasse vermischt – als zweite Führungsschicht der Industriegesellschaft. *Marx* nannte sie polemisch „Kapitalisten“ oder „Bourgeoisie“, die meisten Soziologen und Sozialhistoriker bezeichnen sie als **Großbürgertum**. Wirtschaftlich können die Großbürger zu den bewegenden Kräften gezählt werden, sozial und politisch dagegen zu den beharrenden. Da ihr erstes Anliegen die konsequente Durchsetzung der Industrialisierung und der kapitalistischen Produktionsweise war, kann man sie in dieser Hinsicht auch als „Modernisierungsklasse“ ansehen. Andererseits übernahmen sie als soziale und politische Aufsteiger z. T. den Lebensstil des etablierten Adels. So sonderten sie sich räumlich ab und bauten Villen im feudalen Palaststil oder übernahmen alte Herrensitze. Sie gründeten Familientraditionen und Fideikommisse[3] und legten Wert auf Nobilitierung und Ratstitel. Für ihre Söhne strebten sie „adlige“ Verwaltungs- und Offizierskarrieren an und suchten durch Heiratsverbindungen die verwandtschaftliche Verschmelzung mit dem Adel. Symptome dieser „Feudalisierung“ tauchten insbesondere im industriellen Großbürgertum auf, die reiche Kaufmannschaft der Handelszentren dagegen hielt mehr an bürgerlich-städtischen Traditionen fest. Mit dem Adel verband das Großbürgertum ein wichtiges gemeinsames Interesse: die Abwehr der Ansprüche der neuen Unterschichten. Seine historische Rolle im sozialen und politischen Bereich war daher konservativ.

Der ständische Begriff des **Bürgers** wurde durch die Umschichtungen im 19. Jahrhundert zunehmend unscharf und in unterschiedlicher Weise verwendet (vgl. *Ritter/Kocka* 1974, 288f., 322ff.). In der „Mitte“ der Gesellschaft, zwischen Adel/Großbürgertum und Unterschichten, lassen sich noch drei weitere „bürgerliche“ Gruppen sinnvoll unterscheiden: Bildungsbürgertum, Besitzbürgertum und Kleinbürgertum.

Die kleine Schicht des **Bildungsbürgertums** verfügte über eine akademische Ausbildung, sie nahm zahlenmäßig gegen Ende des Jahrhunderts im Zuge der Hochschulexpansion (s. S. 33) etwas zu. Seinen Kern bildeten die höheren Beamten, weitere wichtige Gruppen waren die Geistlichen und die freien Berufe (Anwälte, Ärzte, Apotheker), später auch Manager, Ingenieure und Naturwissenschaftler. Das Bildungsbürgertum war der Träger liberaler Ideen; es stellte die Honoratioren in den Städten, erreichte aber nicht die Macht und das Ansehen des Großbürgertums.

Bei den mittleren Schichten der Unternehmer, Kaufleute und Handwerker gab es im Hinblick auf ihre ökonomische Lage und ihren Reichtum große Unterschiede. Es ist sinnvoll, die wohlhabenden, von der Industrialisierung profitierenden **Besitzbürger** von den ärmeren **Kleinbürgern** zu trennen, die teilweise durch die aufkommende industrielle Konkurrenz bedroht wurden. Um die Jahrhundertmitte wurde es üblich, die kleinbürgerlichen Berufsgruppen der kleinen Handwerker und Händler zusammen mit den Kleinbauern als „**Mittelstände**" zu bezeichnen (*Ritter/Kocka* 1974, 288). Dieser neue Begriff macht deutlich, daß sich neue Klassenformationen herausgebildet hatten, die sich nicht mehr mit den traditionellen ständischen Grenzen deckten. *Marx* prophezeite diesen Schichten im „kommunistischen Manifest" (1848) eine proletarische Zukunft:

„Die bisherigen kleinen Mittelstände, die kleinen Industriellen, Kaufleute und Rentiers, die Handwerker und Bauern, alle diese Klassen fallen ins Proletariat hinab, teils dadurch, daß ihr kleines Kapital für den Betrieb der großen Industrie nicht ausreicht und der Konkurrenz mit den größeren Kapitalisten erliegt, teils dadurch, daß ihre Geschicklichkeit von neuen Produktionsweisen entwertet wird" (*Marx* 1953, 533).

Diese düstere Prognose hat sich nur teilweise erfüllt: die Mittelstände überlebten, aber sie wurden aus den von *Marx* genannten Gründen zahlenmäßig dezimiert und Teile von ihnen proletarisiert (vgl. S. 98 ff.).

Die Folgen der „Bauernbefreiung" für die **ländliche Sozialstruktur** waren vielfältig: Einerseits entwickelte sich langfristig eine Schicht selbständiger und ökonomisch stabiler Bauern; andererseits mußten etliche Bauern ihre Höfe wegen Überschuldung aufgeben (*Rürup* 1984, 50). Gravierender war die starke Zunahme „unterbäuerlicher" Kleinstellen, die kaum lebensfähig waren. Im ostelbischen Regierungsbezirk Magdeburg betrug der Anteil derartiger „Kümmerexistenzen" an allen Bauernstellen im Jahre 1859 bereits 67% (*Rürup* 1984, 96).

Über die Entwicklung der Kleinkaufleute weiß man bisher wenig, gut erforscht ist dagegen das Schicksal des **Handwerks**. Bereits vor der industriellen Revolution zeigten sich in Teilen des Handwerks Verelendungserscheinungen, da mit der Aufhebung der Zunftbindungen auch die Zulassungbeschränkungen wegfielen und dadurch einige Branchen überbesetzt wurden. Um die Jahrhundertmitte betrug der Anteil der teilweise proletaroiden „Alleinmeister" mit geringen Einkünften schätzungsweise ca. 70% (*Rürup* 1984, 94). Die Industrialisierung verschärfte dann die Krisensituation des Handwerks zusätzlich. Da die Industrie viele Produkte schneller, billiger und später auch präziser herstellen konnte als die Handwerker, wurden einige traditionelle Berufsgruppen wie Weber, Schneider, Schumacher, Schreiner oder Stellmacher verdrängt, dezimiert oder zu erheblichen Umstellungen gezwungen. Andere Berufsgruppen dagegen waren Nutznießer der Industrialisierung: So profitierten z. B. das Baugewerbe, Bäcker und Metzger vom Wachstum der Bevölkerung und der Städte. Schließlich entstand durch neue Industrieprodukte, durch Städtebau und Elektrifizierung ein zusätzlicher Bedarf an Reparaturen, Instandhaltungen und Installationen. Neue Berufe – Landmaschinenmechaniker, Elektriker, Installateure, Kfz-Schlosser – spezialisierten sich auf Dienstleistungen dieser neuen Art (*Bolte* 1970, 366ff.).

Mit den **Angestellten** tauchte in der zweiten Hälfte des 19. Jahrhunderts eine neue Gruppe im Schichtgefüge auf. Während sie um die Jahrhundertmitte noch quantitativ bedeutungslos waren (*Rürup* 1984, 97), weist die Statistik des Deutschen Reiches im Jahre 1882 4,7% aller Erwerbstätigen als Angestellte aus. Bis 1907 hatte sich dann ihr Anteil mit 10,7% mehr als verdoppelt. Dreiviertel von ihnen arbeiteten als kaufmännische Angestellte in den Handelshäusern, Warenhäusern und Banken, die übrigen waren als Techniker, Werkmeister oder Verwaltungsangestellte („Betriebsbeamte") in der Industrie tätig. Der Aufschwung von Handel und Verkehr sowie die wachsenden Unternehmensgrößen im Dienstleistungsbereich und in der Industrie hatten diese neue Schicht hervorgebracht. Ihre Soziallage war besser als die der Arbeiterklasse. Die Arbeitsplätze der Angestellten waren sicherer und ihre Arbeitsbedingungen besser; sie waren häufig besser qualifiziert, erhielten höhere Einkommen sowie Gehälter statt Löhne; sie wurden vom Unternehmer besser behandelt und hatten bessere berufliche Aufstiegschancen. Daher ist es nicht verwunderlich, daß sie sehr darauf bedacht waren, sich vom Proletariat abzugrenzen, und daß sie sich in ihrem Selbstverständnis an den bürgerlichen Mittelschichten orientierten. Selbstbezeichnungen wie „Privatbeamte" oder „neuer Mittelstand" – dieser Begriff wurde später von den Sozialwissenschaftlern aufgegriffen – legen von ihren Statusansprüchen beredt Zeugnis ab. Verschiedene Studien zeigen, daß sich die Einkommensverhältnisse und die Arbeitsbedingungen der Angestellten am Ende des 19. Jahrhunderts denen der Arbeiterschaft annäherten (*Kocka* 1981; *Engelsing* 1978; *Kaelble* 1983a, 195ff.), nicht aber ihre Mentalitäten. Im Gegenteil: die „Kragenlinie" zwischen Weiß und Blau im Hinblick auf Lebensstil, Aufstiegs- und Bildungswillen und politisches Verhalten (z. B. die Ablehnung der Gewerkschaften) trat eher noch markanter hervor (vgl. z. B. *Spree* 1981). Die Diskrepanzen zwischen ihrer „objektiven Klassenlage" und ihrem Selbstverständnis waren bereits Gegenstand der ersten größeren sozialwissenschaftlichen Analyse über diese neue Schicht von *Emil Lederer* (1912).

Die große Mehrheit der Bevölkerung gehörte zu den **Unterschichten**, für die in den vierziger Jahren des 19. Jahrhunderts der Begriff **„Proletariat"** auftauchte. Gemeinsam war allen Proletariern, daß sie über kein Eigentum verfügten und, sofern sie überhaupt einen Arbeitsplatz hatten, lebenslänglich Lohnarbeit verrichten mußten. Ansonsten war das Proletariat keine einheitliche oder unstrukturierte Masse, sondern setzte sich aus vielen Gruppen mit sehr unterschiedlichen Lebensbedingungen und Mentalitäten zusammen (vgl. *Kaelble* 1983a, 188). Zu ihnen gehörten Landarbeiter und Fabrikarbeiter, das Gesinde auf den Bauernhöfen und das Dienstpersonal der feinen Bürgerhäuser, Handwerksgesellen und Heimarbeiter, Tagelöhner auf dem Bau und Gelegenheitsarbeiter, Vagabunden, Asylbewohner und Prostituierte. In Preußen machten die erwerbstätigen Gruppen des Proletariats im Jahre 1860 74% der arbeitenden Bevölkerung aus (*Rürup* 1984, 96), die Erwerbsstatistik des Deutschen Reiches weist ihren Anteil im Jahre 1907 mit 69% aus – 63% „Arbeiter“ und 6% „häusliche Dienste“ (*Ritter/Kocka* 1974, 243f.). Große Teile des Proletariats lebten in der ersten Hälfte des 19. Jahrhunderts verarmt und in bedrückender Not. In den Unterschichten breitete sich das Massenelend aus, der Pauperismus, der in Deutschland wie auch in den anderen europäischen Gesellschaften beim Übergang zur Industriegesellschaft wegen des Überangebots an Arbeitskräften auftauchte (*Conze* 1981, 113).

Die **Industriearbeiterschaft** war um die Jahrhundertmitte noch eine kleine erst im Entstehen begriffene Gruppe. Nur 7% der preußischen Erwerbstätigen arbeiteten im Jahre 1860 in Fabriken oder im Bergbau (*Rürup* 1984, 96). Im Zuge der Hochindustrialisierung schwoll diese Schicht stark an. Sie bildete im Jahre 1907 mit 22% der deutschen Erwerbstätigen (*Conze* 1976, 618) nicht nur den Kern der Arbeiterklasse, sondern war auch die quantitativ wichtigsten Gruppe im Berufssystem. Die Industriearbeiterschaft hatte – zusammen mit den anderen Unterschichten – relativ einseitig die Kosten der Industrialisierung und der damit zusammenhängenden Steigerung des Wohlstands zu tragen. Harte Arbeitsbedingungen in lärmigen Fabrikhallen mit kasernenmäßiger Disziplin, niedrige Löhne, Arbeitszeiten von täglich 13 und mehr Stunden, schlecht bezahlte Frauen- und Kinderarbeit, enge und total überbelegte Wohnungen in schmutzigen Mietskasernen – das sind einige Stichworte zu ihrer Lebenslage (vgl. z. B. *Langewiesche/Schönhoven* 1981), die von den Sozialkritikern mit Recht als „Verelendung“, „Entfremdung“ oder „Ausbeutung“ des Proletariats gebrandmarkt wurde. Andererseits brachte die Durchsetzung des Industriekapitalismus eine allgemeine Verbesserung der Lebensbedingungen mit sich, die auch der Arbeiterschaft zugute kam. Auch dazu einige Stichworte:

- Die Reallöhne der Arbeiter in Industrie, Handel und Verkehr verdoppelten sich nahezu in der Zeit von 1871 – 1913 (*Schäfer* 1979, 159).

- Die tägliche Arbeitszeit ging auf durchschnittlich ca. 9,5 Stunden in den Jahren vor Ausbruch des Ersten Weltkrieges zurück (*Schäfer* 1979, 157).

- Die Arbeitslosenquote blieb im Kaiserreich in der Regel unter 3%; Dauerarbeitslosigkeit war selten (*Schäfer* 1979, 148).

- Gewerkschaften, Vereine und die *Bismarck'sche* Sozialgesetzgebung milderten die Not bei Erwerbsunfähigkeit; die Anfänge eines „sozialen Netzes“ wurden sichtbar.

- Schließlich führten verbesserte Produktionsbedingungen in der Landwirtschaft dazu, daß die vorher üblichen witterungs- und erntebedingten Hungerkrisen nach der Jahrhundertmitte ausblieben.

Innerhalb der Arbeiterschaft gab es erhebliche **soziale Unterschiede**. So verdiente z. B. ein Facharbeiter das zwei- bis dreifache eines Ungelernten, während Landarbeiter wiederum in der Regel ca. 20% weniger Einkommen hatten als ungelernte Fabrikarbeiter (*Rürup* 1984, 97). Nach *Marx* sollten Unterschiede zwischen den verschiedenen Arbeitergruppen durch den nivellierenden Einfluß der Fabrikarbeit verschwinden und allmählich eine sozial homogene Arbeiterklasse mit gleichgerichteten Interessen entstehen. Sozialhistorische Studien zeigen, daß sich dieser Prozeß der Klassenbildung nur mit Einschränkungen vollzog. In einigen Bereichen – Einkommen, Vermögen, Bildung, Arbeitsplatzsicherheit, soziale Sicherheit, räumliche Mobilität, soziale Kontakte – wurden die Ungleichheiten zwischen ungelernten und gelernten Arbeitern verringert; in anderen Bereichen dagegen – Wohnsituation, Gesundheit, Lebenserwartungen – wurden sie jedoch größer. Die politisch-soziale Mentalität der Arbeiterschaft blieb aufgrund sozialer, regionaler und konfessioneller Unterschiede „fragmentiert“ (*Zwahr* 1978; *Kaelble* 1983a, 176, 189; *Moser* 1984, 100f., 180f.).

2.3 Wachstum, Mobilisierung und Verstädterung der Bevölkerung

Die Industrialisierung wurde im 19. Jahrhundert vom größten **Bevölkerungszuwachs** in der deutschen Geschichte begleitet. Die Zahl der Einwohner auf dem Gebiet des Deutschen Reiches nahm zwischen 1816 und 1850 von 24,8 Millionen auf 35,5 Millionen um mehr als 40% zu und schnellte dann nochmals auf knapp 65 Millionen im Jahre 1910 in die Höhe (*Borchardt* 1972, 38; *Köllmann* 1976, 18). Ursachen und Verlauf der Bevölkerungsentwicklung waren in verschiedenen Perioden unterschiedlich. In der ersten Hälfte des 19. Jahrhunderts stiegen die Geburtenziffern stark an, weil die ständischen Schranken für Eheschließungen fielen. In der Phase der Hochindustrialisierung wurde die Bevölkerungsbewegung dann stärker von den Folgen des medizinischen Fortschritts und des Industrialisierungsprozesses beeinflußt. Bessere Ernährung, bessere Kanalisation und Trinkwasserversorgung sowie bessere medizinische Betreuung ließen die Säuglings- und Kindersterblichkeit rapide sinken und erhöhten die Lebenserwartungen erheblich: das durchschnittliche Lebensalter der Männer stieg von 36 Jahren (1871/80) auf 45 Jahre (1901/10), das der Frauen von 39 auf 48 Jahre (*Hohorst u. a.* 1975, 18, 33). Andererseits wurde die Bereitschaft der Familien, viele Kinder zur Welt zu bringen, im Zuge der Hochindustrialisierung gebremst. 1912 wurden von den verheirateten Frauen im Durchschnitt ein Drittel weniger Kinder geboren als

1880/81 (*Hohorst* u. a. 1975, 56). Vermutlich spielte auch die Sozialgesetzgebung der achtziger Jahre bei der Veränderung des generativen Verhaltens eine Rolle. Kinder verloren an Bedeutung für das Überleben der Familienmitglieder bei Erwerbsunfähigkeit, weil die Gesellschaft als Ganzes zunehmend für die soziale Sicherheit der Familien sorgte. Nach zwei Jahrzehnten der Stagnation sanken die Geburtenziffern seit der Jahrhundertwende – zunächst langsam, später immer schneller. Der Geburtenüberschuß, der für das gesamte 19. Jahrhundert kennzeichnend war, verschwand schließlich während des Ersten Weltkrieges.

Im Wilhelminischen Reich fanden in der Zeit der Hochindustrialisierung die größten **Massenwanderungen** der deutschen Geschichte statt. Ausgelöst wurden sie einerseits durch die Push-Impulse der übervölkerten Agrarregionen, die ihren verarmten Bewohnern kein Auskommen auf Dauer ermöglichen konnten. Gleichzeitig wirkten jedoch auch die Pull-Impulse der neuen Industriezentren: Die industrielle Revolution verlangte, daß sich die Menschen aus ihren räumlichen und sozialen Bindungen lösten und dorthin zogen, wo die Industrie sie benötigte.

Von der zunehmenden Mobilisierung waren insbesondere die Unterschichten betroffen, die vom Elend bedrohten unterbäuerlichen Gruppen – Tagelöhner, Instleute (gemietete Landarbeiter, Kleinpächter) und Nachgeborene, dazu überschuldete Kleinbauern – zogen in die Städte und nahmen dort die neuentstehenden Arbeitsplätze in der Industrie ein. Soziale Sicherheit und sozialer Aufstieg waren mit diesen Wanderungen nur in Ausnahmefällen verbunden; die **Armut verlagerte sich lediglich vom Lande in die industriellen Standorte.**

Die Massenwanderungen setzten sich aus zwei Hauptbewegungen zusammen; aus der **Nahwanderung** vom Land in die naheliegenden Städte und aus der **Ost-West-Fernwanderung** von den östlichen Agrarregionen in die westlichen Industriezentren. Die Industriestandorte deckten ihren Arbeitskräftebedarf zunächst aus den Bevölkerungsüberschüssen des ländlichen Hinterlandes (Nahwanderung). In der Phase der Hochindustrialisierung machten sich dann die Menschenmassen zur Fernwanderung aus den Agrargebieten des Ostens – aus West- und Ostpreußen, aus Pommern, Posen und Schlesien – in die Industriegebiete des Westens auf – nach Berlin, nach Sachsen, ins Rhein-Main-Gebiet und später insbesondere ins Ruhrgebiet.

Es ist heute kaum noch vorstellbar, wie **nomadenhaft** sich die Bevölkerung, insbesondere die unteren Schichten, am Ende des 19. Jahrhunderts verhalten mußte. Etwa jeder zweite verließ seine Heimatstadt (*Köllmann* 1976, 20). Auf der Suche nach einem Arbeitsplatz zogen die Menschen dann von Stadt zu Stadt, von Betrieb zu Betrieb. Von den Neuankömmlingen des Jahres 1891 in Frankfurt am Main wanderten zwei Drittel innerhalb eines Jahres weiter. In manchen Ruhrgebietsstädten betrug die durchschnittliche Betriebszugehörigkeit zu Beginn dieses Jahrhunderts oft weniger als ein Jahr.[4]

Die Ungewißheiten und Strapazen der Fernwanderung nahmen überdurchschnittlich häufig jüngere, meist ledige Männer auf sich. Bei der Nahwanderung überwogen dagegen häufig die jüngeren Frauen, die sich als Dienstmädchen in den Städten bessere Heiratschancen versprachen (*Köllmann* 1976, 20f.).

Die Vorstellungen des älteren Schrifttums, daß die Mobilisierung der Bevölkerung zu Entwurzelung, Verunsicherung und chaotischen Verhältnissen geführt habe, ist zwar inzwischen etwas relativiert worden (vgl. *Reulecke* 1985, 76); dennoch hatte der mobile Teil der Bevölkerung mit erheblichen Integrationsschwierigkeiten zu kämpfen. Auf besondere Probleme stießen dabei die vielen Zuwanderer mit slawischer Muttersprache – die Polen, Masuren und Kaschuben.

Die Industrialisierung machte die Menschen nicht nur mobil, sie ballte sie auch an den industriellen Standorten zusammen. Die Mobilisierung der Menschen ging einher mit der **Verstädterung** der Siedlungsstruktur. „Die Industrie wurde zum ‚Städtebildner der Neuzeit' und die Städte umgekehrt zu Schwerpunkten der Industrieansiedlung und der Industriegesellschaft" (*Pohl* 1979, 35). Jeder neugeschaffene Arbeitsplatz in der Produktion zog einen weiteren Arbeitsplatz für die Folgeleistungen in Bau, Dienstleistungen, Handel, Verkehr oder Verwaltung nach sich („Gesetz des doppelten Stellenwertes").

In Deutschland setzte das Anwachsen der Städte etwa um die Jahrhundertmitte ein, das **Großstadtwachstum** erst mit dem Industrialisierungsschub nach 1870. Zwischen 1871 und 1910 stieg im Deutschen Reich die Zahl der Großstädte mit mehr als 100 000 Einwohnern von 8 auf 48 an.

Aus einer Bevölkerungsmehrheit auf dem Lande wurde allmählich eine mehrheitlich städtisch siedelnde Bevölkerung: das **Landvolk wurde zum Stadtvolk**. 1871 wohnten 64% der Reichsdeutschen in Gemeinden mit weniger als 2000 Einwohnern, 1910 nur noch eine Minderheit von 40%. Weitere 40% lebten in diesem Jahr in kleineren oder mittleren Städten und etwas mehr als ein Fünftel in Großstädten (*Reulecke* 1985, 202). Die ländlich-dörfliche Gesellschaft hatte sich nach und nach in eine städtische Industriegesellschaft verwandelt. Das Leben in den neu entstehenden Industriestädten wurde durch erhebliche schichtspezifische Unterschiede und durch eine zunehmende räumliche und soziale Trennung von Arbeiterklasse und bürgerlichen Schichten geprägt. Auf der einen Seite entstanden schnell aus dem Boden gestampfte Arbeiterquartiere mit schlecht ausgestatteten, überfüllten Mietskasernen, erschreckenden hygienischen Zuständen und erdrückenden Lebensverhältnissen. Auf der andere Seite konnte sich in den gehobenen Wohngebieten der Mittelschichten und in den Villenvierteln der Oberschichten ein urbaner Lebensstil entwickeln, dessen Kennzeichen kulturelles Raffinement und hohe Lebensintensität in Arbeit und Genuß waren (vgl. *Reulecke* 1985, 91ff, 147ff.).

2.4 Wandel im Bildungssystem

Das Bildungswesen wurde im Laufe des 19. Jahrhunderts von zwei wichtigen Veränderungen erfaßt: 1. Das Bildungsniveau der Bevölkerung stieg weiter an, oder genauer: die Masse der Bevölkerung kam in den Genuß einer elementaren Grundausbildung, und die kleine Minderheit mit höheren Bildungsabschlüssen wurde etwas umfangreicher. 2. Das System der Bildungseinrichtungen wurde differenzierter; dabei orientierten sich viele der neu entstehenden Lerninhalte an den veränderten Bedürfnissen der gewerblichen und industriellen Arbeitswelt.

Unter der preußischen Gesamtbevölkerung gab es im Jahre 1864 noch 6% Analphabeten, unter den damals Sechzigjährigen sogar noch fast 20%. Bis zum Jahre 1911 ist der **Analphabetismus** dann fast völlig **verschwunden** (*Lundgreen* 1973, 95).

Die institutionelle Seite dieses Vorgangs ist der staatlich geförderte **Ausbau des Volksschulwesens** und die Entstehung einer professionalisierten, besser ausgebildeten und sozial abgesicherten **Volksschullehrerschaft**. Insbesondere in den wachsenden Städten entstanden immer mehr schulgeldfreie vielklassige Volksschulen, z. T. sog. „Proletarierschulen“, so daß immer mehr Kinder ihrer **Schulpflicht** nachkommen konnten. Im Jahre 1814 besuchten erst 60% der schulpflichtigen Kinder Preußens eine Schule, im Jahre 1846 waren es bereits 82% (*Conze* 1976, 490). Einbrüche in diese Tendenz durch die Kinderarbeit und durch die Fabrikschulen waren eine vorübergehende Erscheinung in der Frühphase des Industriekapitalismus.

Das System der Bildungseinrichtungen **differenzierte** sich im Zuge der Industrialisierung weiter aus und wurde im weiterführenden Bildungsbereich zunehmend vom **Dualismus neuhumanistischer und „realistischer“ Bildungsziele** geprägt. Die wissenschaftsorientierten neuhumanistischen Bildungseinrichtungen erhielten immer stärkere Konkurrenz durch „realistische“ Bildungseinrichtungen, deren Lerninhalte an der Berufswelt, insbesondere an Gewerbe, Handel und Industrie orientiert waren. Neben den neuhumanistischen Gymnasien entwickelten sich **Realgymnasien** und **Oberrealschulen**. Gegen Ende des Jahrhunderts etablierten sich zwischen den Volksschulen und Gymnasien sogenannte „Mittelschulen“ für die Kinder mittelständischer Familien, die sich allerdings nur zögernd durchsetzten. 1911 wurden nur 3,5% der Schüler an diesen Schulen unterrichtet (*Conze* 1976a, 671, 674f.).

In der Phase der Hochindustrialisierung vergrößerte sich auch die kleine Gruppe derer, die über das Privileg einer **höheren Schulbildung** oder einer **akademischen Ausbildung** verfügten. Die Zahl der Gymnasiasten und Oberschüler wuchs im Kaiserreich dreimal so schnell wie die Bevölkerung (*Conze* 1976, 674). Ähnliches gilt für die Studenten, deren Anzahl nach einer vierzigjährigen Stagnation ebenfalls wieder kontinuierlich zunahm – zwischen 1870 und 1914 um das 5fache von ca. 15 000 auf ca. 75 000 (*Windolf* 1990, 27).

Trotz dieser Expansion im mittleren und höheren Bildungswesen zeigte die Bildungsstruktur der Gesamtbevölkerung ein relativ stabiles Muster: Der großen Masse der Bevölkerung mit elementarer Volksbildung steht eine kleine Bildungselite mit höheren oder höchsten Bildungsabschlüssen gegenüber, die 1911 nur etwa 3% der Bevölkerung umfaßte. Diese Schicht war offen zur Mitte der Gesellschaft: die Söhne des Kleinbürgertums und der Mittel- und Kleinbauern stellten 1911 28% der Studenten, die Söhne der mittleren Beamten 24%. Der Aufstieg aus den Unterschichten ins Bildungsbürgertum dagegen war nur in Ausnahmefällen möglich: aus der Arbeiterschaft stammten nur 3% der Studenten (*Kaelble* 1975, 124; vgl. auch *Windolf* 1990, 58). Diese Strukturen – **Polarisierung** der Bevölkerung in die große Masse mit Minimalabschlüssen und in eine sehr kleine Schicht mit höherer Bildung sowie starke **Aufstiegsbarrieren** für Unterschichten – erwiesen sich auch im 20. Jahrhundert als sehr stabil. Sie gerieten erst nach dem 2. Weltkrieg durch die Bildungsreformen in der DDR und der Bundesrepublik in Bewegung.

2.5 Strukturwandel der Familie: auf dem Weg zur privaten bürgerlichen Kleinfamilie

Ein weiteres Symptom des Übergangs von der ständischen Gesellschaft zur Industriegesellschaft sind die starken Veränderungen in den Strukturen und Funktionen der Familie. Die Familie war ein tragendes Bauelement des vorindustriellen Sozialgefüges. Sie bildete nicht nur eine soziale Einheit, sondern auch eine rechtliche, politische und insbesondere wirtschaftliche Einheit. Die vorindustrielle Wirtschaft war überwiegend Familienwirtschaft, die Hausgemeinschaft bildete die Basis der Arbeitsorganisation, und umgekehrt waren viele vorindustrielle Familien in erster Linie Produktionsstätten.

Die Familie war patriarchalisch strukturiert: Dem „Hausvater" unterstanden nicht nur die verwandten Familienmitglieder, sondern häufig auch nichtverwandte Angehörige des Hauses – die Knechte und Mägde auf den Bauernhöfen, die Gesellen und Lehrlinge bei den Handwerkern, die Dienstboten und Dienstmädchen in den Häusern des Adels und des gehobenen Bürgertums. Einige Sozialhistoriker ziehen es daher vor, diese kleine wirtschaftende Hausgemeinschaft nicht als „Familie", sondern als „Haus" zu bezeichnen (*Rosen-*

baum 1982, 116), weil der moderne Familienbegriff an die blutsverwandte Kleingruppe denken läßt. Mit der Auflösung der ständischen Ordnung gingen der Familie ihre rechtlichen und politischen Funktionen weitgehend verloren, und die Industrialisierung veränderte die Zusammenhänge von Familienleben und Produktionsweise.

Der Struktur- und Funktionswandel der Familie war ein langfristiger und vielschichtiger Vorgang. Die stark vereinfachenden Thesen der Familiensoziologie – die Schrumpfung der Großfamilie zur Kleinfamilie oder der Wandel der „erweiterten" Familie zur Kernfamilie von Eltern und Kindern – sind durch sozialgeschichtliche Studien differenziert und teilweise auch revidiert worden.[5]

Bereits vor dem Beginn der Industrialisierung gab es ein **Nebeneinander von unterschiedlichen Familienformen**. Struktur und Funktion der Familie waren stark mit der Produktionsweise und Erwerbstätigkeit der verschiedenen Bevölkerungsgruppen verknüpft. Die Vielfalt der Arbeitsbedingungen und der damit zusammenhängenden materiellen Lebenslagen verhinderten, daß sich ein einheitlicher Typ der vorindustriellen Familie herausbilden konnte. Die erweiterte Drei-Generationen-Familie, bei der Großeltern, Eltern und Kinder zusammen mit dem Dienstpersonal oder den Gesellen und Lehrlingen unter einem Dach wohnten, entwickelte sich nur dort, wo es die ökonomischen Bedingungen zuließen oder sinnvoll machten: bei ertragskräftigen Bauern, Handwerkern und Kaufleuten sowie – mit Einschränkungen – im Adel. Bei den verarmten Kleinbauern, proletaroiden Handwerkern und Kleinhändlern sowie bei den unteren Schichten der Landarbeiter, Heimarbeiter und Tagelöhner fehlten dazu die materiellen Voraussetzungen. Große Teile der Bevölkerung waren gezwungen, ohne eigene Familie zu leben; dem Gesinde, den Lehrlingen und Gesellen war die Heirat rechtlich untersagt, anderen verelendeten Gruppen mangelte es an den erforderlichen finanziellen Mitteln zum Aufbau einer Familie.

Die Vielfalt der Familienformen der vorindustriellen Zeit spiegelte sich auch in den Entwicklungen im Zuge der Industrialisierung wieder. Auf dem Lande war die **erweiterte bäuerliche Großfamilie** verbreitet. Kinder sowie Mägde und Knechte, in Erntezeiten auch die „Altenteiler" der älteren Generation, wurden als Arbeitskräfte benötigt. Die steigende Lebenserwartung erhöhte die Zahl der Drei-Generationen-Familien. Der Alltag auf dem Bauernhof kreiste um die harte Landarbeit und ließ – so jedenfalls die Annahme der Familienforschung (z. B. *Rosenbaum* 1982, 88, 93) – tiefere emotional-affektive Beziehungen zwischen den Mitgliedern des Hauses nicht zu. Dieser Typ der bäuerlichen Familie überlebte die Industrialisierung (vgl. S. 110 f., 114), verlor aber an strukturell prägendem Gewicht. In den wachsenden Städten breiteten sich andere Familienformen aus, und auf dem Lande wurde durch die „Kapitalisierung" der Agrarwirtschaft – durch Mechanisierung und durch den Einsatz von lohnabhängigen Landarbeitern – das Gesinde zum Teil aus dem Bauernhof ausgegliedert.

Auch im gutgehenden **städtischen Handwerk** hatten sich vorindustrielle Familienbetriebe herausgebildet, die mit ihrer Einheit von Werkstatt und Wohnung und mit der Aufnahme von Gesellen und Lehrlingen in den Familienverband dem skizzierten Typ der Bauernfamilie strukturell ähnlich waren. Die Strukturkrise des Handwerks, ausgelöst durch die Gewerbefreiheit und später durch die Industrialisierung, ließ vermehrt ökonomisch schwache Klein- und Kleinstbetriebe und später auch gewerbliche Großbetriebe entstehen. Beide Tendenzen drängten den Typ der erweiterten wirtschaftenden Familie zurück. Den proletaroiden Alleinmeistern fehlte die ökonomische Basis zur Einstellung von Gesellen, und in den Großbetrieben wuchs die Produktionsstätte aus dem Familienzusammenhang heraus.

In den Städten reifte im 19. Jahrhundert ein Typ der **bürgerlichen Familie** heran, der historisch Karriere machen sollte. Er unterschied sich in einem zentralen, sozial folgenreichen Strukturmerkmal von der Bauern- und Handwerkerfamilie: Wohnung und Arbeitsstätte waren getrennt; die Produktion fand nicht in der Familie, sondern außerhalb statt. Der Ursprung dieser Familienform hat mit der Industrialisierung zunächst nichts zu tun. Das Prinzip der „strengen Trennung von Dienstlichem und Privatem", von Arbeit und Familie hatte sich bereits in vorindustrieller Zeit im Dienstleistungsbereich entwickelt und prägte den Dienst und das Familienleben der Beamten. In gut situierten Schichten, wo Frauen und Kinder von der Erwerbsarbeit freigestellt waren und wo man sich „gut bürgerliche" Wohnverhältnisse leistete, konnte sich in Ansätzen ein privates, nach außen abgeschirmtes und emotional getöntes Familienleben entwickeln. Die Produktionsfunktion der Familie war ersetzt durch die Erholungs-(Rekreations-) und Entlastungsfunktion; die häusliche Geborgenheit diente als Zufluchtsstätte nach den Mühen des Arbeitstages. Die Familie war keine Produktionsgemeinschaft, sondern eine Gemeinschaft für Konsum, Freizeit und Entspannung.

Das bürgerliche Familienideal verschärfte die Ungleichheit zwischen den Geschlechtern. Dem Mann wurde die Rolle des Ernährers zugeschrieben, er war zuständig für die „Außenwelt". Der Frau fiel die dienende Rolle in der „Innenwelt" der Familie zu: sie war für die häusliche Gemütlichkeit verantwortlich, hatte die Kinder zu erziehen und – möglichst liebevoll – für den Ehemann zu sorgen.

Bürgerliche Familien dieses geschilderten Typs waren im 19. Jahrhundert zahlenmäßig nur gering vertreten. Ihre historische Bedeutung erlangten sie in erster Linie durch ihre Leitbildfunktion. Sie übten starke Anziehungskraft auf die alten und insbesondere die neu entstehenden Mittelschichten, aber auch auf die Unterschichten aus. Ihre große Zeit kam jedoch erst im 20. Jahrhundert, insbesondere nach dem 2. Weltkrieg, als wachsender Wohlstand und wachsende Freizeit bessere Voraussetzungen für ihre Verbreitung schufen (vgl. S. 265 ff.).

Im Proletariat war es vor allem die wachsende Zahl der **Industriearbeiterfamilien**, die eine wichtige Gemeinsamkeit mit der bürgerlichen Familie aufwiesen: Fabrik und Wohnung waren zwei getrennte Bereiche. Heimarbeiterfamilien, wo der mühsame Broterwerb im Hause erfolgte, waren lediglich eine historische Übergangserscheinung. Bei den Industriearbeiterfamilien des 19. Jahrhunderts fehlten allerdings die materiellen Voraussetzungen zur Durchsetzung bürgerlicher Familienverhältnisse. Ihre ökonomische Mangellage zwang dazu, alle Kräfte zur Sicherung des Lebensunterhalts einzusetzen. Lange Arbeitszeiten, erschöpfende Frauen- und Kinderarbeit, äußerst beengte Wohnverhältnisse – Kinder und Eltern mußten häufig mit sog. „Schlafburschen" und „Bettgehern" in einem Zimmer schlafen – ließen für eine bürgerliche Familienidylle weder Zeit noch Raum.

Erwähnenswert sind noch zwei weitere Entwicklungstendenzen: die **steigende Zahl der Familien** im allgemeinen und das Auftauchen **„unvollständiger" Familien** in den Städten. Da für Knechte und Mägde, Gesellen und Dienstboten die Heiratsbeschränkungen zunächst vorübergehend, später endgültig aufgehoben wurden, wurde häufiger und früher geheiratet. Mit dem Rückgang der Familienbetriebe ließ auch der ökonomische Zwang nach, verstorbene Ehepartner durch Wiederheirat zu ersetzen. Sogenannte „unvollständige" Familien bereichern daher das Spektrum der Familienformen.

Der Soziologe *Theodor Geiger* (1891 – 1952) deutet den Strukturwandel der Familie auf einer allgemeineren Ebene als die **Aufspaltung** des gesellschaftlichen Lebens in eine **unpersönliche öffentliche Sphäre** mit Zügen eines Massendaseins und in eine **intime individualisierte Privatsphäre**:

„Seither haben private und öffentliche Lebensphäre sich so auseinandergespalten, daß jeder ein besonderes gesellschaftliches Milieu entspricht ... Der Dualismus der gesellschaftlichen Sphären ist das Sondermerkmal neuzeitlichen Daseins" (*Geiger* o.J., 61, 65).

2.6 Die verspätete Demokratie

Ich möchte die wirtschafts- und sozialgeschichtliche Skizze mit einem kurzen Hinweis auf die Entwicklung der politischen Strukturen abschließen. Die Industrialisierung setzte in Deutschland vergleichsweise spät ein, noch stärker verzögerte sich jedoch die Demokratisierung. Deutschland ist nicht nur eine „verspätete Nation" und eine verspätete Industriegesellschaft, sondern erst recht eine verspätete Demokratie. Die überkommenen obrigkeitsstaatlichen politischen Strukturen erwiesen sich als noch zählebiger als die überkommenen ökonomischen und sozialen Strukturen, die industrielle Revolution wurde in Deutschland nicht gleichzeitig von einer erfolgreichen politischen Revolution begleitet. Zu Beginn des Jahrhunderts hatte sich ein „Industrievolk im Kleide des Agrarstaates" entwickelt – wie es der liberale Publizist und Politiker *Friedrich Naumann* (1860 – 1919) treffend beklagte (zit. nach *Ritter/Kocka* 1974, 69). Es bedurfte erst der Erschütterungen durch zwei militärische Niederlagen, ehe sich dann im zweiten Anlauf – unter anfänglicher Mithilfe der Siegermächte – demokratische Strukturen in Westdeutschland langfristig stabilisieren konnten. Und den Ostdeutschen gelang es erst in der jüngsten Vergangenheit, sich von den autoritären politischen Institutionen des sozialistischen Systems zu befreien.

Anmerkungen

1 Vgl. auch *Bellebaum* 1978, 22ff.; *Ballerstedt/Glatzer* 1979, 103; *Erd/Jaccobi/Schumm* 1986; *Feist u. a.* 1989; *Schröder u. a.* 1989; *Bundeszentrale für politische Bildung* 1990.

2 Eine Übersicht über Entdeckungen und Erfindungen bei *Lahner/Ulrich* 1969; vgl. auch *Henning* 1989, 114-119.

3 rechtliche Vermögensform zur Erhaltung eines Familiengutes; z.B. Unteilbarkeit, bestimmte Erbfolge.

4 *Bahrdt* 1966, 47; *Schäfer* 1979, 167; *Reulecke* 1985, 74.

5 Vgl. dazu insbes. die Arbeiten von *Mitterauer* (1977, 1979), *Rosenbaum* (1982), *Weber-Kellermann* (1981) und *Sieder* (1987) sowie die Aufsatzsammlungen von *Mitterauer/Sieder* (1977) und *Rosenbaum* (1978).

3. Die Entwicklung der materiellen Lebensbedingungen

3.1 Wohlstandsexplosion und Wohlstandsschere

Auf das „goldene Zeitalter“ der Hochindustrialisierung im Kaiserreich mit der Verdoppelung der Realeinkommen und anderen Verbesserungen der Lebensverhältnisse folgten drei Jahrzehnte der Einbrüche und des Stillstands. Der 1. Weltkrieg, die Wirtschaftskrisen der Weimarer Republik mit Inflation und Massenarbeitslosigkeit und der 2. Weltkrieg mit seinen Folgen führten zu krassen, krisenhaften Veränderungen in den Lebensumständen vieler Menschen. Die Entwicklung der Einkommen, der Vermögen und des Lebensniveaus brachten im Durchschnitt keine nennenswerten Fortschritte; die beiden Weltkriege markierten eine Periode des Auf und Ab und der Stagnation. Nach dem 2. Weltkrieg entwickelten sich dann die materiellen Lebensbedingungen in den beiden Teilen Deutschlands sehr unterschiedlich.

In **Westdeutschland** setzte, nachdem die schlimmsten Folgen des 2. Weltkriegs überwunden waren, eine dramatische Aufwärtsentwicklung ein. Das „Wirtschaftswunder“ ließ die Einkommen und Vermögen und in ihrem Gefolge den Lebensstandard steil in die Höhe schnellen. *Miegel* (1983) bezeichnet diesen historisch einmaligen Boom als „verkannte Revolution“; die Dramatik seiner Geschwindigkeit und seiner Folgen – die schnelle Ausbreitung von Massenwohlstand und Massenkonsum – rechtfertigen auch die Bezeichnung **„Wohlstandsexplosion“**. Diese Entwicklung kam erst zu Beginn der 80er Jahre auf hohem Niveau zum Stillstand.

Nach *Miegel* (1983, 178) stieg das **Volkseinkommen** und das **Vermögen pro Kopf** der Bevölkerung in den drei Jahrzehnten zwischen 1950 und 1980 real um jeweils das Fünffache an.[1] In Preisen von 1983 „explodierte“ das Volkseinkommen pro Kopf von reichlich 4.000 DM im Jahre 1950 auf ca. 21.000 DM im Jahre 1980.

Das ungeheure Tempo dieses Wachstums wird durch den **historischen Vergleich** deutlich (Abb. 3.1). Von 1800 bis 1950 stieg das reale Volkseinkommen pro Kopf um das Dreifache an, in der ersten Hälfte dieses Jahrhunderts lediglich um ein Drittel; d.h. zwischen 1950 und 1980 wuchs das Volks-

Abb. 3.1: *Entwicklung des Volkseinkommens 1800 bis 2000*

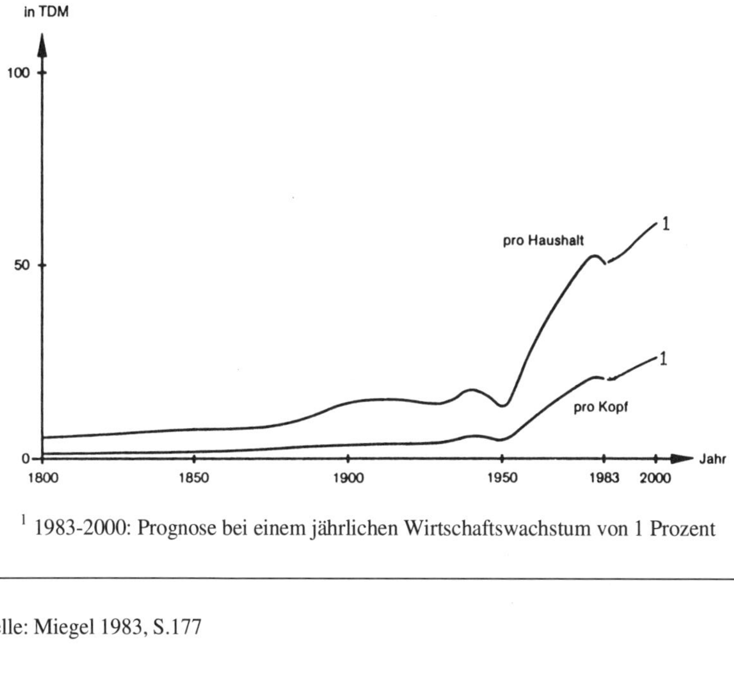

[1] 1983-2000: Prognose bei einem jährlichen Wirtschaftswachstum von 1 Prozent

Quelle: Miegel 1983, S.177

einkommen ca. 15mal mehr als in den fünfzig Jahren vorher und erheblich stärker als in den vorangehenden eineinhalb Jahrhunderten. In absoluten Zahlen ist allein der Anstieg in den 50er Jahren doppelt so groß wie zwischen 1800 und 1950 (*Miegel* 1983, 176ff.).

Eine neue Studie aus dem Bonner Institut für Wirtschaft und Gesellschaft relativiert die Berechnungen *Miegels* etwas. Danach stieg das Bruttoinlandsprodukt pro Kopf in Westdeutschland zwischen 1950 und 1989 um das 4,15fache an (*Merkel/Wahl* 1991, 58).

Die Steigerung des Volkseinkommens hat sich nicht voll in den Löhnen und Gehältern niedergeschlagen, aber auch das **verfügbare Einkommen** ist erheblich angewachsen. Die folgenden Beispiele beziehen sich auf die **reale** Erhöhung der Einkommen, d.h. sie sind um die Teuerungsrate bzw. den Preisanstieg bereinigt.

- Die **Bruttoreallöhne der Industriearbeiter** steigen seit mehr als vier Jahrzehnten nahezu kontinuierlich an; nur 1981 bis 1984 waren sie rückläufig oder stagnierend. Sie kletterten zwischen 1950 und 1989 um das 4,5fache. Ganz ähnlich verläuft die Wachstumskurve für die Realgehälter der Angestellten in Industrie und im Dienstleistungsbereich (BMAS 1990, Tab. 5.4).

- Die **Nettoreallöhne und -gehälter** aller Arbeitnehmer wuchsen von 1955 bis 1985 um das 2,3fache (StBA 1987a, 37). Auch für den durchschnittlichen Arbeitnehmer sanken die Realeinkommen zwischen 1980 und 1983, weil die Preissteigerungen und die steigenden Abgaben durch nominale Einkommenssteigerungen nicht aufgefangen werden konnten. Angesichts des bereits erreichten hohen Niveaus resultierte daraus keine kritische Situation; Massenwohlstand und Massenkonsum wurden nicht nenneswert beeinträchtigt.

- Das **reale Nettoeinkommen der Haushalte** pro Kopf stieg in den 70er Jahren nur noch um etwa ein Drittel an. Wegen der rückläufigen Lohn- und Gehaltsentwicklung zu Beginn der 80er Jahre erhöhte es sich im vergangenen Jahrzehnt bei den verschiedenen Arbeitnehmergruppen und Ruheständlern nur noch geringfügig. Lediglich die Selbständigen außerhalb der Landwirtschaft konnten in den 80er Jahren ihre Einkommen weiterhin erheblich verbessern (Einzelheiten in Abb. 3.2).

Abb. 3.2: *Anstieg des realen Haushaltsnettoeinkommens pro Kopf (1) (Bundesrepublik 1970 – 1989)*

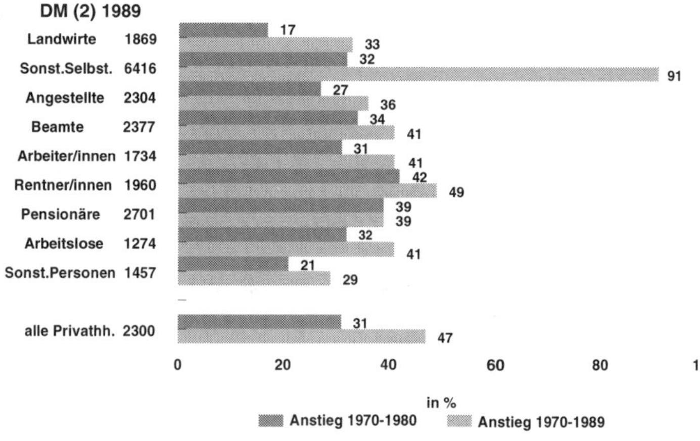

(1) gewichtet nach Zahl und Alter der Haushaltsmitglieder (2) pro Monat

Quelle: Bedau 1990, 307.

– Die Wohlstandsexplosion kam auch dem Lebensstandard der **wirtschaftlich schwachen Schichten** zugute (vgl. *Miegel* 1983, 179).

DDR. Ein Vergleich der gesamtwirtschaftlichen Leistungsentwicklung in den beiden deutschen Gesellschaften ist mit erheblichen Methodenproblemen verbunden und z. T. auf Schätzungen angewiesen, die zu von einander abweichenden Ergebnissen geführt haben.[2] Ich werde mich daher auf die **Einkommensentwicklung** beschränken. Die Situation in der **DDR** läßt sich am besten als **Wohlstandssteigerung**, nicht aber als Wohlstandsexplosion charakterisieren. Die Nettoeinkommen der Arbeitnehmerhaushalte stiegen auch in der DDR in den letzten Jahrzehnten kontinuierlich an, allerdings nicht so steil wie in der Bundesrepublik. Abb. 3.3 macht deutlich, daß die Einkommensdifferenz zwischen Ost- und Westdeutschland in den 60er und 70er Jahren immer stärker zugenommen hat. 1960 lag das reale, um die Kaufkraftun-

Abb. 3.3: *Nettodurchschnittseinkommen der Arbeitnehmerhaushalte 1960 – 1982*

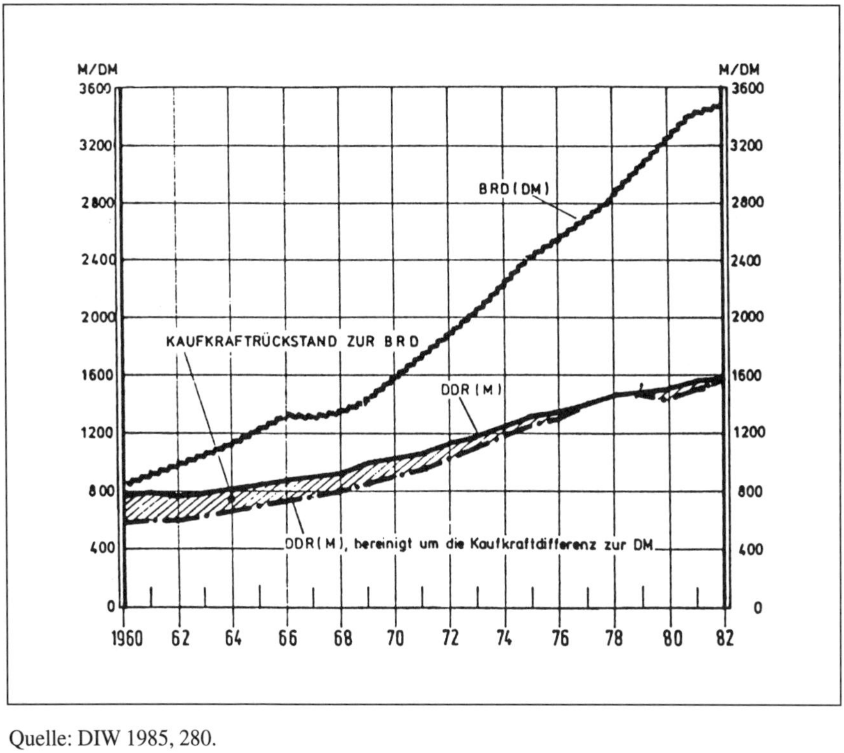

Quelle: DIW 1985, 280.

terschiede bereinigte Durchschnittseinkommen in der DDR um 30% hinter dem westdeutschen zurück, 1970 um mehr als 40% und zu Beginn der 80er Jahre bereits um 55%. In den 80er Jahren ist dann die Kluft wegen der vergleichsweise schwachen Steigerungen in der Bundesrepublik und wegen der relativen Kaufkraftverbesserung der Mark (Ost) etwas kleiner geworden. Alle Privathaushalte der DDR lagen 1988 mit ihrem verfügbaren Einkommen um 53% unter dem westdeutschen Niveau, die Arbeitnehmerhaushalte lediglich um 46% (berechnet nach *Bedau/Vortmann* 1990, 656, 659). Dabei ist zu beachten, daß es in der DDR mehr Doppelverdiener-Haushalte gab und daß daher der Abstand bei den Individualeinkommen noch größer war (vgl. Abb. 3.12). Die **Ost-West-Einkommensschere** hat sich also bis anfang der 80er Jahre zunehmend geöffnet.

Mit den Einkommen stiegen auch die **Vermögen** steil an. Die Ersparnisse und Geldvermögen in Abb. 3.4 stellen einen kleinen Ausschnitt aus dieser Entwicklung dar. Sie lagen im Jahre 1988 in der Bundesrepublik um ca. das Vierfache höher als in der DDR. Die Bürger der DDR hinterlegten das ersparte Geld im wesentlichen auf Bankkonten, in der Bundeserpublik wurden dagegen andere Möglichkeiten zur Vermögensanlage – z. B. Wertpapiere oder Lebensversicherungen – ausgiebig genutzt. Dabei ist zu beachten, daß sich hinter den Durchschnittswerten aus der Bundesrepublik starke Unterschiede in der Vermögensverteilung verbergen (s. S. 55 ff.).

Abb.3.4: *Ersparnisse und Geldvermögen 1970 – 1988*

	DDR		Bundesrepublik	
	1970	1988	1970	1988
monatliche private Ersparnisse pro Einw. in M/DM	23	57	87	252
Sparquote in % [1]	6	7	15	14
priv. Sparguthaben pro Einw. in M/DM	3055	9091	3167	11579
priv. Geldvermögen[2] pro Einw. in M/DM	3842	11022	8103	40747

[1] Anteil der laufenden Ersparnisse am Nettoeinkommen

[2] Im wesentlichen: Sparguthaben, Bargeld, Wertpapiere, Lebensversicherungen

Quelle: Sondergutachten des Sachverständigenrates zur Begutachtung der gesamtwirtschaftlichen Entwicklung vom 20. Januar 1990 (IDW 1990a, Nr. 9)

Mit der Steigerung der Einkommen haben sich die **Lebensbedingungen** der Bevölkerung in vielen Bereichen verbessert. Beispielhaft möchte ich dies an den Wohnverhältnissen und an der Ausstattung der Familien mit hochwertigen langlebigen Konsumgütern illustrieren.

Größe und Qualität der **Wohnungen** beeinflussen den Lebensstandard in erheblichem Maße. Wohnungen bilden ein wichtiges Refugium für die wachsende Freizeit und für die Erholung von der Arbeit; ein großer Teil des Lebens von Kindern und nichterwerbstätigen Menschen spielt sich in der Wohnung ab. Wohnverhältnisse sind nicht zuletzt ein wichtiger Faktor für die Harmonie bzw. die Konflikte im Familienleben und für eine persönlichkeitsorientierte Kindererziehung.

Nach der kriegsbedingten Wohnungsnot der 50er Jahre haben sich die Wohnbedingungen – die Belegung, Größe und Ausstattung der Wohnungen – in der **BR** erheblich verbessert (Abb. 3.5). Auch in der **DDR** spiegelte sich der zunehmende Wohlstand in einer deutlich verbesserten Versorgung mit Wohnraum wider, aber die Bevölkerung der DDR wohnte im Vergleich zur

Abb. 3.5: *Wohnungsversorgung 1950 – 1989*

	Wohnfläche je Person qm		Personen je Raum	Wohnungen ohne Bad %		Wohnungen o. Innen-WC %	
	BRD	DDR	BRD	BRD	DDR	BRD	DDR
1950	15		1,2	80			
1960/61	20	16	0,9	53	78		67
1970	24	21	0,7[2]	28	61	21	61
1981/82[1]	34	24	0,6	8	32		40
1989	35	28	0,5[3]	4	18	2	24

	BRD	DDR
Wohnräume je 100 Einw. (1989)	140	111
Wohnfläche je Wohnung (1989)	86	64
Nachkriegsbauten (BRD 1988, DDR 1989)[4] in %	74	ca. 45
moderne Heizung (BRD 1988, DDR 1989) in %	81	47
Wohnungen mit WC/ Bad/Zentralheizung (BRD 1988, DDR 1990) in %	79	49

[1]DDR 1981, BRD 1982 [2]1972 [3]1987 [4]DDR ab 1946, BRD ab 1949

Quellen: Glatzer 1989, 287; Stat. Jb. BRD 1989, 128 und 1990, 494; Schröder 1991, 7ff.; Sozialreport '90, 157f.; FAZ vom 22. März 1990; Landua/Zapf 1991, 12.

Bundesrepublik deutlich beengter und weniger komfortabel. Größe und Ausstattung der Wohnungen hinkten ca. zwei Jahrzehnte hinter der bundesdeutschen Entwicklung her. 1989 stand dem Bundesbürger im Durchschnitt ein Viertel mehr Wohnfläche zur Verfügung als dem DDR-Bürger; die durchschnittliche Größe von Neubauwohnungen ging von ca. 65 qm 1955 auf 40 qm anfang der 80er Jahre zurück (*Rostock* 1991, 43f.). In der DDR war fast jede zweite Wohnung mit veralteten, stark umweltbelastenden Heizungen versehen, jede vierte Wohnung hatte noch keine Innentoilette (BR: 2%) und fast jede fünfte kein Bad (BR: 4%) (Abb. 3.5). Mehr als die Hälfte der ostdeutschen Wohnungen stammt aus der Zeit vor 1946. Viele der Altbauten sind marode und vom Zerfall bedroht (vgl. S. 187 f.), u. a. deshalb, weil die staatlich verordneten niedrigen Mieten die privaten Vermieter daran hinderten, die Substanz ihrer Häuser zu erhalten oder diese gar zu modernisieren.

Die Deutschen leben nicht nur in geräumigeren und komfortableren Wohnungen und Häusern, sie haben auch die technischen **Konsumgüter** der Industrie genutzt, um ihr Leben leichter und angenehmer zu gestalten. Abb.3.6 zeigt, wie sich Pkws, Kommunikationsmedien und moderne Haushaltsgeräte in beiden deutschen Gesellschaften nach und nach ausgebreitet haben. Auch in diesem Bereich lag die DDR um 15 und mehr Jahre zurück. So zeigen z. B. die quantitativen Daten, daß der Pkw-Bestand in den ostdeutschen Familien vor dem Umbruch der westdeutschen Situation zu Beginn der 70er Jahre entsprach. Dazu kommen dann noch qualitative Unterschiede, wie sie etwa beim Vergleich eines „Trabi“ mit einem VW-Golf augenfällig werden. Bei der Ausstattung mit Telefongeräten hinkte die DDR sogar drei Jahrzehnte hinterher.

Das westdeutsche Wohlstandsniveau ist nicht nur historisch einmalig, sondern kann sich auch im **internationalen Vergleich** sehen lassen. Die (alte) Bundesrepublik ist eine der reichsten Gesellschaften der Erde; nur in wenigen Ländern werden pro Kopf mehr Werte erwirtschaftet als hier. Die westlichen Gesellschaften gehören – zusammen mit Japan und einigen „neureichen“ arabischen Erdölproduzenten – zu den Reichen der Welt, und unter den Wohlhabenden nimmt die Bundesrepublik wiederum eine Spitzenposition ein. Gemessen am Bruttoinlandsprodukt je Einwohner in US-Dollar lag sie 1987 – nach den Ländern Schweiz, USA, Norwegen, Vereinigte Arabische Emirate, Japan, Schweden, Kanada, Dänemark, Kuweit und Finnland (in dieser Reihenfolge) – auf Platz 11 der „Weltrangliste“ (iwd 45/1989, 5).

Interessant ist die Reaktion der Westdeutschen auf die Wohlstandsexplosion. In den 50er und 60er Jahren steigt mit der Verbesserung der materiellen Lebensbedingungen auch das **subjektive Wohlbefinden** der Bevölkerung deutlich an. Immer mehr Menschen geben auf entsprechende Fragen an, sie seien „zufrieden“ oder „glücklich“. In den 70er und 80er Jahren dagegen

Abb. 3.6: *Haushaltsausstattung mit Konsumgütern 1962 – 1988 (in Prozent)*

	Bundesrepublik				DDR			
	1962	1973	1983	1988	1960	1970	1983	1988
Pkw	27	55	65	68	3	16	42	52
Waschmachine[1]	34	75	83	86	6	54	87[3]	99
Gefrierschrank	3	28	65	70	0	91	29[3]	43
Geschirrspülmaschine	0	7	24	29				
Telefon[2]	14	51	88	93		6	12	16
Fernsehgerät	37	89	94	95	1	70	91[3]	96
Farbfernsehgerät	0	15	73	87	0	0	38[3]	52
Stereoanlage	0	0	38	42				

[1] BR – Waschvollautomat. 1988 waren 66% der DDR-Haushalte mit einem Waschvollautomaten ausgestattet (Lectum 2/1990,4)

[2] DDR – Anzahl der Hauptanschlüsse in Wohnungen je 100 Haushalte

[3] 1985

Quellen: BRD – Datenreport 1987, 115 (1962 – 1983); Euler 1989, 309 (1988);
DDR – Stat. Jb. 1984, 281 und 1990, 325.

zeigt dieses grobe Meßinstrument der Umfrageforschung keine weiteren langfristigen Verbesserungen an, aber auch keinen rückläufigen Trend (*Bös/Glatzer* 1991). Seit 1978 schwankt der Anteil der „Unzufriedenen“ um die 10%-Marke (*Landua/Spellerberg/Habich* 1991, 10).

Wo liegen die **Ursachen für das Wohlstandsgefälle** von West nach Ost? Es ist einseitig, die Wohlstandsschere ausschließlich den Funktionsschwächen des sozialistischen Wirtschaftssystems anzulasten. Zu den Systemmängeln kommen drei weitere Ursachenkomplexe hinzu: ungleiche Startbedingungen in den Nachkriegsjahren, ungünstige außenwirtschaftliche Verflechtungen sowie demographische Engpässe.

Ostdeutschland hatte erheblich schwerer an den **Kriegsfolgen** zu tragen als Westdeutschland. Während es sich die wirtschaftlich entwickelten und z. T. auch wohlhabenden Westalliierten leisten konnten, die Reparationsfragen in den Westzonen großzügig zu regeln und mit dem Marshallplan wirtschaftliche Starthilfe zu geben, war die ausgeblutete Sowjetunion in starkem Maße auf Kriegsentschädigungen aus ihrer Besatzungszone angewiesen. So hatten die Ostdeutschen bis 1953 Leistungen (Demontagen, Warenlieferungen, Geldzahlungen u. a.) in Höhe von 66 Milliarden Reichsmark in Preisen von 1944 zu zahlen (BMIB 1985, 1122), die Westdeutschen kamen in den ersten Jahren mit 517 Millionen US-Dollar zum Kurs von 1938 davon. Die Belastungen durch Reparationen waren also in der SBZ um mehr als das 30fache höher, pro Kopf der Bevölkerung sogar um mehr als das 80fache. Dazu kamen zusätzliche Schwierigkeiten durch die erzwungene Einbindung der ostdeutschen Wirtschaft in den **Osthandel**. Ostdeutschland wurde von wichtigen Zulieferern und Absatzmärkten im Westen abgeschnitten und mußte sich auf neue Partner im Osten umstellen, die auf niedrigerem technischen und wirtschaftlichen Niveau standen. Diese ungünstige Ausgangsposition hatte bereits in den ersten Nachkriegsjahren einen erheblichen wirtschaftlichen Rückstand zur Folge. In den 50er Jahren wurde die wirtschaftliche Dynamik auch durch die **revolutionäre Umgestaltung** von Wirtschaft und Gesellschaft gehemmt. Diese schwächte die traditionellen Motivationskräfte und löste eine über Jahre anhaltende **Ost-West-Wanderung** aus. Dadurch wurden nicht nur die täglichen Arbeitsabläufe ständig gestört, sondern die ostdeutsche Wirtschaft verlor insbesondere junge, gut qualifizierte und vermutlich auch besonders dynamische Arbeitskräfte, die auf der anderen Seite einen wichtigen Beitrag zum wirtschaftlichen Aufschwung in Westdeutschland leisteten (vgl. S. 299 f.).

Die zentrale Planwirtschaft der DDR war nicht in der Lage, den Startrückstand aufzuholen. Im Gegenteil: die **mangelnde Effizienz** und die **Wachstumsschwäche** des sozialistischen Wirtschafts- und Gesellschaftssystems sowie dessen Abschirmung gegenüber dem Konkurrenzdruck des Weltmarktes im osteuropäischen Rat für gegenseitige Wirtschaftshilfe (RGW) vergrößerten das Wohlstandsgefälle. Planungs- und Organisationsmängel, ein niedriges Innovationspotential, alternde technische Anlagen, Arbeitsmotivationsprobleme (vgl. S. 107, 138, 151), die z. T. mit überzogenen sozialen Nivellierungen zusammenhingen, der übermäßige Einfluß politischer Kriterien bei der Besetzung von Leitungspositionen sowie die Quasi-Vernichtung des Mittelstandes der Selbständigen bremsten die Entwicklung der Produktivität. Ein ostdeutscher Erwerbstätiger „produzierte" im Durchschnitt erheblich weniger Waren und Dienste als ein westdeutscher. Wegen der bereits erwähnten Methodenprobleme bei der Quantifizierung der wirtschaftlichen Leistungen beruhen Produktivitätsvergleiche auf sehr unterschiedlichen Schätzungen. Es sieht aber so aus, als sei der **Produktivitätsrückstand** der DDR in den letzten Jahrzehnten gewachsen (DIW 1985, 141; *Merkel/Wahl* 1991, 78). Nach den Berechnungen des Deutschen Instituts für Wirtschaftsforschung lag die Produktivität in der DDR in den Jahren 1970 und 1983 bei 46% bzw. 49% der westdeutschen (BMIB 1987, 478); für das Jahr 1989 wird sie nach neueren, vorher nicht zugänglichen Informationen, nur noch auf ca. 30-40% des Westniveaus eingestuft, einige Schätzungen liegen sogar noch niedriger (vgl. *Paraskewopoulos* 1990, 14; *Merkel/Wahl* 1991, 78).

Die **Wohlstandsschere**, die der DDR-Bevölkerung wegen des Westreiseverbots lange Zeit nicht in ihrem ganzen Ausmaß bewußt wurde, dürfte neben dem Defizit an Freiheit und politischer Teilnahme die zentrale Ursache für die zunehmende Unzufriedenheit, die Massenflucht und schließlich für den Zusammenbruch des Sozialismus gewesen sein, der möglich wurde, nachdem der außenpolitische Druck zur Erhaltung des Systems gewichen war.

Für die Politik der nächsten Jahre stellt das Wohlstandsgefälle eine der größten, wenn nicht die **größte Herausforderung** und gleichzeitig einen **zentralen Konfliktherd** dar. Der verständliche Wunsch der Ostdeutschen nach einer möglichst raschen Angleichung ihres Lebensstandards an das Westniveau kollidiert mit der ökonomischen Notwendigkeit, daß Einkommensverbesserungen auch an Produktivitätsfortschritte gebunden sind. Was ökonomisch sinnvoll oder auch notwendig ist, kann jedoch dem einzelnen Betroffenen als ungerecht erscheinen. Es ist psychologisch gut nachvollziehbar, daß ein Lokomotivführer der ostdeutschen Reichsbahn, der subjektiv dieselbe Leistung vollbringt wie sein Kollege von der Bundesbahn, sich ungerecht behandelt fühlt, wenn er für die gleiche Leistung weniger Lohn als sein Westkollege erhält. Das andere ökonomische Umfeld, das seine subjektiv gleiche Leistung im Wert mindert, ist für ihn kaum einsehbar und verständlich. Es wird zu den Steuerungskünsten der Machteliten gehören, die sozialen Ansprüche der Ostdeutschen in ökonomisch vertretbare und auch von der westdeutschen Bevölkerung akzeptierte Bahnen zu lenken; denn diese wird trotz aller Appelle zur Solidarität nur in Grenzen bereit sein, „die Teilung durch Teilen zu überwinden" (*Lothar de Maizière*). Bei den Löhnen und Gehältern deuten die bisherigen Tarifvereinbarungen darauf hin, daß die West-Ost-Unterschiede in der zweiten Hälfte der 90er Jahre verschwinden werden. Es ist absehbar, daß sich die Einkommensschere erheblich schneller schließen wird als die Produktivitätsschere. Daher werden über viele Jahre umfangreiche Transfers von West nach Ost nötig sein, um in ganz Deutschland relativ rasch annähernd einheitliche materielle Lebensbedingungen herzustellen und zu sichern.

3.2 Einkommensunterschiede

3.2.1 Bundesrepublik

Die Wohlstandsexplosion hat die sozialen Unterschiede in der Bundesrepublik in vielen Bereichen nicht eingeebnet. Die Kluft zwischen Arm und Reich wird dem sozial sensiblen Beobachter ab und zu in drastischer Form vor Augen geführt:

In großstädtischen Ladenpassagen finden Pelzmäntel für 15.000 DM oder brillantbesetzte Uhren für 17.000 DM ihre Käufer, während vor den Schaufenstern derselben exklusiven Boutiquen Menschen neben leeren Weinflaschen und neben Plastiktüten schlafen, in denen sie ihr ganzes Hab und Gut mit sich führen. Auch die folgende Anzeige aus einem kleinstädtischen Stadtanzeiger macht deutliche Unterschiede auf hohem Niveau sichtbar:

„Deutsche Großbank sucht für:

Bankkauffrau	1 – 2 ZW
Chefsekrektärin	2 – 3 ZW
Diplom-Kauffrau	3 – 4 ZW
Devisenhändler	4 – 5 ZW
Dr. rer. pol.	RH od. DHH
Direktor	1-2-Fam.-Haus
Vorstandsmitglied	Villa“

Methodische Vorbemerkung. Einkommen sind ein relativ guter Indikator für Lebensstandard. Die folgenden Aussagen beziehen sich auf **Netto**einkommen, d.h. auf das Geld, das den Familien oder Einzelpersonen nach Abzug der Steuern und Sozialabgaben tatsächlich zur Verfügung steht. Sie beziehen sich des weiteren in der Regel auf **Haushalts**einkommen; diese sind für den Lebensstandard erheblich aussagekräftiger als Individualeinkommen, die keine Auskunft darüber geben, ob eine Familie von lediglich einem Verdienst leben muß oder ob mehrere Verdiener für ihre Auskommen sorgen. Haushaltseinkommen enthalten keine Informationen darüber, wieviele Personen vom Familienverdienst leben müssen. Daher werden sie ab und zu „pro Kopf“ angegeben, d.h. nach Zahl und manchmal auch nach Alter der im Haushalt lebenden Personen gewichtet.

Die Einkommensstatistiken sind auch noch in weiteren Punkten ungenau. Einkommen stammen aus verschiedenen Quellen: relativ klar und übersichtlich sind Löhne, Gehälter, Einkommen aus unselbständiger Erwerbsarbeit oder Renten bzw. Pensionen; bei Zinsen aus Sparguthaben oder bei Renditen aus Wertpapieren ist es schon weniger sicher, ob diese beim Finanzamt oder bei Umfragen auch in ihrer wirklichen Höhe angegeben werden. Auch die sogenannten „invisibles“, die „unsichtbaren Einkommen“, sind nur mit Schwierigkeiten zu ermitteln; so z. B. die betrieblichen Zuschüsse zu den Kantinenessen der Werksangehörigen, der Dienstwagen des Direktors, das verbilligte Darlehen des Arbeitgebers, die kostengünstige Dienstwohnung der Soldaten, die staatliche Krankenbeihilfe des Beamten oder die Billigfahrten des Eisenbahners. Auch die nicht unerheblichen Einkünfte aus Schwarzarbeit dürften sich in den Einkommensstatistiken kaum wiederfinden. Außerdem ist vielen Personen und Familien nicht daran gelegen, ihr Gesamteinkommen offenzulegen; andere wiederum sind gar nicht in der Lage, die Summe ihrer Einkommensströme aus den verschiedenen Quellen exakt anzugeben. Hinzu kommen noch Steuervergünstigungen für verschiedene Berufsgruppen, die den Lebensstandard beeinflussen, ohne sich in der Einkommensstatistik niederzuschlagen. So kann z. B. der Arzt oder der selbständige Geschäftsmann seinen Pkw aus steuerlichen Gründen billiger fahren als der Lehrer oder Arbeiter. Insgesamt dürften die Ungenauigkeiten und Verzerrungen der Einkommensstatistik dazu führen, daß die hohen Einkünfte in ihrem Ausmaß unterschätzt werden. Trotz dieser Unzulänglichkeiten können die Angaben zu den Haushaltseinkommen ein ungefähres Bild der großen Einkommensunterschiede und ihrer Entwicklungen vermitteln.

Das durchschnittliche **Nettohaushaltseinkommen** pro Monat in der Bundesrepublik lag 1988 bei 4024 DM (vgl. Abb. 3.8). Hinter diesem Durchschnittswert verbergen sich große Unterschiede. 2% der Haushalte darbten mit weniger als 1000 DM dahin; fast doppelt so hoch war laut Statistik der Anteil derjenigen, die mit mehr als 10.000 DM einen großzügigen und z. T. auch luxuriösen Lebensstil pflegen konnten. In Wirklichkeit dürfte der Anteil der Großverdiener aus den angeführten Gründen größer sein. Mehr als die Hälfte der Haushalte (54%) bewegte sich im Bereich von 2000 bis 4000 DM. Ein Sie-

Abb. 3.7: *Verteilung der Haushaltsnettoeinkommen (Bundesrepublik 1988)*

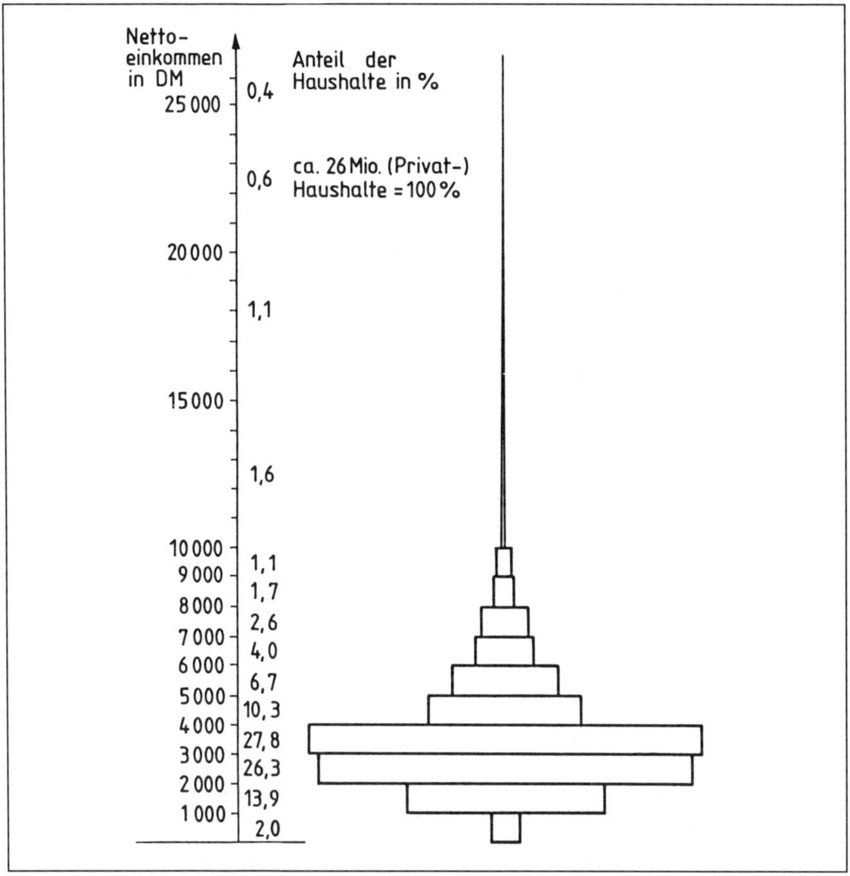

Quelle: erstellt nach Daten des DIW bei Bedau 1990a, 311.

bentel lag mit 1000 bis 2000 DM schon erheblich unter dem Durchschnitt; diese Familien erzielten nur 25 bis 50% des durchschnittlichen Einkommens. Aus dem „Durchschnittsbauch" der Graphik ragt eine Pyramide von überdurchschnittlichen Verdienern heraus, die sich nach oben hin zunehmend verjüngt und schließlich bei den Spitzeneinkommen die Form einer ausgezogenen Autoantenne annimmt (Abb. 3.7).

Gliedert man die Einkommensstatistik grob nach **Berufsgruppen** (Abb. 3.8; vgl. auch Abb. 3.2), dann hebt sich eine Gruppe deutlich aus der Masse ab: die Selbständigen (ohne Landwirte). In der Bundesrepublik zahlt es sich in

Abb. 3.8: *Haushaltsnettoeinkommen nach Stellung im Beruf (Bundesrepublik 1962/63 – 1988, Durchschnittseinkommen=100)*

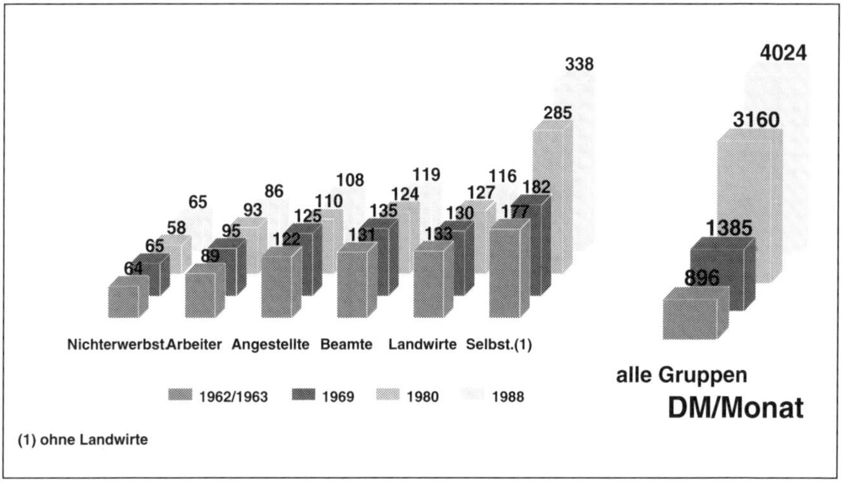

Quelle: Berechnungen nach Ballerstedt/Glatzer 1979, 261 und Schmid 1990

der Regel aus, ein Unternehmen, ein Geschäft oder eine Praxis zu betreiben; das verfügbare Einkommen in den Familien der Selbständigen ist mehr als dreimal so hoch wie der Durchschnitt. Ihr Vorsprung ist beträchtlich, selbst wenn man dabei berücksichtigen muß, daß Selbständige – wie auch die Landwirte – aus den angegebenen Einkommen einen Teil ihrer Alterssicherung bestreiten müssen. Die Einkommen der Beamtenfamilien liegen um 19% über dem Durchschnitt, die der Angestelltenfamilien um 8%. Arbeiterfamilien bilden bei dieser Grobeinteilung mit 86% der Durchschnittseinkommen das Schlußlicht unter den Erwerbstätigen. Die Rentner sind mit den anderen erwerbstätigen Gruppen nicht direkt vergleichbar, da lediglich ein bis maximal zwei Personen von einem Rentnerhaushaltseinkommen leben müssen. Berücksichtigt man die Haushaltsgröße, so sind Rentner im Durchschnitt nicht schlechter gestellt als normale Arbeitnehmer (vgl. S. 188).

Die Einteilung in derart grobe Berufsgruppen ebnet die de facto bestehenden Einkommensdifferenzen erheblich ein, denn innerhalb der Gruppen bestehen enorme Unterschiede. So ist z. B. der Einkommensmillionär unter den Großunternehmern genauso bei den Selbständigen erfaßt wie der kurz vor dem Ruin stehende Besitzer eines Tante-Emma-Ladens, und die Skala der Beamtengehälter reicht vom bescheidenen Gehalt des einfachen Gefreiten bis zum üppigen Entgelt des Staatssekretärs.

Das Sozioökonomische Panel der Jahre 1984 bis 1986[3] hat das Haushaltseinkommen pro Kopf ermittelt und nach **Klassenlagen** gegliedert (Abb. 3.9). Die Daten machen Unterschiede innerhalb der Arbeiter, der Angestellten und Beamten und der Selbständigen sichtbar. Alle Arbeiterschichten – auch die „Arbeiterelite“ der Vorarbeiter, Meister und Techniker – müssen mit einem unterdurchschnittlichen Einkommen auskommen. Das „Kleinbürgertum“ der kleinen Handwerker und Ladenbesitzer erzielt ein Einkommen, das etwas über dem Durchschnitt liegt und mit dem der einfachen Angestellten und Beamten vergleichbar ist.

Entwicklungen. Werden in den alten Bundesländern die Armen immer ärmer und die Reichen immer reicher, wie 71% der Westdeutschen im Jahre 1989 glaubten (iwd 51/1991,2)? Findet eine „Umverteilung von unten nach oben“ statt, wie es manche Kritiker der sozialen Entwicklung behaupten? Die empirischen Daten erhellen lediglich einige Aspekte des Problems und lassen nur Teilantworten zu. Präzise empirische Aussagen erhält man durch den **Vergleich von Fünfteln bzw. Quintilen.** Dabei wird die Bevölkerung in fünf gleich große Gruppen unterteilt und danach gefragt, wie groß der Anteil jedes Fünftels am Gesamteinkommen ist. Abb. 3.10 zeigt die Entwicklung von 1950 bis 1988. Sie macht deutlich, daß es erhebliche Unterschiede zwischen den Gruppen gibt und daß diese **ungleiche Verteilung** in erstaunlichem Maße **stabil** geblieben ist. Geringfügige Verlagerungen hat es durchaus gegeben – im Sinne einer leichten Umverteilung von oben nach unten: die beiden unteren Fünftel haben 2,5 bzw. 2,1 Prozentpunkte hinzugewonnen, die beiden oberen Fünftel haben 3,0 bzw. 2,3 Prozentpunkte eingebüßt. Da die Kluft zwischen Arm und Reich so groß ist, schlagen sich diese kleinen Veränderungen recht beachtlich auf das Gesamtmaß der Kluft nieder: 1950 verdiente das oberste Fünftel noch das 8,4fache des unteren Fünftels, 1988 war der Abstand zwischen diesen Extremgruppen auf das 5,4fache geschrumpft.

Andere Statistiken erhellen die Entwicklung der Einkommensverteilung aus einer anderen Sicht. Sie zeigen, daß die Zahl der Haushalte mit hohem und höchstem Einkommen erheblich zugenommen hat und daß sich immer mehr Familien immer weiter vom Durchschnitt entfernen. So hat sich der Anteil der Haushalte mit einem monatlichen Nettoeinkommen über 10 000 DM zwischen 1978 und 1988 mehr als verdreifacht (Schmid 1990). Die **Wohlhabenden und Reichen** in der Bundesrepublik sind also **immer zahlreicher** und gleichzeitig **immer wohlhabender und reicher** geworden. Die Reichen werden immer reicher – diese Tendenz läßt sich durchaus belegen.

Die Unterteilung nach **Berufsgruppen** in Abb. 3.8 gibt grobe Hinweise auf die Gewinner und Verlierer dieser Entwicklung. Das Ziel der 60er Jahre – „Wohlstand für alle“ – konnte z. T. realisiert werden. Der Anstieg der Einkommen kam allen Berufsgruppen zugute. Eindeutiger Hauptnutznießer waren

Abb. 3.9: *Haushaltsnettoeinkommen pro Kopf und Klassenlagen (Bundesrepublik 1984 – 1986)*

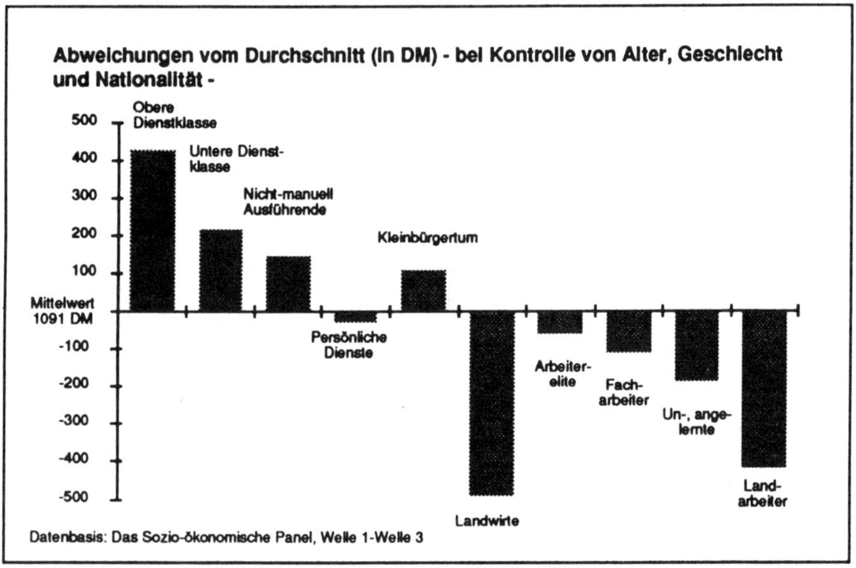

Erläuterungen zu den Klassenlagen:

Obere Dienstklasse: höhere und mittlere Ränge der akademischen Berufe, der Verwaltungs- und Managementberufe; Großunternehmer

Untere Dienstklasse: niedrige Ränge der o. a. Berufe

Nicht-manuell Ausführende: nicht-manuelle Berufe mit Routinetätigkeiten (vor allem Büro- und Verkaufsberufe)

Kleinbürgertum: kleine Selbständige ohne oder mit Mitarbeitern

Arbeiterelite: Techniker, Meister, Vorarbeiter

Quelle: Noll/Habich 1990, S. 172

allerdings die Selbständigen; sie konnten ihren Abstand zum Durchschnitt, der in den Jahren 1962/63 bereits erheblich war, nochmals fast verdoppeln und auf das 3,4-fache im Jahre 1988 ausbauen. Da die Selbständigen im gleichen Zeitraum um ca. ein Drittel schrumpften, dürfte ein Teil des Einkommenswachstums mit einem Strukturwandel dieser Gruppe zusammenhängen:

Abb. 3.10: *Verteilung der Haushaltsnettoeinkommen nach Fünfteln (Bundesrepublik 1950 – 1988)*

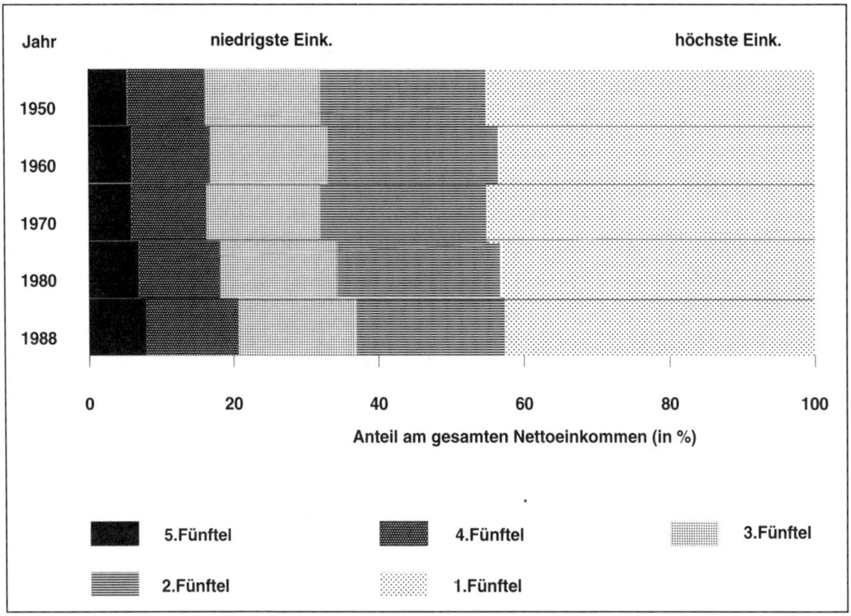

Quellen: DIW; Ballerstedt/Glatzer 1979, 259; Schmid 1987 und 1990

Kleine, unrentable Betriebe und Geschäfte, die das Durchschnittseinkommen nach unten drücken, verschwinden. Die Unterschiede zwischen den vier anderen Berufsgruppen wurden stärker eingeebnet. Landwirte, Beamte und Angestellte rückten näher an den Durchschnitt und an die Arbeiterschaft heran (vgl. auch Abb. 3.2).

3.2.2 DDR und neue Bundesländer

Die **DDR** verstand sich einerseits als „sozialistische Leistungsgesellschaft", in der „gleicher Lohn für gleiche Leistung" gezahlt werden sollte. Die staatlich festgesetzten Löhne und Gehälter sollten also nach Leistung gestaffelt sein. Andererseits war jedoch die Einkommenspolitik auch dem grundlegenden sozialistisch-egalitären Prinzip der „Annäherung aller Klassen und Schichten" verpflichtet und sollte die materielle Lage der verschiedenen Bevölkerungsgruppen immer mehr angleichen. Im Spannungsfeld dieser beiden

Prinzipien wurden in den vergangenen Jahrzehnten **Einkommensunterschiede** zwischen den Arbeitern und Angestellten, Genossenschaftsmitgliedern und Selbständigen (Abb. 3.11), aber auch innerhalb der Arbeitnehmer selbst **nivelliert**.

Der Vergleich mit der Bundesrepublik in Abb. 3.11 macht deutlich, daß die Arbeiter durch die Nivellierung eine vergleichsweise günstige Position erhielten; ihr Einkommensdefizit gegenüber der Bundesrepublik war mit 41% am niedrigsten. Selbständige dagegen, aber auch die Rentner waren die Opfer dieser „Annäherungspolitik" (vgl. dazu Kap. 5.2 und 5.6).

Die Nettolöhne und -gehälter zwischen Fach- und Hochschulabsolventen, Facharbeitern/Meistern und Arbeitnehmern ohne abgeschlossene Berufsausbildung wurden auch im Laufe der 80er Jahre weiter eingeebnet.

„Die bereits 1984 als nicht mehr vertretbar angesehene Entlohnungsrelation zwischen Produktuionsarbeitern, Meistern und Hoch- und Fachschulkadern haben sich nicht verbessert, sondern zum Teil noch verschlechtert. Insbesondere hat sich der Nettolohnabstand der Hoch- und Fachschulkader zu den Produktionsarbeitern von 122% im Jahre 1984 auf 115% im Jahre 1988 verringert" (Sozialreport '90, 120).

Abb. 3.12 enthält die Bruttomonatslöhne der verschiedenen Bildungsgruppen in den beiden deutschen Gesellschaften des Jahres 1988. Im unteren Bereich war die Einkommensstruktur in der DDR nur ganz geringfügig stärker nivelliert als in der Bundesrepublik: Personen ohne Berufsausbildung verdienten in der Bundesrepublik 75% des Durchschnitts, in der DDR mit 78% nur wenig mehr. Erheblich stärker war dagegen in der DDR die Spitze der Einkommenshierarchie „eingedrückt": Hochschulabsolventen lagen in der DDR nur um 35%, in der Bundesrepublik dagegen um 50% über dem Durchschnitt. Der Abstand der Akademiker zum Durchschnitt war in der Bundesrepublik um fast die Hälfte größer, bei einigen Berufsgruppen, z. B. im Bereich Forschung, betrug er das Doppelte.

Der Nivellierungseffekt wurde noch dadurch verstärkt, daß Geld wegen der Mängel im Waren- und Dienstleistungsangebot relativ „wertlos" war.

Die Einkommensnivellierung wird von weiteren **egalitären Tendenzen** begleitet, die der Ostberliner Soziologe *Frank Adler* (1991, 169) wie folgt beschreibt:

„Zusätzlich eingeebnet werden Differenzierungen durch den Umstand, daß zum einen wesentliche soziale Bedingungen fast für alle nahezu gleich geregelt waren (soziale Sicherheit). Zum zweiten betrafen die am meisten Unzufriedenheit auslösenden Lebensbedingungen (Warenangebot, Dienstleistungen, Infrastruktur, Umwelt, Reisemöglichkeiten, medizinische Versorgung etc.) die Mehrzahl der Individuen unabhängig vom Niveau ihrer Qualifikation und Arbeitsleistung".

Abb. 3.11: *Einkommensschichtung in der DDR (1962 – 1988)*

	Nettoeinkommen pro Monat je Einkommensbezieher				Nettoeinkommen pro Monat je Haushaltsmitglied		
	Mark 1962	1972	Index 1962	1972	DM 1988	Index[8] 1988	Im Vergleich zur BRD (BRD = 100) 1988
Arbeiter	475	715	100	100	805	100	64
Angestellte					840	104	47[1]
Mitgl. von PGH[6]	516	852	108	120	814	101	
Mitgl. von LPG[7]					755	94	53[2]
Selbständige	1590	2050	335	287	1137	141	23[3]
Renter	143	221	30	31	600	75	30[4]
alle Gruppen insges.	447	621			793		45[5]

Die Individualeinkommen von 1962/1972 sind nicht direkt mit den Haushaltseinkommen von 1988 vergleichbar!

[1]BRD einschl. Beamte [2]BRD selbständige Landwirte [3]BRD ohne Landwirte [4]BRD einschl. Pensionäre [5]BRD Privathaushalte insgesamt einschl. Arbeitslose [6]Produktionsgenossenschaften Handwerk [7]landwirtschaftliche Produktionsgenossenschaften [8]Arbeiterhaushalte = 100

Quellen: zusammengestellt nach Vortmann 1975, S. 67 und Bedau/Vortmann 1990, S. 658f.

Der Abbau der Einkommensungleichheit war in der DDR nicht unumstritten. Auf der Suche nach den „sozialen Triebkräften" des wirtschaftlichen Wachstums distanzierten sich der Sozialstrukturforscher *Manfred Lötsch* und andere von traditionellen kommunistischen Gleichheitsvorstellungen und von einem starren „gleichmacherischen" (*Lötsch* 1981a, 66) Gehaltssystem. Sie kritisierten die Mißachtung des Leistungsprinzips und entwickelten die **These von der Triebkraftfunktion sozialer Unterschiede**, die stark an die Argumente der funktionalistischen Schichtungstheorie erinnert. Nach dieser These wirkt eine übertriebene Nivellierung leistungsfeindlich; sie bremse die sozioökonomische Entwicklung, da bestimmte Unterschiede im Einkommen und in den Lebensbedingungen einen wichtigen Beitrag zum wissenschaftlich-technischen Fortschritt, zur Steigerung der Leistungsfähigkeit der DDR im internationalen Wettbewerb und damit auch zum wirtschaftlichen und sozialen Fortschritt leisteten (vgl. insbes. *Lötsch* 1981, 1984 und *Lötsch/Lötsch* 1985a).

„Die ungenügende Differenzierung innerhalb gleicher formeller Positionen bei faktisch ungleichen Leistungen und damit der unzureichend individuell erlebte, direkte Zusammenhang zwi-

Abb. 3.12: *Arbeitnehmereinkommen und Bildungsabschluß 1988 (brutto pro Monat)*

	DDR					Bundesrepublik				
	alle Gruppen	ohne Berufsausbildung	mit Berufsausbildung	Fachschule, Meister u. ä.	Hochschule	alle Gruppen	ohne Berufsausbildung	mit Berufsausbildung	Fachschule Meister u. ä.	Hochschule[1]
Mark/DM	1100	863	999	1227	1489	3561	2660	3226	3766	5345
BR = 100	31	32	31	33	28	100	100	100	100	100
Index alle Gruppen = 100										
	100	78	91	112	135	100	75	92	106	150
ausgewählte Tätigkeitsbereiche:										
Forschung, Technik	119	–	98	118	127	135	–	97	122	164
Management, Beratung	102	72	84	118	144	165	107	152	175	175

[1]einschl. Fachhochschule

Quelle: zusammengestellt nach Gornig/Schwarze 1990, S. 1622

schen Leistung und Einkommen hemmen in hohem Maße die Entfaltung solcher Verhaltensweisen, die für die Erreichung wissenschaftlich-technischer Leistungen von internationalem Rang, für die Projektierung und Entwicklung weltmarktfähiger Erzeugnisse in Massenumfang unerläßlich sind" (*Weidig* 1981, 34).

Die deutsche Vereinigung hat sich auf die Einkommensunterschiede in den **neuen Ländern** ambivalent ausgewirkt. Vorübergehend treten gleichzeitig weitere Nivellierungsprozesse, aber auch ungewöhnliche neue Ungleichheiten auf. Die Nivellierungstendenz wurde durch pauschale Einkommenszuschläge verstärkt, die in der Umbruchphase die plötzlich auftretenden Veränderungen im Preisgefüge und im System der Steuern und Sozialabgaben abfangen sollten (vgl. *Gornig/Schwarze* 1990). Als Übergangserscheinungen müssen auch zwei ungewöhnliche Verwerfungen angesehen werden. Die eine entsteht dadurch, daß verschiedene Berufsgruppen ihre Einkommen in unterschiedlichem Tempo an das westdeutsche Niveau annähern; so kann z. B. der Portier eines neu errichteten Luxushotels mit einem Jahresgehalt auf Westniveau vorübergehend mehr verdienen als der Oberbürgermeister derselben Großstadt, dessen Entgelt noch erheblich hinter entsprechenden Westbezügen zurückliegt. Die andere Verwerfung geht auf die „doppelte Lohn- und Gehaltsstruktur" in Behörden und Betrieben zurück, wo „importierte" Fachleute aus dem Westen – Beamte, Manager, Offiziere – ihre guten Westgehälter beziehen, meist noch mit besonderen Ostzulagen versehen, und gleichzeitig mit erheblich schlechter bezahlten Ostdeutschen zusammenarbeiten. Es ist jedoch absehbar, daß die Tarifparteien und die öffentlichen Arbeitgeber die Einkommensunterschiede in den neuen Ländern längerfristig dem westdeutschen Strukturmuster annähern werden; die **bisherige Nivellierungstendenz** wird sich **in eine Differenzierungstendenz** umkehren, die Einkommensunterschiede werden zunehmen.

3.3 Vermögensunterschiede

Vermögensstatistiken stellen den Sozialwissenschaftler vor noch größere Interpretationsprobleme als Einkommensstatistiken. Sie weisen u. a. deshalb Verzerrungen auf, weil z. T. die Höchstverdiener nicht erfaßt werden und weil es gerade unter den Vermögenden viele gibt, die an der Transparenz ihrer Vermögensverhältnisse nicht interessiert sind oder die Schwierigkeiten haben, den Wert ihres Vermögens richtig einzuschätzen.

Vermögen taucht in vielen Formen auf und ist in unterschiedlichem Maße über die Bevölkerung verstreut. Im Jahre 1988 hatten fast alle Familien (88%) in der **Bundesrepublik** ein Sparbuch angelegt; ca. zwei Drittel (64%) hatten Lebensversicherungen abgeschlossen und fast die Hälfte (47%) war Besitzer eines Hauses, einer Eigentumswohnung oder zumindest eines Grundstücks;

eine Minderheit von ca. 30% hatte ihre Ersparnisse auch in Wertpapieren angelegt (EVS 1988).

Die **Vermögensunterschiede** sind in der BR erheblich krasser als die Einkommensunterschiede, die Vermögenskonzentration ist stärker ausgeprägt als die Einkommenskonzentration. Bei der folgenden Darstellung der Vermögensunterschiede und ihrer **Entwicklung** muß ich mich auf einige zeitlich schon etwas zurückliegenden Gutachten und Studien stützen, da neuere Analysen fehlen. Der hohe Konzentrationsgrad beim Gesamtvermögen wird aus der Studie *Miegels* (1983, 99) für das Jahr 1983 deutlich: 2,4% der Haushalte verfügen über 19,2% des Gesamtvermögens, der Anteil dieser Haushalte am Gesamteinkommen beträgt lediglich 9,2%. Für 1973 berechneten *Mierheim/Wicke* (1978, 58, 72f.) die Konzentration bei den verschiedenen Vermögensformen nach der Fünftelmethode. Das reiche Fünftel hatte immerhin 78% des Nettogesamtvermögens angehäuft; es besaß 88% des Produktivvermögens, das am stärksten konzentriert war, 82% aller Wertpapiere und 80% des Haus- und Grundbesitzes. Am weitesten gestreut waren die Bausparguthaben und Sparguthaben, die lediglich zu 36% bzw. 41% im Besitz des reichen Fünftels waren; sie waren also an der Spitze der Fünftel weniger konzentriert als die Einkommen. An den beiden ärmsten Fünfteln der Bevölkerung war bis 1973 fast nichts vom Vermögenszuwachs in der Gesellschaft hängengeblieben. Die ärmsten 20% der Bevölkerung standen 1973 so gut wie vermögenslos dar, auf sie entfielen nur 0,8% des Nettogesamtvermögens. Dem vorletzten Fünftel erging es mit 2% des Nettogesamtvermögens nicht viel besser (vgl. auch *Glastetter* u. a. 1983, 391).

Zwei Drittel der Westdeutschen wünschen sich, im **eigenen Haus** oder in der **eigenen Wohnung** zu leben (*Glatzer* 1989, 286); die meisten von ihnen haben sich diesen Wunsch inzwischen erfüllen können. 1988 verfügten 47% der Bevölkerung über Haus- und Grundbesitz, am häufigsten die Landwirte (92%) und die übrigen Selbständigen (74%), am seltensten Rentner und Nichterwerbstätige (41%). Zwischen Beamten (57%), Arbeitern (49%) und Angestellten (48%) bestehen nur geringfügige Unterschiede. 1963 waren erst 31% der Beamten, 32% der Arbeiter und 29% der Angestellten Haus- und Grundbesitzer (EVS).

Daß die unteren Schichten nicht in der Lage sind, in nennenswertem Umfang an der Vermögensbildung teilzunehmen, ist auf Grund ihrer knappen finanziellen Situation nicht weiter verwunderlich. Nur wer ausreichend oder gut verdient, kann auch einen Teil seines Einkommens „auf die hohe Kante legen". Für 1987 wurden die **Sparleistungen** von drei Haushaltstypen errechnet – für Renten- und Sozialhilfeempfänger mit einem durchschnittlichen ausgabefähigen Einkommen von 1906 DM pro Monat, für Durchschnittshaushalte mit 3985 DM Einkommen und für die Wohlhabenden, denen 6637 DM zur

Verfügung standen. Rentner und Sozialhilfeempfänger konnten nur 122 DM pro Monat (= 6,4% ihres Einkommens) sparen, die Durchschnittsfamilie kam auf 522 DM (= 13,1%) und die wohlhabende Familie auf 989 DM (= 14,9%) (Datenreport 1989, 118).

Es läge in der Logik dieser Dynamik, daß die Einkommensunterschiede langfristig zu noch krasseren Vermögensunterschieden führen würden. Empirisch sind bisher nur einige Aspekte der Vermögensentwicklung aufgehellt worden. Die verschiedenen Studien kommen dabei zu unterschiedlichen Ergebnissen, je nachdem, in welche Gruppen sie die Bevölkerung unterteilen, welche Zeiträume sie analysieren und welche Vermögensformen sie betrachten.

Siebke untersuchte den **Vermögenszuwachs** in den Jahren 1950 bis 1966 bei verschiedenen Berufsgruppen mit folgendem Ergebnis: Vom Vermögenszuwachs profitierte vor allem die „kapitalistische" Besitzklasse der Selbständigen, die als selbständige Klein- oder Großunternehmer ihr Kapital gut verwerten konnten und nicht nur überdurchschnittlich hohe Einkommen, sondern auch hohe Vermögenszuwächse erwirtschafteten. Auf sie entfielen 54% des Vermögenszuwachses, obwohl sie nur 24% der erwerbstätigen Bevölkerung ausmachten (nach *Claessens* u. a. 1985, 228; vgl. auch *Mierheim/Wicke* 1978, 269). Aber auch die Beamten waren noch überdurchschnittlich am Vermögenszuwachs beteiligt. Etwas unterdurchschnittlich lag der Zuwachs bei den Angestellten. Am schlechtesten schnitten die Arbeiter ab: Obwohl sie seinerzeit 49% der Erwerbsbevölkerung ausmachten, entfielen auf sie nur 12% des Vermögenszuwachses (nach *Claessens* u. a. 1985, 228).

Auch *Mierheim/Wicke* bestätigen für die Jahre 1960 bis 1973 eine weitere Konzentration der Vermögen bei den Selbständigen. Bei einer differenzierteren Unterteilung der Berufsstruktur und bezogen auf alle Berufsgruppen ermitteln sie jedoch für den genannten Zeitraum eine leichte Verringerung der Unterschiede. Auch die hohe Vermögenskonzentration bei der kleinen Spitzengruppe von besonders Reichen – 1,7% aller Haushalte – ist zwischen 1960 und 1969 etwas zurückgegangen (*Mierheim/Wicke* 1978, 256ff. und 269).

Eine neuere Studie liegt für die Entwicklung der **Geldvermögen** – im wesentlichen: Bargeld, Sparguthaben, Wertpapiere und Lebensversicherungen – vor: von 1973 bis 1983 hat sich die ungleiche Verteilung der Geldvermögen etwas verschärft (*Euler* 1985).

Umstritten ist auch die gesellschaftspolitisch besonders bedeutsame Frage, ob sich der hohe Konzentrationsgrad im Bereich des **Produktivvermögens** bzw. **Kapitals** noch weiter erhöht hat. Mit der Verfügungsgewalt über das Produktivvermögen verbindet sich besondere wirtschaftliche, soziale und auch politische Macht, da die Kapitaleigentümer erhebliche Einflüsse auf Arbeitsplätze und Investitionen sowie auf die wirtschaftliche Entwicklung im allgemeinen ausüben. 1966 waren 45% des Produktivvermögens in der Hand von 1,7% der bundesdeutschen Privathaushalte. Ein Teil des Produktivvermögens gehört dem Staat und ausländischen Eigentümern; läßt man diesen Teil unberücksichtigt, dann verfügten 1,7% der Privathaushalte über 73,9% des privaten inländischen Kapitals (*Bolte/Hradil* 1984, 132). Über neuere Entwicklungen gibt es keine empirisch abgesicherten Aussagen.

Seit den 50er Jahren versuchen Verbände und Parteien, durch **vermögenspolitische Maßnahmen** der ungleichen Verteilung des Besitzes entgegenzuwirken. Die **Sparförderung** hat dabei mehr Wirkung erzielt als die umstrittenen Versuche, Arbeitnehmer über „Volksaktien" oder Investivlöhne am **Produktivvermögen** zu **beteiligen.** Nach einer Umfrage hatten 1989 nur ca. 1,5 Millionen Arbeitnehmer – das sind ca. 6% aller abhängig Erwerbstätigen – über Belegschaftsaktien, Darlehen, Schuldverschreibungen oder stille Beteiligungen Gelder in ihrem Betrieb angelegt (iwd 4/1987, 4f. und 3/1991, 8).

Über die Entwicklung der Vermögensverteilung in der **DDR** gibt es keine genaueren statistischen Informationen. Sicher ist, daß die folgenden Maßnahmen und Folgen sozialistischer Politik die Vermögensunterschiede **stark eingeebnet** haben: die Enteignung der Großgrundbesitzer, Großbauern und Bergwerke, der Großunternehmer in Industrie und Handel, der Banken und Versicherungen; die Verstaatlichung oder Kollektivierung fast der gesamten Wirtschaft; die Restriktionen für die wenigen, übriggebliebenen Selbständigen (vgl. Kap. 5.2.2); die Enteignung der Flüchtlinge; die Entwertung des Immobilienbesitzes sowie der Verfall und die Zerstörung von Wohn- und Mieteigentum durch staatliche Bewirtschaftung. Die Nivellierungsprozesse in der Vermögensverteilung dürften im Vergleich zu Bundesrepublik erheblich weiter fortgeschritten sein als in der Einkommensverteilung.[4] Auch hier ist eine Umkehr der Entwicklung absehbar: Die Reprivatisierung der Wirtschaft, die Wiederbelebung des „alten Mittelstandes", der freien Berufe und des Immobilienmarktes sowie die Rückgabe von Teilen des enteigneten Besitzes bzw. die Entschädigung dafür haben zur Folge, daß sich die Vermögensstruktur in den neuen Ländern **wieder differenzieren und stärker konzentrieren** wird.

Anmerkungen

1 Berücksichtigt man, wie es manche Vermögensforscher tun, auch noch die Versorgungsansprüche, dann stieg das Vermögen sogar um das Siebenfache (*Miegel* 1983, 183)

2 So schätzt z. B. das Deutsche Institut für Wirtschaftsforschung die wirtschaftliche Gesamtleistung der DDR pro Einwohner auf 56% (1970) bzw. 76% (1983) des westdeutschen Niveaus (BMIB 1987, 480); *Merkel/Wahl* (1991, 59) dagegen kommen nur auf jeweils 36% in den Jahren 1970 und 1985.

3 Das Sozio-ökonomische Panel ist eine regelmäßig wiederholte Repräsentativumfrage zur sozioökonomischen Lage der Bevölkerung.

4 Einige empirische Hinweise bei *Adler* 1991, 173ff.

4. Klassen und Schichten im Schmelztiegel? Kontroversen um Begriffe, Theorien und Modelle

4.1 Die Begriffe Klasse und Schicht

Die Soziologie hat zur Analyse wichtiger Bereiche der sozialen Ungleichheit in modernen Gesellschaften zwei zentrale Konzepte entwickelt: den älteren Begriff der **Klasse** und den jüngeren Begriff der **Schicht**. *Karl Marx* erhob das Klassenkonzept bereits in der Mitte des vorigen Jahrhunderts zu einer soziologischen Grundkategorie; Schicht dagegen wurde erst in der Auseinandersetzung mit *Marx* von *Theodor Geiger* (1891-1952) in den dreißiger Jahren zum soziologischen Grundbegriff präzisiert (insbes. *Geiger* 1955; vgl. *Geißler* 1985). Die komplexe und sich wandelnde Struktur der sozialen Ungleichheit hat dazu geführt, daß eine Vielzahl von unterschiedlichen Verwendungen dieser Begriffe existiert, die nicht nur den Laien und Studenten, sondern auch den Experten verwirrt. Als gemeinsamer Kern aller Klassenbegriffe und auch vieler Schichtbegriffe – sofern diese etwas anspruchsvoller und komplexer definiert sind – lassen sich drei Vorstellungen festhalten:

1. Die Vorstellung der **Klassen- bzw. Soziallagen**: eine Bevölkerung läßt sich in verschiedene Gruppen untergliedern, die sich in jeweils ähnlichen Klassenlagen bzw. Soziallagen befinden. Klassen- und Soziallagen können insbesondere durch eines oder mehrere der folgenden Bestimmungsmerkmale – *Geiger* (1955, 191) nennt sie „Schichtdeterminanten" – identifiziert werden: durch die Stellung zu den Produktionsmitteln, durch ähnliche Besitz- oder Einkommensverhältnisse, durch ähnliche Berufe oder ähnliche Qualifikationen.

2. Durch die Vorstellung von **klassen- bzw. schichttypischen Prägungen und Subkulturen**: Menschen in ähnlichen Klassen- und Soziallagen leben unter ähnlichen Bedingungen und machen daher ähnliche Erfahrungen. Die Klassen- bzw. Soziallage beeinflußt deshalb ihr Denken, ihre Vorstellungswelt, ihre Mentalitäten, Werte, Interessen, Ideologien und Verhaltensweisen; es entsteht so etwas wie „Klassenbewußtsein" (*Karl Marx*),

„Schichtmentalität“ (*Theodor Geiger*), schichtspezifische Einstellungs- und Verhaltensmuster, klassen- bzw. schichtspezifische Subkulturen. Der Zusammenhang von Klassen- und Soziallagen mit den Subkulturen wird in der Regel nicht vulgärmarxistisch-deterministisch gedeutet nach der Formel „Das Sein bestimmt das Bewußtsein“; den Lagen entsprechen vielmehr „typische“ (*Geiger* 1932, 5) Subkulturen nach dem Muster der Wahrscheinlichkeit, d.h. nicht alle Menschen mit der Soziallage X entwikkeln auch eine x-typische Mentalität, aber unter ihnen ist die x-typische Mentalität wahrscheinlicher bzw. häufiger als eine andere Mentalität.

3. Aus den Klassen- und Soziallagen mit ihren Ressourcen und Prägungen resultieren **klassen- bzw. schichttypische Lebenschancen** (vgl. *Geißler* 1987, 3f.). Für den Zusammenhang von Klassen- bzw. Soziallagen und Lebenschancen gilt dasselbe wie unter Punkt 2: er ist nicht deterministisch, sondern typisch.

Neben den Gemeinsamkeiten von Klasse und Schicht bestehen aber auch Unterschiede. Klassenanalysen unterscheiden sich in der Regel in vier Punkten von den Schichtanalysen:

1. Durch ihre **ökonomische** Orientierung: Die Einteilung einer Gesellschaft in Klassen orientiert sich stärker an ökonomischen Kriterien der Klassenlage – z. B. am Produktionsmittelbesitz in Anlehnung an den Klassenbegriff von *Karl Marx* oder an den Erwerbs- und Marktchancen in Anlehnung an den Klassenbegriff von *Max Weber* (1976).

2. Durch ihre **Konflikt- und Macht**orientierung: Klassenanalyse heißt immer auch Analyse von Konflikten und Machtbeziehungen zwischen den Klassen.

3. Durch ihre **historische** Orientierung: Klassen werden stets historisch-dynamisch in ihrer Entwicklung erfaßt.

4. Durch ihre **theoretische** Orientierung: Klassenanalysen begnügen sich nicht mit der Beschreibung von Klassenstrukturen, sondern spüren den Ursachen der Konflikte und Machtbeziehungen und ihren Entwicklungen nach.

Auch Schichtanalysen können ökonomische Kriterien zur Schichteinteilung heranziehen, Schichten in ihrer Veränderung erfassen (**Umschichtungen**) und den Ursachen dieser Entwicklungen nachgehen, Konflikte zwischen den

Schichten sowie Zusammenhänge von sozialer Schichtung und Machtstruktur berücksichtigen. Die Arbeiten *Geigers* zur sozialen Schichtung der deutschen Gesellschaft in der Weimarer Republik sind ein gutes Beispiel für eine anspruchsvolle Schichtanalyse dieser Art (insbes. *Geiger* 1932; vgl. *Geißler* 1985). Studien zur sozialen Schichtung in der Bundesrepublik beschränken sich jedoch häufig auf eine beschreibende, statische Bestandsaufnahme von Soziallagen und – eventuell – ihren Zusammenhängen mit Teilen der Subkultur bzw. mit den Lebenschancen.

4.2 Kontroversen zur Entwicklung der Sozialstruktur

Es ist Mode geworden, die bundesdeutsche Sozialstruktur der 80er Jahre in Anlehnung an *Jürgen Habermas* (1985) mit dem Etikett „neue Unübersichtlichkeit" zu versehen. Aber auch fünfzig Jahre vorher klagten die Sozialstrukturforscher bereits darüber, daß sich klare Konturen einer Schicht- oder Klassengliederung kaum erkennen ließen (z. B. *Geiger* 1932, 127f., 137f.). Die Vielschichtigkeit und Unübersichtlichkeit komplexer Gesellschaften ist wohl auch eine der Hauptursachen dafür, daß sich die Ungleichheitsforscher über die „wirklichen" Strukturen des Klassen- bzw. Schichtgefüges in der Bundesrepublik nie einigen konnten und daß verschiedene Deutungsversuche miteinander konkurrierten oder einander ablösten. Ich werde im folgenden vier wichtige Konzepte und Kontroversen im Streit um die Sozialstruktur der deutschen Gesellschaft grob skizzieren.

1. Das Konzept der **Klassengesellschaft im Schmelztiegel**. Bereits 1948/49 – also ca. zwei Jahrzehnte vor der westdeutschen Kontroverse zwischen neomarxistischen und nichtmarxistischen Ungleichheitsforschern – verfaßte *Geiger* eine Streitschrift mit dem programmatischen Titel „Die Klassengesellschaft im Schmelztiegel". Darin konfrontierte er die marxistische Klassentheorie mit den sozialstrukturellen Entwicklungen der letzten Jahrzehnte und unterzog sie einer umfassenden Kritik. Seine These von der Einschmelzung der Klassengesellschaft untermauerte er im wesentlichen mit den folgenden Tendenzen des sozialstrukturellen Wandels:
   - Die Schichtstruktur wird nicht homogener und einfacher, sondern zunehmend differenzierter. Der alte Mittelstand verschwindet nicht, sondern bleibt – verkleinert – erhalten und übernimmt neue Funktionen im Wirtschaftsprozeß. Der Anteil der Lohnabhängigen wächst zwar, aber innerhalb dieser Gruppe entstehen neue soziale Unterschiede, deren trennende Wirkung stärker ist als die einende Kraft des Produktionsverhältnisses. Von diesem Differenzierungsprozeß wird auch die Arbeiterschaft erfaßt, da der technische Fortschritt die Arbeitsprozesse auffä-

chert, was wiederum Unterschiede in den Qualifikationen und Entlohnungen nach sich zieht.
- Die Klassenkonflikte gewinnen nicht an Schärfe, sondern flauen ab. Ursachen dafür sind das Auftauchen des neuen, z. T. nicht-sozialistischen Mittelstandes der Angestellten und Beamten und die Abkühlung des proletarischen Klassenbewußtseins bei den Arbeitern – eine Folge der zunehmenden Differenzierung innerhalb der Arbeiterschicht und ihres wachsenden Wohlstandes.
- Quer zu den Klassenstrukturen verlaufen neue Linien der Differenzierung: Stadt-Land-Unterschiede und der Interessengegensatz von Produzierenden und Gruppen außerhalb der materiellen Produktion.

Geiger schrieb diese Linien der Umschichtungsprozesse in der industriellen Gesellschaft, die bereits im Kaiserreich sichtbar wurden (vgl. Kap. 2.2), bis in die Mitte des 20. Jahrhunderts fort und deutete sie mit Recht als einen Abbau der Klassengesellschaft in ihrer marxistischen Version. Allerdings gelang es ihm nicht, die neuen komplexeren Formen der sozialen Ungleichheit auf den Begriff zu bringen. „Alles scheint im Gleiten zu sein, eine klar sich abzeichnende Struktur ist kaum zu finden" (*Geiger* 1949, 147).

2. Das Konzept der **„nivellierten Mittelstandsgesellschaft"**. In den 50er Jahren unternahm der konservative Soziologe *Helmut Schelsky* (1912-1984) das Wagnis, die neu entstandenen Strukturen auf eine griffige Formel zu bringen. Sein stark vereinfachendes idealtypisches Konzept der „nivellierten Mittelstandsgesellschaft" (*Schelsky* 1979, 328, 336) schießt weit über die *Geiger'sche* Kritik an den marxistischen Prognosen der Klassenentwicklung hinaus. Es geht von einer hochmobilen Sozialstruktur aus, in der kollektive Auf- und Abstiegsprozesse zur Einebnung der sozialen Klassen und Schichten führen und „damit zu einer sozialen Nivellierung in einer verhältnismäßig einheitlichen Gesellschaftsschicht, die ebensowenig proletarisch wie bürgerlich ist, d.h. durch den Verlust der Klassenspannung und sozialen Hierarchie gekennzeichnet wird" (*Schelsky* 1979, 327). Kollektiv aufgestiegen seien die Industriearbeiterschaft und die technischen Angestellten und Verwaltungsangestellten, von kollektiver Deklassierung seien vor allem Schichten des ehemaligen Besitz- und Bildungsbürgertums betroffen. In dieser breiten Mittelschicht mit gleichen politischen Rechten, ähnlichen materiellen Lebensbedingungen und weitgehender Chancengleichheit sollten auch die „ehemals schichttypischen Verhaltensstrukturen" im kulturellen, sozialen und politischen Bereich eingeebnet worden sein. Der Massenkonsum von materiellen und geistigen Gütern sei eine Ursache dafür, daß sich ein „verhältnismäßig einheitliche(r) Lebensstil" herausbilde, den man als „kleinbürgerlich-mittelstän-

disch bezeichnen könnte“ (*Schelsky* 1979, 327). Lediglich die sozialen Leitbilder und das soziale Selbstverständnis entzögen sich diesen Nivellierungstendenzen. Insgesamt deutete *Schelsky* diese Prozesse nicht als Umschichtungen , sondern „als Entschichtungsvorgang, als ein(en) Abbau der Bedeutung gesellschaftlicher Schichten überhaupt“ (*Schelsky* 1979, 328).

Die plakative Formel der „nivellierten Mittelstandsgesellschaft“ beeinflußte in den 50er und 60er Jahren in hohem Maß das Selbstverständnis der westdeutschen Bevölkerung in ihrer neu geschaffenen Gesellschaft; Breitenwirkung erzielte es insbesondere unter den Führungsschichten, konnte doch die Theorie einer klassenlosen, ja schichtenlosen Gesellschaft als „ideologischer Schirm“ (*Dahrendorf* 1965, 148) benutzt werden, hinter dem sich soziale und politische Privilegien gut verbergen ließen.

Das Konzept der „nivellierten Mittelstandsgesellschaft“ hat eine wichtige Entwicklungstendenz richtig erfaßt: die zahlenmäßige **Ausdehnung der Mittellagen** in der Schichtungshierarchie mit dem dort typischen angestiegenen Wohlstandsniveau, verbesserten Konsumchancen und mittelschichtspezifischen Einstellungs- und Verhaltensmustern. In seiner Überspitzung verstellt es jedoch den Blick für ein anderes zentrales Element der bundesdeutschen Sozialstruktur – für die **Fortdauer von erheblichen sozialen Unterschieden**. Die Kritik an *Schelsky* arbeitete mit Recht heraus,
- daß in der Bundesrepublik in den 60er Jahren weiterhin deutliche Mobilitätsbarrieren existierten;
- daß Lebenschancen und wichtige Ressourcen wie Besitz, Einkommen, Bildung und Macht weiterhin sehr ungleich verteilt waren;
- daß schichttypische Mentalitäten und Verhaltensdifferenzierungen fortlebten (vgl. z. B. *Dahrendorf* 1965, 94 – 115; 114-151; *Bolte* u. a. 1967, 284-343).

3. **Klassengesellschaft versus soziale Schichtung.** Mit der kurzen Renaissance der neomarxistischen Soziologie am Ende der 60er und in den 70er Jahren entzündeten sich hitzige Debatten an einer Frage, auf die *Geiger* und *Schelsky*, aber auch die schichtsoziologischen Kritiker *Schelskys* längst eine Antwort gefunden hatten: Ist die Bundesrepublik weiterhin in erster Linie eine Klassengesellschaft im *Marxschen* Sinne? Es wurde wiederholt versucht, die Sozialstruktur der Bundesrepublik in das enge Korsett der klassischen oder leicht revidierten Konzepte der *Marxschen* Klassentheorie zu zwängen. Die folgenden Gesichtspunkte wurden als angeblich strukturprägend hervorgehoben:
   - die herausragende Bedeutung der Produktionsverhältnisse, insbesondere

die vorrangige Relevanz des Produktionsmittelbesitzes und der Kapitalverwertung für die sozialen und politischen Strukturen;
- die zentrale strukturelle Bedeutung des Widerspruchs von Arbeit und Kapital, des Interessengegensatzes von Lohnarbeitern und Kapitalisten für die Lebensbedingungen des Einzelnen;
- die Vertiefung und Zuspitzung des „Antagonismus von Lohnarbeiter- und Kapitalverwerterklasse" (*Tjaden-Steinhauer/Tjaden* 1973, 187)[1].

Die hinter *Geiger* zurückfallenden Kernaussagen der Neomarxisten blieben wenig überzeugend und werden heute kaum noch vertreten. Dennoch war die Kontroverse zwischen neomarxistischen Klassentheoretikern und nichtmarxistischen Schichttheoretikern für die Sozialstrukturanalyse ertragreich: Sie lenkte die Aufmerksamkeit der Schichtungssoziologen auf die Zusammenhänge sozialer Ungleichheit mit ökonomischen Faktoren sowie auf die Einflüsse von Marktchancen und tariflichen Machtkämpfen auf die Verteilung begehrter Güter. Sie veranlaßte die Schichtungstheoretiker dazu, sich stärker von der Nivellierungsvorstellung *Schelskys* zu distanzieren und die weiterhin bestehenden markanten Unterschiede in den Lebensbedingungen – in den Besitz- und Einkommensverhältnissen, in den Einfluß- und Bildungsmöglichkeiten – und die ebenfalls nachweisbaren schichttypischen Denk- und Verhaltensweisen hervorzuheben.[2]

4. **Fortdauer oder Auflösung der Klassen und Schichten?** In den 80er Jahren zeichnen sich neue Konfliktlinien in der Diskussion um die Struktur der sozialen Ungleichheit in der Bundesrepublik ab. Die Debatte kreist nicht mehr um das Problem Klassengesellschaft oder soziale Schichten, sondern um die Frage: Lösen sich soziale Klassen und Schichten allmählich auf oder dauern sie fort? Die These *Schelskys* von der Entschichtung der Wohlstandsgesellschaft feiert ihre Wiederauferstehung in teilweise neuen Kleidern: neben den Nivellierungstendenzen (bei gleichzeitiger Fortdauer sozialer Ungleichheiten!) werden insbesondere die Pluralisierung und die Individualisierung der Soziallagen und Lebensstile als Symptome und Ergebnisse der Entstrukturierungsvorgänge angesehen. Die Vorstellung einer allmählichen Auflösung der Klassen und Schichten, die Herausbildung einer „entstrukturierten Klassengesellschaft" (*Berger* 1986), die Entwicklung zu einer „Ungleichheit ohne Schichtung", wie es der amerikanische Soziologe *Wrong* breits im Jahre 1969 formulierte (vgl. *Wrong* 1976 nach *Kreckel* 1990, 54) wird in der westdeutschen Ungleichheitsforschung in verschiedenen Facetten dargeboten, die hier nicht im Detail nachgezeichnet werden können.[3] Ich möchte lediglich einige wichtige Argumente gedrängt vorstellen:

1. **Vereinheitlichung der Lebensbedingungen:** Der steigende Wohlstand läßt auch die unteren Schichten zunehmend an den „Privilegien“ der mittleren und oberen Schichten teilhaben – an komfortablen Wohnungen, an Eisschränken, Farbfernsehern, Autos, Urlaubsreisen, Bildung etc. In den Städten entstehen neue sozial durchmischte Wohnbezirke. Auch die Risiken der hochtechnisierten Gesellschaft – Massenarbeitslosigkeit, Umweltgefährdungen, atomare Bedrohung – kennen danach keine Klassengrenzen; von ihnen seien alle Gruppen der Gesellschaft betroffen (vgl. dazu insbes. *Beck* 1983, 52; *Beck* 1986, 30, 123, 149ff.; *Berger* 1990).

2. **Differenzierung und Diversifizierung der Soziallagen, „horizontale“ bzw. „neue“ Ungleichheiten:** Bereits *Geiger* (1949, 176ff.) hatte darauf aufmerksam gemacht, daß die „vertikalen“ Schichtstrukturen durch „quer“ dazu verlaufenden Differenzierungen nach Stadt und Land bzw. nach Teilnahme und Nichtteilnahme an der materiellen Produktion gekreuzt werden und daß dadurch die Strukturen der sozialen Ungleichheit an Komplexität zunehmen. Die neue Ungleichheitsforschung nennt Erscheinungen dieser Art „horizontale Disparitäten“ (*Bergmann* u. a. 1969), „neue Ungleichheiten“ (*Kreckel* 1983a, 7) oder auch „neue Zuweisungskriterien“ (*Hradil* 1987, 40). Sie weist in diesem Zusammenhang insbes. auf die folgenden Faktoren hin, die Lebensverhältnisse differenzieren und diversifizieren: Geschlecht, Alter, Region, Familienverhältnisse (z. B. Kinderzahl, Doppelverdiener, Alleinerziehende, Scheidungen), Generation (z. B. Zugehörigkeit zu den benachteiligten geburtenstarken Jahrgängen), aber auch Teilhabe an den wohlfahrtsstaatlichen Umverteilungen bzw. Betroffenheit von sozialen Lasten. Die meisten der „neuen“ Ungleichheiten sind jedoch keine neuen Erscheinungen in der Sozialstruktur, sie sind keine Produkte sozialen Wandels. Das Prädikat „neu“ verdienen sie lediglich deshalb, weil sie bislang von der Schichtungs- bzw. Klassenanalyse kaum oder gar nicht beachtet wurden. Neu ist nicht ihr Vorkommen, neu ist lediglich die Aufmerksamkeit, die ihnen zuteil wird.

3. **Auflösung schichttypischer Subkulturen:** Traditionelle klassen- und schichttypische Milieus mit entsprechenden Mentalitäten, Einstellungen und Verhaltensweisen lösen sich zunehmend auf. Ursachen dieser Vorgänge sind einerseits die bereits erwähnten Tendenzen zur Homogenisierung und Diversifizierung der Lebensbedingungen; andererseits hat der sozioökonomische Wandel einen „Individualisierungsschub“ verursacht, menschliches Verhalten aus bisherigen Bindungen gelöst und die Handlungsspielräume erweitert. Steigender Wohlstand lockert die materiellen Bindungen, zunehmende Freizeit die zeitlichen Bindungen, zunehmende

Mobilität die sozialen und räumlichen Bindungen und das höhere Bildungsniveau schließlich die psycho-sozialen Bindungen, da es mehr Nachdenklichkeit und Selbstfindung ermöglicht und erfordert (*Beck* 1983, 38ff.; *Beck* 1986, 116f.).

4. **Pluralisierung bzw. Individualisierung von Lebensmilieus, Lebensstilen und Lebenslagen:** Die Auflösung der schichtspezifischen Subkulturen hat zu einer Vielfalt der sozialen Milieus und Lebensstile geführt, die nicht deutlich mit der klassischen vertikalen Gliederung der Gesellschaft zusammenhängen[4]. *Beck* meint nicht nur eine Pluralisierung, sondern sogar eine Individualisierung der Lebensbedingungen zu erkennen: „individualisierte Existenzformen und Existenzlagen“, die „Ausdifferenzierung von Individuallagen“ seien das Ergebnis der Entschichtung (*Beck* 1986, 116, 119).

5. **Entschichtung der Lebenswelt:** Klassen und Schichten verschwinden immer mehr aus der Lebenswelt des Menschen, sie werden im Alltag immer weniger wahrgenommen. Im Bewußtsein, in den konkreten Interaktionen, Kommunikationen und Sozialbeziehungen lassen sie sich nicht mehr ausmachen, sie sind nicht mehr Objekt bewußter Identifikation (*Kreckel* 1983a, 5, 139; *Beck* 1986, 121, 140, 156, 158; *Bolte* 1990, 41ff.).

6. **Pluralisierung der Konfliktlinien:** Die sozialen und politischen Konflikte sind immer weniger Konflikte zwischen Klassen und Schichten. Stattdessen schließen sich Gruppen aus verschiedenen Soziallagen zu wechselnden situations- und themenspezifischen Koalitionen zusammen, die sich relativ schnell wieder auflösen. Dauerhafte Konfliktlinien bilden sich an anderen Grenzen heraus – zwischen Männern und Frauen, zwischen Altersgruppen und Nationalitäten (*Beck* 1986, 159).

Zusammenfassend soll nochmals *Ulrich Beck* zu Wort kommen, der die Entschichtungsthese am pointiertesten forumuliert hat:

> „Wir leben trotz fortbestehender und neu entstehender Ungleichheiten heute in der Bundesrepublik bereits in Verhältnissen jenseits der Klassengesellschaft, in denen das Bild der Klassengesellschaft nur noch mangels einer besseren Alternative am Leben erhalten wird ... In der Konsequenz werden subkulturelle Klassenidentitäten und -bindungen ausgedünnt oder aufgelöst. Gleichzeitig wird ein Prozeß der Individualisierung und Diversifizierung von Lebenslagen und Lebensstilen in Gang gesetzt, der das Hierarchiemodell sozialer Klassen und Schichten unterläuft und in seinem Wirklichkeitsgehalt in Frage stellt“ (*Beck* 1986, 121f.).

Die neue radikale Kritik an der Klassen- und Schichtungstheorie ist sozialkritischer als die Nivellierungsideologie *Schelskys*. Sie hebt hervor, daß gravierende soziale Ungleichheiten erhalten bleiben – trotz der Tendenzen zur Vereinheitlichung der Lebensbedingungen. Mit *Schelsky* hat sie jedoch auch Gemeinsamkeiten: Die **Tendenzen zur Entstrukturierung** der sozialen Ungleichheit, zur Auflösung der Klassen und Schichten werden **erheblich überzeichnet**. Dadurch geht der Blick dafür verloren, daß soziale Ungleichheiten in der BR weiterhin in erheblichem Ausmaß um traditionelle Schichtkriterien wie Berufsposition und Bildungsniveau gruppiert sind. Empirische Materialien zeigen, daß schichttypische Soziallagen, Subkulturen und Lebenschancen trotz der Tendenzen zur Vereinheitlichung, Pluralisierung, Individualisierung, Differenzierung und Diversifizierung fortbestehen. Sie erhärten die **These von der Dominanz der vertikalen Dimensionen** der sozialen Ungleichheit; diese These besagt, daß die traditionelle vertikale Hierarchie, die mit den Zuweisungskriterien Beruf und Bildung verknüpft ist, in der komplexen Struktur der sozialen Ungleichheit weiterhin dominiert.[5] Andere Zuweisungskriterien wie insbesondere Geschlecht (dazu Kap. 8) oder auch Alter, Generation, Familienverhältnisse oder Region spielen für die Unterschiede in den Lebensverhältnissen eine durchaus bedeutsame, aber im Vergleich zu Beruf und Bildung lediglich eine untergeordnete Rolle (vgl. *Geißler* 1987a, 14ff. und 1990a, 91ff.). Die empirischen Daten zu den Umschichtungsvorgängen, die in Kap. 5 präsentiert werden, machen deutlich, daß die durchaus **nachweisbaren Entschichtungstendenzen nicht zu einer Auflösung der Schichten geführt haben.**

4.3 Soziale Lagen und „soziale Milieus“

Im folgenden sollen zwei neuere Versuche, die komplexe Sozialstruktur der alten Bundesrepublik gesamthaft auf empirischer Grundlage zu erfassen, kurz skizziert werden. Die beiden Ansätze unterscheiden sich erheblich in der Art ihres Vorgehens und in ihrem Informationsgehalt.

Das Modell der **sozialen Lagen**, das im Rahmen der Wohlfahrtsforschung entwickelt wurde, untergliedert die erwachsene Bevölkerung nach sozial bedeutsamen Merkmalen in verschiedene „soziale Lagen“ und untersucht, welche materiellen Ressourcen (Indikatoren für „objektive Wohlfahrt“) und welche Lebenszufriedenheit (Indikatoren für „subjektive Wohlfahrt“) an die verschiedenen Soziallagen geknüpft sind. Traditionell ist bei dieser Art der Analyse die Zuordnung von Ressourcen und subjektiven Befindlichkeiten zu verschiedenen Soziallagen, „modern“ ist die Mehrdimensionalität, die Kombination von mehreren sozial relevanten Merkmalen bei der Ermittlung der Soziallagen. Zur Untergliederung der Bevölkerung werden neben dem traditionellen „vertikalen“ Schichtkriterium des Berufsstatus noch die beiden „horizontalen“ Kriterien Geschlecht und Alter (unter/über 60 Jahre) herangezo-

Abb. 4.1: *Soziale Lagen in der Bundesrepublik 1987*

	Anzahl in Tsd.		Ausländeranteil, in %		Haushaltsnetto-einkommen, bedarfsgewichtet, pro Kopf in DM		Haushaltsnetto-einkommen, in_DM		Lebenszufriedenheit (Skala 0 – 10)		Große Sorgen Anteil in %	
	Männer	Frauen	Männer	Frauen	Männer	Frauen	Männer	Frauen	Männer	Frauen	Männer	Frauen
Führende Angestellte	193	53	2,0	13,9	2487	3994	5765	5770	7,5	7,9	14,7	0
Höhere Beamte	546	132	1,3	1,5	2349	3145	4867	4242	7,3	8,1	2,0	3,5
Hochqualifizierte Angestellte	1652	477	2,5	1,3	2048	1998	4353	3502	7,5	7,8	5,3	25,4
Gehobene Beamte	517	251	–	–	1996	2321	4332	4970	7,7	7,1	2,8	0
Qualifizierte Angestellte	2348	2928	3,2	2,4	1724	2056	3662	4002	7,3	7,2	8,7	8,9
Einfache, mittlere Beamte	834	138	–	–	1585	2112	3391	3718	7,4	7,6	4,3	0
Einfache Angestellte	452	1952	4,7	2,0	1511	1626	2889	3844	7,2	7,1	15,1	20,2
Vorarbeiter/Meister	1018	38	7,2	10,7	1691	1740	4000	4245	7,2	7,5	15,9	11,7
Facharbeiter	3456	417	11,3	5,4	1426	1783	3184	4307	7,3	7,3	20,1	12,8
Un-, angelernte Arbeiter	2497	2457	33,4	17,2	1343	1416	2821	3089	6,9	6,9	22,0	19,8
Freie Berufe	247	186	4,9	13,2	2355	2988	4234	6508	6,7	7,2	26,2	19,8
Sonstige Selbständige	794	602	4,2	1,7	1832	1529	4490	3571	6,6	7,2	22,0	32,0
Landwirte	522	131	–	–	1223	1637	3659	5681	6,2	6,3	84,2	68,4
Mithelfende Familienangehörige	18	300	17,2	1,8	1127	1404	2828	3574	7,7	6,3	17,7	53,9
Azubis/Studenten/Bundeswehr	1140	860	2,9	3,2	1445	1542	3589	3804	7,0	6,7	16,8	14,0
Nicht-Erwerbstätige	806	4695	18,7	5,0	1006	1305	2089	3158	5,1	7,1	54,1	18,3
Nicht-Erwerbstätige[1]	165	957	5,8	16,3	1280	1224	3501	2836	6,7	7,1	36,1	35,1
Noch-Erwerrbstätige	782	422	18,7	7,7	1966	1756	3820	2821	7,8	7,6	15,9	28,2
Nicht-Erwerbst./Selbständige[2]	506	733	–	–	1314	1458	2343	2785	7,1	6,8	12,7	11,7
Nicht-Erwerbst./Beamte[2]	412	239	–	–	1956	1381	3289	3128	8,4	7,7	6,3	0
Nicht-Erwerbst./Angestellte[2]	952	2396	1,9	–	1794	1651	2742	2285	7,4	7,3	2,1	8,0
Nicht-Erwerbst./Arbeiter[2]	1488	2288	3,4	0,7	1261	1265	2128	1893	7,1	7,2	10,4	10,3
Sonstige[1]	90	1442	–	0,3	1694	1315	2693	2069	5,7	6,8	14,6	11,7

1 Niemals erwerbstätig.
2 Bzw. frühere Stellung/frühere Stellung des Ehemannes.

Datenbasis: Das Sozio-ökonomische Panel, 1984 – 1987, Wohnbevölkerung über 20 Jahren, Hochrechnung Quelle: Zapf 1989, 113.

gen. Aus der Kombination der drei Merkmale entstehen 44 Soziallagen, die einen relativ differenzierten Einblick in die Verteilung der materiellen Ressourcen und der Unterschiede im subjektiven Wohlbefinden der westdeutschen Bevölkerung eröffnen (Abb. 4.1).

Einen völlig anderen analytischen Zugang stellt der anwendungsbezogene Versuch des SINUS-Instituts dar, die Wertorientierungen und Lebensstile der westdeutschen Bevölkerung nach verschiedenen **„sozialen Milieus"** zu gruppieren. Ausgangspunkt der Untergliederung ist nicht die „objektive" Soziallage der Menschen, sondern deren Bewußtsein und Lebensweise. Die klassische Fragestellung der Sozialstrukturanalyse wird genau umgekehrt. Die traditionelle Sozialstrukturforschung untergliedert die Bevölkerung zunächst nach „objektiven" Soziallagen und fragt dann danach, welche Mentalitäten, Einstellungen und Verhaltensweisen mit diesen Lagen typischerweise verknüpft sind. SINUS dagegen untergliedert die Bevölkerung zunächst nach verschiedenen Wertorientierungen und Lebensstilen, den sogenannten „sozialen Milieus" und fragt anschließend danach, in welchen Schichten diese „Milieus" auftauchen. Der Begriff „soziales Milieu" ist ein mißverständliches Etikett und paßt eigentlich nicht genau zu dem, was hier damit gemeint ist. In der klassischen ökologisch orientierten Soziologie sind „Milieus" soziale Umwelten und ihre Zusammenhänge mit Einstellungen und Verhaltensweisen. Das SINUS-Institut dagegen arbeitet mit einem „subkulturell verkürzten" Milieukonzept: „Soziale Milieus fassen, um es sehr vereinfacht auszudrükken, Menschen zusammen, die sich in Lebensauffassung und Lebensweise ähneln, die also subkulturelle Einheiten innerhalb der Gesellschaft bilden." (*Nowak/Becker* 1985, 14). Die westdeutsche Bevölkerung wird also nach Unterschieden in „Lebensauffassung und Lebensweise", nach **„Subkulturen"** untergliedert; dazu gehören Unterschiede in ihren Wertorientierungen und Lebenszielen, in ihren Einstellungen zu Arbeit, Freizeit und Konsum, zu Familie und Partnerschaft, in ihren Zukunftsperspektiven, politischen Grundüberzeugungen und Lebensstilen. Repräsentatives Interviewmaterial wurde mit Hilfe von Ähnlichkeitsmessungen, insbesondere mit Cluster-Analysen systematisch ausgewertet.[6] Dabei ergaben sich die acht idealtypischen „Milieus", die in Abb. 4.2 wiedergegeben sind. Sie sind auf der waagerechten Achse des Schaubildes nach traditionell-materiellen und postmateriellen Grundorientierungen geordnet, einer in der Werteforschung geläufigen Unterscheidung. Der Zusammenhang mit der Sozialstrukturanalyse im eigentlichen Sinn wird durch die senkrechte Anordnung der Milieus hergestellt; diese macht deutlich, in welchen Schichten die verschiedenen Milieus verankert sind. Das Milieu-Konzept hat sich in der Markt-, Jugend- und Wahlforschung bewährt.

Die Konzepte der sozialen Lagen und „sozialen Milieus"[7] sind gut geeignet für empirische Einzelstudien, für **Momentaufnahmen** von den Feinheiten

Abb. 4.2: *„Soziale Milieus“ in der Bundesrepublik 1985*

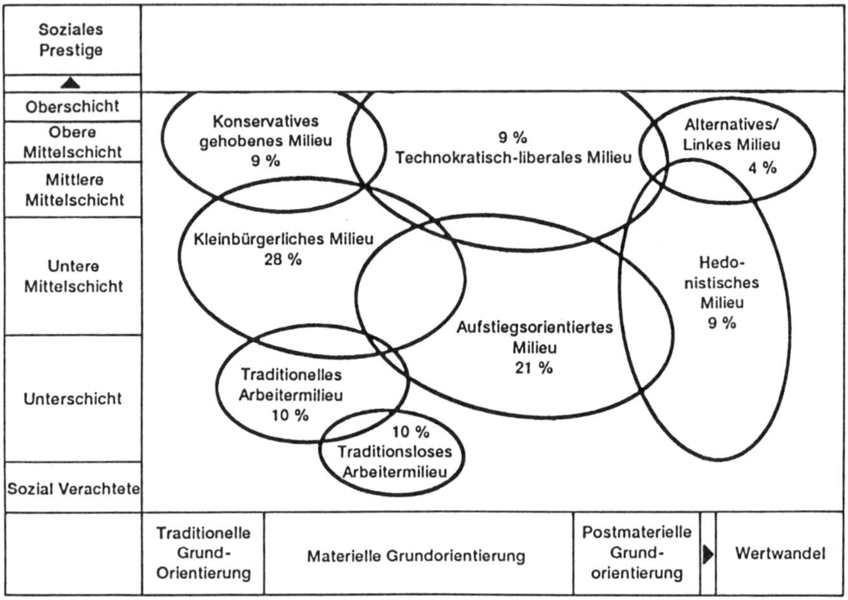

Milieustruktur der deutschen Wohnbevölkerung ab 14 Jahre

Quelle: Nowak/Becker 1985, 14

der Sozialstruktur. Eine gesamtgesellschaftliche Darstellung der sozialstrukturellen **Entwicklung** muß jedoch auf eine ungeheure Vielzahl von Statistiken und empirischen Daten zurückgreifen, die zum Teil in verschiedenen Zeiten, mit unterschiedlichen Kategorien, zu unterschiedlichen Zwecken erhoben wurden. Diese lassen sich nur nach einem gröberen Raster gruppieren; am zweckmäßigsten erscheint mir dabei die Orientierung an einem der traditionellen Schichtmodelle zu sein.

4.4 Modelle sozialer Schichtung

Schicht- und Klassenmodelle[8] sind Versuche, in das unübersichtliche Durcheinander der sozialen Ungleichheiten eine gewisse Ordnung zu bringen. Ihnen haften die Vor- und Nachteile aller Modellkonstruktionen an: Sie vereinfachen die komplexe Wirklichkeit, indem sie bewußt „unwichtig“ Erscheinendes übersehen bzw. ausklammern und die vielfältige Wirklichkeit auf „Wesentliches" reduzieren. Bei diesem notwendigen Vorgang der Vereinfachung ist es wichtig, daß die Vielfalt der Wirklichkeit im Modell nicht zur Einfalt verkommt und daß das Modell nicht „reifiziert", d.h. mit „der Sache", mit der Wirklichkeit verwechselt wird. Modelle können Wirklichkeit nicht abbilden; in diesem Sinne sind sie stets einseitig und unvollständig. Sie sind lediglich ein Hilfsmittel des Analytikers, um nach dem Prinzip der „informierten Willkür" (*Dahrendorf*) die wesentlichen Strukturen der Wirklichkeit genauer zu erkennen.

In Schichtmodellen wird versucht, die Gesamtbevölkerung so zu gliedern, daß Gruppierungen mit ähnlicher Soziallage und damit verknüpften typischen Subkulturen und Lebenschancen entstehen. Die komplizierte, im wahrsten Sinne des Wortes „vielschichtige" Sozialstruktur der Bundesrepublik hat dazu geführt, daß eine große und verwirrende Fülle von Schichtmodellen entwikkelt wurde. Sie unterscheiden sich u. a. danach, welche und wieviele Merkmale zur Soziallage, zur Subkultur und zu den Lebenschancen berücksichtigt wurden, wieviele Schichten unterschieden und wo die Schichtgrenzen gezogen wurden. Große Bedeutung und Verbreitung fand das sog. „Zwiebel-Modell", das *Karl Martin Bolte* und seine Mitarbeiter für die bundesdeutsche Gesellschaft der 60er Jahre entwarfen (Abb. 4.3). Es taucht in modifizierter Form als Modell einer „pluraldifferenzierten Wohlstandsgesellschaft" der 80er Jahre wieder auf. (*Bolte* 1990, 46).

Als Ausgangspunkt meiner Darstellung der Umschichtungsprozesse werde ich jedoch auf ein anderes griffiges Modell für die 60er Jahre zurückgreifen: auf das **Haus-Modell** von *Ralf Dahrendorf* (Abb. 4.4).

Dahrendorf (1965) hat sein Haus in starker Anlehnung an das Mentalitätsmodell sozialer Schichtung von *Geiger* (1932) konstruiert. Die Gliederung der Bevölkerung in verschiedene Schichten beruht einerseits auf den verschiedenen Funktionen der Gruppen im Herrschafts- und Wirtschaftssystem, andererseits fußt die Unterteilung auch auf soziopolitischen und soziokulturellen Mentalitäten, die typischerweise mit den verschiedenen Soziallagen zusammenhängen.

Insgesamt unterscheidet *Dahrendorf* sieben Schichten. Die Spitze der Gesellschaft bilden die **Eliten**. Im Obergeschoß residieren nebeneinander die bürokratischen Helfer der Eliten, die **Dienstklasse**, „insbesondere nichttechnische Verwaltungsangestellte aller Ränge" (106) sowie der **alte Mittelstand** der Selbständigen. Im Hauptgeschoß wohnen die große **Arbeiterschicht** und der **falsche Mittelstand** der einfachen Dienstleistungsberufe, dessen soziale Stellung sich nicht von derjenigen der Arbeiter unterscheidet, der sich jedoch seinem Selbstverständnis nach „fälschlicherweise" zur Mittelschicht zählt. Die **Arbeiterelite** hat sich dagegen nach oben hin vom Rest der Arbeiterschaft abgesetzt. Der Keller des Hauses ist bevölkert von der **Unterschicht** der „Dauererwerbslosen, Unsteten, Rückfallkriminellen, Halbalphabeten und

Abb. 4.3: *Statusaufbau und Schichtung der westdeutschen Bevölkerung (60er Jahre)*

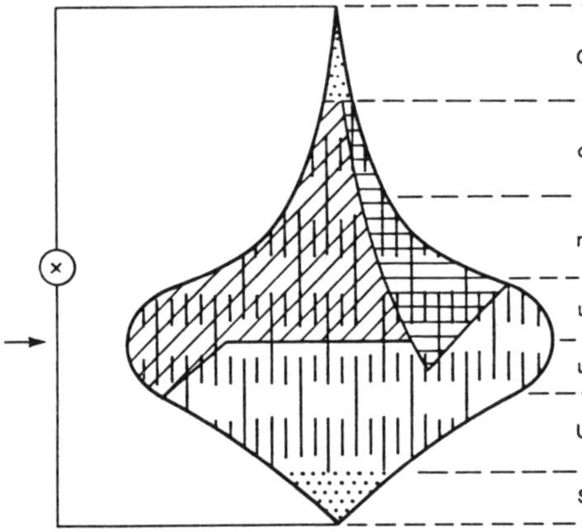

Bezeichnung der Statuszone	Anteil	
Oberschicht	ca. 2 v.H.	
obere Mitte	ca. 5 v.H.	
mittlere Mitte	ca. 14 v.H.	
untere Mitte	ca. (29)	58 v.H.
unterste Mitte/oberes Unten	ca. (29)	
Unten	ca. 17 v.H.	
Sozial Verachtete	ca. 4 v.H.	

Die Markierungen in der breiten Mitte bedeuten:

Angehörige des sogenannten neuen Mittelstands

Angehörige des sogenannten alten Mittelstands

Angehörige der sogenannten Arbeiterschaft

Punkte zeigen an, daß ein bestimmter gesellschaftlicher Status fixiert werden kann.

Senkrechte Striche weisen darauf hin, daß nur eine Zone bezeichnet werden kann, innerhalb derer jemand etwa im Statusaufbau liegt.

(×) = Mittlere Mitte nach den Vorstellungen der Bevölkerung

→ = Mitte nach der Verteilung der Bevölkerung. 50 v. H. liegen oberhalb bzw. unterhalb im Statusaufbau

Quelle: Bolte/Kappe/Neidhardt 1967, 316.

anderen", die zuweilen als „Bodensatz der Gesellschaft", als „sozial Verachtete" oder auch als „Lumpenproletariat" bezeichnet werden (113).

Das Modell in Abb. 4.5 ist das Ergebnis eines Versuches, das *Dahrendorf'sche* Haus aus den 60er Jahren etwas umzubauen und zu modernisieren. Umschichtungen – quantitative Verlagerungen und qualitative Veränderungen –, die sich in den letzten Jahrzehnten vollzogen haben und die in den folgenden Kapiteln differenzierter beschrieben und erklärt werden, haben dabei Berücksichtigung gefunden.

Der **Schichteinteilung** liegen – ähnlich wie bei *Dahrendorf* – mehrere **Kriterien** zugrunde. Eine wichtige Rolle spielt dabei der Beruf, der verschiedene Faktoren wie Funktion in der wirtschaftlich-gesellschaftlichen Arbeitsteilung, Qualifikation, Einkommen, Prestige und Einfluß bündelt. Die materielle Lage und die ethnische Zugehörigkeit sind ausschlaggebend bei der Abgrenzung der Randschichten, die Position im Herrschaftsgefüge bei der Abgrenzung der Eliten. Herangezogen werden auch „typische" „Mentalitäten", Subkulturen und Lebenschancen.

Abb. 4.4: *Soziale Schichtung der westdeutschen Bevölkerung (60erJahre)*

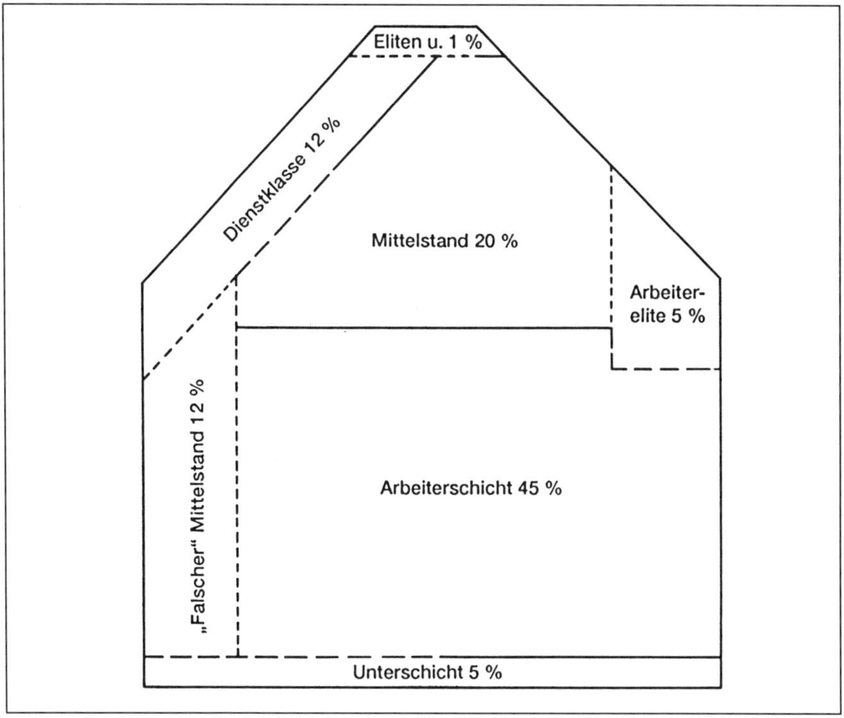

Quelle: Dahrendorf 1965, 105.

Die **Prozentanteile** der Schichten beziehen sich auf die erwachsene Bevölkerung der alten Bundesrepublik (Deutsche und Ausländer ab 16 Jahre). Die Personen wurden nach dem Status ihrer Familie den Schichten zugeordnet. Ausschlaggebend für den Familienstatus war der Status des Haushaltsvorstandes (vgl. *Noll/Habich* 1990, 163). Die empirische Grundlage der Quantifizierung bilden die zusammengefaßten Daten des Sozio-ökonomischen Panels der Jahre 1984 bis 1986.[9]

Die **Armutsgrenze** bezieht sich auf den Anteil der Sozialhilfeberechtigten unter der Gesamtbevölkerung der BR (HLU, einschl. verdeckte Armut, vgl. S. 167). Ihre Markierung in diesem Modell ist mit Ungenauigkeiten verbunden; denn Un- und Angelernte, ausführende Dienstleistungsschicht und Ausländer stellen zwar die Mehrheit der Armen, aber auch Angehörige anderer Schichten sind – zumindest vorübergehend – von Armut betroffen.

Zahl und Bezeichnung der Schichten weichen in einigen Punkten von *Dahrendorfs* Modell ab. Einzelheiten zu ihrer Abgrenzung und Benennung enthalten die jeweiligen Abschnitte der folgenden Kapitel.

Abb. 4.5: *Soziale Schichtung der westdeutschen Bevölkerung (80er Jahre)*

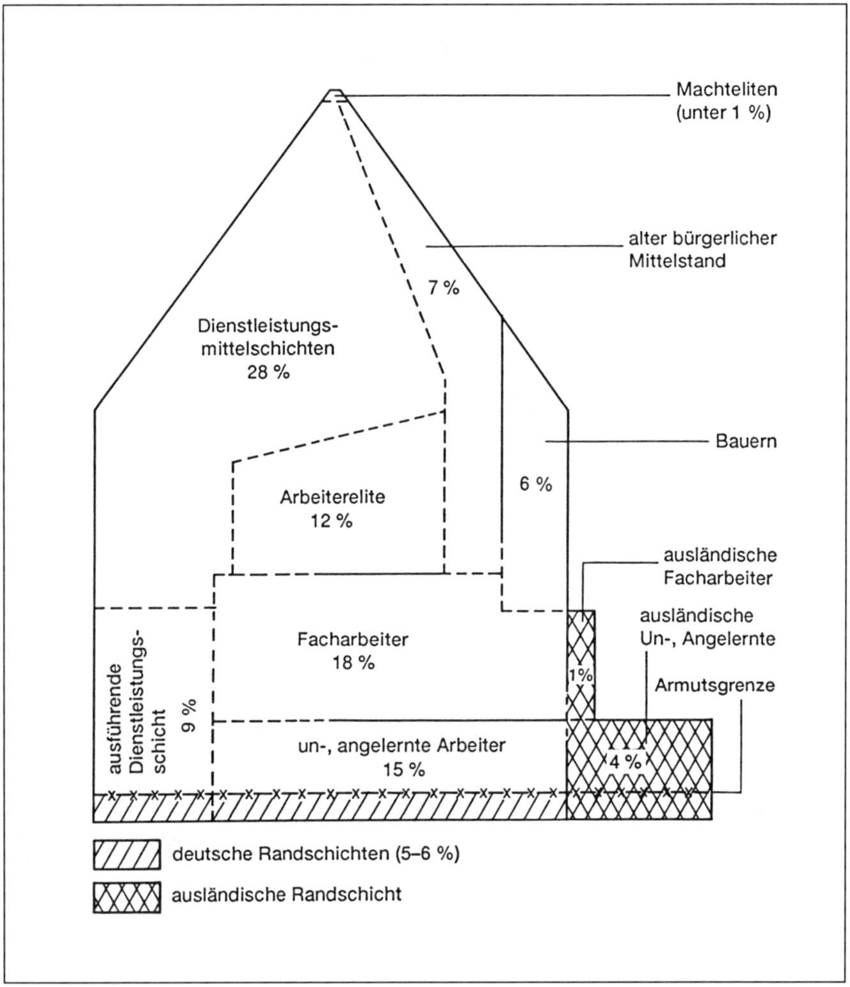

Zwei wichtige qualitative Veränderungen werden im Schaubild nicht sichtbar. Zum einen hat sich das vergleichsweise einfache Wohnhaus der 60er Jahre inzwischen in eine ansehnliche Residenz mit Komfortapartements verwandelt; selbst im Kellergeschoß ist es – von einigen Ecken abgesehen – inzwischen etwas wohnlicher. Zum anderen sind die **Decken und Wände noch durchlässiger** geworden. An diesem Punkt muß auf ein leicht entstehendes und weit verbreitetes Mißverständnis von Schichten und Schichtmodellen hingewiesen werden. Die eingezeichneten Linien in dem Modell könnten die Vorstellung suggerieren, es handle sich bei Schichten um „scharf gegeneinander abgesetzte Gruppierungen von Menschen in jeweils eindeutig besserer oder schlechterer Soziallage" – so z. B. die Definition von Schicht bei *Bolte/Hradil* (1984, 348). Scharfe Abstufungen dieser Art existieren in ständischen Gesellschaften oder Kastengesellschaften, in modernen, differenzierten Gesellschaften dagegen weisen Schichten keine klaren Grenzen auf; sie gehen vielmehr ineinander über. Bereits vor mehr als einem halben Jahrhundert stellte *Geiger* (1932, 82) dazu fest, daß man als Schichtungssoziologe „das Handgelenk lockerer halten muß" als der Statistiker: „das Leben zieht keine klaren Grenzen, sondern verspielt sich in tausend Zwischenformen". Die historisch langfristige Tendenz zur „Entschichtung" der Sozialstruktur (vgl. *Geißler* 1990a, 93ff.) hat sich in der Bundesrepublik in den letzten Jahrzehnten fortgesetzt. Die Zusammenhänge von Soziallagen einerseits, Mentalitäten und Verhaltensweisen andererseits haben sich weiter gelockert. Außerdem sind schichttypische Unterschiede an der lebensweltlichen Oberfläche auf den ersten Blick schwerer wahrnehmbar geworden; sie haben sich stärker in die „Tiefenstruktur" der Gesellschaft verlagert, und es bedarf häufig der theoretischen und empirischen Analyse, um sie sichtbar zu machen (Beispiele dazu bei *Geißler* 1990a, 96ff.). Um im Bild des Hauses zu bleiben: die Stockwerke und Zimmer der Residenz sind nicht durch durchgehende Decken und Wände gegeneinander abgeschottet, sondern verstellbare Wände, Raumteiler und halboffene Etagen zeigen viele Durch- und Übergänge an. Die Binnenarchitektur des Hauses ermöglicht heute noch stärker als in den 60er Jahren „offenes Wohnen" in nicht deutlich voneinander getrennten Etagen und Räumen. Dennoch sind die Menschen weiterhin genötigt oder gewollt, sich vornehmlich in bestimmten Wohnbereichen aufzuhalten.

Die im folgenden Kapitel dargestellten Umschichtungsvorgänge sind nach der Schichteinteilung des Modells gegliedert.

Anmerkungen

1 Vgl. *Tjaden-Steinhauer/Tjaden* 1973; IMSF 1972-1974; Projekt Klassenanalyse 1973-1974; *Leisewitz* 1977; *Herkommer* 1983; *Krysmanski* 1989.

2 Vgl. z. B. die völlig überarb. Neuauflage des Buches von *Bolte/Kappe/Neidhardt* 1975 im Vergleich zur Erstfassung von 1967.

3 Vgl. *Beck* 1983, 1986; *Berger* 1986, 1987; *Hradil* 1983, 1985, 1987, 1990; *Kreckel* 1983a, 1987.

4 *Hradil* 1983, 101; *Hradil* 1987, 51-55, 165f.; *Bolte* 1990, 42f.; vgl. auch *Lüdtke* 1989, 40.

5 In folgenden Studien werden z. B. implizit oder explizit empirische oder theoretische Einwände gegen die Entschichtungsthese vorgetragen: *Erbslöh* u. a. 1990,; *Franz u. a.* 1986; *Geißler* 1987, 1987a, 1990a; *Haller* 1986; *Holtmann* 1990; *Kappelhoff/Teckenberg* 1987; *Mayer*

1989; *Mayer/Blossfeld* 1990; *W. Müller* 1986; *Noll/Habich* 1990; *Rothenbacher* 1989; *Strasser* 1987; *Thien/Wienhold* 1986.

6 Einzelheiten des methodischen Vorgehens wurden bisher nicht veröffentlicht.

7 Vgl. dazu auch die begrifflichen und theoretischen Überlegungen bei *Hradil* 1987, 139ff. und 1989.

8 Der sprachlichen Einfachheit halber verwende ich den Schichtbegriff im Sinne *Geigers* (1932,5) als allgemeinen Oberbegriff. Klassen sind danach eine historische Sonderform der Schichtung; Schichtmodell meint also auch stets Klassenmodell.

9 Die Prozentwerte wurden nach der Tabelle 1 bei *Noll/Habich* 1989 berechnet. Die von *Noll/Habich* verwendete Klassengliederung wurde z. T. mit anderen Bezeichnungen versehen und in drei Punkten inhaltlich verändert. 1. „Nicht-manuell Ausführende" und „Persönliche Dienste" wurden zur „Ausführenden Dienstleistungsschicht" zusammengefaßt. 2. „Untere" und „Obere Dienstklasse" (ohne Freie Berufe und große Selbständige) wurden zu „Dienstleistungsmittelschichten" zusammengefaßt. 3. Freie Berufe und Selbständige ab 10 Beschäftigte wurden aus der „Oberen Dienstklasse" herausgenommen und dem „alten bürgerlichen Mittelstand" zugerechnet. Dabei wurde angenommen, daß diese beiden Gruppen zusammen knapp 2% der erwachsenen Bevölkerung ausmachen. – Der Indikator „Status des Haushaltsvorstands" wird häufig kritisiert, er mißt jedoch die Unterschiede in der sozioökonomischen Lage der Familien nachweislich besser als andere Indikatoren (vgl. *Noll/Habich* 1990, 163f.)

5. Umschichtungen

Im Anschluß an *Geiger* verstehe ich unter Umschichtungen die **Veränderungen im Schichtgefüge** einer Gesellschaft bzw. den **Wandel des Schichtgefüges** selbst (vgl. *Geißler* 1985, 396). Dabei können sich verschiedene, miteinander verschränkte Vorgänge vollziehen: 1. rein quantitative Verschiebungen – Schichten schrumpfen oder dehnen sich aus; 2. qualitative Veränderungen in zwei Varianten – Schichten (Soziallagen, schichttypische Subkulturen und Lebenschancen) wandeln sich oder: alte Schichten verschwinden, neue Schichten entstehen; 3. schließlich ein grundlegender Strukturwandel: Schichtdeterminanten (*Geiger* 1955, 191) verändern sich, gewinnen oder verlieren an Gewicht, d.h. die Bevölkerung gruppiert sich nach anderen Merkmalen.

Der **Vergleich** der Umschichtungen in den beiden deutschen Gesellschaften wirft eine Reihe von Problemen auf. Die empirische **Sozialstrukturforschung der DDR**, die seit dem Ende der 60er Jahre betrieben wurde, sollte den Umbau der sozialistischen Gesellschaft wissenschaftlich begleiten und mußte sich dabei „unter fixierte Formeln, festgeschriebene Denkschemata und ideologische Vorgaben" (*Lötsch* 1990a, 553) unterordnen. So war die Gesellschaft der DDR offiziell in die beiden „Hauptklassen" Arbeiterklasse und Genossenschaftsbauern und die „soziale Schicht" der Intelligenz gegliedert. Die DDR-Soziologen haben immer wieder gezeigt, daß dieses dogmatisch-starre „Zwei-Klassen- eine-Schicht-Schema", das aus der Sowjetunion der *Stalin*-Ära stammt und im Staatswappen der DDR durch Hammer, Ährenkranz und Zirkel symbolisch präsent ist, die Differenzierungen in der Sozialstruktur der DDR nicht angemessen erfaßt, daß die Unterschiede innerhalb der Klassen und Schichten z. T. stärker ausgeprägt sind als zwischen ihnen und daß die wesentliche „Differenzierungsdominante innerhalb der sozialistischen Gesellschaft ... nicht mehr die Achse ‚Eigentum und Klassen' sondern die Achse ‚Arbeitsteilung (vertikal und horinzontal), geistiges Niveau der Arbeit, Bildung und Qualifikation'" (*Lötsch* 1988a, 17) ist.[1] Dennoch weichen die Begriffe der DDR-Sozialstrukturanalyse z. T. von den westdeutschen ab, und die damit erhobenen Daten lassen sich häufig nicht direkt den westdeutschen Materialien gegenüberstellen. Dies gilt insbes. für die Dienstleistungsschichten und für die Extremlagen im Schichtgefüge; die Analyse der Machteliten und Randschichten war in der DDR ein Tabu. Die Gegenüberstellung der Umschichtungen in West und Ost[2] weist daher aus Gründen der Datenlage unumgängliche Unschärfen auf.

Auf zwei grundlegende Aspekte des Strukturwandels, die mit der deutschen Vereinigung zusammenhängen, sei einleitend noch kurz hingewiesen:

1. Die **Entpolitisierung** der Schichtstruktur in den neuen Ländern. Privilegien und Benachteiligungen waren in der DDR in hohem Maß „politisiert“. Loyalitätsbekundungen gegenüber dem Sozialismus und der SED erleichterten Besserstellungen und sozialen Aufstieg;[3] wer dagegen Distanz zum Sozialismus oder gar Opposition an den Tag legte, wurde zurückgesetzt, bestraft oder verfolgt. Nach dem Wechsel des Herrschaftssystems sind politische Treuebekundungen keine wesentliche Schichtdeterminante mehr.
2. Die **„West-Ost-Kluft“**. Die Schichtstrukturen in den alten und neuen Ländern werden für längere Zeit ergänzt durch eine bedeutende regionale Differenzierungslinie, die „übergreifend“ zu den traditionellen vertikalen Linien verläuft. Sie ist an den schlechteren „objektiven“ Lebensbedingungen in den neuen Ländern erkennbar – am West-Ost-Wohlstandsgefälle (s. S. 41 ff.), an schlechteren Arbeitsbedingungen, an hohen Verlusten sozialer Sicherheiten vielfältiger Art (vgl. S. 190 ff., 211); sie ist aber auch in den Köpfen und Seelen der Menschen verankert, in anderen Wertorientierungen[4], in anderen Fähigkeiten, Einstellungs- und Verhaltensmustern, die durch den politischen, gesellschaftlichen und wirtschaftlichen Wandel an „Wert“ verloren haben, in höheren psychischen Belastungen (*Belwe* 1991a, 279), in wechselseitigen deutsch-deutschen Vorurteilen und Vorbehalten („Ossi-Wessi-Problematik“) und in dem Gefühl der Mehrheit der Ostdeutschen, „Menschen zweiter Klasse“ zu sein und als solche behandelt zu werden (*Belwe* 1991a, 273, 278, 289). Diese „West-Ost-Kluft“ war vorher im zwischengesellschaftlichen Bereich da, durch die deutsche Vereinigung ist sie zu einem innergesellschaftlichen Gegensatz geworden. Dieser nimmt eine neue Qualität an, im sozialpsychologischen Bereich spitzt er sich z. T. zu. Es ist anzunehmen, daß er langfristig abgebaut und schließlich verschwinden wird, in den objektiven Lebensumständen vermutlich eher als in der Psyche der Menschen.

5.1 Eliten

5.1.1. Begriffe der Eliteforschung

„Zur Elite gehören alle Mitglieder eines sozialen Systems, die aus einem Selektionsprozeß als den übrigen Mitgliedern überlegen hervorgehen.“ Auf diese trockene und vage Formel bringt *Endruweit* (1979, 34) den gemeinsamen begrifflichen Nenner der sozialwissenschaftlichen Elitetheorien. Er übersetzt damit in die dürre Wissenschaftssprache, was mit der Idee der „Auslese“ oder des „Auserwähltseins“ – Elite kommt von dem französischen Wort „élire“ = auswählen oder auslesen – gemeint ist. Der folgende Versuch eines Biologen, die Elite begrifflich zu bestimmen, ist farbiger und anschaulicher, aber wegen seines idealisierenden Charakters auch anfechtbarer: „Zu Eliten zählen jene Menschen, die durch besondere Fähigkeiten Anerkennung und damit verbundene Vorteile genießen und daher durch Macht, Überzeugungskraft oder als Vorbild Einfluß auf gesellschaftliche Entwicklungen nehmen, für die sie deshalb auch verantwortlich sind.“ (*Markl* 1989).

Nach allgemeiner Vorstellung gehören Mächtige, Reiche oder auch Prominente zur Spitze der gesellschaftlichen Hierarchie; die Sozialwissenschaft kennt u. a. Werteliten, Leistungseliten oder Bildungseliten. Die meisten theoretischen und empirischen Studien zur Elite rücken jedoch die **Machtelite** ins Zentrum ihrer Aufmerksamkeit (vgl. *Endruweit* 1979, 42; *Felber* 1986, 21ff.). Die Machtelite umfaßt die Träger der gesellschaftlichen Macht, diejenigen Personen, die den größten Einfluß auf wichtige Entscheidungen ausüben; Menschen, die – um soziale Macht mit einer Definition von *Geiger* (1964, 341) zu umschreiben – die größten Chancen haben, „andermenschliches Verhalten steuern zu können“. Wenn ich mich in diesem Kapitel auf die Darstellung von Struktur und Wandel der Machtelite beschränke, so entspricht dies dem Stand der sozialwissenschaftlichen Forschung, die andere Gruppierungen an der Spitze der gesellschaftlichen Hierarchie bisher stark vernachlässigt hat.

Die Ausdifferenzierung der Gesellschaft in wichtige Funktionsbereiche macht es sinnvoll, innerhalb der Machtelite verschiedene **Funktionseliten** zu unterscheiden, die in den jeweiligen Sektoren (sektorale Eliten oder Teileliten) die wichtigsten Entscheidungsträger umfassen. *Dahrendorf* (1965, 277ff.) unterscheidet in seiner umstrittenen, aber brillanten und auch heute noch lesenswerten Anaylse „Vielfalt oder Eliten zwischen Monopol und Kartell“ acht Funktionseliten in den Sektoren Politik, Verwaltung, Justiz, Militär, Wirtschaft, Kommunikation, Kultur und Kirche – eine Unterteilung, die auch in anderen Untersuchungen in einer ähnlichen Form wieder auftaucht, z. B. in den wichtigen empirischen Elitestudien einer Mannheimer Forschungsgruppe aus den Jahren 1968, 1972 und 1981.[5]

Zur **Struktur** der Elite hat die Sozialforschung eine Reihe von Begriffen und Typologien entwickelt. Als einflußreich und heuristisch wertvoll hat sich eine Gegenüberstellung von zwei idealtypisch übersteigerten Konzepten erwiesen, die bereits in den 50er Jahren von den bekannten amerikanischen Soziologen *David Riesman* und *Charles Wright Mills* bei der Analyse der Machtstruktur der Vereinigten Staaten erarbeitet wurden. Nach *Riesman* und seinen Mitarbeitern (1958) ist die einstmals herrschende Klasse der amerikanischen Gesellschaft durch ein pluralistisches Gegeneinander von **„Veto-Gruppen"** (veto groups) mit sehr vielfältigen Interessen abgelöst worden. Wirtschaftsverbände, Gewerkschaften und Berufsvertretungen, Massenmedien und Militärs, ethnische Minderheiten und Regionalgruppen hätten sich in ihren Machtpositionen „wohlverschanzt" (237) und hielten sich gegenseitig in Schach, weil sie in der Lage seien, ihr Veto gegen wichtige Entscheidungen einzulegen, die ihren Gruppeninteressen schaden könnten. Die Folge sei „eine uneinheitliche amorphe Machtstruktur" (229).

Für *Mills* (1962) dagegen, dessen Analyse stark von der *Marx*'schen Klassentheorie beeinflußt ist, sind Pluralismus und Demokratie lediglich formale Oberfläche, hinter der sich hochzentralisierte Machtstrukturen verbergen. Eine „Machtelite" (power elite) aus den Führern in Wirtschaft, Militär und Politik sitze an den Schalthebeln der Herrschaft und steuere die Gesellschaft über bürokratische Großapparate und moderne Mittel der Massenbeeinflussung. Konzernherren, hohe Militärs und Spitzenpolitiker sind nach *Mills* zu einer kohärenten politischen Klasse mit „gemeinsamen Interessen" (321) und einem „ausgeprägten Klassenbewußtsein" (316) verschmolzen. „Gemeinsame Ideale, gleichartige gesellschaftliche Herkunft" (321), ähnliche Bildungswege, die Zugehörigkeit zu den gleichen Clubs und Religionsgemeinschaften sowie enge soziale Kontakte, Kooperation und der „Austausch von Führungspersonal" (321) zwischen den drei genannten Sektoren bilden das soziale und psychische Band, das diese relativ geschlossene Gruppe von Mächtigen zusammenhalte.

Veto Groups und Power Elite stellen die idealtypisch übersteigerten Extrempole einer Vielzahl von Vorstellungen über die Struktur der Eliten dar und können auch als pluralistische bzw. monopolistische Elite bezeichnet werden. Das Konzept einer **pluralistischen Elite** geht von einer dezentralen Verteilung der Macht auf verschiedene Machtzentren und von einer sozial und ideologisch stark differenzierten Elite aus, die sich aus einer Vielzahl von Teileliten mit unterschiedlichen Interessenlagen zusammensetzt. Das Konzept der **monopolistischen Elite** setzt eine zentralisierte Machtstruktur und eine sozial homogene Elite voraus, die die soziale Gestalt einer Klasse mit einheitlichen Interessen und einheitlicher Ideologie angenommen hat.[6]

Die skizzierten Idealtypen sind gut geeignet, die unterschiedlichen Elitestrukturen zu charakterisieren, die sich in den beiden deutschen Gesellschaften nach dem Zusammenbruch des NS-Regimes herausgebildet haben. In den beiden folgenden Kapiteln werde ich zeigen, daß die Elite der Bundesrepublik eher dem pluralistischen Typ und die DDR-Elite eher dem monopolistischen Typ entspricht.

5.1.2 Die Machteliten der Bundesrepublik

Nach dem Untergang der NS-Diktatur wurden die politischen Führungsgruppen – der Kern der NS-Bewegung bestand aus „Plebejern" (*Daniel Lerner* 1951), aus einer Clique von Aktivisten, vorwiegend aus dem Kleinbürgertum mit mäßiger Bildung und unauffälligen oder auch gescheiterten Berufskarrieren – radikal ausgewechselt. Andere Teileliten überstanden den Systemwechsel besser, da man beim Aufbau der Bundesrepublik auf erfahrene Experten aus Wirtschaft, Verwaltung, Justiz und Militär zurückgriff. Nach einer Studie des Amerikaners *Louis Edinger* waren von den ersten Generalen der Bundeswehr alle, von den 66 höchsten Verwaltungsbeamten des Jahres 1955 jeder zweite und von den 47 Wirtschaftsführern jeder dritte bereits in der NS-Zeit in führenden Positionen tätig (*Edinger* 1960; vgl. auch *Zapf* 1965, 58). Die Personen an der Spitze der gesellschaftlichen Hierarchie blieben also z. T. dieselben, aber die Strukturen der Eliten änderten sich.

5.1.2.1 Die soziale Gestalt: Sozialprofil, Ausbildung und Soziallage

Aus welchen Schichten stammen die Mächtigen der Bundesrepublik, wo liegt die **soziale Rekrutierungsbasis** für die Eliten?

Die dominante Stellung des **Adels** war bereits durch den Zusammenbruch des Kaiserreiches nachhaltig erschüttert worden. Nach dem 2. Weltkrieg verlor der Adel nicht nur seinen Grundbesitz und damit seine ökonomische Basis im Osten und in der DDR, sondern auch endgültig seinen Charakter als bedeutende Führungsschicht. Ein Abglanz seiner ehemaligen Macht besteht heute darin, daß die wenigen Adligen – ihre Zahl wird in der Bundesrepublik auf 60-70 000 geschätzt (*Dornheim* 1990, 49) – in der Elite überproportional vertreten sind, am stärksten noch im diplomatischen Dienst und in der Generalität. Unter den Bonner Staatssekretären der Jahre 1949-1984 waren 7% Angehörige des Adels (*Derlien/Pippig* 1990, 33), und unter den Generalen war der Adelsanteil in der zweiten Hälfte der 80er Jahre auf 5% und damit auf den niedrigsten Stand in der deutschen Geschichte gesunken, 1956 hatte er noch 18% betragen (*Jung* 1990, 39).

Abb. 5.1 gibt Auskunft über den Beruf des Vaters der „oberen Dreitausend" in den Führungspositionen der politisch bedeutsamen Funktionsbereiche. Sie macht deutlich, daß die westdeutsche Elite weder eine in sich geschlossene Kaste ist, noch ein einigermaßen repräsentatives Spiegelbild der Bevölkerungsstruktur darstellt. Nur eine kleine Minderheit der Führungspositionen wurde vererbt, die Elite der BR ist also im wesentlichen eine „Aufsteigerelite"; allerdings wird das Vordringen ganz nach oben um so schwieriger, je tiefer die Herkunftsgruppe in der Schichtungshierarchie angesiedelt ist.

Abb. 5.1: *Soziale Herkunft und Ausbildung der westdeutschen Eliten 1981*

Eliten[1)]	Beruf des Vaters							Ausbildung		Frauen anteil
	Großunternehmer (mindest. 10 Beschäftigte %	Spitzenbeamte u. -angestellte %	höhere Beamte u. leitende Angestellte %	mittlere u. kleine Selbständige (0-9 Beschäft.) %	mittlere Beamte und Angestellte %	Arbeiter u. kleine Angestellte %	Arbeiter %	Abitur %	Hochschulabschluß %	%
Politik (SPD)	0	5	20	11	22	42	32	65	55	5
Politik (CDU/CSU)	7	3	14	32	25	19	15	81	74	6
Politik (FDP)	17	21	25	21	13	4	–	84	68	12
Verwaltung	3	4	31	21	32	9	–	97	94	1
Wirtschaft	17	10	23	16	23	12	–	87	75	1
Wirtschaftsverbände	21	12	24	25	16	3	–	86	68	1
Gewerkschaften	0	1	7	13	18	61	46	20	8	7
Massenmedien	7	7	32	18	25	10	–	94	47	2
Wissenschaft	5	5	35	22	21	12	–	100	96	1
Militär	5	7	49	7	29	2	–	93	33	0
Kultur	8	11	30	22	20	10	–	89	62	7
Sonstige	5	3	32	22	25	14	–	83	71	7
Eliten insgesamt	9	7	27	20	24	15	11	85	69	3,4
Bevölkerung[2)]	–[3)]	–[3)]	4	22	14	60	57	12	6	

1) Der Fragebogen wurde an 3165 Inhaber von Spitzenpositionen in verschiedenen Funktionsbereichen veschickt, von denen 1744 ausgewertet werden konnten.
2) Diese Stichprobe umfaßt 444 Männer ab 40 Jahren. Sie ist also im Hinblick auf Alter und Geschlecht den Eliten vergleichbar. Ihr Sozialprofil weicht deutlich von der Berufsgruppenstruktur der Gesamtbevölkerung ab.
3) Wegen zu niedriger Zahlen wurden die Großunternehmer der Gruppe der Selbständigen und die Spitzenbeamten und -angestellten der Gruppe der höheren Beamten und leitenden Angestellten zugeschlagen.

Quelle: Zusammengestellt nach Hoffmann-Lange 1985,53 und 57; Wildenmann u. a. 1982, 22.

42% der Inhaber von Führungspositionen stammen aus den drei „benachbarten“ oberen Berufsgruppen, die insgesamt nur etwa 4% der männlichen Bevölkerung des entsprechenden Alters ausmachen. An der **Dominanz der oberen Mittelschicht bzw. Oberschicht**, die bereits für die Eliten der Weimarer Republik und der Nachkriegszeit kennzeichnend war[7], hat sich also kaum etwas verändert. Weitere 43% kommen aus mittleren Berufsgruppen, die geringfügig überproportional vertreten sind. Den Kindern der unteren Gruppen der Arbeiter und der einfachen Angestellten ist der Zugang zur Spitze zwar nicht verschlossen, aber sie sind kraß unterproportional vertreten. Arbeiter machen 47% der entsprechenden Bevölkerungsgruppe aus, ihre Söhne besetzen jedoch nur 11% der Führungspositionen. Vergleicht man die Ergebnisse der neusten Elitestudie mit früheren Untersuchungen,[8] so gewinnt man den Eindruck, als hätten sich die Eliten den unteren Schichten geringfügig geöffnet. Einige Funktionseliten sind jedoch gegenüber Kindern von Arbeitern und einfachen Angestellten nach wie vor so gut wie abgeschottet. Dazu gehören die Generalsränge des Militärs genauso wie die Führungspositionen der Wirtschaftverbände oder der FDP, einer Partei von ausgeprägt großbürgerlichem Zuschnitt. Die Unterschichten haben in den Entscheidungszentren im wesentlichen drei traditionelle Bastionen halten können: 41% der führenden Gewerkschaftsfunktionäre von DGB und DAG sowie 42% der SPD-Spitzenpolitiker stammen aus den Kreisen der Arbeiterschaft und der einfachen Angestellten. Aus einer Spezialstudie über die Gewerkschaftsführer geht hervor, daß die Arbeitnehmerorganisationen nicht nur den Arbeiterkindern, sondern auch den Arbeitern selbst Aufstiegsmöglichkeiten bieten. Von den Funktionären, die bis 1976 ein Vorstandsamt in den Gewerkschaften des DGB innehatten, haben 62% ihre berufliche Laufbahn als Facharbeiter begonnen. Ungelernte haben allerdings auch in den DGB-Gewerkschaften keine Chance (*Jühe* 1977, 12, 15f.).

Eine wichtige Ursache dafür, daß nur so wenige Unterschichtenkinder in die Entscheidungszentren der Gesellschaft vordringen können, wird ebenfalls aus Abb. 5.1 deutlich. Der **Weg in die Eliten** führt in der Regel über das Abitur und meistens auch noch **über die Universität**. Immer seltener gelingt Menschen ohne Hochschulsabschluß der Aufstieg in oberste Führungspositionen; 1968 waren es noch 40%, 1981 nur noch 31% (*Wildenmann* 1982, 9). Die ungleichen Bildungschancen der Kinder aus verschiedenen Schichten (vgl. dazu S. 223 ff.) sind also ein wichtiger Grund für die Disproportionen im Sozialprofil der Eliten. Für **Frauen** ist der Aufstieg in die Machteliten noch schwieriger als für die Kinder aus den unteren Schichten (vgl. Abb. 5.1).[9]

Spezifische Ausbildungsstätten für die zukünftigen Angehörigen der Macht-eliten kennt das deutsche Bildungssystem nicht. Eine gewisse Sonderstellung in der **Elitensozialisation** haben die juristischen Fakultäten, denn etwa jeder dritte Spitzenpositionsinhaber ist Jurist, von den Studierten ist es jeder zweite, wobei sich Juristen insbesondere im politisch-administrativen Bereich sammeln (*Wildenmann* 1982, 10).

Über den **Lebensstil** der bundesdeutschen Machteliten gibt es keine repräsentativen Untersuchungen. Lediglich über die Arbeitszeit und das Einkommen liegen aus einer Allensbacher Umfrage unter 546 Führungskräften aus Wirtschaft, Politik und Verwaltung, die 1987 nach „statistischen Prinzipien ausgewählt" wurden (IfD 1987, 1), einige magere Informationen vor. Die Machteliten der Bundesrepublik sind keine „Leisure Class der feinen Leute" (*Thorstein Veblen*), sondern Machtausübung ist mit viel Arbeit verbunden. 47% der Spitzenpolitiker, 27% der hohen Beamten und 20% der Wirtschaftsführer gaben an, in der letzten Woche vor dem Interview mehr als 70 Stunden gearbeitet zu haben (*Joest* 1987, 112). Die Spitzenkräfte werden aber für ihre Arbeit zumeist sehr gut bezahlt, wobei zwischen den Sektoren deutliche Unterschiede bestehen. 75% der Wirtschaftsführer, aber nur 20% der Spitzenpolitiker und 6% der hohen Beamten gaben ein Jahreseinkommen von mehr als 200.000 DM an (IfD 1987, 5). Extreme Machtpositionen sind also nur bei einigen mit extremen Spitzeneinkommen verbunden, und umgekehrt gehört nur eine kleine Minderheit der Reichen zur Machtelite. Denn immerhin kamen im Jahre 1988 276 000 Haushalte auf ein Nettoeinkommen von über 240.000 DM (*Bedau* 1990a, 311; vgl. Abb. 3.7), und die Spitzenverdiener unter den Freiberuflern stehen sich im Durchschnitt zum Teil besser als große Teile der Machtelite; Zahnärzte versteuerten 1986 ein durchschnittliches Bruttojahreseinkommen von 238.000 DM, Wirtschaftsprüfer von 202.000 DM und Ärzte von 192.000 DM (Deutscher Bundestag 1991, 31).

5.1.2.2 Die politische Gestalt: Einflußstruktur und politische Orientierungen

Das politische Institutionensystem der Bundesrepublik sichert einen gewissen Pluralismus der Führungsgruppen. Die Konkurrenz der Parteien, Verbände und Interessenverbände, eine föderalistische Bundesverfassung, eine unabhängige Justiz, die relative Autonomie der Massenmedien und von Teilen der Wissenschaft und Kultur schaffen Raum für ein Gegeneinander verschiedener Teileliten beim Kampf um Einfluß. Aber dieser **Pluralismus hat Struktur**. Zwei Versuche, den Machtverflechtungen empirisch auf die Spur zu kommen, führten zu ähnlichen Ergebnissen.

1972 wurden über 1.800 Inhaber von Führungspositionen danach gefragt, wie hoch sie den Einfluß von 26 vorgegebenen Gruppen und Institutionen einschätzten. Dabei ergab sich die folgende Reihenfolge: Bundesregierung – Bundestag – SPD – Parteien allgemein – CDU – Fernsehen – Gewerkschaften – CSU – Presse – Verwaltung/Ministerialbürokratie – Landesregierungen –

Bundesrat – FDP – Arbeitgeberverbände/Industrieverbände – Bundesbank – Bundesverfassungsgericht – Hörfunk – Großunternehmen – Wähler – Banken – Bauernverband – Kath. Kirche – Ev. Kirche – Wissenschaft – Bundespräsident – Bundeswehr (*Hoffmann-Lange u. a.* 1980, 59f.).

Diese Ergebnisse wurden durch eine Analyse anderer Art im Jahre 1981 ergänzt. Ca. 4.800 Personen, die nach Angaben der Positionselite Einfluß auf wichtige Entscheidungen ausgeübt hatten, wurden einer Netzwerkanalyse unterzogen. Neben zahlreichen kleineren Cliquen schälten sich dabei verschiedene größere Einflußzirkel heraus. Der Kern der Einflußstruktur wurde jedoch von einem zentralen Zirkel – und nicht von mehreren – gebildet, der 559 Personen umfaßt; 37% seiner Mitglieder gehören zur politischen Elite, 19% sind Wirtschaftsführer, 14% stammen aus der Staatsverwaltung; die Gewerkschaften, die Massenmedien und die Wissenschaft stellen jeweils 8%. Andere kulturelle Eliten sowie das Militär spielen nur eine marginale Rolle (*Hoffmann-Lange* 1990a, 57f.).

Insgesamt ergibt sich das folgende Bild: Macht ist in der Bundesrepublik auf verschiedene Funktionseliten verteilt, die jedoch mit unterschiedlichem Gewicht an den wichtigen Entscheidungen teilnehmen. Auffällig ist die Dominanz der politischen Eliten. Großen Einfluß üben auch die Wirtschaftseliten aus, deren Struktur weiterhin vom traditionellen Gegensatz zwischen Arbeit und Kapital geprägt ist. Dieses politisch-wirtschaftliche Machtzentrum wird durch einflußreiche Kommunikations- und Verwaltungseliten zu einem **„politisch-wirtschaftlich-administrativ-kommunikativen Komplex“** ergänzt. Andere Funktionseliten – u. a. die militärische Elite, die in *Mills* Konzept der „power elite“ eine zentrale Rolle spielt – sind nur an der Peripherie der Machtstruktur angesiedelt. Die Daten über Ämterkumulation, Rotation des Führungspersonals und den personellen Austausch zwischen den Sektoren deuten auf eine relativ dezentrale und dynamische Elitenstruktur hin. **Ämterkumulation** kommt relativ selten vor, nur 12% der Spitzenpositionen waren 1981 von Personen besetzt, die gleichzeitig mindestens eine weitere Spitzenposition einnahmen. Die Zugehörigkeit zur Positionselite ist mit 4 bis 8 Jahren relativ kurz; in der Wirtschaft, in den Verbänden oder in den Massenmedien dauert sie länger als im zentralen politischen Bereich, wo die Wähler für eine beschleunigte **Rotation** des Führungspersonals sorgen (*Wildenmann* 1982, 9). Auch die Verwaltungselite ist dieser Dynamik ausgesetzt. Bonner Spitzenbeamte scheiden im Durchschnitt bereits nach 5 Jahren wieder aus ihrem Amt aus (*Derlien/Pippig* 1990, 35). Das Verlassen einer Spitzenposition ist in der Regel gleichbedeutend mit dem Ausscheiden aus der Positionselite; nur in Ausnahmefällen findet **Elitenzirkulation**, ein Wechsel zwischen den verschiedenen Teileliten statt (*Hoffmann-Lange u. a.* 1980, 42; *Delien/Pippig*, 1990, 34; *Herzog* 1990, 13).

„Strukturierter Pluralismus“ kennzeichnet auch die **politischen Orientierungen** der Mächtigen. Während das System der Weimarer Republik bei großen Teilen der Machtelite auf große Distanz oder Ablehnung stieß, verbindet die Führungsschicht der Bundesrepublik eine breite grundsätzliche Zustimmung zur bestehenden politischen, wirtschaftlichen und sozialen Ordnung. Die Bereitschaft zu Kompromissen, die Anerkennung von Mitbestimmung und Reformen in gewissen Grenzen haben einen hohen Stellenwert in ihren politischen Grundüberzeugungen. Auf der Basis dieses **Grundkonsens** existiert innerhalb der Machtelite ein **Pluralismus** von politischen Einstellungen.

Abb. 5.2: *Parteineigung der westdeutschen Eliten 1981 (in %)*

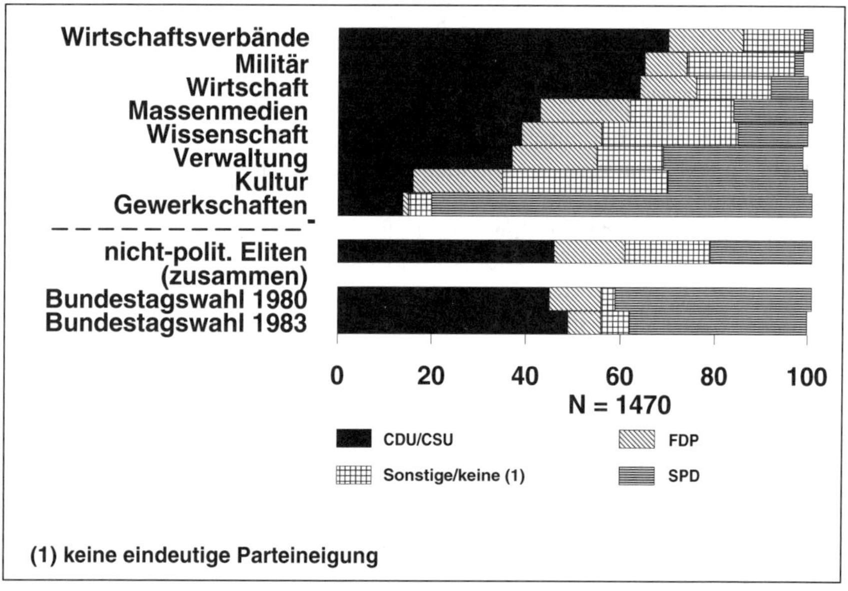

Quelle: zusammengestellt nach Hoffmann – Lange 1983, 18.

Die Einstellungsstrukturen der verschiedenen Teileliten unterscheiden sich, insgesamt ist jedoch der Pluralismus innerhalb der Elite kein genaues Spiegelbild der Einstellungs- und Meinungsvielfalt der Gesamtgesellschaft. Im Vergleich zur Bevölkerung ist die Machtelite liberaler eingestellt; schwächer ausgeprägt sind dagegen soziale, ökologische und demokratische (Machtkontrolle) Orientierungen.[10] Die **liberal-konservative Tendenz** spiegelt sich auch in den Parteineigungen wieder (vgl. Abb. 5.2). CDU/CSU-Bastionen sind neben dem unbedeutenden Militär insbesondere die mächtige Wirtschaft, aber auch – mit Einschränkungen wegen des relativ hohen Anteils an „Parteiunabhängigen" – die einflußreichen Massenmedien und die Wissenschaft. Sieht man einmal von sozialdemokratisch orientierten Gewerkschaftsführern ab, dann sind in allen Teileliten auch die Anhänger der FDP überproportional vertreten.

Wenn man versucht, diese sehr lückenhaften empirischen Daten zu einem Gesamtbild zusammenzusetzen, dann entspricht die Machtelite der Bundesrepublik am ehesten dem Typ einer **pluralistischen Elite „mit Struktur"**. Die Macht ist auf verschiedene Funktionseliten verteilt, die in sich wiederum mehr oder weniger pluralistisch sind. Die verschiedenen sektoralen Eliten und die unterschiedlichen Interessen und Orientierungen sind im Zentrum der Einflußstruktur ungleichgewichtig vertreten. Von ihrer sozialen Gestalt her bildet die Elite eine privilegierte, aber in sich differenzierte, zur Mitte hin relativ offene, nach unten jedoch weitgehend abgeschlossene Schicht.

5.1.3 Die Machtelite der DDR

In der sowjetischen Besatzungszone packte man den personellen Austausch der alten Führungsschicht erheblich radikaler an als in Westdeutschland. In einer konsequenten Entnazifizierungskampagne wurden nahezu alle Personen aus ihren leitenden Positionen in Politik und Verwaltung, in Justiz und Wirtschaft, in den Massenmedien, im Bildungswesen und im kulturellen Bereich entfernt, die das NS-Regime mitgetragen hatten. Zusätzlich wurde den „Junkern" und der „Bourgeoisie" durch Enteignung die ökonomische Basis ihrer früheren Macht entzogen. Eine fast ausnahmslos aus neuen Leuten bestehende politisch zuverlässige Führungsschicht rückte nach, angeführt von der Garde der kommunistischen Altfunktionäre, die die nationalsozialistischen Verfolgungen und die stalinistischen Säuberungen im sowjetischen Exil überlebt hatten (*Staritz* 1985, 54f.; *Sontheimer/Bleek* 1979, 150ff.).

5.1.3.1 Die politische Gestalt: Einflußstruktur und politische Orientierungen

Mit dem schnellen personellen Austausch nahm die politische Gestalt der Machtelite Strukturen an, die grundlegend von den westdeutschen abwichen. Die neue Führung knüpfte an zentralistische Elemente der Machtstruktur aus der NS-Zeit an und beseitigte gleichzeitig nach und nach die Ansätze von Vielfalt zwischen Institutionen, Sektoren oder Gruppen, die sich in der Nachkriegszeit herausgebildet hatten. Die Machtstruktur wurde zentralisiert, eine **Monopolelite** entstand.

Dieser Prozeß vollzog sich in mehreren Schritten. Nach der Zwangsvereinigung von KPD und SPD zur SED wurde die neue Einheitspartei in eine leninistische Kaderpartei umgeformt, die von einer kleinen Parteielite straff geführt wurde. Über das grundlegende Verfassungsprinzip der „führenden Rolle der SED" erhob die Spitze der Parteibürokratie einen allgemeinen Führungsanspruch in Politik, Wirtschaft, Gesellschaft und Kultur und setzte ihn durch, indem sie sich alle konkurrierenden Kräfte und Institutionen unterordnete. Lediglich die Kirchen bildeten eine gewisse Ausnahme.

Die Vielfalt der Parteien und Verbände wurde durch ein SED-gelenktes Blocksystem ersetzt, in das die gesäuberten oder neu gegründeten Parteien und Massenorganisationen eingebunden waren. Staatliche Institutionen und Staatsverwaltung wurden zu Herrschaftsinstrumenten der Parteiführung umfunktioniert. Die Verstaatlichung der Wirtschaft und SED-gesteuerte Massenmedien ermöglichten die zentrale Lenkung dieser wichtigen Sektoren; Justiz und Wissenschaft erhielten keine Unabhängigkeit, das Bildungssystem keine relative Autonomie. Der Unterdrückungsapparat des Staatssicherheitsdienstes wurde aufgebaut, um die wichtigen Sektoren des gesellschaftlichen Lebens zu kontrollieren und Widerstand gegen die Lenkung von oben im Keim zu ersticken. In diesem zentralisierten Institutionensystem besetzte die SED-Elite die wichtigen Kommandostellen, einige wenige blieben für die abhängige „Subelite" aus den Blockparteien reserviert. Lediglich die Kirchenführer konnten sich dem Monopolanspruch teilweise entziehen.

Wer gehörte zur sozialistischen Machtelite? Die folgenden Ausführungen beziehen sich in der Regel auf einen sehr kleinen Kreis von Personen, die die zentralen Positionen im politisch-administrativen Bereich innehatten. Der Politikwissenschaftler *Gerd Meyer* rechnet ca. 330 Personen zur **politischen Elite**, die ca. 460 Positionen besetzt hatten – in der SED (neben dem Führungskern insbesondere das Zentralkomitee), in den Massenorganisationen und Blockparteien, im Staat (Staatsrat, Ministerrat, Bezirksratsvorsitzende und Verwaltungsspitzen) sowie in Militär und Justiz. Den eigentlichen **Führungskern** machten insbesondere das SED-Politbüro, dem in der DDR auch alle ZK-Sekretäre angehörten, sowie die Ersten SED-Sekretäre der Bezirke aus (*Meyer* 1985, 509), im Jahre 1989 insgesamt 40 Personen in 64 Positionen. Die Konzentration der Darstellung auf die kleine politische Elite ist zwar durch die Datenlage erzwungen, aber sie ist auch dadurch gerechtfertigt, daß diese Gruppe den zentralen Zirkel einer weiter gefaßten Machtelite in der DDR bildete.

Machtfülle und Machtkonzentration kennzeichneten die politische Gestalt der DDR-Elite. Als Gruppe steuerte sie gleichzeitig alle wichtigen Bereiche des politischen, wirtschaftlichen, gesellschaftlichen und kulturellen Lebens und war dadurch mit einer ungeheuren Machtfülle ausgestattet. Aber auch innerhalb der Elite war die Macht wieder in hohem Maße hierarchisch konzentriert. Das Machtzentrum bildete das Politbüro des ZK der SED, in dem alle politischen Grundsatzfragen und alle wichtigen Probleme der Tagespolitik entschieden wurden. Ihm gehörten im September 1989 24 Männer und 2 Frauen an. Nach dem Zusammenbruch des politischen Systems wurde offenbar, daß selbst diese kleine Gruppe zumindest in der Schlußphase des Systems wiederum von einer kleinen Clique beherrscht wurde, zu der neben dem Generalsekretär *Honecker*, der Wirtschaftsexperte *Mittag* und der Stasi-Chef *Mielke* gehörten (vgl. *Adler* 1991a, 179; *Schnibben* 1990).

Auf die hohe Machtkonzentration weisen auch die zahlreichen **Ämterhäufungen** hin. So waren z. B. im Jahre 1989 von den zentralen Führungspositionen 70% in Personalunion besetzt (berechnet nach *Walter* 1990, 161; vgl. auch *Meyer* 1985, 509f.). Der Aufstieg über den Parteiapparat und fehlende Ablösungsmechanismen hatten extrem lange Amtszeiten und eine erhebliche **Überalterung** („Vergreisung") zur Folge. Die 25 Mitglieder des von *Honekker* geleiteten Politbüros brachten es im Oktober 1989 auf ein Durchschnittsalter von 66 Jahren, die acht Altfunktionäre unter ihnen sogar auf durchschnittlich 77 Jahre. Alle gehörten diesem engsten Führungszirkel im Durchschnitt schon 19,5 Jahre an, dem Zentralkomitee bereits durchschnittlich 27 Jahre (berechnet nach Angaben zu den einzelnen Personen bei *Buch* 1987). Die fehlende Elitenrotation dürfte eine wichtige Ursache für die Erstarrung und die mangelnde Anpassungsfähigkeit des Herrschaftssystems gewesen sein.

Es ist umstritten, welche **ideologisch-politischen Differenzierungen** innerhalb der DDR-Machtelite existierten, wie stark diese waren, wo ihre Linien verliefen. Nach *Ludz* bildete sich in den 60er Jahren durch die nachrükkende jüngere Generation ein zweites Machtzentrum, eine „institutionalisierte Gegenelite" heraus. Es sei ein Gegensatz entstanden zwischen den konservativ-dogmatischen, ideologisch orientierten Altfunktionären einerseits und den nachgerückten jüngeren, hochqualifizierten, stärker sachlich-pragmatisch ausgerichteten Fachleuten andererseits; Macht sei „entideologisiert" und stärker auf jüngere Facheliten verteilt worden (*Ludz* 1968, 324ff.).[11] Auch *Gerd Meyer* sieht Wandlungstendenzen im Einstellungsprofil der nachwachsenden Führungsgeneration, die er skizzenhaft folgendermaßen beschreibt: mehr „Wissenschaftlichkeit", stärkere Orientierung an Leistung und Effizienz, mehr Pragmatismus und Zurückhaltung gegenüber ideologischen Begründungen und Formeln; größere Offenheit gegenüber Wünschen nach Diskussion und Partizipation, größere persönliche Selbstsicherheit im Bewußtsein eigener Leistungen. Haltungen dieser Art seien am ehesten bei Wirtschaftsfachleuten, Wissenschaftlern oder Funktionären mit Westkontakten anzutreffen. Im Gegensatz zu *Ludz* sieht er in den Generationsunterschieden lediglich Differenzierungen, aber keine Konflikte: „Die jüngeren Elitemitglieder folgen der im wesentlichen vom Politbüro festgelegten Politik der Partei ohne erkennbare größere Widerstände“ (*Meyer* 1984, 21). *Meyer* dürfte die tatsächlichen Verhältnisse besser getroffen haben als *Ludz*.

Eine genauere Analyse der Entwicklung in den letzten Jahren vor dem Umbruch steht noch aus. Erkennbar sind jedoch bereits die folgenden groben Linien: Unter dem Einfluß der Reformbewegung in der Sowjetunion wurde aus den Unterschieden zwischen „Pragmatikern“ und „Dogmatikern“ ein Gegensatz zwischen Perestroika-Anhängern und Verfechtern des alten autoritären Systems, der z. T. antagonistische, unversöhnbare Züge annahm. Der Grundkonsens über den Charakter der sozialistischen Ordnung zerbrach. Insider sprechen von „zwei Parteien“, die innerhalb der SED bestanden, von den Reformanhängern und den Reformgegnern. Unklar ist, wann dieser prinzipielle Gegensatz, der offenbar zunächst eher ein Konflikt zwischen Parteiführung und Teilen der Basis war (vgl. *Geißler* 1990d, 297; *Pollack* 1990, 299), zu einer Spaltung der Machtelite führte. Es sieht so aus, als hätten die autoritären Integrationsmechanismen die Homogenität der Führungsschicht bis ins Jahr 1989 hinein erhalten können und als sei erst unter dem Eindruck der Massenflucht im Sommer 1989 ein konkurrierendes Machtzentrum entstanden. Mit dem Sturz *Honeckers* wurde das Zerbrechen des Monopols nach außen hin sichtbar; er war gleichzeitig der Auftakt zum rapiden Machtverlust der sozialistischen Führungsschicht insgesamt.

5.1.3.2 Die soziale Gestalt: Sozialprofil, Ausbildung, Rekrutierung, Soziallage

Offizielles Ziel der sozialistischen Gesellschaftspolitik war es, die bürgerliche Machtelite durch eine sozialistische zu ersetzen, die nicht nur in ihrer politischen Ideologie, sondern auch in ihrem **Sozialprofil** grundlegend erneuert war. Sie sollte sich proportional aus allen Klassen und Schichten rekrutieren und in ihrer sozialen Zusammensetzung ein Spiegelbild der Bevölkerung sein. Über die soziale Herkunft der politischen Klasse in der DDR und über mögliche Verschiebungen in ihrem Sozialprofil liegen nur sehr spärliche Informationen vor.

Abb. 5.3 gibt einen groben Einblick in die soziale Herkunft der Parteielite, die durch die friedliche Revolution entmachtet wurde.

Bei der Interpretation dieser Daten sind zwei Gesichtspunkte zu beachten. 1. Die meisten Mitglieder der Machtelite haben im Laufe ihrer politischen Karriere zusätzliche Qualifikationen erworben, so daß der Erstberuf nur wenig über Interessenlagen aussagt. 2. Die Berufsangaben in den Quellen, auf die sich die Analyse stützt, sind z. T. unscharf, und häufig ist auch der Versuch erkennbar, die Bezeichnungen so zu manipulieren, daß die Führungsschicht in ihrer Zu-

Abb. 5.3: *Sozialprofil der DDR-Machtelite 1989 (in Prozent)*

	Beruf des Vaters		erlernter Beruf		höchster Bildungsabschluß		
	ZK	Führungskern[1]	ZK	Führungskern[1]		ZK	Führungskern[1]
	N=213	N=40	N=213	N=40		N=213	N=40
Fach-, Hochschulberufe	2	0	27	23	Fach-, Hochschulausbildung	83	85
					davon		
Angestellte	4	5	19	30	– Gesellschafts-, Staatswiss.	24[2]	36[3]
Handwerker	5	5	10	18	– Juristen	3	0
Land-, forstwirtsch. Berufe	4	3	6	0	– Wirtschafts-, Agrarwiss.	24	31
Industriearbeiter	22	45	36	30	– Naturwiss., Ing., Mediz.	18	7
Funktionär (Partei, Politik)	4	8	–	–	– Geisteswiss., Pädagogen	13	7
Andere	–	–	2	0	– Journalisten, Schriftsteller Künstler	14	18
Nicht identifizierbar	60	35	0	0	– Militärwiss.	4	2
	101	101	100	101		101[2]	101[3]
					Promotionen	28	18
					Professoren	14	3

Die Tabelle wurde nach den Angaben bei Buch 1987 erstellt.

[1]Zum Führungskern werden im Anschluß an Meyer 1985, 509 gezählt:
Mitglieder und Kandidaten des Politbüros, Sekretäre des ZK, Erste Sekretäre der SED-Bezirksleitung, SED-Mitglieder des Präsidiums des Ministerrats, die Vorsitzenden des Nationalen Verteidigungsrats und des Staatsrats, der Präsident der Volkskammer – im Juni 1989 insgesamt 64 Positionen, die von 40 Personen besetzt waren.

[2]Für 177 ZK-Mitglieder mit Fach- oder Hochschulabschluß wurden 209 Abschlußqualifikationen gezählt (Mehrfachqualifikationen!). Die Prozentwerte für die Gesellschaftswissenschaften etc. beziehen sich auf dieses N von 209.

[3]34 Mitglieder des Führungskerns hatten eine Fach- oder Hochschulausbildung absolviert. Für diese 34 Mitglöieder wurden 45 Qualifikationen gezählt (Mehrfachqualifikationen). Die Prozentwerte für die Gesellschaftswissenschaften etc. beziehen sich auf dieses N von 45.

sammensetzung möglichst den ideologischen Vorgaben entspricht und die verschiedenen Gruppen der Bevölkerung angemessen repräsentiert.

Trotz dieser Vorbehalte ist deutlich erkennbar, daß die Machtelite nicht nur zur Mitte, sondern auch **nach unten hin offen** ist; viele Mitglieder haben ihre berufliche Laufbahn in einfachen oder mittleren Berufen begonnen.

Die Machtelite in der DDR war in den 80er Jahren formal ähnlich **gut qualifiziert** wie die westdeutsche. In den letzten Jahrzehnten war neben der politischen Zuverlässigkeit auch eine ausreichende fachliche Qualifikation zum Kriterium für den Aufstieg in die Spitze geworden. Die überwiegende Mehrheit der Mächtigen hatte zumindest eine Fachschulausbildung und häufig auch eine Hochschulausbildung abgeschlossen. Die Juristen stellten nur eine kleine Minderheit, stattdessen dominierten Absolventen von Disziplinen, die (ebenfalls) in hohem Maße ideologisch durchdrungen waren; dazu gehören neben den Gesellschafts- und Staatswissenschaftlern insbesondere die Pädagogen und Journalisten, aber auch die Ökonomen. Nicht das Recht, sondern die Ideologie prägte die Elitensozialisation.

Rekrutierung und **Sozialisation** der Elite wurden im Rahmen der sog. Kaderpolitik und Kaderschulung – unter Beteiligung des Staatssicherheitsdienstes – zentral gelenkt. Über die Besetzung der zentralen Machtpositionen entschied die SED-Spitze, in vielen Fälle das Politbüro selbst. Die Mitglieder der Machtelite wurden also kooptiert, wobei die politisch-ideologische Zuverlässigkeit eine unabdingbare Voraussetzung der Aufnahme war. Ein differenziertes System von Parteischulen, an dessen Spitze die Parteihochschule und die Akademie für Gesellschaftswissenschaften beim ZK der SED standen, wurde jährlich von mehr als 100.000 Menschen besucht. Es sorgte für die politisch-ideologische Aus- und Weiterbildung der Kader, wie die Führungskräfte und Spezialisten der DDR genannt wurden. Aus diesem Reservoir von ideologisch geschulten Menschen wurde schließlich die Elite rekrutiert.[12] Wer bis zur Spitze vordringen wollte, mußte die Normen des Systems verinnerlicht und seine Fügsamkeit gegenüber den Entscheidungen des Politbüros über lange Jahre unter Beweis gestellt haben, ebenso seine Bereitschaft, die Beschlüsse der Zentrale durchzusetzen und in der Einheitssprache des Systems zu legitimieren und offensiv zu vertreten. Die allgegenwärtige **Kontrolle durch den Staatssicherheitsdienst** sowie seine Mitwirkung bei der Kaderpolitik und Elitenrekrutierung waren weitere wichtige Sicherungen gegen Abweichungen von der offiziellen Parteilinie. Die skizzierten Sozialisations-, Auswahl- und Kontrollverfahren formten aus Menschen mit unterschiedlichen Berufen und unterschiedlicher sozialer Herkunft eine politisch und ideologisch relativ homogene soziale Gruppe.

Nach marxistisch-leninistischer Auffassung war die Parteiführung die **Avantgarde** („Vorhut“) des gesamten Volkes. Damit verbindet sich die Vorstellung, die Machtelite habe die Fähigkeit, die Gesetzmäßigkeiten der gesellschaftlichen Entwicklungen auf wissenschaftlicher Grundlage richtig zu erkennen. Ihre Einsichten seien „objektiv“ und damit allen anderen überlegen. Das Machtmonopol wird also mit einem Monopol auf Wahrheit verbunden und gerechtfertigt. Es liegen keine Studien zum „avantgardistischen“ Selbstverständnis der sozialistischen Führungsschicht vor, aber es wäre verwunderlich, wenn diese elitäre Ideologie des „Auserwähltseins“ keinen Niederschlag in der Psyche der Mächtigen gefunden hätte. Sie dürfte ein weiterer Faktor für ihre psychosoziale Distanz zu anderen Gruppen und für ihre relative Homogenität gewesen sein.

Die **materiellen Privilegien** und der Lebensstil der DDR-Machtelite heben sich, sieht man einmal von den Einzelfällen krimineller Bereicherung ab, nur vor dem Hintergrund des kargen sozialistischen Alltags als „exklusiv“ oder „fürstlich“ (*Meier* 1990, 12) ab. Im Vergleich zu manchem „Fürsten des Kapitalismus“ führten die „sozialistischen Fürsten“ ein geradezu ärmliches Dasein. Das Dilemma der DDR-Führung bestand eher darin, daß die Gleichheitsideologie die Mächtigen dazu zwang, ihre Privilegien zu tarnen.

Insgesamt kann man die Machtelite der DDR als **monopolistische Elite** bezeichnen. Machtfülle und eine hierarchische Machtstruktur waren ihre Kennzeichen, die Gemeinsamkeiten in der politischen Ausrichtung waren dominant gegenüber internen generations- und sektorspezifischen Differenzierungen. Sie war keine geschlossene Kaste, sondern offen für alle Schichten, vermutlich mit Tendenzen zur sozialen Schließung und zur stärkeren Rekrutierung aus der „neuen sozialistischen Intelligenz“. Parteischulung, gesteuerte Kooptation, strikte Kontrolle und Avantgarde-Ideologie vereinigte Menschen unterschiedlicher Herkunft zu einer relativ homogenen Gruppe, auf die der Begriff „herrschende Klasse“ gut paßt.

5.1.4 Elitenwandel in den neuen Ländern

Der Zusammenbruch des sozialistischen Herrschaftssystems war mit **personellen Erneuerungen** und einem gleichzeitigen Strukturwandel der Elite verbunden. Die Angehörigen des zentralen Zirkels, auf den ich mich im wesentlichen bezogen habe, wurden aus ihren Machtpositionen vertrieben; in gleichem Atemzuge wurde das Positionsgefüge an der Spitze des Herrschaftssystems verändert. Mit dem zentralen Zirkel verloren weitere Teile der Machtelite Ämter und Einfluß – durch den Austausch der Parteieliten, durch die Auflösung des mächtigen Staatssicherheitsdienstes und der Massenorganisationen, durch die Entlassung der Generale der Nationalen Volksarmee. Unklar ist bisher, ob und in welchem Ausmaß es „alten Seilschaften“, wie die Machtcliquen des alten Systems inzwischen im Volksmund genannt werden, gelingt, sich in den Spitzen von Wirtschaft, Staatsbürokratie, Wissenschaft, Massenmedien oder Kultur zu behaupten. Nach einer Studie im Auftrage des Bundesministers für Wirtschaft war im Jahre 1990 nur jede achte Führungsposition in den ostdeutschen Betrieben neu besetzt worden, die Hälfte davon in eher untergeordneten Rängen (iwd 6/1991, 8). Interessant ist auch die Frage nach der **westdeutschen Überschichtung** Ostdeutschlands, nach der Frage, in welchem Ausmaß westdeutsches Führungspersonal in ostdeutsche Spitzenpositionen vordringt.

Mit dem personellen Austausch geht ein **grundlegender Strukturwandel** der Machtelite einher. Seine wesentlichen Linien lassen sich idealtypisch als die **Transformation einer monopolistischen in eine pluralistische Elite** beschreiben. Mit der Übernahme des westdeutschen politischen Institutionensystems hat dieser Wandel bereits eine wichtige Phase durchschritten, als Prozeß ist er jedoch noch nicht abgeschlossen. Die Pluralisierung der Elitenstruktur umfaßt zwei Haupttendenzen:

1. Die ehemals stark zentralisierte Macht wurde/wird auf mehrere Machtzentren verteilt. Das Machtmonopol der SED-Führung wurde/wird aufgefächert in Machtoligopole verschiedener Parteien, Interessenverbände und Führungsgruppen in den verschiedenen Funktionsbereichen und Ländern, deren inneres Gefüge schließlich dem westdeutschen Muster ähneln wird.
2. Die relativ starke politisch-ideologische Geschlossenheit wurde/wird abgelöst durch ein vielfältigeres, breiteres und konflikthaltiges Spektrum politischer und weltanschaulicher Richtungen. Wenn man den neu entstehenden Pluralismus aus gesamtdeutscher Sicht betrachtet, dann wird der vielschichtigen Struktur zumindest vorübergehend eine weitere Variante – eine Ost-West-Dimension – hinzugefügt.

Auch die neuen Machteliten werden soziale Privilegien genießen, materiell dürften sie auf einem höheren Niveau liegen als vorher. Allerdings entfällt weitgehend der Zwang zum Versteckspiel. Die sozialistische Machtelite bestand aus „Gleichen, die gleicher waren als die anderen“ – um es in den satirischen Worten von *George Orwell* zu formulieren. Die neuen Mächtigen dagegen sind Ungleiche an der Spitze eine Systems legitimer oder zumindest tolerierter Ungleichheit.[13]

5.2 Selbständige, alter bürgerlicher Mittelstand, Bauern

5.2.1 Entwicklung und Situation der Selbständigen in der Bundesrepublik

5.2.1.1 Die Begriffe „Selbständige“ und „alter Mittelstand“

Die amtliche Statistik definiert Selbständige als „Personen, die einen Betrieb oder eine Arbeitsstätte gewerblicher oder landwirtschaftlicher Art wirtschaftlich und organisatorisch als Eigentümer oder Pächter leiten (einschließlich selbständiger Handwerker) sowie alle freiberuflich Tätigen, Hausgewerbetreibenden und Zwischenmeister“ (Stat. Jb. 1990, 96). Das Gemeinsame aller Selbständigen ist also ein Element ihrer Arbeitssituation: Sie arbeiten nicht in einem abhängigen Beschäftigungsverhältnis, sondern verfügen über eigene Betriebsmittel und stellen auf eigene Rechnung Produkte oder Dienstleistungen her. Dabei können sie lediglich ihre eigene Arbeitskraft einsetzen („Ein-Mann-Betriebe“, „Ein-Frau-Betriebe“) oder zusätzlich die von Familienangehörigen (Familienbetriebe) oder als Arbeitgeber weitere Lohn- bzw. Gehaltsempfänger beschäftigen.

Selbständige sind schichtungssoziologisch eine sehr heterogene Gruppe. Hinter dem gemeinsamen Nenner der Selbständigkeit verbirgt sich eine große Bandbreite von Tätigkeiten, Marktsituationen, Soziallagen, Einkommenschancen, Qualifikationen, Prestigestufen und Lebenschancen. Zu den Selbständigen gehören der Kleinstbauer genauso wie der Großgrundbesitzer, der Tankstellenpächter und die Änderungsschneiderin genauso wie der Eigentümer eines Großunternehmens mit hoher Kapitalausstattung und Hunderten von Beschäftigten, der Besitzer eines kleinen Fischkutters genauso wie der Großreeder, der erfolglose freischaffende Künstler genauso wie die Ärztin oder der Wirtschaftsprüfer mit gutgehender Praxis.

In Wirtschaft und Politik werden die Selbständigen – mit Ausnahme der Großunternehmer – als „Mittelstand“ bezeichnet, sie sind die Zielgruppe von politischen Förderungsmaßnahmen, der sog. „Mittelstandspolitik“. Die Soziologie ist etwas genauer und unterscheidet seit Beginn dieses Jahrhunderts den „alten Mittelstand“ der Unternehmer, Handwerker, Händler und Bauern vom „neuen Mittelstand“ der Angestellten und Beamten. Der Begriff „alter Mittelstand“ wird dabei etwas vage als Synonym für Selbständige verwendet (vgl. *Dahrendorf* 1965, 108 oder *Bolte/Hradil* 1984, 97ff.). Er geht davon aus, daß es in der Schichtungshierarchie Plazierungen in „der Mitte“, zwischen „oben“ und „unten“ gibt. Sinnvoll kann er daher nur auf einen Teil der Selbständigen angewendet werden: auf die überdurchschnittlich gut oder zumindest durchschnittlich verdienenden „mittleren“ Unternehmer, Handwerker, Geschäftsleute, Bauern und Freiberufler. Sie liegen von ihrer materiellen Situation und ihren Lebenschancen her – vage formuliert – in der „oberen und mittleren Mitte", unter der Spitze der Hierarchie, aber die Mehrheit über dem Durchschnitt, ein Teil auch im Bereich des Durchschnitts. Zum alten Mittelstand in diesem Sinne kann man die große Mehrheit der Selbständigen zählen – etwa zwei Drittel bis Dreiviertel. Eine Minderheit der Selbständigen rangiert eher im unteren Bereich, und eine kleine Minderheit ist marginalisiert und gehört zu den Randschichten. Anfang der 80er Jahre lebten ca. 7% der Selbständigen in Haushalten an oder unter der Armutsgrenze (*Schulz* 1989, 204).

5.2.1.2 Quantitative Entwicklungen

Marx und *Engels* hatten den „kleinen Mittelständen" den Untergang vorhergesagt: Sie sollten im Konkurrenzkampf der Großunternehmen zerrieben werden und „als selbständiger Teil der modernen Gesellschaft gänzlich verschwinden" (*Marx* 1953, 550; vgl. auch S. 26). Die Abbildungen 5.4 und 5.5 machen deutlich, daß sich für etwa zwei Drittel der Selbständigen in den letzten hundert Jahren die *Marx-Engels*-Prognose im kapitalistischen Deutschland erfüllt hat. Etwa ein Drittel hat dagegen die düsteren Prophezeiungen bisher überleben können; und seit etwa zwei Jahrzehnten deutet die Entwicklung darauf hin, daß sich die Selbständigen in dem reduzierten Umfang von ca. 9% der Erwerbstätigen behaupten können.

Der Schrumpfungsprozeß vollzog sich in zwei Schüben. Dem ersten Schub während der Industrialisierung im Kaiserreich folgte in der Zwischenkriegszeit eine längere Phase der Stabilisierung. In den 50er und 60er Jahren setzte dann ein zweiter Schrumpfungsschub ein, der seit etwa zwei Jahrzehnten wiederum zum Stillstand gekommen ist.

Die Zahl der mithelfenden Familienangehörigen ist noch drastischer gesunken. 1970 gab es fast genausoviele mithelfende Familienangehörige wie Selbständige, 1989 kam nur noch auf jeden vierten Selbständigen ein mithelfendes Familienmitglied. Diese Entwicklung signalisiert einen weiteren Aspekt des Strukturwandels: Am stärksten betroffen vom Schrumpfungsprozeß sind die Familienbetriebe; ihr Anteil ist kontinuierlich gesunken und auf einen kleinen Rest von vermutlich weniger als 500.000 zurückgegangen, die insbesondere im landwirtschaftlichen Bereich weiterleben.[14] Die Entwicklung verlief in den drei sozioökonomischen Sektoren unterschiedlich. Am stärksten ging die Zahl der selbständigen Bauern zurück (vgl. S. 108 f.). Im sekundären Sektor ist der Dezimierungsvorgang seit zwei Jahrzehnten stark verlangsamt bzw. völlig zum Stillstand gekommen. Und die Dienstleistungsunternehmen wurden in ihrer Gesamtheit überhaupt nicht vom Schrumpfungsprozeß erfaßt. Ihre Zahl steigt seit vier Jahrzehnten kontinuierlich und in den 80er Jahren sogar verstärkt an. Mit fast 1,5 Millionen Betrieben machen sie im Jahre 1989

Abb. 5.4: *Selbständige 1882 – 1989*

	insgesamt		prim. Sektor		sek. Sektor		ter. Sektor		insgesamt	prim. Sektor	sek. Sektor	ter. Sektor
	S	SM	S	SM	S	SM	S	SM	SM	SM	SM	SM
	in 1000								in 1000			
	Deutsches Reich											
1882	4359	6051										
1925	5129	10606										
1939	4804	10455										
	Bundesrepublik								DDR			
1950[1]	3200	6325	1270	3970	900	1065	1030	1290	1579	1030	305	245
1960	3240	5800	1175	3070	830	1070	1235	1660	424	35	221	168
1970	2690	4422	767	1967	653	798	1270	1657	268	9	154	106
1980	2360	3319	513	1193	563	650	1284	1476	180	6	102	72
1989	2463	3024	387	782	583	633	1494	1610	185	6	103	76
	in Prozent aller Erwerbstätigen								in Prozent aller Erwerbstätigen			
	Deutsches Reich											
1882	25,6	35,6										
1925	15,8	32,7										
1939	13,4	29,2										
	Bundesrepublik								DDR			
1950[1]	16,0	31,6	6,4	19,9	4,5	5,3	5,2	5,6	20,4	13,3	3,9	3,2
1960	12,8	22,9	4,6	12,1	3,3	4,2	4,9	6,5	5,5	0,5	2,9	2,2
1970	10,1	16,6	2,9	7,4	2,4	3,0	4,8	5,8	3,5	0,1	2,0	1,4
1980	9,0	12,6	1,9	4,5	2,1	2,5	4,9	5,6	2,2	0,1	1,2	0,9
1989	8,8	10,9	1,4	2,8	2,1	2,3	5,4	5,8	2,2	0,1	1,2	0,9

S=Selbständige SM=Selbständige und mithelfende Familienangehörige

[1]DDR=1955

Quellen: berechnet nach Bolte 1970, 346, 371 (Deutsches Reich); Bögenhold 1987, 14 (BR 1950 – 1980) Stat. Jb. DDR (1955 – 1989); Stat. Jb. BR (1989).

Abb. 5.5: *Selbständige und mithelfende Familienangehörige 1882 – 1989 (in %)*

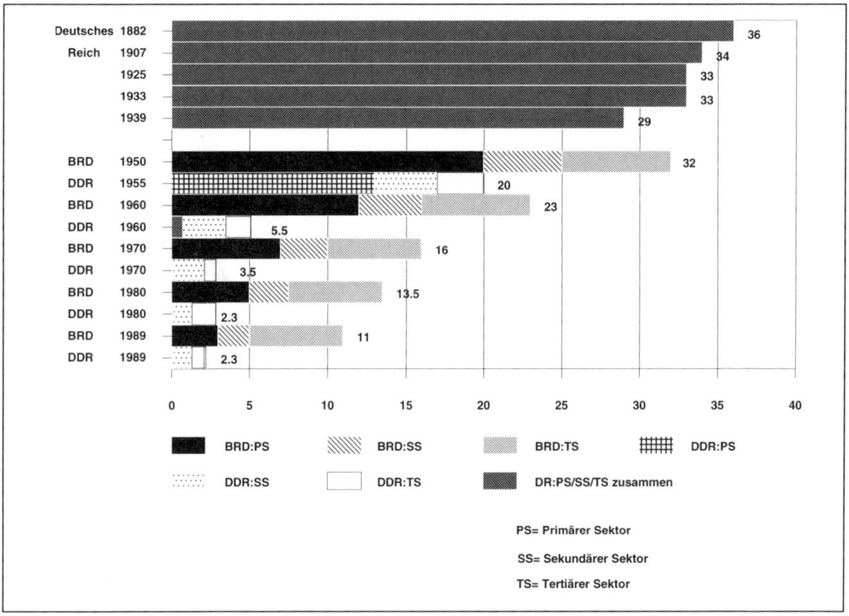

Quelle: s. Abb. 5.4 – geringfügige Abweichungen durch Rundungsfehler

fast zwei Drittel aller Selbständigen aus. Die Tendenzen verlaufen im Handel anders als in anderen Sektoren. Während die kleinen „Tante-Emma-Läden" zunehmend von den Filialketten und Lebensmittelgroßmärkten verdrängt werden, etablieren sich viele neue Dienstleistungsbetriebe im Kredit-, Versicherungs- und Immobiliengeschäft, bei Gebäudereinigung und Abfallbeseitigung, in Bildung und Kultur, Sport und Unterhaltung (iwd 13/1990, 4f.).

Die aufgezeigten Entwicklungstendenzen bei den Selbständigen in den alten Bundesländern entsprechen dem allgemeinen Trend in vergleichbaren Gesellschaften. In fast allen EG-Ländern ist die Dezimierung dieser Gruppe zum Stillstand gekommen, und in den USA sowie in Kanada hat sich ihr Umfang wieder ausgedehnt (*Bögenhold* 1988, 391f.).

5.2.1.3 Funktionen, Soziallage, Mentalität

Die Kleinunternehmer im sekundären und tertiären Sektor und die freien Berufe erfüllen wichtige **wirtschaftliche Funktionen** in der sozialen Marktwirtschaft.

- In den etwa 2,5 Millionen Praxen und kleinen Betrieben und Unternehmen (bis 49 Beschäftigte) arbeiteten 1987 fast die Hälfte aller **Erwerbstätigen** und erhielten 60% der **Azubis** ihre Berufsausbildung (IDW 1990a, Nr. 8).
- Durch rasche **Anpassungsfähigkeit** am Markt sichert der „Mittelstand" große Produktionsvielfalt und kundennahe Versorgung der Verbraucher. Er spürt häufig besondere „lokale" oder „individuelle" Bedürfnisse der Kunden auf und erschließt Marktlücken, die für Großunternehmen zu klein sind. Er tritt dort auf, wo sich die Produktion von Gütern oder Dienstleistungen nur schlecht standardisieren läßt.
- Seine hohes **Innovationspotential** sorgt dafür, daß neue Ideen auftauchen und schnell in Produkte und technische Kombinationen umgesetzt werden.
- Kleinere Betriebseinheiten arbeiten z. T. **effizienter** als Großunternehmen; Reparaturen und Wartungen können sie vergleichsweise kostengünstig und rasch ausführen.
- Im letzten Jahrzehnt wurde häufig auf die positiven **beschäftigungspolitischen Effekte** hingewiesen. Viele neu gegründete Betriebe und Praxen stellen zusätzliche Arbeitskräfte ein und entlasten dadurch den Arbeitsmarkt. Die Kehrseite der Medaille sind jedoch auch zahlreiche Pleiten und Betriebsschließungen, die den Arbeitsmarkt belasten (Stat. Jb. 1990, 137ff.).

Zur **Soziallage** und **Mentalität** der Selbständigen möchte ich fünf Punkte hervorheben.

1. **Ein hohes Maß an Autonomie im Arbeitsleben**: Selbständige sind am Arbeitsplatz – zumindest formal – ihr „eigener Chef". Sie verfügen „selbständig" über den Einsatz von Kapital. Arbeitszeit, Arbeitsabläufe und Arbeitsbedingungen, Urlaubszeiten und den Eintritt ins Rentenalter bestimmen sie in eigener Verantwortung. Auch für die Absicherung gegen Krankheit, Invalidität, Arbeitslosigkeit und Alter haben sie selbst zu sorgen. Hohe formale Autonomie schließt jedoch häufig drückende Abhängigkeiten vom Marktgeschehen, von Kunden und Auftraggebern nicht aus. Die Vorteile der Autonomie sind verknüpft mit ihren Risiken. So sind „große Sorgen" um die Zukunft unter Selbständigen deutlich weiter verbreitet als unter allen Arbeitnehmergruppen einschließlich der un- und angelernten Arbeiter (s. Abb. 4.1 auf S. 70).
2. **Hohe Einkommen:** Selbständigkeit zahlt sich bei vielen aus. Die Selbständigen außerhalb der Landwirtschaft sind die einzige Berufsgruppe, deren durchschnittliches Netto-Haushaltseinkommen den Abstand zum Durchschnittseinkommen ständig vergrößert hat. Im Jahre 1988 erzielte ein Selbständigenhaushalt immerhin netto 13.618 DM pro Monat, das ist das 3,4-fache des Durchschnitts (vgl. Abb. 3.8 auf S. 50). Läßt man die

Spitzenverdienste mit mehr als 25.000 DM pro Monat unberücksichtigt, dann liegen die Haushalte von Selbständigen noch um das 2,4fache über dem Durchschnittshaushalt.

3. **Heterogenität der Soziallagen**: Wie bereits erwähnt, zeichnen sich die Soziallagen der Selbständigen durch eine außerordentliche Vielfalt aus. Dies trifft auch auf die finanzielle Situation zu. Hinter dem hohen Durchschnittseinkommen verbergen sich krasse Unterschiede. Aus Abb. 5.6 geht hervor, daß ca. die Hälfte der Selbständigen vom Individualeinkommen her im oberen Fünftel der Einkommenshierarchie anzusiedeln ist. Jeder zweite gehört also zu den Wohlhabenden oder auch zu den Reichen der Bundesrepublik. Ein weiteres Drittel rangiert in der Mitte und ca. ein Fünftel im unteren Drittel, davon wiederum eine kleine Minderheit in der Armutszone. Zu den Selbständigen mit schlechter finanzieller Lage gehören nicht nur kleine Landwirte (vgl. S. 109 f.) oder in Bedrängnis geratene Kleingewerbetreibende, sondern auch eine Minderheit der hochqualifizierten Freiberufler mit akademischer Ausbildung, z. B. Rechtsanwälte oder Architekten, die im überfüllten Berufsmarkt nicht so Recht Fuß fassen können (vgl. Dt. Bundestag 1991, 82).

Abb. 5.6: *Nettoeinkommen von Selbständigen (Vollerwerbstätige) Bundesrepublik 1989*

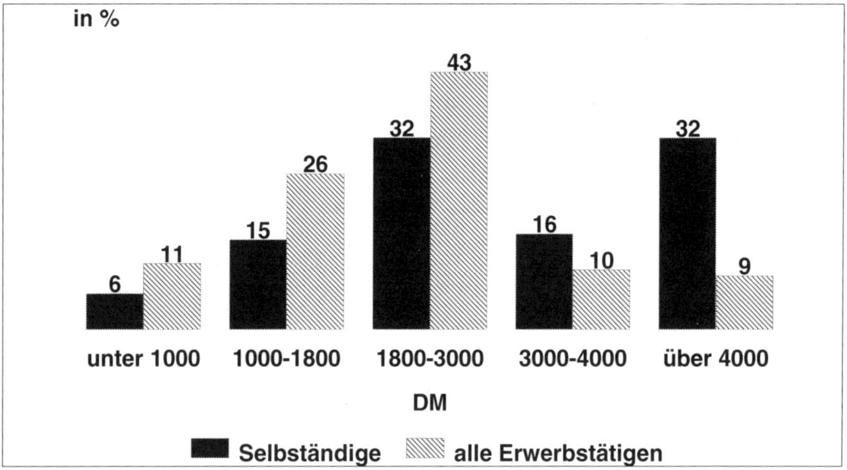

Quelle: Stat. Jahrbuch der Bundesrepublik 1990, S.99

4. **Hohe Leistungsbereitschaft**: Zahlreiche Selbständige verdienen nicht nur viel, sondern sie arbeiten auch viel. Während 1989 nur 12% der abhängig beschäftigten Männer auf eine Wochenarbeitszeit von mehr als 40 Stunden kamen, waren es unter den Selbständigen 72% (Stat. Jb. 1990, 99). Selbständige stellen somit ein sozialstrukturelles Zentrum hoher Leistungsbereitschaft dar. Die hohen Arbeitszeiten und Leistungen sind mit den Besonderheiten ihrer sozioökonomischen Lage verknüpft. Z.T. werden sie durch den Konkurrenzdruck des Marktgeschehens erzwungen; aber auch eine andere Besonderheit ihrer Situation wirkt leistungsstimulierend: Ein Mehr an Leistung setzt sich beim Selbständigen vergleichsweise direkt in ein Mehr an Belohnung um.
5. **Hohe Fluktuation:** Eine fünfte Besonderheit dieser Gruppe liegt in ihren hohen Fluktuationsraten. In der ersten Hälfte der 80er Jahre wurden jährlich mehr als 10% der Selbständigen „personell ausgetauscht". Jedes Jahr gründeten mehr als 300.000 Menschen eine selbständige wirtschaftliche Existenz und etwa ebensoviele gaben ihre Selbständigkeit auf (*Bögenhold* 1987, 20f.). Für 1990 wird die Zahl der Neugründungen in den westlichen Bundesländern auf 419.000 geschätzt, denen 363.000 Schließungen gegenüberstehen (FAZ vom 19. Dez. 1990, 18). Die Motive und die qualifikatorischen, wirtschaftlichen und sozialen Voraussetzungen zum Aufbau einer selbständigen Existenz sind sehr unterschiedlich. Nur eine Minderheit der neuen Selbständigen – in den 80er Jahren maximal ein Viertel – übernimmt einen elterlichen Betrieb, die große Mehrheit kann nicht auf einem Familienerbe dieser Art aufbauen.

Bögenhold (1987, 22ff.)unterscheidet zwei idealtypische Wege in die Selbständigkeit und entsprechend zwei Idealtypen der neuen Selbständigen. Für die einen ist Selbständigkeit das Ergebnis einer **Notsituation**, die Folge fehlender beruflicher Alternativen, z. B. ein Versuch, der Arbeitslosigkeit zu entgehen. Existenzgründungsversuche dieser Art vollziehen sich häufig unter problematischen Voraussetzungen – mit niedriger Qualifikation und geringer Kapitalausstattung. In den 80er Jahren haben die „Notzugänge" in die Selbständigkeit zugenommen. So stieg der Anteil der ehemaligen Arbeitslosen an den neuen Selbständigen von 9% im Jahr 1981 auf 18% im Jahre 1983, im Handwerk sogar von 10% auf 24%. Etwa Zweidrittel aller Neugründungen waren „Ein-Mann-" bzw. „Ein-Frau-Betriebe", Kleinstunternehmen eines Typs, der dann auch an den Stillegungen überproportional beteiligt ist. Auch Hochschulabsolventen weichen angesichts schlechter Anstellungschancen notgedrungen in die Selbständigkeit aus.[15]

Den anderen Idealtyp bilden die Selbständigen aus **Überzeugung**. Sie werden nicht in die Selbständigkeit gedrängt, sondern von deren Reizen angezogen – von der Aussicht auf größere Handlungs- und Entscheidungsfreiheit, auf größere individuellere Dispositionsspielräume, auf ein Mehr an Kreativität und Selbstverwirklichung. Auch die größeren Einkommenschancen spielen eine Rolle, allerdings rangieren nach einer Studie aus Nordrhein-Westfalen finanzielle Motive hinter Wünschen nach größerer Autonomie und Unabhängigkeit (*Szyperski/Nathusius* 1977, 305).

5.2.2 Entwicklung und Situation der Selbständigen in der DDR

5.2.2.1 Die Selbständigen als Opfer der Sozialisierung und Kollektivierung

Im sozialistischen Deutschland hat sich die düstere *Marx-Engels*-Prognose für die Selbständigen in weitaus höherem Maße erfüllt als im kapitalistischen – allerdings unter ganz anderen Voraussetzungen, als es die Klassiker des Marxismus vorgesehen hatten. Nicht die zerstörerischen Marktkräfte des Kapitalismus vernichteten den „alten Mittelstand" weitgehend, sondern die Politik der sozialistischen Machtelite. Die Selbständigen gehörten zu den Opfern der revolutionären Umgestaltung der Produktionsverhältnisse.

Das Privateigentum an Produktionsmitteln wurde sukzessive in „Volkseigentum" (**Sozialisierung**) oder in Gruppeneigentum (**Kollektivierung**) umgewandelt. Die Industrie wurde sozialisiert, die Landwirtschaft überwiegend und das Handwerk teilweise kollektiviert, der Handel teils sozialisiert und teils kollektiviert. Die Sozialisierung bzw. Verstaatlichung machte aus Privatbetrieben volkseigene Industriebetriebe (VEB), Verkaufsstellen und Gaststätten der staatlichen Handelsorganisation (HO) oder volkseigene Güter (VEG). Durch die Kollektivierung wurden selbständige Handwerker und Bauern veranlaßt oder gezwungen, sich zu Produktionsgenossenschaften im Handwerk (PGH) oder in der Landwirtschaft (LPG) zusammenzuschließen. Bereits 1945/46 wurden die industriellen Großunternehmer, die Banken sowie die Großgrundbesitzer und Großbauern mit mehr als 100 Hektar Landbesitz entschädigungslos enteignet. Damit verschwanden die „Großbourgeoisie" und das „Junkertum", die als wesentliche sozioökonomische Grundpfeiler des kapitalistischen Herrschaftssystems angesehen wurden. In den folgenden zwei Jahrzehnten wurde dann auch die große Mehrheit der mittleren und kleinen Selbständigen zur Aufgabe ihrer privaten wirtschaftlichen Existenz veranlaßt oder gezwungen.

1950 existierten noch etwa 23.400 private **Industriebetriebe** (*Busch* u. a. 1990, 17). Sie wurden schrittweise in „Volkseigene Betriebe" umgewandelt, z. T. über die halbstaatliche Zwischenform der „Betriebe mit staatlicher Beteiligung" (BSB). Die Sozialisierung der Industrie fand 1972 mit der endgültigen Enteignung der mehr als 6.600 BSB und mit der Verstaatlichung der restlichen etwa 3.000 Privatbetriebe ihren Abschluß.

Der **Großhandel** wurde bereits in den 50er Jahren verstaatlicht. Im **Kleinhandel** – 1948 wurden noch 86% aller Verkaufsstellen privat betrieben (*Hümmler* 1988, 163f.) – wurde der Anteil der staatlichen HO-Verkaufsstellen und -Gaststätten am Umsatz bis in die 70er Jahre hinein ständig ausgebaut. Etwa ein Drittel des Umsatzes fiel den Konsumgenossenschaften zu. Private Einzelhändler und Gastwirte gerieten zunehmend ins Abseits. Der Anteil der privaten Gaststätten am Gesamtumsatz der Branche war im Jahr 1975 auf 18% zurückgedrängt worden, der Anteil privater Einzelhändler auf 14%, wobei die Hälfte davon auf sog. „Kommissionshändler" entfiel (Stat. Jb. 1990, 271f.). Die „Selbständigkeit" dieser Geschäftsleute, die im staatlichen Auftrag arbeiteten, war stark eingeschränkt. Sie erhielten Waren nach der staatlichen Planung zugeteilt und mußten diese bei festen Preisen und Provisionen im eigenen Laden, für den der Staat Miete zahlte, verkaufen.

Auch die privaten **Handwerksbetriebe** mußten z. T. dem Kollektivierungsdruck des Staates weichen. Steuererleichterungen und eine bevorzugte Versorgung mit Maschinen und Material begünstigten in den 50er und 60er Jahren die Ausdehnung der Produktionsgenossenschaften Handwerk. Allerdings konnten sich die privaten Handwerker trotz der Benachteiligungen besser im Umfeld der sozialistischen Planwirtschaft behaupten als die privaten Bauern, Einzelhändler und Gastwirte. In den beiden letzten Jahrzehnten wurde der überwiegende Teil der handwerklichen Leistungen weiterhin von den privaten Selbständigen erbracht (Stat. Jb. 1990, 35).

Die systematische Vernichtung des „alten Mittelstandes" wurde erst in der zweiten Hälfte der 70er Jahre verlangsamt und dann schließlich Mitte der 80er Jahre gestoppt, nachdem eine **Kurskorrektur** in der sozialistischen Politik gegenüber dem kleinen Rest der privaten Handwerker, Händler und Gastwirte erfolgt war. Seit 1976 sollten verschiedene Maßnahmen – Erleichterungen bei Gewerbegenehmigungen, Zuweisung von Lehrlingen, günstige Kredite – den völligen Untergang des privaten Gewerbes verhindern. Es war erkannt worden, daß die Selbständigen auch in einer Planwirtschaft wichtige wirtschaftliche und soziale Funktionen erfüllen. Im letzten offiziellen Kompendium der DDR-Soziologen zur Sozialstruktur der DDR wird zu den Hintergründen der veränderten Politik folgendes ausgeführt:

„Dem lag die Erkenntnis zugrunde, daß von Handwerkern und Gewerbetreibenden ein maßgeblicher Beitrag zur Entwicklung des materiellen und kulturellen Lebensniveaus und zur weiteren Verbesserung der Arbeits- und Lebensbedingungen der Werktätigen kommt. Dabei handelt es sich um Leistungen, die von Großbetrieben aus Kapazitäts-, Effektivitäts- und technischen Gründen nicht erbracht werden können. Die Reparaturen, Dienst- und unmittelbaren Versorgungsleistungen stellen eine wichtige und sinnvolle Ergänzung zur Großproduktion dar..." (*Hümmler* 1988, 168).

Die Sozialisierungs- und Kollektivierungspolitik der SED hatte für die Privaten verheerende Folgen: Von den ca. 1,6 Millionen Selbständigen und mithelfenden Familienangehörigen im Jahre 1955 haben bis 1980 nur 180.000 oder 11% überlebt. In den letzten Jahren stieg ihre Zahl wieder geringfügig auf 185.000 (1989) an (vgl. Abb. 5.4 auf S. 99). Sie machten 2,2% aller Erwerbstätigen aus und erreichten damit nur ein Fünftel des Anteils, auf den die

Selbständigen in der Bundesrepublik geschrumpft sind. 1955 waren noch 40% der Berufstätigen im privaten Sektor beschäftigt, seit 1988 nur noch 5% (Stat. Jb. 1990, 127).

Das selbständige **Bauerntum** ist so gut wie verschwunden (vgl. S. 112 f.), und auch die sog. **Freiberufler** waren auf einen kleinen Rest von ca. 16.000 im Jahre 1989 zusammengeschmolzen (zum Vergleich: In der Bundesrepublik wird die Zahl der freiberuflich Tätigen für dasselbe Jahr auf 415.000 geschätzt – Dt. Bundestag 1991, 14). So waren in der DDR z. B. 1989 nur noch ca. 1.300 oder 3% der Ärzte selbständig, von den Zahnärzten knapp 400 oder 4% (Sozialreport '90, 72, 204). Im **Einzelhandel** waren zwar im Jahre 1988 noch 31% der Verkaufsstellen in privater Hand (Sozialreport '90, 152), aber es handelt sich dabei um kleinere Verkaufsstellen, häufig um Spezialgeschäfte wie Antiquariate, Boutiquen und Kunstgewerbeläden. Der Anteil der Privaten am Gesamtumsatz des Einzelhandels betrug 1989 nur noch 11%, und davon entfielen mehr als die Hälfte (6%) auf den Kommissionshandel. Die privaten Gastwirte waren 1989 mit 16% am Gesamtumsatz der Branche beteiligt (Stat. Jb. 1990, 271f.). Die stärkste Bastion der Selbständigen in der DDR war, wie erwähnt, das **Handwerk**. Den 2.718 Handwerksgenossenschaften mit 164.000 Beschäftigten standen im Jahre 1989 83.000 private Handwerksbetriebe mit 263.000 Beschäftigten gegenüber. Diese erbrachten 68% aller Handwerksleistungen (Stat. Jb. 1990, 35, 207f.).

5.2.2.2 Soziallage und Mentalität

Das sozialistische System hat die Selbständigen nicht nur quantitativ, sondern auch qualitativ zusammengedrückt und zu einer Art **Kümmerdasein** verurteilt. Im Vergleich zur Soziallage und Mentalität der bundesdeutschen Selbständigen lassen sich drei Punkte hervorheben:

- **Starke Einschränkung ihres wirtschaftlichen Bewegungsspielraumes:** Die Selbständigen der DDR lassen sich nur mit Vorbehalt als „kleinkapitalistische Inseln" in einer sozialistischen Planwirtschaft bezeichnen. Staatliche Vorgaben engten ihren wirtschaftlichen Dispositionsspielraum stark ein. So war z. B. die Betriebsgröße auf maximal 10 Beschäftigte festgelegt, die faktische Größe der Betriebe war erheblich kleiner. 1989 waren z. B. 41% der Handwerksbetriebe „Ein-Mann-Unternehmen" und weitere 20% bezahlten nur einen zusätzlichen Beschäftigten (Stat. Jb. 1990, 209; zum staatlich stark gesteuerten Kommissionshandel vgl. S. 105)
- Weitgehende **Beseitigung der Einkommensprivilegien**: In den 50er und 60er Jahren verfügten die Selbständigen in der DDR über ähnliche materielle Privilegien wie in der Bundesrepublik. 1960 verdienten sie das 3,3-fache des durchschnittlichen Arbeitnehmers, 1972 noch das 2,9-fache (vgl. Abb. 3.11 auf S. 55). In den 70er und 80er Jahren wurden diese Privilegien weitgehend beseitigt. 1988 lag das verfügbare Haushaltseinkommen von Selbständigen nur noch um 41% über dem von Arbeitern (DIW-Wochenbericht Nr. 47 (1990), 658). Einzelbeobachtungen lassen darauf schließen,

daß auch in der DDR die Soziallagen der Selbständigen heterogen waren. Neben kleinen gerade noch überlebensfähigen Ladenbesitzern gab es gut gehende Handwerksbetriebe, deren Eigentümer z. B. schon zu einer Zeit einen neuen Mercedes fuhren, als ein VW-Golf in der DDR noch Seltenheitswert hatte. Manche Handwerker konnten es sich leisten, ihre knappen Dienstleistungen z. T. nur gegen harte DM anzubieten und gehörten damit zum privilegierten Kreis derjenigen, die über West-Devisen verfügten.

- **Gebremste Leistungsbereitschaft:** Die staatlichen Fesseln für das wirtschaftliche Verhalten und eine extrem hohe Progressivsteuer auf die Einkommen – sie näherte sich bei hohen Einkünften der 90%-Marke (vgl. DIW 1985, 264ff.) – verhinderten Spitzeneinkommen von westlichem Zuschnitt, bremsten aber gleichzeitig auch die Leistungsbereitschaft und damit die Dynamik der Produktion von Gütern und Dienstleistungen.

Da zu dieser Problematik keine empirischen Daten vorliegen, soll sie an einem beobachteten Einzelfall illustriert werden. Ein Eigentümer einer als Familienbetrieb geführten Gaststätte schloß sein Lokal häufig – angeblich „wegen Krankheit" – für einige Tage pro Woche, weil sein Verdienst für seinen vergleichsweise guten Lebensstandard mit Pkw und „Datsche" ausreichte. Höherer Umsatz und höherer Gewinn wären so stark besteuert worden, daß Einsatz und Verdienst nicht mehr in einem für ihn akzeptablen Verhältnis standen.

5.2.2.3 Entwicklung in den neuen Ländern

Da Kleinunternehmen und freie Berufe die erwähnten wichtigen wirtschaftlichen und gesellschaftlichen Funktionen erfüllen, ist davon auszugehen, daß die Zahl der Selbständigen in den neuen Ländern erheblich zunehmen wird und daß der „Mittelstand" allmählich sein Kümmerdasein überwinden und ähnliche Soziallagen und Mentalitäten wie in den alten Bundesländern entwickeln wird. Die Expansion ist bereits in Zahlen greifbar. Von Januar 1990 bis April 1991 wurden ca. 407 000 Gewerbeanmeldungen und 51 000 Abmeldungen registriert. Nur 10-14% der neuen Gewerbe wurden von Handwerkern angemeldet, aber 48-50% im Handel und Gaststättengewerbe und weitere Anteile in anderen Dienstleistungsbereichen (Gemeinsames Stat. Amt 1991, 12f.). Viele versuchen im Klein- und Kleinstgewerbe Fuß zu fassen (Imbiß-Buden, Videoläden, Gebrauchtwagenhandel). Ein großer Teil dieser Neugründungen dürfte aus der Not geboren sein – mit Mängeln in der Kapitalausstattung und im Know-how. Es gibt Anhaltspunkte dafür, daß weniger als die Hälfte der neuen Selbständigen wirklich überlebensfähig sind.

Nach einer Studie von Infratest sind im Jahre 1990 lediglich ca. 100.000 neue Betriebe hinzugekommen, die insgesamt etwa 400.000 Personen beschäftigen (FAZ vom 9.02.1991). Von den Freiberuflern, die in den drei nördlichen neuen Ländern nach der Währungsunion einen Start in eine selbständige Existenz wagten, hatten nach einer Untersuchung der örtlichen Behörden sogar 70% bis zum Ende des Jahres wieder aufgeben müssen, u. a. weil die Nachfrage nach ihren Diensten wegen Geldmangels ausblieb (Handelsblatt vom 5.02.1991).

Ob langfristig ein Selbständigenanteil von ca. 8-9% wie in den alten Bundesländern erreicht wird, hängt u. a. davon ab, in welchem Umfang die genossenschaftlichen Strukturen in Landwirtschaft, Handel und Handwerk den Systemwandel überdauern werden.

Das Sozialprestige des bürgerlichen (und bäuerlichen) Mittelstandes ist in den neuen Ländern erstaunlich hoch, unter 25 mittleren und höheren Berufsgruppen rangieren Handwerker auf Platz 3 (BR: Platz 11) und Landwirte auf Platz 9 (BR: Platz 15) (EMNID 1991).

5.2.3 Bauern

Die Bauern waren über Jahrhunderte die prägende Schicht der Sozialstruktur in den europäischen Gesellschaften, und auch heute noch existieren am südöstlichen Rand Europas Agrargesellschaften. So sind z. B. in der Türkei mehr als die Hälfte der Erwerbstätigen in der Landwirtschaft tätig. Auch Deutschland war bis in die zweite Hälfte des 19. Jahrhunderts eine bäuerlich geprägte Gesellschaft. Erst im Zuge der Industrialisierung wurden die Bauern allmählich als dominante Schicht verdrängt; zu Beginn dieses Jahrhunderts machten sie noch etwa ein Drittel der Erwerbstätigen aus, 1950 nur noch etwa ein Viertel. In den letzten vier Jahrzehnten schrumpften sie dann schnell zu einer kleinen Minderheit zusammen.

Bauern werden in der Regel zu den „Mittelständen“ bzw. zu den „Selbständigen“ gezählt. Ihre historische Bedeutung und die Besonderheiten ihrer heutigen sozioökonomischen Lage und Mentalität rechtfertigen es jedoch, sie als eine besondere Schicht zu betrachten und ihnen ein eigenes Unterkapitel zu widmen.

5.2.3.1 Umschichtungen in der Bundesrepublik

Die Mechanisierung der Landwirtschaft, die Intensivierung von Ackerbau und Viehhaltung (Einsatz chemischer Mittel zur Bekämpfung von Krankheiten, Schädlingen und Unkräutern; intensivere Nutzung von Dünger und Futtermitteln) sowie die Anwendung rationellerer Methoden der Betriebsführung hatten einen ungeheuren Produktivitätszuwachs zur Folge. Seit den 50er Jahren verdoppelte sich der Ertrag pro Hektar, die Produktion je Arbeitskraft stieg sogar um das Achtfache an (*Priebe* 1986, 43). Dadurch ging die Zahl der Erwerbstätigen in der Landwirtschaft von ca. 5 Millionen im Jahre 1950 auf 864.000 (= 3,1% aller Erwerbstätigen) im Jahre 1989 zurück. Dazu kommen noch 723.000 Personen (= 2,6% aller Erwerbstätigen), die in kleinen landwirtschaftlichen Nebenerwerbsbetrieben arbeiten (Stat. Jb. 1990, 151), aus denen sie allerdings nur weniger als 10% ihres Gesamteinkommens erwirtschaften (*Golter* 1986, 34). Eine ehemals strukturprägende Schicht ist auf einen kleinen Rest von ca. 3% bzw. 6% zusammengeschmolzen.

Der Schrumpfungsvorgang vollzog sich insbesondere im Generationenwechsel und nicht so sehr durch die Abwanderung von Landwirten in andere Berufszweige. Die Zahl der landwirtschaftlichen Betriebe sank von 1.644.000 im Jahre 1949 (*Pongratz* 1987, 524) auf 630.000 im Jahre 1990; ihre Betriebsgröße verdoppelte sich in etwa. Allerdings gab es 1990 nur noch 308.000 Vollerwerbsbetriebe mit durchschnittlich 30 ha Land; 55.000 Kleinbetriebe mit durchschnittlich 18 ha Land waren auf zusätzliche außerbetriebliche Einkommen angewiesen, und weitere 266.000 Kleinstbetriebe (Durchschnittsgröße 6 ha) dienten lediglich zum Nebenerwerb. Im Zuge des Strukturwandels halbierte sich der Anteil familienfremder Arbeitskräfte von 22% im Jahre 1950 auf 9% im Jahr 1990, oder mit anderen Worten: der reine Familienbetrieb, der traditionellerweise in der Landwirtschaft dominierte, setzte sich noch weiter durch. Die typische Form des bäuerlichen Betriebes ist heute der kleine oder mittlere Bauernhof, der vom Besitzer mit ein bis zwei Familienmitgliedern bewirtschaftet wird. 1988 arbeiteten 76% der Ehefrauen der Landwirte auf dem eigenen Hof mit.[16]

Die **materielle Lage** der bäuerlichen Bevölkerung stellt sich vielschichtig dar. Bauern verfügen über erhebliche Vermögenswerte; sie sind meist Eigentümer des Betriebsvermögens und der von ihnen bewohnten Häuser, und sie nehmen auch Spitzenpositionen bei Wertanlagen wie Sparkonten, Lebensversicherungen oder Bausparverträgen ein (*Noll/Habich* 1990, 173), die bei ihnen einen Teil der Alterssicherung ausmachen. Dennoch ist ihre finanzielle Situation häufig angespannt. Ihre Einkommensentwicklung ist großen Schwankungen unterworfen und hinkt seit Mitte der 70er Jahre unter dem Preisdruck der Agrarüberschüsse hinter den Steigerungen bei vergleichbaren Löhnen im gewerblichen Bereich her (*Golter* 1986, 34). 1989 lag das durchschnittliche verfügbare Haushaltseinkommen der Landwirte erheblich niedriger als bei anderen Selbständigen, aber noch um 26% über dem Durchschnitt aller Haushalte. Dabei ist allerdings zweierlei zu beachten: Landwirte arbeiten erheblich länger als Arbeitnehmer und müssen größere Familien ernähren. Pro Haushaltsmitglied lag ihr verfügbares Einkommen 1988 lediglich bei 73% des Durchschnitts (Agrarbericht 1991, 50).

Problematisch sind die **großen Einkommensunterschiede** zwischen wirtschaftlich starken und schwachen Höfen. 10% der Vollerwerbsbetriebe erwirtschafteten 1990 weniger als 10.000 DM und weitere 9% weniger als 20.000 DM (Agrarbericht 1991, 49). 1986 bezeichneten nur 24% aller Haupt- und Nebenerwerbsbetriebe ihre wirtschaftliche Lage als „gut", 39% dagegen als „schlecht oder sehr schlecht" (*Uttitz* 1987, 249). In den letzten Jahren mußten zwischen 25% und 40% der Vollerwerbsbetriebe Eigenkapitalverluste hinnehmen, sie lebten also von der Substanz (Agrarbericht 1990, 31). Immer mehr Bauern gehen dazu über, ihre Einkommenssituation durch Direktvermarktung und durch Dienstleistungen wie „Urlaub auf dem Bauernhof" oder andere Freizeitangebote zu verbessern (Agrarberichte 1989, 44 und 1991, 51).

Ambivalent ist auch die **Arbeitssituation** der Bauern. Ihre Position als selbständige Kleinunternehmer garantiert ihnen ein hohes Maß an Selbstgestaltung, zudem ist ihre Arbeit sehr abwechslungsreich. Andererseits sind sie erheblich stärker schweren körperlichen Anstrengungen und belastenden Umwelteinflüssen ausgesetzt als andere Berufsgruppen (*Noll/Habich* 1990, 178). Das Vordringen moderner Technologie in die bäuerliche Arbeitswelt hat die Qualifikationsanforderungen erhöht. Unter den jüngeren Jahrgängen ist der frühere Bildungsrückstand gegenüber der Gesamtbevölkerung so gut wie verschwunden; 1980 hatten bereits 15% der hauptberuflichen Landwirte eine Fachschule besucht oder das Abitur gemacht und weitere 2,3% eine Hochschulausbildung absolviert (*Mrohs* 1983, 62). Kennzeichnend ist das Fortbestehen von vorindustriellen Elementen in der Arbeitssituation der Bauern. Arbeit und Freizeit sowie Arbeitsstätte und Wohnstätte sind keine deutlich voneinander abgegrenzten Sphären, sondern gehen ineinander über. Die Arbeit ist im bäuerlichen Leben räumlich und zeitlich allgegenwärtig. Ablesbar ist diese Situation u. a. an den unregelmäßigen und langen Arbeitszeiten: Nach den Ergebnissen des Mikrozensus war 1989 die Arbeitswoche eines selbständigen Landwirts mit 61,5 Stunden um mehr als die Hälfte länger als die eines durchschnittlichen Arbeitnehmers mit 39,1 Stunden (sonstige Selbständige: 51,8 Stunden). Von den mithelfenden Bäuerinnen mußten im Jahre 1987 85% auch Wochenendarbeit leisten (Agrarbericht 1990, 52). Verreisen im Urlaub bleibt für die große Mehrheit weiterhin ein unerfüllter Wunschtraum: Nur 7% der 1980 befragten Vollerwerbslandwirte konnte sich regelmäßig eine Urlaubsreise leisten (*Mrohs* 1983, 72).

Mit den vorindustriellen Arbeitselementen dürften auch die Eigenheiten der bäuerlichen **Familienstruktur** zusammehängen. Fast jede dritte Bauernfamilie hat mindestens drei Kinder, aber nur jede zehnte Familie außerhalb der Landwirtschaft; in jeder fünften Bauernfamilie leben drei Generationen unter einem Dach, außerhalb der Landwirtschaft nur noch in jeder 36. Familie (Agrarbericht 1988, 52). Die durchschnittliche bäuerliche Haushaltsgröße im Jahre 1980 – 4,55 Personen – entsprach fast genau dem Durchschnittshaushalt im Deutschen Reich um die Jahrhundertwende mit 4,49 Personen (*Mrohs* 1983, 31f.).

Die Besonderheiten des bäuerlichen Lebens hinterlassen ihren Reflex in den **Wertorientierungen**. Arbeit und Familie, dazu auch noch die Religion, haben für die bäuerliche Bevölkerung eine überdurchschnittliche Bedeutung (*Mrohs* 1983, 76).

Harte, lange und unregelmäßige Arbeit auf der einen Seite, vergleichsweise niedrige Einkommen und wirtschaftliche Sorgen auf der anderen Seite – diese Lage macht ein weiteres Ergebnis älterer und neuster empirischer Analysen verständlich: die meisten Bauern sind in hohem Maße **unzufrieden**. Das weit verbreitete kollektive Unbehagen, das bereits für die 60er und 70er Jahre nachweisbar ist, wird nicht nur in einer großer Unzufriedenheit mit dem Einkommen und dem Freizeitmangel sichtbar, sondern zeigt sich auch in einem erschreckend starken **Gefühl allgemeiner Benachteiligung**. 1980 fühlten sich 87% der Landwirte von der Gesellschaft ungerecht behandelt, unter der nichtlandwirtschaftlichen Bevölkerung waren es nur 26% (*Mrohs* 1983, 124).[17] Die Bauern betrachten sich als Opfer der Industrialisierung, aber auch als benachteiligte Gruppe, die durch wirtschaftliche und politische Fehlentwicklungen in Not geraten ist. Über die Frage, ob der Bauernverband durch eine anklagende Interessenpolitik die allgemeine Unzufriedenheit seiner Klientel noch zusätzlich verstärkt, läßt sich lediglich spekulieren.

Zusammenfassend kann man festhalten, daß der sozioökonomische Wandel die Bauern nicht nur zahlenmäßig zu einer kleinen Minderheit zusammengedrückt, sondern auch in eine gewisse **Randlage** abgedrängt hat. Die Entwicklung zur Wohlstands- und Freizeitgesellschaft ist an vielen von ihnen vorübergegangen; wirtschaftlicher Druck hat eine Mehrzahl der kleinen Betriebe zur Aufgabe gezwungen; sinkendes Sozialprestige begleitet den Schrumpfungsprozeß (*Mrohs* 1983, 122). Zudem mußten die Bauern in den Medien ab und zu als Sündenbock herhalten – als Produzenten teurer Überschüsse, die gleichzeitig auch noch für Umweltschäden und schadstoffbelastete Lebensmittel verantwortlich gemacht werden (*Ziche/Kromka* 1982). Die Landwirte selbst nehmen diese Vorwürfe als „Bauernfeindlichkeit" der Öffentlichkeit wahr. Auf die skizzierten Marginalisierungstendenzen reagieren sie mit berufsständischer Distanzierung von der Gesellschaft und mit einem Bewußtsein sozialer Randständigkeit (*Pongratz* 1987, 532f.). Ihre prekäre Soziallage hat keinen **politischen** Extremismus zur Folge. In den 50er Jahren waren antidemokratische Einstellungen unter den Bauern noch stark verbreitet, heute herrschen konservativ-ordnungsstaatliche Orientierungen vor. Parteipolitisch tendiert die überwiegende Mehrheit zur CDU/CSU; 87% von ihnen gaben 1986 eine entsprechende Parteipräferenz an (*Uttitz* 1987, 247; vgl. auch *Herz* 1990, 240, 243). Nach einer (nicht repräsentativen) Studie über bayrische

Landwirte ist „passive Resignation“ das Kennzeichen ihrer Grundhaltung. Sie haben das „Bewußtsein einer untergehenden Kultur“ (*Pongratz* 1987, 540) entwickelt. Verunsichert und ratlos sehen sie sich einem übermächtigen gesellschaftlichen Wandel ausgeliefert, der ihnen keine Zukunft bietet.

5.2.3.2 Umschichtungen in der DDR

Im Sozialismus führten die Umschichtungsprozesse innerhalb der Bauernschaft zu völlig anderen quantitativen und qualitativen Ergebnissen. Die niedrigeren Raten der Produktivitätssteigerung legten dem quantitativen Schrumpfungsprozeß Bremsen an. 1989 arbeiteten noch 889.000 Personen – das war etwa jeder zehnte Erwerbstätige – in der Landwirtschaft, d.h. der bäuerliche Anteil unter der Erwerbsbevölkerung war mehr als dreimal so hoch wie in der Bundesrepublik (Stat. Jb. 1990, 36). 1989 arbeiteten in landwirtschaftlichen Produktionsgenossenschaften (LPG) oder Staatsgütern (VEG) immerhin 25.000 Personen mehr als in westdeutschen Haupterwerbsbetrieben. Allerdings ist dabei zu beachten, daß die LPGs und VEGs auch eigene Maschinenschlosser, Maurer, Kindergärtnerinnen oder eigenes Kücherpersonal beschäftigten – Arbeitskräfte also, die nicht direkt in der eigentlichen landwirtschaftlichen Produktion eingesetzt waren.

Die Lebensbedingungen in der Landwirtschaft wurden durch die Revolutionierung der Produktionsverhältnisse einschneidend verändert. Die **Agrarrevolution** in der DDR durchlief drei Phasen: Auf die Zerschlagung des Großgrundbesitzes (Phase 1) folgte die Kollektivierung (Phase 2), der sich dann die Industrialisierung (Phase 3) anschloß. In der ersten Phase wurde durch die „Bodenreform“, die in den Jahren 1945/46 unter dem Motto „Junkerland in Bauernhand“ durchgeführt wurde, ca. 7.000 Großgrundbesitzer und Großbauern mit Gütern über 100 ha sowie ca. 4.500 Betriebe von „Kriegsverbrechern und aktiven Faschisten“ entschädigungslos enteignet. Aus dem konfiszierten Boden wurden für Landarbeiter, Umsiedler oder landlose Bauern ca. 210.000 Neubauernstellen geschaffen, ein Teil wurde an landarme Kleinbauern verteilt und rund ein Drittel in sog. „volkseigene Güter“ (VEG) verwandelt. Ab 1952 wurde die Kollektivierung zunehmend forciert. Phase 2 erreichte mit der groß angelegten Kampagne des Jahres 1960 einen Höhepunkt: bis zum Ende dieses Jahres waren 84% der selbständigen Bauern veranlaßt oder gezwungen worden, sich zu ca. 19.000 landwirtschaftlichen Produktionsgenossenschaften (LPG) verschiedener Typen zusammenzuschließen. Ende der 60er Jahre begann dann schließlich die dritte Phase – die Annäherung der landwirtschaftlichen Produktion an industrielle Verhältnisse. Kleinere Genossenschaften wurden zu landwirtschaftlichen Großbetrieben zusammengefaßt, die sich auf Pflanzenanbau oder Massenviehhaltung spezialisierten.[18]

1989 existierte die folgende **Produktionsstruktur:** 3.844 landwirtschaftliche Produktionsgenossenschaften und 465 volkseigene Güter bewirtschafteten 87% bzw. 7% der Nutzfläche. Eine Pflanzenbaugenossenschaft bewirtschaftete im Durchschnitt gut 4.500 ha Land, ein entsprechendes Staatsgut ca. 5.000 ha. In einer auf Pflanzenbau spezialisierten Genossenschaft arbeiteten im Durchschnitt 360 Personen, in einer auf Viehzucht spezialisierten etwa 170 (Stat. Jb. 1990, 36, 211ff.). Die ostdeutsche bäuerliche Bevölkerung war also in riesigen landwirtschaftlichen Betrieben tätig, die mit Recht als **„Agrarfabriken"** bezeichnet werden. Von den ca. 740.000 privaten Bauern des Jahres 1951 (*Krambach* 1988, 95) war nur noch ein verschwindend kleiner Rest von ca. 3.000 (*Krause* 1990, 15) übriggeblieben.

Die **materielle Situation** der bäuerlichen Bevölkerung entspricht in etwa dem DDR-Durchschnitt. Die sozialistische Agrarpolitik subventionierte die Erzeugerpreise höher als die EG und hat ihr Ziel, die Einkommensunterschiede zwischen Stadt und Land bzw. zwischen Industrie und Landwirtschaft einzuebnen, im Großen und Ganzen erreicht. Die Bruttoarbeitslöhne für Beschäftigte in Staatsgütern lagen seit 1975 bei 95% der Durchschnittslöhne (*Groschoff* 1984, 180; Sozialreport '90, 114). Die Genossenschaftsbauern verdienten mehr; ihr verfügbares Haushaltseinkommen lag 1988 um 17% über dem eines Arbeiterhaushalts; da jedoch ihre Familien überdurchschnittlich groß sind, betrug ihr Pro-Kopf-Haushaltseinkommen nur 94% von dem eines Arbeiterhaushalts (*Bedau/Vortmann* 1990, 658). Allerdings ist dabei ein Teil ihres Zuverdienstes aus der persönlichen Hauswirtschaft – jede Familie durfte bis zu einem halben Hektar Land privat bewirtschaften – nicht berücksichtigt.

Die ehemals selbständigen Bauern bleiben auch als Genossenschaftsmitglieder weiterhin Eigentümer ihres eingebrachten Besitzes. Da sie das Nutzungsrecht an die Genossenschaft abtreten mußten und für ihren Anteil jährlich nur ein geringes Entgelt erhielten, spielten die Besitzverhältnisse für die materielle Situation nur eine untergeordnete Rolle. Zudem war der Anteil von Eigentümern unter den Genossenschaftsmitgliedern von über 70% im Jahre 1960 (*Krambach* 1988, 95) auf schätzungsweise ein Fünftel im Jahre 1990 (iwd 25/1991, 7) zurückgegangen. Unterschiede in Bodengüte und Klima sowie in der Produktionsstruktur hatten dagegen erhebliche Einkommensunterschiede zwischen den Genossenschaften zur Folge (*Groschoff* 1984, 182).

Die Kollektivierung bzw. Sozialisierung und die Industrialisierung der Landwirtschaft haben in der DDR eine bäuerliche Schicht entstehen lassen, deren Soziallage und Mentalität nur noch wenig mit der westdeutschen Bauernschaft gemein haben. Der Genossenschaftsbauer und der Beschäftigte auf den Staatsgütern unterscheiden sich erheblich vom selbständigen Landwirt der Bundesrepublik. Sie sind keine „Bauern" im traditionellen Sinne mehr, sondern **„landwirtschaftliche Arbeitnehmer“** – ca. 90% von ihnen **Landarbeiter** - in genossenschaftlichen oder staatlichen Großbetrieben. Ihre Arbeitsbedingungen -geringes Anspruchsniveau, wenig Entscheidungsspielräume, vergleichsweise schwere körperliche und gesundheitsgefährdende Tätigkeiten – sind nahezu identisch mit denjenigen von Arbeitern (*Adler* 1991, 173). Arbeit und Freizeit sind getrennte Lebensbereiche. Die Arbeitszeiten sind wegen der Witterungsabhängigkeit etwas unregelmäßiger, aber vom Gesamtumfang her liegen sie auf Staatsgütern im Durchschnitt (Stat. Jb. 1990, 143; Sozialreport ’90, 104) und in den LPG’s nur geringfügig höher (*Groschoff* 1984, 181; 224). Der normale Jahresurlaub ist für beide Gruppen eine Selbstverständlichkeit. Auch Familienleben und Arbeit sind nicht mehr so eng miteinander verzahnt wie in den Familienbetrieben.

Reste der bäuerlichen Traditionen leben jedoch in drei Bereichen fort. 1. Die Familien sind überdurchschnittlich groß (*Groschoff* 1984, 207), wenn auch die Abweichungen vom Durchschnitt nicht so hoch sind wie in der Bundesrepublik. 2. Ein großer Teil der Freizeit wird der „bäuerlichen Arbeit“ auf dem kleinen Zipfel Privatland gewidmet. 3. Die „Einheit von Arbeit und Leben“ wird insbesondere auf der Ebene des dörflichen Lebens sichtbar, das stark vom Rhythmus und von den Strukturen der landwirtschaftlichen Produktion geprägt wird (vgl. *Kretzschmar* 1985, 85).

Die Arbeitsteilung in den Betrieben hatte eine **interne Differenzierung** der bäuerlichen Schicht in drei Gruppen mit unterschiedlichen Arbeits- und Qualifikationsprofilen zur Folge (*Groschoff* 1984, 165; *Krambach* 1988, 114ff.):

- die „Handarbeitskräfte“, die vorwiegend manuelle und einfache Arbeiten verrichten; sie machen mehr als die Hälfte der Beschäftigten aus, Frauen sind unter ihnen besonders häufig anzutreffen;
- die wachsende Zahl von Facharbeitern, die mit moderner Technik umgehen können – im DDR-Jargon „Agro- und Zootechniker“ genannt;
- die „landwirtschaftliche Intelligenz“ mit Fach- oder Hochschulabschluß, die Leitungs- und Organisationsfunktionen oder kompliziertere technische Aufgaben wahrnimmt. Vom Qualifikationsniveau her unterscheiden sich ost- und westdeutsche Landwirte kaum: 1989 hatten 2,9% der landwirtschaftlich Berufstätigen eine Hochschulausbildung abgeschlossen und jeweils 7% eine Fachschul- bzw. Meisterausbildung (Stat. Jb. 1990, 217; zur Bundesrepublik vgl. S. 110).

Empirische Untersuchungen lassen einige typische **Besonderheiten in den Einstellungs- und Verhaltensmustern** der Genossenschaftsbauern und VEG-Beschäftigten deutlich werden:

- Ein historisch überkommener „'bäuerlicher' Konservatismus" (*Kretzschmar* 1985, 85) hat sich trotz aller Veränderungen in den Arbeits- und Lebensbedingungen erhalten.
- Eine gewisse „traditionelle Bodenständigkeit" prägt ihr Freizeitverhalten. Sie verbringen einen beträchtlichen Teil ihrer freien Zeit mit Arbeiten in Haus, Hof, Garten und in der privaten Hauswirtschaft. Dafür ist ihr Interesse an Kultur und Büchern, an Sport und Geselligkeit weniger ausgeprägt. Wochenenden und Urlaub nutzen sie nur selten zum Verreisen; 38% der Genossenschaftsbauern hatten ihren Jahresurlaub noch nie außerhalb ihres Wohnorts verbracht (*Groschoff* 1984, 234).
- Gegenüber gesellschaftlichen und politischen Aktivitäten – Übernahme ehrenamtlicher Funktionen, Mitarbeit in Parteien und Gewerkschaften, Teilnahme an politischer Schulung und an der Neuererbewegung – sind sie überdurchschnittlich zurückhaltend (*Groschoff* 1984, 227; *Kretzschmar* 1985, 101ff.).
- In der DDR-Literatur wird auch auf ihre hohe „Identifikation mit der Genossenschaft" (*Kretzschmar* 1985, 83), auf „genossenschaftliches Denken", den geistigen „Schritt vom ‚Ich' zum ‚Wir'" (*Groschoff* 1984, 221) hingewiesen; empirische Belege für diese Aussagen werden jedoch nicht beigebracht.

Zusammenfassend läßt sich festhalten: Die Agrarrevolution sowie eine Einkommens- und Agrarpolitik, die auf den Abbau sozialer Unterschiede zwischen Stadt und Land zielte, hat eine vergleichsweise umfangreich gebliebene Schicht „landwirtschaftlicher Arbeitnehmer" hervorgebracht. Von Marginalisierungstendenzen, wie sie in der Bundesrepublik zu beobachten sind, war sie verschont geblieben. Ihre **gute Integration in die Industriegesellschaft**, der Schonraum, den ihr die schützende Hand der SED gewährte, hatte allerdings seinen Preis: die Ineffizienz der landwirtschaftlichen Produktion mit ihren nachteiligen Folgen für die Versorgung und den Lebensstandard der Bevölkerung.

5.2.3.3 Anpassungprobleme in den neuen Ländern

Die deutsche Vereinigung hat die ostdeutsche Landwirtschaft vor schwierige Anpassungsprobleme gestellt. Die bäuerliche Schicht wird mit Sicherheit **stark schrumpfen**. Bis zur Jahresmitte 1991 ist bereits etwa die Hälfte der Erwerbstätigen aus dem Agrarbereich ausgeschieden, und es wäre verwunderlich, wenn sich der ostdeutsche primäre Sektor nicht innerhalb kurzer Zeit auf das westdeutsche Niveau reduzieren würde. Nur schwer absehbar ist die zukünftige ostdeutsche Produktions- und Betriebsstruktur, die wiederum die

Basis für die Soziallage abgibt. Nur **sehr wenige** ehemalige LPG-Mitglieder haben bisher den Schritt in die **Selbständigkeit** gewagt – bis Mitte 1991 waren es gerade etwa 3500 (idw 25/1991,7). Im Spätsommer1991 wurden nur 10% der Nutzfläche von knapp 6000 einzelbäuerlichen Haupterwerbsbetrieben bewirtschaftet (Agrarbericht 1992, 19 f.). Und selbst davon entfällt ein nicht unerheblicher Teil auf Privatbauern aus DDR-Zeiten sowie auf westdeutsche Pächter, die z. T. als moderne Großagrarier auftreten und mit hohem technischen Aufwand und wenig Arbeitskräften riesige Flächen bestellen (vgl. DER SPIEGEL 19/1991, 70ff.). Interessant ist die Frage, in welchem Umfang und in welcher Form sich genossenschaftliche Strukturen erhalten werden und ob in Ostdeutschland eventuell landwirtschaftliche Großunternehmen mit einer „optimalen Betriebsgröße" entstehen, die den kleineren westdeutschen Familienbetrieben wirtschaftlich überlegen sind.

5.3 Dienstleistungsschichten

5.3.1 Sozioökonomischer Strukturwandel: Von der Industriegesellschaft zur industriellen Dienstleistungsgesellschaft

Im Jahr 1949 entwickelte der französische Ökonom und Soziologe *Jean Fourastié* die berühmte **Drei-Sektoren-Hypothese** des sozioökonomischen Wandels, mit der grundlegende langfristige Veränderungen in Wirtschaft und Gesellschaft beschrieben und erklärt werden. Ausgangspunkt dieser Theorie ist die Einteilung der Produktionsstruktur in drei Sektoren, wie sie bereits einige Jahre vorher *Colin Clark* (1940) vorgenommen hatte:

- in einen **primären** Sektor der Produktgewinnung (insbesondere Landwirtschaft, auch Forstwirtschaft, Fischerei)
- in einen **sekundären** Sektor der Produktverarbeitung (Industrie und Handwerk, meist einschl. Bergbau und Baugewerbe) und
- in einen **tertiären** Sektor der Dienstleistungen (Handel, Verkehr, Verwaltung, Bildung, Wissenschaft u. a.).

Die Drei-Sektoren-Hypothese besagt, daß sich der Schwerpunkt der wirtschaftlichen Tätigkeit in allen Gesellschaften zunächst vom primären auf den sekundären Sektor und anschließend vom sekundären auf den tertiären Sektor verlagert, oder mit anderen stark vereinfachenden Worten: **Agrargesellschaften** verwandeln sich zunächst in **Industriegesellschaften** und Industriegesellschaften schließlich in **Dienstleistungsgesellschaften**. Der französische Soziologe *Alain Touraine* (1969) nennt den neuen Gesellschaftstyp **„société postindustrielle"** und der amerikanische Soziologe *Daniel Bell* (1973) „post-industrial society". Die Schwerpunktverlagerung hin zum tertiären Sektor ist mit wichtigen Veränderungen in der Sozialstruktur, im Schichtgefüge und in den Lebens- und Arbeitsbedingungen verknüpft. Der Titel des Buches von *Fourastié* – „Die große Hoffnung des 20. Jahrhunderts" (1954) – bringt die optimistischen Erwartungen zum Ausdruck, die z. T. mit diesem Strukturwandel verbunden wurden – dazu gehören steigender Wohlstand, Aufblühen von Bildung und Kultur, höheres Qualifikationsniveau, Humanisierung der Arbeit, Vermeidung von Arbeitslosigkeit – „große Hoffnungen", die allerdings nur z. T. in Erfüllung gingen (vgl. *Gross* 1983; *Berger* 1986, 32ff.).

In der Regel wird der Strukturwandel an den groben statistischen Eckdaten zur Entwicklung der volkswirtschaftlichen Wertschöpfung (Bruttosozialprodukt) und der Erwerbstätigen in den drei Sektoren aufgezeigt. Die Abb. 2.1 und 2.2 (S. 20 und 22) enthalten die entsprechenden Angaben für die deutsche Gesellschaft. Sie machen deutlich, daß Deutschland im 20. Jahrhundert bis in die 70er Jahre hinein eine Industriegesellschaft war; die Güterproduktion dominierte bei der Wertschöpfung und bei den Beschäftigtenzahlen. Das Gewicht des sekundären Sektors nahm auf Kosten des primären Sektors bis in die 60er Jahre hinein ständig zu, allerdings waren die Wachstumsraten des stark expandierenden Dienstleistungssektors noch größer. In der Bundesrepublik verlagerte sich dann in den 70er Jahren der Schwerpunkt der Wertschöpfung und Beschäftigung in den tertiären Bereich, so daß man als vorläufiges Ergebnis der ökonomischen Grobanalyse festhalten kann: Von der Produktionsstruktur her hat sich die Bundesrepublik in den 70er Jahren von einer Industriegesellschaft in eine Dienstleistungsgesellschaft verwandelt.

Die Entwicklung der Beschäftigtenanteile verlief in den beiden deutschen Gesellschaften unterschiedlich (Abb. 5.7). In den 50er und 60er Jahren bildeten sich in beiden Teilen Deutschlands typische industriegesellschaftliche Strukturen heraus: sekundärer und tertiärer Sektor dehnten sich zu Lasten des primären Sektors aus, in der BR prononcierter als in der DDR. In den beiden letzten Jahrzehnten klafften die Entwicklungen dann zunehmend auseinander. Die Bundesrepublik unterliegt einem kräftigen Tertiärisierungsschub bei gleichzeitigem Schrumpfen der beiden anderen Sektoren. In der DDR dagegen stagnierten die drei Sektoren nahezu. Das Ergebnis war ein erheblicher **Tertiärisierungsrückstand der DDR**. Ihre sozioökonomische Struktur des Jahres 1990 glich in etwa derjenigen der Bundesrepublik aus dem Jahr 1965 (vgl. iwd 35/1990, 5; *Scharpf* 1986, 8); die Weiterentwicklung zur Dienstleistungsgesellschaft war in der DDR ausgeblieben. Defizite bestehen insbes. im Kredit- und Versicherungsgewerbe, im Rechtswesen, im Gastgewerbe sowie in der Rechts- und Wirtschaftsberatung (iwd 27/1991, 4f.).

Ein zweites Charakteristikum der **deformierten Dienstleistungsstruktur** der DDR waren ihre **Personalüberhänge**. Wo es Dienstleister gab, gab es ih-

Abb. 5.7: *Erwerbstätige nach Produktionssektoren Bundesrepublik – DDR (1950 – 1989)*

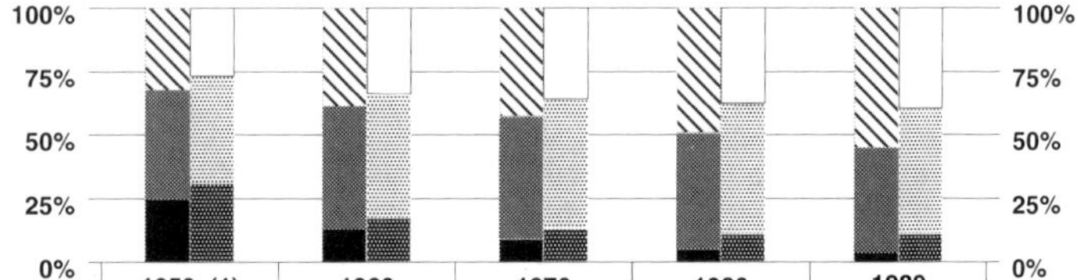

	1950 (1)	1960	1970	1980	1989
DDR: tert. Sektor	27	34	36	38	40
DDR: sek. Sektor	42	49	51	52	50
DDR: prim. Sektor	31	17	13	11	11
BRD: tert. Sektor	33	39	43	49	55
BRD: sek. Sektor	43	48	48	45	41
BRD: prim. Sektor	25	13	9	5	3.7

in %

BRD: prim. Sektor BRD: sek. Sektor BRD: tert. Sektor
DDR: prim. Sektor DDR: sek. Sektor DDR: tert. Sektor

(1) DDR 1949; tert.Sektor nur Handel,Verkehr u.a., ohne "sonstige nichtproduzierende Bereiche"

Quellen: Stat. Jb. BRD 1960, 142; 1990, 20;
Stat. Jb. DDR 1990, 19, 125, 128.

rer zu viele; aus westlicher Sicht verrichteten sie ihren Dienst „ineffizient". In den Funktionen des „öffentlichen Dienstes" (vgl. S. 131) arbeitete in der DDR ein Beschäftigter für schätzungsweise 6 bis 8 Einwohner, in der BR für 14 Einwohner. So waren z. B. an den Universitäten der DDR pro Student fast dreimal so viele hauptberufliche WissenschaftlerInnen tätig wie in der BR (Einzelheiten bei *Geißer* 1991, 184). Personelle Überbesetzungen der Dienstleistungsfunktionen gab es auch in der Wirtschaft – bei Reparatur und Instandhaltung (überalterte Maschinen und Apparate), im Material- und Transportwesen und in den aufgeblähten Verwaltungsapparaten der planwirtschaftlichen Betriebe, wo in einigen Fällen bis zu 50% aller Betriebsangehörigen arbeiteten, um u. a. durch eine Flut von Berichten Pläne zu begründen und die zentralen Steuerungsinstanzen über die Planerfüllung zu informieren (vgl. *Klinger* 1990, 78).

Im Vergleich zur DDR war in der alten Bundesrepublik die Tertiärisierung weiter fortgeschritten, im Vergleich zu einigen anderen hochentwickelten Gesellschaften des Westens dagegen ist die Bundesrepublik noch „überindustrialisiert" und weist „Dienstleistungsdefizite" auf. So waren z. B. in den USA im Jahre 1988 bereits 72% der Erwerbstätigen im Dienstleistungsbereich tätig (iwd 47/1990, 7).[19]

Der empirische Nachweis des Strukturwandels ist mit einer Reihe von Definitions- und Meßproblemen verbunden. Die Zahlen für die Entwicklungen variieren, je nach dem, ob man den drei Sektoren Tätigkeiten, Arbeitsplätze oder Berufe, Arbeitende oder Arbeitsorganisationen zuordnet. So haben die Daten der Abb. 2.2 und 5.7 den Nachteil, daß die Klassifikation nach Betrieben erfolgt. Dadurch werden die Dienstleister eines Industrieunternehmens – z. B. die Betriebsärztin, der Marketingleiter oder der Pförtner – als Erwerbstätige in der Güterproduktion erfaßt. Die Daten verdecken also die sog. **Tertiärisierung des sekundären Sektors**. Mit diesem Begriff wird die Tendenz bezeichnet, daß sich innerhalb der güterproduzierenden Betriebe immer mehr Dienstleistungstätigkeiten ansiedeln. Die Verwissenschaftlichung der Produktion, die Internationalisierung der Wirtschaft, die zunehmende organisationsinterne Arbeitsteilung, der wachsende Informations- und Planungsbedarf haben zur Folge, daß die Tätigkeiten in Management und Organisation, Rechnungswesen und Datenverarbeitung, Forschung und Entwicklung, Transport und Nachrichtenübermittlung, Marktforschung und Werbung ständig ihren Anteil erweitern.[20] Berücksichtigt man auch diese Entwicklung und gruppiert die Erwerbstätigen nach Berufen, die den drei Sektoren zugeordnet werden (Abb. 5.8), so wurde in der Bundesrepublik bereits in den 60er Jahren die Schwelle zur Dienstleistungsgesellschaft überschritten.[21]

Abb. 5.8: *Erwerbstätige in der Bundesrepublik nach sektoralen Berufsgruppen 1970 – 1987*

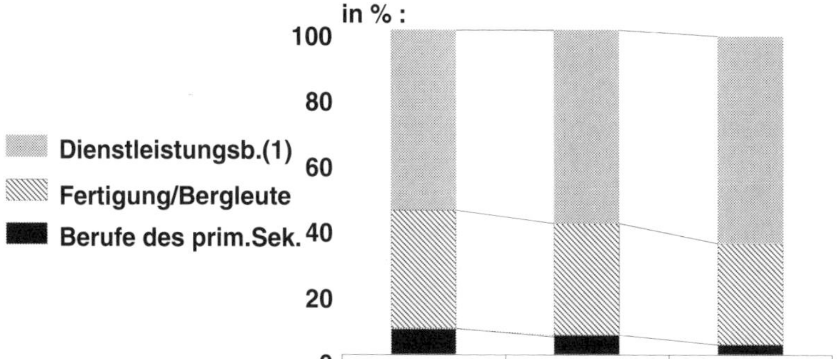

	1970	1980	1987
Dienstleistungsb.(1)	55	59	63
Fertigung/Bergleute	36	34	31
Berufe des prim.Sek.	8	6	3

(1) und technische Berufe

Quelle: Stat. Jb. 1974, 139f.; 1981, 100; 1990, 103f.

Bei genauerem Hinsehen sind die Dienstleistungen – sie werden in der Regel als Restkategorie definiert: alle Arbeiten, die nicht in der Produktgewinnung oder Produktverarbeitung stattfinden – vielfach in sich gegliedert. Aus der Vielzahl der Typologien[22] sei die interessante Unterteilung von *Scharpf* kurz skizziert, die auf den britischen Ökonomen *Gershuny* (1978) zurückgeht. *Scharpf* (1986, 7) unterscheidet **produktionsbezogene** Dienste, die zur Planung und Durchführung der Güterproduktion und zur Verteilung der Güter erforderlich sind, und **verbraucherbezogene** Dienste, „die unmittelbar vom Letztverbraucher in Anspruch genommen werden" (z. B. Bildung, Information, Unterhaltung, Gesundheitsversorgung, Beherbergung, Beratung u. a.). Diese Zweiteilung macht die Problematik der Begriffe „Industriegesellschaft" und „Dienstleistungsgesellschaft" bzw. „nachindustrielle Gesellschaft" sichtbar: Vernachlässigt man die direkten funktionalen und ökonomischen Zusammenhänge vieler Dienste mit der Güterproduktion, so ist die überwiegende Mehrheit der Erwerbstätigen mit „tertiären" Arbeiten befaßt und der Begriff „Dienstleistungsgesellschaft" wäre eine zutreffende Bezeichnung. Berücksichtigt man dagegen nur die direkt verbraucherbezogenen Dienste, dann verrichtet nur eine Minderheit der Erwerbstätigen – im Jahr 1981 waren es in der Bundesrepublik 39% (berechnet nach *Scharpf* 1986, 8) – Dienstleistungen i.e.S.; die Bundesrepublik wäre also auch weiterhin eine „Industriegesellschaft" – ein Etikett, daß noch immer sehr häufig benutzt wird (vgl. S. 16). Ein Ausweg aus diesem Dilemma scheint mir der Begriff **industrielle Dienstleistungsgesellschaft** zu sein, da er das Gewicht sowohl der Güterproduktion als auch der Dienstleistungen sowie die Verzahnung beider Bereiche angemessen zum Ausdruck bringt.

Abb. 5.9 macht deutlich, wie sich der Wandel zur industriellen Dienstleistungsgesellschaft in einer anderen geläufigen groben Berufsstatistik widerspiegelt. Die quantitativ überwiegende Schicht der Industriegesellschaft waren die ArbeiterInnen; ihr seit über einem Jahrhundert andauernder Schrumpfungsprozeß hat sich in den beiden letzten Jahrzehnten beschleunigt. In den 70er Jahren stiegen dann die Angestellten und Beamten als typische DienstleisterInnen, deren Umfang in den letzten 100 Jahren ständig zugenommen hat, zu quantitativ dominierenden Schichten auf.

Dem Wandel zur industriellen Dienstleistungsgesellschaft liegt ein vielschichtiges Geflecht von **Ursachen** zugrunde, für das bisher eine zusammenhängende Theorie fehlt.

Der erste Ursachenkomplex, auf den die Klassiker der Drei-Sektoren-Hypothese bereits hingewiesen haben, liegt primär im **ökonomischen** Bereich. Er stellt die Zusammenhänge von technischem Fortschritt, Produktivitätssteigerung, Arbeitskräfteverlagerung und privater Nachfrageverschiebung ins Zentrum. Die ungeheuren Produktivitätsfortschritte in der Agrarproduktion

Abb. 5.9: *Erwerbspersonen/Erwerbstätige (1) nach ihrer Stellung im Beruf 1882 – 1989*

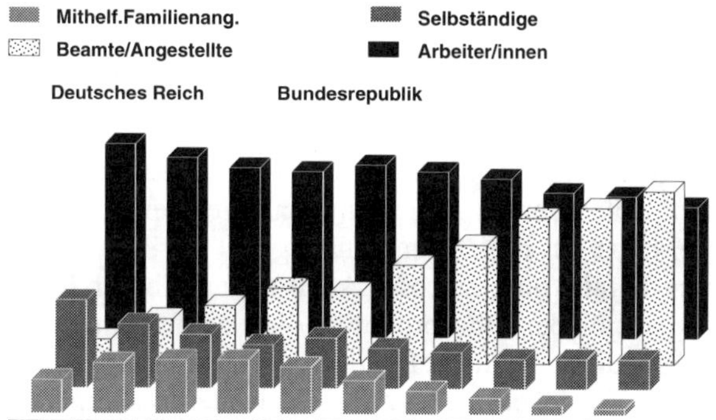

	1882	1907	1933	1939	1950	1961	1970	1975	1980	1989
Arbeiter/innen	57	53	50	49	51	49	47	43	42	39
Beamte/Angestellte	7	13	17	22	21	29	35	43	46	51
Selbständige	26	19	16	13	15	12	11	9	9	9
Mithelf.Familienang.	10	15	16	16	14	10	7	5	3	2

(1) bis 1961 Erwerbspersonen, ab 1970 Erwerbstätige
(Erwerbspersonen = Erwerbstätige + Erwerbslose)

Quelle: Stat. Jb. BR 1967, 1971, 1976, 1981, 1990

und Güterherstellung setzen Arbeitskräfte frei, die in den Dienstleistungssektor verlagert werden. Der Dienstleistungsbereich kann als Auffangbecken für die „überflüssig“ gewordenen Arbeitskräfte dienen, weil dort die Rationalisierung und die Produktivitätszuwächse zumindest teilweise stärkeren Einschränkungen unterliegen und weil sich mit dem Anstieg der Realeinkommen auch die private Nachfrage nach Dienstleistungen erhöht; der Anteil von Aufwendungen, die der private Verbraucher für Dienste ausgibt, steigt nachweislich stetig an.[23] In die Verschiebungen bei der privaten Nachfrage spielen auch weitere Veränderungen in den Lebensbedingungen, im Wertesystem oder in der Bevölkerungsstruktur hinein. Die folgenden ausgewählten Beispiele können diese Zusammenhänge illustrieren (vgl. *Hönekopp/Ullmann* 1980, 267):

- die sinkende Arbeitszeit steigert die Nachfrage nach Freizeitangeboten;
- die Alterung der Bevölkerung (vgl. S. 293 f.) erhöht den Bedarf an Unterhaltung und medizinischer Versorgung;

- die Technisierung des Alltags und der Haushalte erfordert vermehrt Reparatur- und Wartungsdienste;
- die schnelle Veränderung der beruflichen Anforderungen macht Weiterbildung und Umschulung erforderlich;
- die wachsende Erwerbsbeteiligung der Frau (vgl. S. 215 ff.) erhöht die Nachfrage nach Serviceleistungen für Haushalt und Kinderbetreuung.

Auf den steigenden Bedarf nach Dienstleistungen innerhalb der produzierenden Unternehmen, der von den Drei-Sektoren-Theoretikern übersehen wurde, habe ich im Zusammenhang mit der Tertiärisierung des sekundären Sektors bereits hingewiesen. Auch außerhalb der Unternehmen wächst mit der Expansion der Güterprodution die Nachfrage nach Dienstleistungen in der Warenzirkulation (Handel, Transport, Kommunikation) sowie im Geldverkehr und Versicherungsbereich. Desweiteren nehmen die „Generalunkosten des sekundären Sektors“ (*Aron* 1962, 160) zu – der Bedarf an Ausbildung, öffentlicher Verwaltung, Recht und Rechtsschutz.

Systemtheoretische Überlegungen führen zu einem zweiten, **systemisch-soziologischen** Ursachenkomplex: Mit der wachsenden Komplexität der ökonomischen und sozialen Systeme steigt ihr Regelungs-, Vermittlungs- und Steuerungsbedarf. Nach *Offe* (1984, 299) erfordern komplexe Systeme ein Mehr an „Planung, Koordination, Steuerung und Kontrolle“. Man kann hinzufügen: sie machen auch ein Mehr an Sozialisation und Ausbildung nötig (vgl. S. 215 ff.).

Die **Ursachen** für den **Tertiärisierungsrückstand in der DDR** lagen in der niedrigen Produktivität und in der Vernachlässigung des Dienstleistungssektors durch die sozialistische Wirtschaftsplanung. Der **Produktivitätsrückstand** der DDR-Wirtschaft band zu viele Arbeitskräfte in Landwirtschaft und Industrie. Und die planwirtschaftliche Ideologie hemmte den Ausbau der Dienstleistungen noch zusätzlich, weil diese schwerer quantifizierbar und damit schwerer planbar waren und weil der tertiäre Sektor bis in die 80er Jahre hinein als ein Bereich angesehen wurde, der Volkseinkommen „verzehrt“ im Gegensatz zu den beiden anderen Bereichen, die Volkseinkommen „schaffen“ (vgl. *Klinger* 1988, 159; *Steinitz* 1988, 180).

5.3.2 Angestellte

Wer die Auswirkungen des sozioökonomischen Wandels zur industriellen Dienstleistungsgesellschaft auf die Schichtstruktur nachzeichnen will, steht zunächst vor dem Problem, Dienstleistungsschichten abzugrenzen und zu benennen. Die „Mitte“ der Gesellschaft hat den Sozialstrukturanalytikern der Industriegesellschaft schon immer besonderes Kopfzerbrechen bereitet. Die folgende Darstellung der Entwicklung von Soziallage und Mentalität der Dienstleistungsschichten geht von den arbeitsrechtlich abgrenzbaren Gruppen der Angestellten und Beamten aus. Dahinter stecken einerseits pragmatische Gründe: Die Statistiken und die Angestelltensoziologie liefern empirische Materialien, die sich kaum anders strukturieren lassen. Andererseits sind Angestellte und Beamte auch schichtungssoziologisch ergiebige Begriffe, wenn man sie mit den erforderlichen Differenzierungen versieht.

Die zahlenmäßig bedeutendste Gruppe in der Mitte der Gesellschaft sind die **Angestellten**. Als sozialstrukturelle Folgeerscheinung der Industrialisierung betraten sie die „Bühne der Gesellschaft" (*Hans Paul Bahrdt*) erst um die Jahrhundertwende. Nach einer raschen Ausdehnung auf 12% der Erwerbstätigen bis 1925 folgte dann ein Vierteljahrhundert relativ langsamen Wachstums. Im Zuge der schnellen „Tertiärisierung" der sozioökonomischen Struktur in den 50er und 60er Jahren entwickelten sie sich zu einem Massenphänomen. Ihr Anteil an den Erwerbstätigen schnellte von 16% im Jahre 1950 um mehr als das Doppelte auf 33% im Jahre 1974 hoch und wächst bis heute kontinuierlich an. In der 2. Hälfte der 80er Jahre lösten sie die Arbeiter als **quantitativ dominierende Gruppe** der Erwerbstätigenstatistik ab. 1989 gab es unter den Erwerbstätigen in der Bundesrepublik mehr Angestellte (42%) als Arbeiter (38,5%) (Abb. 5.9).

Angestellte verrichten Tätigkeiten in den drei klassischen Dienstleistungsbereichen:

- als **kaufmännische** Angestellte im Handel und in Warenhäusern, bei Banken und Versicherungen oder auch in den Ein- und Verkaufsabteilungen der Industriebetriebe;

- als **technische** Angestellte – als Werkmeister, Techniker, Ingenieure, Laboranten, Wissenschaftler u. a. – in Betrieben, die mit zunehmender Technisierung auf immer mehr Spezialisten angewiesen sind;

- als **Büro- und Verwaltungsangestellte** zur Bewältigung der „bürokratischen" Aufgaben in den wachsenden Verwaltungsstäben insbes. der Großorganisationen.

Aber auch in anderen Aufgabenbereichen tauchen Angestellte auf: in den Sektoren von Verkehr, Kommunikation, Information und Massenkommunikation oder im Erziehungs-, Sozial-, Rechts-, Beratungs- und Gesundheitswesen.

1989 waren 68% aller Angestellten im **tertiären Sektor** tätig, aber auch in der gütererzeugenden Industrie werden sie zunehmend in den Bereichen Leitung/Verwaltung, Technik und Ankauf/Absatz beschäftigt. Die **Tertiärisierung des sekundären Sektors** (vgl. S. 119) läßt sich gut daran ablesen, daß der Angestelltenanteil in Industrie und Handwerk von 12% im Jahre 1950 auf 32% im Jahr 1989 angestiegen ist.[24] Die große Masse der Angestellten (1989: 84%) arbeitet im privaten Bereich, aber auch in staatlichen Behörden, Einrichtungen und Unternehmen treten zunehmend **Angestellte im öffentlichen Dienst** neben die traditionellen Beamten. 1950 waren 27% aller Beschäftigten im Staatsdienst Angestellte, 1989 bereits 38% (Abb. 5.10).

Sind Angestelle angesichts der **Vielfalft ihrer Funktionen, Qualifikationen und Arbeitssituationen** überhaupt sinnvoll als Schicht zu begreifen? *Konrad Adenauer* wußte auf diese Frage eine klare Antwort: „ Die Angestellten sind eine eigenwüchsige soziale Schicht in unserem Volk. Hiermit verbindet sich die Vorstellung, daß hier die geistige Regsamkeit, Sinn für Verantwortung und kulturelle Aufgeschlossenheit eine Heimstätte hat." (zit. nach *Bolte* 1970, 327). Die Soziologie ist in ihrem Urteil zurückhaltender. Seit es die Angestellten als zahlenmäßig ernstzunehmende Gruppe gibt, tun sich die Soziologen schwer, ihre Besonderheit als Berufsgruppe oder gar als Schicht bzw. Klasse präziser zu bestimmen. *Berger* und *Offe* (1984, 272) erklären ihre gesellschaftliche und politische Unbestimmtheit, ihre „Wesenlosigkeit" zum Spezifikum der Angestellten. Sie reihen sich damit in die Tradition der Angestellten- und Schichtungssoziologie ein, die durch inhaltsleere oder negative Formeln einen Ausweg aus ihrem Dilemma suchte, den unscharfen Begriff der Angestellten genauer zu fassen.[25]

Die Vielgestaltigkeit und Buntheit der Angestellten führte auch zu einer immer wieder auftauchenden Kontroverse darüber, an welcher Stelle der Schichtungs- oder Klassenstruktur sie zu verorten sind: Bilden sie einen **eigenständigen „neuen Mittelstand"** oder – so *Marx* und die Marxisten in der Weimarer Republik, in der BR und in der DDR – sind sie lediglich „unproduktive" oder „kommerzielle Lohnarbeiter", „Stehkragenproletarier", ein besonderer **Teil der „lohnabhängigen Arbeiterklasse"**?[26] *Dahrendorf* (1965, 106ff.) löst diesen Streit mit einem Sowohl-als-auch, indem er die Angestellten, zusammen mit den Beamten, in zwei Schichten untergliedert – in den „falschen Mittelstand", der statusmäßig auf einer Ebene mit der Arbeiterschaft angesiedelt ist, und in die „Dienstklasse" in der oberen Hälfte der Hierarchie.

Die Entwicklung der Angestellten in den letzten Jahrzehnten, die man als **Differenzierung** und auch als eine **gewisse Polarisierung** (vgl. *Baethge/Overbeck* 1986, 20) deuten kann, hat diese grobe Zweiteilung im großen und ganzen bestätigt, wenn sie auch inhaltlich mit anderen Akzenten versehen werden muß. Die Aufspaltung der Angestellten (und Beamten) in zwei Schichten ist zwar in gewisser Weise willkürlich, sie ist jedoch das kleinere Übel im Vergleich zum Konzept einer Dienstleistungsschicht, die außerordentlich unterschiedliche Qualifikationen, Arbeitssituationen, Prestigeniveaus, Einkommensverhältnisse und Mentalitäten in einer einzigen Gruppe zusammenzwängt.

5.3.3 Die ausführende Dienstleistungsschicht

Die **ausführende Dienstleistungsschicht,** so soll der statusmäßig untere Teil der Dienstleistungsberufe genannt werden, umfaßt neben den Angestellten mit einfachen Tätigkeiten auch die Beamten des einfachen Dienstes, die etwa 9% aller Beamten ausmachen. Die Angehörigen dieser Schicht – dazu gehören, um einige Beispiele zu nennen, die Kellnerin und der Briefträger, der Tankwart und die Verkäuferin, die Locherin und die Schreibkraft am Schreibautomaten – verrichten zwar vorwiegend „nicht-manuelle Dienste" am Kunden oder in einer Organisation und unterscheiden sich dadurch von den vorwiegend „manuell" tätigen Arbeitern in der Güterproduktion, die zu größeren Teilen körperlich schwere und belastende Arbeit verrichten müssen. Aber ansonsten befinden sie sich im Hinblick auf ihre Arbeits- und Lebensbedingungen ganz in der Nähe der Arbeiterschaft, wobei die Grenzen zwischen diesen beiden Schichten bisweilen verschwimmen.

Ausführende Angestellte und Beamte verrichten – wie die Mehrzahl der Arbeiter – hauptsächlich **ausführende Tätigkeiten**. Rationalisierungsmaßnahmen und die Einführung neuer Technologien im Dienstleistungssektor haben nachweislich bei einem Teil der im unteren Bereich Tätigen zur Verarmung der Arbeitsqualität, zur Entleerung der Arbeitsinhalte, zur Entwertung alter Qualifikationen, zu höheren Belastungen durch die Umstellung auf elektronische Datenverarbeitung und auch zur Verringerung der Aufstiegsmöglichkeiten und zu größeren Arbeitsplatzunsicherheiten geführt (*Seltz* 1983, 296; *Kudera u. a.* 1983, 201). Diese **Verschlechterung der Arbeitsbedingungen** hat insbesondere **Angestellte im Büro** betroffen, wo wichtige Inhalte der Korrespondenz, der Dokumentation sowie des Prüf- und Berechnungswesen vom EDV-System übernommen wurden (*Baethge/Overbeck* 1986, 20).

Bei einigen Berufen steht die reale Arbeitssituation in deutlichem Widerspruch zur rechtlichen Definition der Angestellten, die eine „überwiegend geistige" Arbeit voraussetzt. So ist der „geistige Gehalt" der Tätigkeit bei einer Locherin offensichtlich nicht höher als bei einem Meßwartenfahrer, der von seinem Steuerpult millionenschwere Anlagen bedient. Dennoch wird die Locherin rechtlich zu den Angestellten und der Meßwartenfahrer zu den Arbeitern gezählt.

Dem vergleichsweise niedrigen Qualifikations- und Arbeitsniveau der ausführenden Dienstleistungsschicht entspricht auch ihr **soziales Ansehen und Prestige**: Berufe wie Busfahrer, Zahnarzthelferin, Bundesbahnschaffner, Briefbote, Friseur oder Schuhverkäuferin rangieren hinter den Prestigeberufen der Arbeiterschaft (*Bolte/Hradil* 1984, 213).

In den ersten Nachkriegsjahrzehnten genossen alle Angestellten – einschließlich der ausführenden Angestellten – einige traditionelle arbeits- und sozialrechtliche Privilegien: längeren Urlaub, längerfristigen Kündigungsschutz, Gehaltsfortzahlungen im Krankheitsfall, bessere Alters- und Invalidenversorgung, dazu die Zahlung eines Monatsgehalts, bei dem der ständische Gedanke einer verläßlichen und angemessenen Sicherung des Lebensunterhalts mitschwingt, im Gegensatz zum Stunden- oder Akkordlohn der Arbeiter nach dem reinen Leistungsprinzip. Diese Sonderrechte der Angestellten sind gegen Ende der 50er und in den 60er Jahren weitgehend verschwunden, weil die Arbeiter den Angestellten nahezu oder teilweise auch völlig gleichgestellt wurden. Aus Arbeitern und Angestellten sind **rechtlich nahezu gleichgestellte „Arbeitnehmer"** geworden.

Im Sozio-ökonomischen Panel 1984-1986 läßt sich die Schicht der „nicht-manuell Ausführenden" abgrenzen. Ihr Anteil an allen Personen mit Dienstleistungsberufen (einschließlich der Beamten) beträgt 30%. Unter allen Erwerbspersonen machen die „nicht-manuell Ausführenden" 13% aus, unter allen Haushaltsvorständen 7% (berechnet nach *Noll/Habich* 1989, Tabelle 1).

Die Mehrheit dieser Gruppe rechnet sich nach wie vor zur Mittelschicht, wenn auch die traditionellen ständisch eingefärbten Abgrenzungsbemühungen der Männer und Frauen im weißen Kittel zu den Arbeitern und Arbeiterinnen im blauen Kittel, die *Siegfried Kracauer* (1930) in seinem Essay über die Angestellten der Weimarer Zeit anschaulich schildert, an Schärfe verloren haben. Eine gewisse Berechtigung dieses Selbstverständnisses läßt sich aus der materiellen Situation herleiten. Einfache Angestellte verdienen zwar weniger als Facharbeiter. Dennoch lag das **Pro-Kopf-Haushalts-Einkommen** der „nicht-manuell Ausführenden" in der Mitte der 80er Jahre immerhin im Durchschnitt um 27% über dem der Facharbeiter. Vermutlich hängt dieser Vorsprung im Einkommens- und Lebensstandard damit zusammen, daß Frauen in ausführenden Dienstleistungsberufen mit besser verdienenden Männern verheiratet sind. Die **Selbstzuordnung zur Mittelschicht** schlägt sich auch in einem entsprechenden **Heiratsverhalten** dieser Gruppe nieder. Nachweisbar ist jedoch auch, daß sich ein kleiner Teil dieser Schichten seinem Selbstverständnis nach zu den Arbeitern zählt – von den einfachen und mittleren Angestellten waren es im Jahr 1988 13%.[27]

5.3.4 Dienstleistungsmittelschichten

Etwa zwei Drittel der Angestellten und die große Mehrheit der Beamten lassen sich Schichten zuordnen, die ich – abweichend von bisherigen Konventionen – weder neuen Mittelstand noch Dienstklasse sondern **Dienstleistungsmittelschichten** nenne. Der Begriff neuer Mittelstand war zu Beginn dieses Jahrhunderts durchaus zutreffend für eine damals „neue" Schicht mit ständischen Zügen. Inzwischen sind die Angestellten nicht mehr neu, und ihre ständischen Traditionen sind stark verblaßt. Der von dem österreichischen Sozialisten und Politiker *Karl Renner* (1870-1950) geprägte Begriff der **Dienstklasse** (*Renner* 1953, 211ff.), den auch *Dahrendorf* (1965, 106f.) aufgriff, erlebt derzeit eine gewisse Renaissance, weil ihn der britische Soziologe *John Goldthorpe* (1980) in einer erweiterten Form in einem Klassenmodell verwendet, das auch in der deutschen Sozialstrukturanalyse eingesetzt wird.[28] Die Bezeichnung „Dienstklasse“ greift jedoch zu kurz, weil sie von der Herrschaftstheorie herkommt und nur auf eine Minderheit der Angestellten und Beamten – auf den bürokratisch tätigen Teil mit Verwaltungs- bzw. Herrschaftsaufgaben – paßt (s. S. 73, 139), nicht aber auf den größeren Teil dieser Gruppen mit anderen Dienstleistungsfunktionen.

5.3.4.1 Mittlere und leitende Angestellte

Obwohl alle Angestellten von den geschilderten arbeits- und sozialrechtlichen Einebnungen betroffen sind, haben sich die Dienstleistungsmittelschichten ihre im Vergleich zu den Arbeitern privilegierte Soziallage erhalten können. Die Ausdehnung des Dienstleistungssektors hat nicht nur zu der geschilderten Zunahme von Routinearbeiten geführt, sondern auch zu gegenläufigen Entwicklungen. Es entstanden **qualifizierte Arbeitsplätze** mit relativ hohen Ansprüchen an die berufsfachlichen und kommunikativen Fähigkeiten, mit einem relativ hohen Grad an Spezialisierung, Komplexität, Autonomie und Arbeitszufriedenheit – so z. B. im Erziehungs- und Sozialwesen, in den Planungs-, Entwicklungs- und Marketingabteilungen der Industriebetriebe oder im Kundendienst bzw. bei der Sachbearbeitung in Kreditinstituten und Versicherungsgesellschaften. Im Vergleich zu den Facharbeitern ist ein erheblich größerer Teil der Dienstleistungsmittelschichten an abwechslungsreichen, weniger stark kontrollierten Arbeitsplätzen tätig, die mehr Lernanregungen und mehr Möglichkeiten zur Selbstgestaltung und Mitentscheidung bieten. Die höhere Arbeitsqualität und die Entlastung von körperlicher Anstrengung wird häufig erkauft mit einem hohen Maß an **psychischen Belastungen:** fast jede/r Zweite klagt über nervliche Anspannungen im Beruf – unter den FacharbeiterInnen sind es nur 22%. Die anspruchsvollere Arbeit setzt höhere Qualifikationen voraus und wird mit einem **höheren Verdienst** und mit **höherem Ansehen** belohnt. Das Sozialprestige der Kindergärtnerinnen und der Sekretärinnen, des Bankangestellten und des Finanzbuchhalters und erst recht des Programmierers und Bauingenieurs sind höher, z. T. erheblich höher als das der Arbeiterberufe. Obwohl sich die Wohnbedingungen, die Haushaltsausstattungen und die Ausgabenstrukturen der Familien von Arbeitern und Angestellten in vielen Bereichen angenähert haben, dürfte der **Lebensstandard** der Dienstleistungsmittelschichten doch über dem der Arbeiterschaft liegen. Denn der Einkommensabstand zwischen den beiden Gruppen ist nur leicht zurückgegangen; 1988 lag das durchschnittliche verfügbare Pro-Kopf-Einkommen der Angestelltenhaushalte um 36% über dem der Arbeiterhaushalte (1972: um 40%).[29]

Die Besonderheiten der Soziallage schlagen sich auch im Selbstverständnis und in der **Sozialmentalität** der Dienstleistungsmittelschichten nieder. Die große Masse der Angestellten gehört ihrem **Selbstverständnis** nach zur Mitte der Gesellschaft, eine Minderheit zur oberen Mitte bzw. zur „Oberschicht" (*Noll* 1984, 103; Datenreport 1989, 506). Der pointiert antiproletarische Habitus, der für große Teile der deutschen Angestellten in der ersten Hälfte dieses Jahrhunderts charakteristisch war, ist subtileren, weniger kämpferischen Formen der Abgrenzung gewichen. Das Selbstverständnis der verschiedenen Gruppen von Angestellten weist durchaus unterschiedliche Akzente auf. So hat sich das Angestelltenbewußtsein bei den **„arbeiternahen" Technikern** am stärksten mit Elementen eines „allgemeinen Arbeitnehmerbewußtseins" vermischt, ohne daß dabei das Gefühl für den besonderen Sozialstatus völlig verschwunden ist. Selbst einfache technische Angestellte, die ihre berufliche Karriere als Maschinenschlosser begannen, entwickeln durchaus ein Bewußtsein von ihrer Sonderstellung als Angestellte (*Lempert/Thomssen* 1974, 202). Dies gilt erst recht für Ingenieure und kaufmännische Angestellte. Im **„arbeiterfernen" kaufmännischen Bereich** haben sich berufsständische, auf Abgrenzung bedachte Traditionen am stärksten erhalten; dort ist das Bewußtsein von den Besonderheiten der Qualifikation, Leistung und geistigen Arbeit am stärksten lebendig geblieben.

Studien aus den 60er und 70er Jahren sowie einige neuere Untersuchungen heben das professionelle Berufsverständnis , die starke Identifikation mit Inhalten ihrer Arbeit und die vergleichsweise hohe Arbeitsmoral und Betriebsloyalität der Dienstleistungsmittelschichten hervor. Ein weiteres Kennzeichen ihrer Mentalität ist ein Hang zu individualistischem Leistungs- und Karrieredenken; in dem abgestuften System beruflicher Positionen ihrer Arbeitswelt sehen die Angestellten tatsächliche oder vermeintliche Chancen des sozialen Aufstiegs.[30]

Dieser Individualismus hat **ideologisch-politische Konsequenzen**: Alle Angestelltengruppen weisen zu den politisch-ideologischen Einstellungen der Arbeitgeber eine geringere Distanz auf als die ArbeiterInnen. Dabei existieren deutliche Unterschiede nach der Höhe der Berufsposition: leitende Angestellte stehen der Unternehmerideologie am nächsten, einfache Angestellte am fernsten (*Holtmann/Strasser* 1990, 93ff.). Die Angestellten neigen eher zu individualistischen als zu politisch-solidarischen Formen der Interessendurchsetzung und verlassen sich bei Auseinandersetzungen mit dem Arbeitgeber eher auf Individualstrategien. Nur 18% der höheren und 29% der mittleren und einfachen Angestellten ziehen Kollektivstrategien vor, unter den ArbeiterInnen sind es dagegen 54-55% (*Bertl* u. a. 1989, 115). Angestellte versuchen, ihre Interessen auf eigene Faust durchzusetzen, individuelle Konkurrenz verdrängt kollektive Solidaritäten. Entsprechend niedrig ist auch ihre Bereitschaft, sich gewerkschaftlich zu organisieren: Während 1987 53% der ArbeiterInnen ihre Interessen kollektiv durch Gewerkschaften vertreten ließen, waren nur 24% der Angestellten Mitglieder einer Gewerkschaft. Im öffentlichen Dienst sind mit 33% erheblich mehr Angestellte gewerkschaftlich organisiert als im privaten Dienstleistungssektor (13%). Die Unterschiede nach Betriebsgröße sind noch deutlicher: in kleinen Betrieben mit bis zu zehn MitarbeiterInnen liegt der Organisationsgrad nur bei 4%, in Großbetrieben mit über 500 Angehörigen dagegen bei 35%.[31]

Die oben skizzierten Varianten in der soziopolitischen Mentalität zwischen **„arbeiternahen" und „arbeiterfernen" Angestelltengruppen** kommen auch in zwei unterschiedlichen **Gewerkschaften** für Angestellte zum Ausdruck. Die Mehrheit der organisierten Angestellten – insbesondere Werkmeister, Angestellte aus dem technischen Bereich und aus der öffentlichen Verwaltung – hat sich dem **DGB** zugewendet, der unter den Dienstleistungsschichten immer besser Fuß fassen konnte und im Jahre 1987 73% der organisierten Angestellten auf sich vereinigte. Eine Minderheit – im Jahre 1987 waren es 20% der organisierten Angestellten, insbesondere kaufmännische und Verwaltungsangestellte in Privatunternehmen und Banken – sahen ihre Interessen besser in der **Deutschen Angestelltengewerkschaft (DAG)** aufgehoben (berechnet nach *Müller-Jentsch* 1989, 72f., 130f.). Deren Politik hebt stärker auf besondere Statusbedürfnisse der Mittelschicht ab und schlägt gemäßigt mittelständische Töne an. Ein mittelständisch-rechtsgerichtetes Protestpotential, das für die antisozialistische Angestelltenbewegung der Weimarer Republik charakteristisch war, fehlt dagegen in der Bundesrepublik.

5.3.4.2 Mittlere und höhere Beamte

Die Beamtenschaft hat als sozialer Stand eine lange historische Tradition. Sie ist erheblich älter als die Schicht der Angestellten oder die Klasse der Industriearbeiter. Ihre geschichtlichen Wurzeln auf dem Gebiet des heutigen Deutschland reichen bis zu den Ministerialen der mittelalterlichen Feudalherren zurück. Als wichtige Helfer bei der Durchsetzung von Herrschaft haben die Beamten die qualitativen Veränderungen der politischen Systeme überlebt: aus den Dienern von Feudalherren, Monarchen und Nazi-Diktatur sind die Staatsdiener einer pluralistischen Demokratie geworden; lediglich im Staatssozialismus der DDR wurde das Berufsbeamtentum abgeschafft und in eine sozialistische Dienstklasse verwandelt (vgl. S. 139 ff.).

Heutige Kritiker der „Beamtenprivilegien" bezeichnen die Beamten als „die Vertreter der letzten eigentlichen Kaste in der Bundesrepublik" (*Schueler* 1987, 1), heutige Anhänger des Berufsbeamtentums rechtfertigen seinen „Sonderstatus in der Gleichheitsgesellschaft" (*Isensee* 1988) mit seinen besonderen Aufgaben und Funktionen. Während sich die politischen Gegner und Befürworter des Berufsbeamtentums über die soziale Sonderstellung dieser Gruppe in der heutigen Gesellschaft der Bundesrepublik einig sind, hat die Schichtungssoziologie bereits in der Weimarer Republik gezögert, die Beamten als eine besondere Schicht abzugrenzen. Die „Tendenzen zur Einebnung des Beamtentums", die *Geiger* (1932, 98f.) bereits vor 60 Jahren diagnostizierte, haben sich auch in der Bundesrepublik weiter fortgesetzt. Dennoch sind die Beamten nicht völlig in den Dienstleistungsmittelschichten der Angestellten aufgegangen. Nicht nur ihr rechtlicher Status, sondern auch ihre Soziallage und ihre Mentalität weisen einige besondere Konturen auf, die es rechtfertigen, sie als besondere Gruppe innerhalb der Dienstleistungsmittelschichten zu behandeln.

Abb. 5.10: *Personal des öffentlichen Dienstes (1) in der Bundesrepublik 1950 – 1989*

Beschäftigte im öffentl. Dienst in % aller Erwerbstätigen:

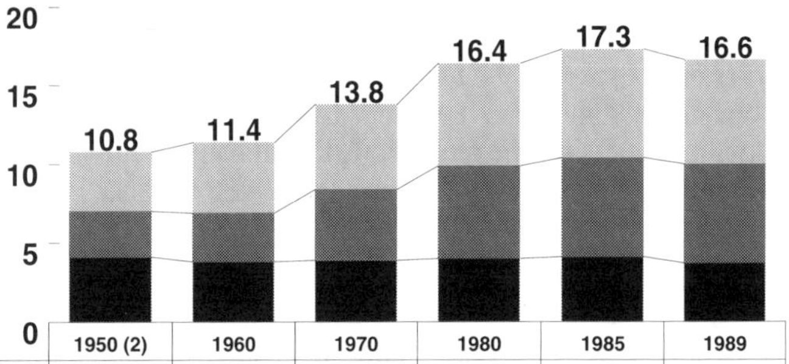

	1950 (2)	1960	1970	1980	1985	1989
Beamte/Richterinnen	3.8	4.5	5.4	6.5	6.9	6.6
Angestellte	2.9	3.1	4.5	5.9	6.3	6.3
Arbeiter/innen	4.1	3.8	3.9	4	4.1	3.7

Arbeiter/innen Angestellte Beamte/Richterinnen

(1) Vollzeit- u. Teilzeitbesch., bis 1980 ohne Beurlaubte

(2) Teilweise geschätzt

Quellen: Eigene Berechn. nach Datenreport 1985, 81; Stat. Jb. 1990, 20, 457

Auffällig ist zunächst ihr **quantitatives Wachstum** (Abb. 5.10). Seit 1950 wird das Heer der Staatsdiener ständig größer. Ihre absolute Zahl stieg von 791 000 im Jahre 1950 um mehr als das Doppelte auf 1 836 000 im Jahre

1989, ihr Anteil an den Erwerbstätigen kletterte in diesem Zeitraum von 3,8% auf 6,6%. Ein besonderer Schub erfolgte in der ersten Hälfte der 70er Jahre; in den 80er Jahren flachte die Wachstumskurve ab und seit einigen Jahren hat sich die Zahl nicht weiter erhöht. In ähnlichem Umfang nahm auch die absolute und relative Zahl der Angestellten im öffentlichen Dienst zu. Der Anteil der beim Staat Beschäftigten in der Erwerbsbevölkerung stieg von 11% im Jahre 1950 auf 17% im Jahre 1989.

Struktureller Hintergrund dieses Wachstums ist der **Funktionswandel bzw. die Funktionserweiterung des Staates**. Die Weiterentwicklung des liberalen Rechtsstaates zum Interventionsstaat und zum sozialen Wohlfahrtsstaat erweiterte die Palette der staatlichen Aufgaben erheblich: Der Staat beschränkte sich immer weniger auf die traditionellen Sicherungs- und Ordnungsfunktionen, sondern er griff planend und steuernd in immer mehr Bereiche des gesellschaftlichen Lebens ein; er übernahm immer mehr soziale Vor- und Fürsorgeaufgaben; unter seiner Regie vollzog sich weitgehend die Expansion von Bildung und Wissenschaft (vgl. S. 215 ff.). Notwendige Folge dieser Ausdehnung des staatlichen Aufgabenbereichs ist die Erweiterung des Staatspersonals – der Beamten und der öffentlichen Angestellten.

Der Funktionswandel des Staates hatte nicht nur quantitative, sondern auch qualitative Folgen für die Gruppe der Beamten: auch die Palette ihrer **Aufgaben wurde erweitert und differenziert** sich. Neben den traditionellen Kern der „hoheitlichen Funktionen" – Ordnungsaufgaben nach innen und außen, Justiz und Finanzverwaltung – traten immer mehr „moderne" Aufgaben von Bildung und Forschung, von öffentlichen Dienstleistungen, von sozialer Für- und Vorsorge. Abb. 5.11 macht deutlich, daß lediglich ein gutes Drittel der Beamten mit den klassischen hoheitlichen Aufgaben bei der Ausübung von Herrschaft betraut ist: sie helfen der politischen Elite bei der Führung und Verwaltung, bei der Aufrechterhaltung der Rechtsordnung und der öffentlichen Sicherheit sowie bei der Organisation des Militärs. 28% sind im Sektor Bildung, Wissenschaft und Kultur tätig. Diese Gruppe ist in den letzten beiden Jahrzehnten am stärksten angewachsen. Weitere 28% verrichten Dienstleistungsaufgaben bei Post und Bahn.

Quantitative Expansion sowie Funktionserweiterung und -differenzierung der Beamtenschaft hatten **Verluste an Exklusivität und Homogenität** zur Folge. Unter dem einheitlichen Dach des Beamtenrechts sind Personengruppen mit recht unterschiedlichen Aufgaben, Qualifikationen und Lebenswelten untergebracht. Auch ihre Nähe bzw. Distanz zum Herrschaftssystem variiert erheblich. Zur „Dienstklasse" im Sinne *Renners* (1953, 211ff.), den bürokratischen Helfern der politischen Machtelite, gehört nur eine Minderheit der Beamten: lediglich Polizisten sowie Verwaltungsbeamte und Justiz bilden wichtige Bestandteile des unmittelbaren Herrschaftsapparates. Die große Gruppe

Abb. 5.11: *Aufgabenbereiche der Beamten 1988*

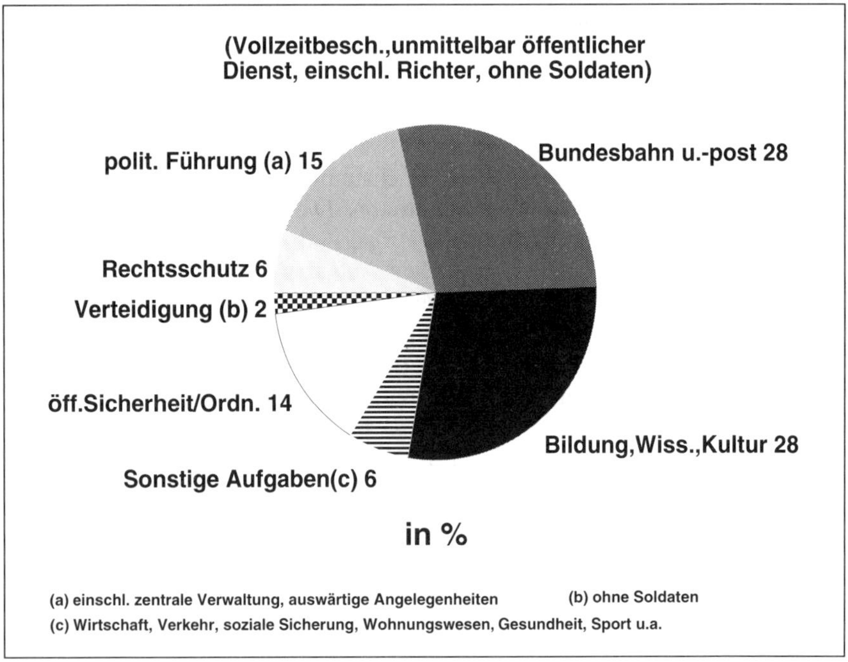

Quelle: eigene Berechungen nach Stat. Jb. 1989, 443 und StBA 1990b, 194f.

der Lehrer, Dozenten und Wissenschaftler dagegen arbeitet in gehörigem Abstand zum politischen System; die beamteten Sozialisationsagenten sind lediglich indirekt über den politischen Aspekt der Sozialisation, über die Erziehung zum Staatsbürger und zur Systemloyalität mit den Mechanismen der Herrschaft verbunden; und Bahn- und Postbeamte als Mitglieder von Dienstleistungsunternehmen, die ebensogut in privater Regie geführt werden könnten, sind noch weiter von den Prozessen der politischen Herrschaftsausübung entfernt.

Die **rechtliche Sonderstellung** der Beamten ist auch in der Bundesrepublik weiter abgebröckelt, weil sich öffentliches Beamtenrecht und privates Arbeitnehmerrecht zunehmend wechselseitig durchdringen. Durch die Verbesserung des Kündigungsschutzes und der Alters- und Krankenversorgung der Angestellten des öffentlichen Dienstes haben vorteilhafte beamtenrechtliche Regelungen Eingang in das Arbeiternehmerrecht gefunden und die soziale Sicherung der öffentlichen Angestellten verbessert. Und umgekehrt ist das Beamtenrecht mit einigen Elementen des Tarifrechts angereichert worden;

dazu gehören z. B. die gewerkschaftliche Beteiligung bei der Festsetzung der Gehälter und anderer beamtenrechtlicher Regelungen sowie die Einführung der Mehrarbeitsvergütung und Teilzeitarbeit (vgl. *Becker* 1988, 114ff.). Die Einflüsse des Tarifrechts auf das Beamtenrecht haben den Beamten keine Nachteile, sondern Vorteile gebracht, aber sie haben die Besonderheiten des Beamtenstatus weiter abgeschwächt und den Unterschied zum Status des „normalen Arbeitnehmers“ verringert.

Neben einer **günstigen Sozialversicherung** haben sich die Beamten bei allen Angleichungstendenzen ein weiteres wichtiges Privileg erhalten können: die **absolute Arbeitsplatzgarantie** und damit die weitgehende Absicherung gegenüber Schicksalsrisiken, die aus den Krisenerscheinungen der Marktwirtschaft herrühren. Beamte können in dem beruhigenden Gefühl von Sicherheit leben, das die sozialistischen Gesellschaften allen Arbeitenden garantiert hatten.

Überdurchschnittliche Qualifikationen und **überdurchschnittliche Einkommen** sind zwei weitere Besonderheiten ihrer sozioökonomischen Lage. Die Qualifikationsstruktur der Beamtenschaft hat sich in den letzten Jahrzehnten nach oben verschoben. 1960 waren erst ein Drittel im gehobenen oder höheren Dienst tätig, 1988 bereits 54% (Stat. Jb.). Mit dem Qualifikationsvorsprung der Beamten hängt auch ihr höheres Nettohaushaltseinkommen zusammen: im Jahre 1988 lag es monatlich um 1314 DM oder 36% über dem eines durchschnittlichen Arbeiterhaushalts und um 612 DM oder 14% über dem eines durchschnittlichen Angestelltenhaushaltes (berechnet nach *Schüler* 1990, 188). Im Ruhestand nimmt der finanzielle Vorsprung noch weiter zu: die Haushaltsnettoeinkommen lagen in den Jahren 1984-1987 bei pensionierten Beamten um 55% höher als bei Arbeitern im Ruhestand, um 40% höher als bei Selbständigen im Ruhestand und um 20% über den Renten der Angestellten (Abb. 4.1; vgl. auch *Woll-Schumacher* 1987, 187). Die Einkommen der Beamten sind nicht nur höher, sondern auch sicherer und besser kalkulierbar als die anderer Berufsgruppen, da Gehaltszuwächse rechtlich geregelt und vorhersehbar sind und z. T. unabhängig von der Arbeitsleistung garantiert werden.

Die privilegierte Soziallage ermöglich den Beamten ein vergleichweise **zufriedenes und von großen Sorgen freies Leben**. Nach dem sozioökonomischen Panel der Jahre 1984-1987 gaben unter den Beamten und Beamtinnen nur zwischen 0 und 4% an, sich „große Sorgen“ um die Zukunft zu machen; in den anderen Berufsgruppen waren diese Anteile erheblich höher. Und die pensionierten Beamten waren unter den Männern mit Abstand die Gruppe mit der höchsten allgemeinen Lebenszufriedenheit (Abb. 4.1 auf S. 70).

Die Annäherung des rechtlichen Status und der Soziallage von Beamten und Angestellten ist nicht ohne Auswirkungen auf die **Mentalität** der Beamten geblieben. Einige Bestandteile des klassischen „Beamtenethos", die sich mit Formulierungen wie Hingabe an den Beruf, Beruf als „Dienst", Treue gegenüber dem Dienstherrn oder Identifikation mit dem Staat umschreiben lassen, sind zurückgedrängt worden. Empirische Hinweise gibt es für eine größere Distanz der Beamten zum Staat: das Selbstverständnis der Vollzugsbeamten mit Dienstleistungsaufgaben ist durch eine zunehmende Publikumsorientierung – Bürgeranwalt statt Staatsdiener – gekennzeichnet; und Ministerialbeamte orientieren sich stärker als früher am Gemeinwohl und am öffentlichen Interesse und fühlen sich weniger als Sachwalter einer bestimmten Regierung (*Mayntz* 1985, 174f.). Für eine andere Tendenz, die von Beobachtern häufiger erwähnt wird, fehlen bisher empirische Untersuchungen: für die Annahme, das Pflichtethos der Beamten gerate zunehmend unter Druck durch die Ausbreitung von Anspruchshaltungen, von Job-Mentalität ohne größere innere Verpflichtungen gegenüber dem Amt und durch ein kalkuliertes Leistungsverhalten, das auf persönliche Vorteile bedacht ist (vgl. *Koch* 1982, 360; *Isensee* 1984, 599; *Becker* 1988, 279ff.). In diesen Zusammenhang paßt auch die Beobachtung, daß das Streikverbot von vielen Beamten eher als Zumutung und nicht als legitime Einschränkung empfunden wird.

Die sich andeutende partielle Erosion des traditionellen Beamtenethos ist nicht gleichbedeutend mit seinem völligen Verschwinden. Eine Hamburger Studie aus dem Jahre 1981 zeigt, daß eine Mehrheit der Beschäftigten im öffentlichen Dienst weiterhin von der spezifischen Art ihrer Aufgaben, insbesondere von den besonderen Verpflichtungen gegenüber der Allgemeinheit, überzeugt ist.[32]

Studien zu schichtspezifischen Orientierungen und Verhaltensmustern lassen zwei weitere vorteilhafte Besonderheiten der Beamten hervortreten: Sie sind in der Lage, ihren Kindern besonders **gute Bildungschancen** zu vermitteln und die **Chancen auf politische Teilnahme** besonders gut zu nutzen. Von der Expansion der Gymnasien und Universitäten haben die Beamtenkinder am meisten profitiert (Einzelheiten S. 222 ff.).

Beamte sind gesetzlich zu einer gewissen politischen Askese verpflichtet: Sie haben ihr Amt politisch neutral auszuüben und sich auch außerhalb des Dienstes eine gewisse Zurückhaltung und Mäßigung aufzuerlegen. Diese Normen hindern sie jedoch nicht daran, ihre politischen Teilnahmerechte als Staatsbürger besonders intensiv zu nutzen. Dies gilt sowohl für „konventionelle" als auch für „nichtkonventionelle" Formen der politischen Partizipation. Sie sind häufiger Mitglieder in Parteien als andere Berufsgruppen; mehr als zwei Drittel von ihnen sind in Gewerkschaften oder im Beamtenbund organisiert, unter den Angestellten nur ein knappes Viertel; die „Verbeamtung" der Parlamente – in den Landtagen ist inzwischen fast jeder zweite Parlamentarier ein Beamter, von den Abgeordneten des letzten Bundestages der alten

BR waren 32% BeamtInnen – bietet häufig Anlaß zur Kritik. Auch die neueren „unkonventionellen" Formen der Teilnahme sind für Beamte attraktiv. So hatte im Jahre 1984 jeder vierte Beamte bereits in einer Bürgerinitiative mitgearbeitet, aber nur jeder achte Angestellte und jeder 14. Arbeiter (*Geißler* 1987c, 61). Die Ursachen für den **politischen Aktivismus** der Beamten dürften nicht nur in ihrem hohen Bildungsniveau, sondern auch darin zu suchen sein, daß die Mehrheit von ihnen ihre berufliche Tätigkeit in einer gewissen Nähe zum politischen System ausübt und daß eine Minderheit direkt mit dem Herrschaftssystem verquickt ist bzw. Bestandteil dieses Systems ist. Ihre im Dienst gewonnenen Einsichten motivieren zur politischen Teilnahme, ihr Dienstwissen vermittelt ihnen gleichzeitig politische Kompetenz.

5.3.5 Dienstleistungsschichten in der DDR

Über die Dienstleistungsschichten der DDR in ihrer Gesamtheit ist nur wenig bekannt, da lediglich die „oberen Gruppen" als sogenannte „soziale Schicht der Intelligenz" im offiziellen Selbstverständnis und damit auch in der Sozialstrukturanalyse präsent waren. Die Mehrheit dagegen wurde – der Tradition der marxistischen Soziologie entsprechend – als „Abteilung der Arbeiterklasse" (*Grundmann u. a.* 1976, 164) angesehen und in der offiziellen Statistik seit 1963 nicht mehr und in empirischen Untersuchungen nur noch selten gesondert ausgewiesen. Sicher ist, daß sich die Dienstleistungsschichten in der DDR in den letzten Jahren ebenfalls erheblich ausgedehnt haben;[33] die verschiedenen empirischen Studien aus dem Jahre 1990 stimmen darin überein, daß sich etwa die Hälfte der Erwerbstätigen (47%-50%) als Angestellte einstufen (Abb. 5.12 auf S. 149).[34] Sie lassen sich grob in drei Gruppen untergliedern, die sich z. T. überschneiden: in die unteren und mittleren Angestellten, die sozialistische Intelligenz und die sozialistische Dienstklasse.

Untere und mittlere Angestellte

Angestellte ohne Fach- und Hochschulabschluß – sie machen etwa die Hälfte der Dienstleistungsschichten aus – unterscheiden sich in der **Qualität ihrer Arbeitsplätze** deutlich von den FacharbeiterInnen: Ihre Tätigkeiten sind geistig anspruchsvoller, gewähren etwas größere Entscheidungsspielräume, sind erheblich weniger körperlich anstrengend und gesundheitsgefährdend, dafür aber nervlich belastender. Ihrer eigenen Wahrnehmung nach sind die beruflichen Ansprüche und Qualifikationsanforderungen an die unteren und mittleren Angestellten angestiegen. Die „arbeiterorientierte" und damit „angestelltenfeindliche" Einkommenspolitik der DDR hat diese gegenüber den ArbeiterInnen deutlich schlechter gestellt als westdeutsche Angestellte gegenüber westdeutschen Arbeitern. Lediglich die **Nettoeinkommen** der unteren und mittleren Funktionäre in Staat, Parteien und Massenorganisationen lagen 1990 knapp – um 3% – über den Facharbeiterlöhnen, andere Angestellte erzielten dagegen lediglich 88% der Nettoverdienste von Facharbeitern, in der Industrie 1988 nur 70%. Die finanzielle Benachteiligung hat sich allerdings nicht auf die **Wohnsituation** ausgewirkt; Angestellte leben in etwas größeren und etwas komfortableren Wohnungen als FacharbeiterInnen.[35]

Interessant sind die Ergebnisse der sozialstrukturellen Persönlichkeitsforschung zu den Angestellten. Die Einebnung der materiellen Unterschiede – in diesem Fall sogar die Umkehrung der Verhältnisse – hat nicht zum Verschwinden der traditionellen **Mentalitätsunterschiede** geführt. Die kulturellen und politischen Interessen und Aktivitäten sind bei unteren und mittleren Angestellten stärker ausgeprägt als bei ArbeiterInnen. Die Besonderheiten der Ausbildung und der Arbeit prägen offenbar die Einstellungen und Verhaltensweisen nachhaltiger als die finanzielle Lage. *Albrecht Kretzschmar* hat aus den empirischen Studien die allgemeine Hypothese abgeleitet,

> „daß sich hinsichtlich vieler Existenzbedingungen, Denk- und Verhaltensweisen die stärksten Differenzierungen ... zwischen ... den vorwiegend körperlich Tätigen einerseits und ... den vorwiegend geistig Tätigen andererseits ergeben" (*Kretzschmar* 1985, 125; vgl. auch *Lötsch* 1988a, 17).

Die sozialistischen Bemühungen um die „Annäherung aller Klassen und Schichten" haben also die klassische „Kragenlinie" zwischen Arbeitern und Angestellten nicht beseitigt.

Die sozialistische Intelligenz

Die „soziale Schicht der Intelligenz" ist eine der drei Hauptschichten bzw. -klassen der offiziellen Grundgliederung der sozialistischen Gesellschaft – ein Konzept, das nicht zum üblichen begrifflichen Repertoire der westdeutschen Sozialstrukturanalyse zählt. Nach der traditionellen weiten Definition gehören ihr diejenigen Menschen an, die „vorwiegend geistige, eine hohe Qualifikation erfordernde Arbeit leisten" (*Aßmann u. a.* 1977, 307); statistisch werden dazu in der Regel alle Personen mit Hoch- oder Fachschulabschluß gezählt – im Jahr 1989 22% der Erwerbstätigen (Stat. Jb. 1990, 138) bzw. die Hälfte der Angestellten.[36] Die Intelligenz untergliedert sich in eine Vielfalt von Gruppen mit unterschiedlichen Funktionen, Qualifikationen, Arbeitsinhalten, Mentalitäten und Lebenweisen, im Vergleich zu anderen Schichten ist sie „die sozial heterogenste Gruppierung" (*Kretzschmar* 1985, 119). Daher wurde seit Anfang der 80er Jahre unter DDR-Soziologen über die Zweckmäßigkeit dieses Konzepts diskutiert und die Forderung erhoben, „über eine soziologisch differenziertere Fassung des Begriffs ‚Intelligenz' nachzudenken" (*Lötsch* 1980a, 34).

Unterteilt man diese Schicht vertikal, so rangiert im oberen Bereich ein kleiner **„innovativer Kern"** (*I. Lötsch* 1990, 8) von hochqualifizierten Wissenschaftlern und Ingenieuren. Für den sozialen und wirtschaftlichen Fortschritt sind diese Kerngruppen von herausragender Bedeutung, besteht doch ihre Funktion „vor allem darin, zukunftsbestimmte, schöpferische Leistungen zu vollbringen" (*Lötsch* 1981a, 67). Im unteren Bereich befinden sich Berufstätige mit Fachschulabschlüssen mittleren Niveaus – z. B. Erzieherinnen, medizinisch-technische Assistentinnen –, deren Tätigkeiten sich vom Anspruchsniveau her nicht wesentlich von gut qualifizierten FacharbeiterInnen oder mittleren Angestellten unterscheiden, aber auch Teile der „produktionsnahen" wissenschaftlich-technischen Intelligenz, deren Qualifikationsanforderungen am Arbeitsplatz unter ihrem Ausbildungsniveau liegen.[37] Etwa jeder dritte Hochschulabsolvent – unter den Hochschulingenieuren sogar bis zu 40% – war in den 70er und 80er Jahren unterqualifiziert eingesetzt (*Lötsch* 1988, 144; *Autorenkollektiv* 1988, 103), weil die DDR unter einem chronischen Mangel an Abstimmung zwischen Bildungsplanung und Qualifikationsanforderungen in der Arbeitswelt litt.

Die drei folgenden Entwicklungstendenzen bzw. Besonderheiten von Soziallage und Mentalität verdienen eine besondere Erwähnung.

1. **Nivellierung**. Ihr quantitatives Wachstum – der Anteil der Fach- und Hochschulabsolventen unter der erwerbstätigen Bevölkerung stieg von 6% im Jahre 1961 auf die bereits erwähnten 22% im Jahre 1989 an – führte ähnlich wie bei den westdeutschen Akademikern (vgl. S. 220 f.) zu Einbußen an Exklusivität, Privilegien und Besonderheiten des Sozialprofils. Durch die egalitäre Politik der „Annäherung aller Klassen und Schichten" wurde dieser Nivellierungsprozeß, der insbesondere bei den Einkommen gut quantitativ greifbar ist (Einzelheiten S. 54), in der DDR weiter vorangetrieben als in der Bundesrepublik. *Lötsch* (1981a, 67) stellte auch bei der Qualität der Arbeit „eine Art Annäherung durch Nivellierung nach unten" fest. Gegenläufige Tendenzen vollzogen sich im Bildungswesen: Man hatte der sozialistischen Intelligenz zwar ihre materiellen Privilegien z. T. genommen, dafür konnte sie sich aber zunehmend Bildungsprivilegien für ihre Kinder sichern (Einzelheiten S. 277 ff.).

2. **SED-Loyalität.** Die Intelligenz war der Forderung nach SED-Loyalität ausgesetzt und kam ihr auch weitgehend nach. Dazu einige empirische Belege:

- Anders als in Ungarn und Polen waren nahezu alle UniversitätsstudentInnen Mitglieder der SED-gelenkten Jugendorganisation FDJ.

- 1986 identifizierten sich 45% aller Studierenden an Universitäten „stark" und weitere 48% „mit Einschränkungen" mit der SED; nur eine kleine Minderheit von 7% gab an, sich „kaum" oder „nicht" mit der „führenden Partei" zu identifizieren (*Friedrich* 1990, 29).

- Der Forderung nach Übernahme ehrenamtlicher Tätigkeiten und nach Teilnahme an politischer Schulung kam die Intelligenz eher nach als andere Schichten (*Kretzschmar* 1985, 101f.).

- Viele Intelligenzler traten der SED bei, die einen aus politischer Überzeugung, die anderen, weil die SED-Mitgliedschaft die berufliche Karriere erleichterte oder auch erst ermöglichte. So kamen 1979 knapp die Hälfte (49%) der Studierenden aus SED-Familien, wobei der Organisationsgrad mit dem Bildungsabschluß der Eltern deutlich anstieg. Von den Eltern ohne Fach- oder Hochschulabschluß waren 22% der Väter und 8% der Mütter Mitglieder der SED, von den Eltern mit Hochschulabschluß dagegen 56% bzw. 34% (*Bathke* 1985, 34f.).

- Unter den Hochschullehrern wird der Anteil der SED-Mitglieder auf mindestens 80% geschätzt.[38]

Die SED-Loyalität schloß politische Opposition in Einzelfällen – insbes. im Umfeld der künstlerischen Intelligenz – nicht aus; und auch innerhalb der wissenschaftlichen Intelligenz gab es neben einem dogmatisch-konformen Flügel Ansätze von „kritischer Loyalität“ zum bestehenden System. Insgesamt war die Intelligenz jedoch durch ihre starke politisch-ideologische Einbindung in eine zentralistisch gesteuerte Herrschaftsstruktur daran gehindert, eine wesentliche Aufgabe wahrzunehmen, die ihr bzw. ihrem „Kern“ in einer liberal-demokratischen Gesellschaft zukommt: *Geiger* (1949a, 52 ff.) brachte diese zentrale Funktion auf die Formel „Kritik und Mäßigung der Macht“. Und an anderer Stelle warnt er: „Ihre kulturpolitische Funktion ist es, das schlechte Gewissen der Macht zu sein. Und weh der Gesellschaft, wo die Macht ihr schlechtes Gewissen totgeschlagen hat“ (*Geiger* 1962b, 459).

3. Mangel an Effizienz. Die „Tendenzen falscher Nivellierungen in der Intelligenzentwicklung“ (*Lötsch* 1982, 730) und ihre politisch-ideologische Gängelung gehören zu den Ursachen ihrer dritten Besonderheit: dem Mangel an Effizienz. Das Problem, wie man diesen Mangel beheben kann, wie man die Einsatz- und Leistungsbereitschaft der Intelligenz und ihr innovatorisches Potential besser entwickeln kann, wurde unter den Sozialwissenschaftlern der DDR in den 80er Jahren intensiv diskutiert.[39] Zwei empirische Beispiele sollen die zunehmende Leistungsschwäche dokumentieren:

- Die Bereitschaft der Studierenden, im späteren Berufsleben Leitungspositionen zu übernehmen, ist in den beiden letzten Jahrzehnten stark zurückgegangen (*Brämer/Heublein* 1990, 10).

- Von den befragten Leitern in Forschung und Entwicklung eines Industriekombinats waren 75% nicht bereit, Risiken einzugehen. Außerdem klagten sie über Unterbezahlung im Vergleich zu rangniedrigeren Kollegen und über unnütze Belastung durch Routinearbeiten, die sie wegen fehlenden Personals nicht delegieren konnten (*Prenz* 1989, 423f.).

Die Klagen der Forschungsleiter weisen bereits auf einige Faktoren in dem komplexen Bündel von strukturellen Ursachen für den Effizienzmangel hin; zu den wichtigsten gehören: fehlende materielle Belohnungen und gesellschaftliche Anerkennung für besondere Leistungen; Fehlen eines geistigen Klimas, in dem nicht der Angepaßte, sondern der „Querdenker", der Individualist, der Unbequeme eine Leitfigur ist; Nivellierungen in der Persönlichkeitsentwicklung als Folge struktureller Nivellierungen; Belastung mit „intelligenzunspezifischen" Verwaltungs- und Routineaufgaben; Unterforderung durch unterqualifizierten Einsatz; Einbindung in Arbeitskollektive, wo Bequeme meist in Ruhe gelassen und Hochmotivierte häufig gebremst werden; fehlende internationale Kontakte; Belastung durch Versorgungsmängel im Alltag, die eine „kreative" Nutzung von Teilen der „Freizeit" verhindern.[40]

Die sozialistische Dienstklasse

Das Beamtentum war in der DDR abgeschafft worden; stattdessen entstand eine Schicht, auf die *Karl Renners* (1953, 211ff.) Begriff der Dienstklasse gut paßt (vgl. S. 127). Sie besteht aus einer Vielzahl von leitenden, mittleren und unteren Funktionären in den großen bürokratischen Apparaten der sozialistischen Gesellschaft – in den Parteien und Massenorganisationen, in Staat und Wirtschaft, in Medien, Kultur und Wissenschaft; ein Teil von ihnen gehört auch der Intelligenz an. Ihre Funktion besteht darin, **der Monopolelite bei der Durchsetzung ihrer Herrschaftsansprüche zu helfen**; gleichzeitig nimmt die hierarchisch gegliederte Dienstklasse in einer rangmäßig abgestuften Form an der Ausübung von Herrschaft teil. Der sowjetische Systemkritiker *Michael S. Voslensky* (1980) hat den oberen Teil dieser Schicht in seinem bekannten gleichnamigen Buch als **„Nomenklatura"** bezeichnet, wobei die Nomenklatur ihrem ursprünglichen Sinn nach kein Schichtbegriff ist. In der DDR war sie ein „Verzeichnis von Positionen und Funktionen auf allen gesellschaftlichen Gebieten, über deren Besetzung die SED entweder direkt entscheidet oder für die sie ... sich eine Kontrolle vorbehält" (*Glaeßner* 1983, 87). Die SED-Führung kooptierte also den oberen Teil der Dienstklasse und wachte auch – zumindest indirekt – über den Zugang zu den mittleren und unteren Ebenen der Apparate. Die zentral kontrollierte Rekrutierung der Dienstklasse sowie ihre politisch-ideologische Sozialisation in einem gut ausgebauten, differenzierten System der „Kaderschulung" (s. S. 94) sollten ihre bedingungslose Loyalität gegenüber den Entscheidungen der Monopolelite sichern.

Der **zahlenmäßige Umfang** der Dienstklasse läßt sich nur vage bestimmen. Die Beschäftigten im Sicherheitsbereich, dem sog. „X-Bereich" (Staatssicherheit, Militär, Zoll, Polizei, Parteien, Massenorganisationen, Rüstungsbetriebe, Uranbergbau u. a.) fehlten in den offiziellen DDR-Statistiken; ihre Zahl wird 1988 auf ca. 600 000 oder 6% der Erwerbstätigen geschätzt. Im gefürchteten und verhaßten Sicherheitsdienst, als „Schild und Schwert" der Monopolelite der Kern des Kontroll- und Unterdrückungsapparates, arbeiteten ca. 100 000 fest angestellte Mitarbeiter; in der Nationalen Volksarmee dienten 1984 ca. 172.000 Berufs- oder Zeitsoldaten, davon zuletzt 32.000 Offiziere; bei der Volkspolizei waren Mitte der 80er Jahre 96.000 Personen beschäftigt.[41] In einer repräsentativen Umfrage des Berliner Instituts für Sozialwissenschaftliche Studien (BISS) im Juni 1990, als sich die sozialistische Sozialstruktur quantitativ noch kaum verändert hatte, gaben 17% der Erwerbstätigen an, als Angestellte in den Apparaten von Staat, Parteien oder Massenorganisationen tätig zu sein – 6% mit Fachschul- und Hochschulqualifikation im oberen Bereich, 11% ohne die genannten Abschlüsse im mittleren bzw. unteren Bereich. Etwa jeder dritte Angestellte war Angehöriger dieser Bürokratien (*Adler* 1991, 173ff.). De facto war die Dienstklasse größer, da ihr noch weitere Amtsträger, insbes. solche in leitenden Funktionen in den zentral gesteuerten Bereichen von Wirtschaft, Gesellschaft und Kultur zuzurechnen sind.

Materiell zahlte sich der Dienst an den Herrschenden für die große Mehrheit nur in bescheidenem Maße aus. Am ehesten wohl noch durch eine vergleichsweise gute Altersversorgung für einige Berufsgruppen.[42] Man mußte schon in die oberen Ränge der Dienstklasse aufsteigen, um sich im **Einkommen** deutlicher vom Durchschnitt abzusetzen. Leitende Angestellte der mittleren Ebene – sie machen 5% aller Erwerbstätigen und 10% aller Angestellten aus – verdienten 1990 netto 44% mehr als Facharbeiter, leitende Angestellte der oberen Ebene (2% aller Erwerbstätigen, 4% aller Angestellten) kamen auf ein Plus von 53% – also etwa in den Einkommensbereich der Selbständigen (berechnet nach *Adler* 1991, 173f.). Die Spitze der Dienstklasse wohnte auch im Durchschnitt etwas komfortabler und hatte überdurchschnittlich häufig Anteil am seltenen Wohneigentum (ibid.). Ein kleiner Teil – u. a. ein Teil der Professoren – bildete den „Reisekader" mit dem (abgestuften) Privileg von Westreisen.

Umschichtungen in den neuen Ländern

Durch die politischen und ökonomischen Umwälzungen verschwinden die „sozialistischen Besonderheiten" in den Soziallagen der Dienstleistungsschichten relativ schnell. Die deformierte Dienstleistungsstruktur – Tertiärisierungsrückstand, bürokratische Wasserköpfe in Wirtschaftsunternehmen, Überbesetzung im öffentlichen Dienst – wird mit dem rapiden Abbau der Zahl der Arbeitsplätze rasch die „effizienteren" westdeutschen Proportionen annehmen. Die Einführung der westdeutschen Regelungen im Arbeitsrecht und im Tarifsystem hat zur Folge, daß sich die bisherigen Nivellierungstendenzen in **Differenzierungstendenzen** umkehren; so ist z. B. der „Lohnrückstand“ der Angestellten gegenüber den Arbeitern bereits mit der Übernahme der westdeutschen Besteuerung und Sozialversicherung im Jahr 1990 ein Stück abgebaut worden (*Stephan/Wiedemann* 1990, 561). Zunehmender Wohlstand wird begleitet von **zunehmender sozialer Ungleichheit**.

Die bessere Ausstattung der **höheren Dienstleistungsschicht** mit materiellen und sozialen Anerkennungen, ihre Befreiung aus politischer Bevormundung, ein liberaleres geistiges Klima lassen erwarten, daß stimulierende Impulse auf das kulturelle, geistige, wissenschaftliche und technische Leben ausgehen. Die sozialstrukturell geprägten Besonderheiten der Mentalität dürften jedoch ein größeres Beharrungsvermögen aufweisen als die Soziallagen.

Die **sozialistische Dienstklasse** hat sich mit dem grundlegenden Wandel des Herrschaftssystems bereits **weitgehend aufgelöst**. Politisch kompromittierte oder „überflüssig“ bzw. unbezahlbar gewordene Teile haben ihre Positionen verloren – der Staatssicherheitsdienst, die Bürokratien der SED und der Massenorganisationen, die meisten Offiziere und Berufssoldaten, die Mehrheit der Richter und Staatsanwälte, einige Lehrer, Wissenschaftler und Angehörige des Staatsapparates, insbes. diejenigen, die als Informanten des Staatssicherheitsdienstes unter politisch-moralischer Anklage stehen. Ein anderer Teil – in Wirtschaft, Medien und Kultur – wird mit der „Pluralisierung“ der Gesellschaft aus der engen Bindung an das politische System herausgelöst. SED-Loyalität hat als Aufstiegskriterium ausgedient und ist heute manchmal eher Ursache für sozialen Abstieg, insbes. dann, wenn sie von fachlicher Kompetenz abgekoppelt war. Der geschrumpfte und sich teilweise erneuernde Rest der ehemals parteiloyalen Dienstklasse nimmt den Charakter von **parteipolitisch unabhängigeren Fachbürokratien** an, deren Mitglieder sich demnächst überwiegend im Status von **Beamten** wiederfinden werden. Zähflüssiger als die Statusveränderung dürfte sich der Wandel der obrigkeitsstaatlichen Mentalität von Menschen vollziehen, die über Jahrzehnte auf Parteiloyalität getrimmt worden waren.

5.4 Arbeiterschichten: Entproletarisierung und Differenzierung

Seit den 50er Jahren, seit der Nivellierungsthese *Schelskys*, wird in der Soziologie und in der Öffentlichkeit häufig bezweifelt, daß es in der Bundesrepublik noch eine Arbeiterschicht gebe. Arbeitertypische Lebensbedingungen, Milieus und Lebensstile hätten sich allmählich aufgelöst, die Arbeiterschaft als soziale Schicht hätte sich verflüchtigt. *Dahrendorf* (1965, 111) wendet sich im Jahre 1965 dezidiert gegen Vorstellungen dieser Art:

„Die Verflüchtigung der Arbeiterschicht im Bewußtsein der anderen ist auch ein Zeugnis für die deutsche Ideologie sozialer Harmonie, die es erlaubt, demjenigen, der von Arbeiterproblemen spricht, als hoffnungslos antiquiert zu belächeln oder als kommunistisch infiziert zu verketzern".

Und auch zwei Jahrzehnte später erweist es sich, daß die Verflüchtigungsthese bestimmte Entwicklungen sehr einseitig übersteigert. In einer gründlichen und differenzierten Analyse kommt der Sozialhistoriker *Josef Mooser* (1984, 102) zu folgendem Ergebnis:

„In wichtigen Hinsichten läßt sich mithin durchaus noch in historisch-soziologisch gehaltvoller Weise von einer Arbeiterschaft sprechen, auch wenn grundlegende Merkmale und Probleme der Lohnarbeit heute nicht mehr in dem Maße arbeiterspezifisch sind wie im späten 19. Jahrhundert".

Welchen Veränderungen war diese Schicht in den letzten Jahrzehnten unterworfen?

Bis 1960 waren die ArbeiterInnen die zahlenmäßig dominierende Gruppe in der Erwerbstätigenstatistik. Ihre historisch größte Ausdehnung erreichte die Arbeiterschaft in der Phase der Hochindustrialisierung am Ende des 19. Jahrhunderts mit 58% der Erwerbstätigen. Seit den 20er Jahren dieses Jahrhunderts pendelt sich dann ihr Volumen um die 50%-Marke ein; bis zum Jahre 1960 waren etwa die Hälfte aller Erwerbstätigen Arbeiter. Seit 1961 schrumpft dann ihr Anteil kontinuierlich – bis 1989 um mehr als ein Fünftel auf 39%. Seit Mitte der 70er Jahre gibt es inzwischen mehr Angestellte und Beamte als Arbeiter (vgl. Abb. 5.9 auf S. 121).

Die große Mehrheit der ArbeiterInnen ist in der Industrie und im Handwerk beschäftigt – 1989 waren es 67% (Stat. Jb. 1990, 98) – und lebt in den Städten; nur eine kleine Minderheit von etwa 1% arbeitet noch in der Landwirtschaft.[43] Die moderne Arbeiterschaft ist eine städtische, vorwiegend im industriell-handwerklichen Sektor tätige Arbeiterschaft.

5.4.1 Entproletarisierung

Der markanteste Zug ihres Wandels ist ihr **kollektiver sozialer Aufstieg – ihre Entproletarisierung**. Die Verbesserung der Lebensbedingungen, die bereits in der Phase der Hochindustrialisierung im Kaiserreich begann, beschleunigte sich in der Bundesrepublik in dramatischer Weise und erhielt einen im historischen Vergleich einmaligen Schub. Die Wohlstandsexplosion und die Entwicklung des Sozialstaates machten es möglich, daß große Teile der Arbeiterschicht die „proletarischen Elemente" ihrer Lebenslage – materielle Not, ungesicherte Berufs- und Existenzbedingungen – abstreifen konnten und am steigenden Lebensstandard, an der immer besseren Absicherung der sozialen Risiken und an der wachsenden Freizeit teilnahmen.

Auf den enormen Anstieg der Bruttoreallöhne der Industriearbeiter habe ich bereits an anderer Stelle verwiesen (S. 40). Die Gewerkschaften, die Sozialpolitik des Staates bzw. der Parteien sowie die Sozialleistungen der Betriebe sorgten für eine Verbesserung der arbeitsrechtlichen Stellung und für größere soziale Sicherheit. Die Dynamisierung der Renten im Jahre 1957, die Gleichstellung von ArbeiterInnen und Angestellten bei der Lohnfortzahlung im Krankheitsfall im Jahre 1969, die Einführung der flexiblen Altersgrenze im Rentenrecht im Jahre 1972 sowie die zusätzlichen betrieblichen Altersversicherungen in vielen Unternehmen sind nur einige Marksteine, die diese Entwicklung illustrieren können. Nicht nur die höheren Einkommen und die größeren Sicherheiten, auch die Verkürzung der Arbeitszeit erweiterte die Lebenschancen der Arbeiterschicht. Die tarifliche Wochenarbeitszeit sank von 48 Stunden über 45 Stunden im Jahre 1957 auf die 40-Stunden-Woche bei 5 Arbeitstagen in den 70er Jahren und unter die 40-Stunden-Woche in den 80er Jahren. 1989 leisteten vollbeschäftigte Industriearbeiterinnen durchschnittlich 38,2 Wochenstunden bezahlte Arbeit, Industriearbeiter 40,3 Wochenstunden. (Stat. Jb. 1990, 508). Obwohl es schwierig ist, angesichts von Schwarzarbeit und Überstunden die Entwicklung der „tatsächlichen" Arbeitszeit bzw. arbeitsfreien Zeit zu ermitteln, steht es fest, daß die Arbeiter freie Zeit hinzugewonnen haben mit der Chance, die Früchte ihrer Arbeitsleistung im Privatleben zu genießen.

Die Entproletarisierung der Soziallage wird begleitet von der Entproletarisierung einiger Elemente des **Lebensstils** und der **Arbeiterkultur**. Der Anstieg des Lebensstandards läßt sich auch daran ablesen, daß die ArbeiterInnen Zugang zu Gütern erhalten, die „mittelständischen" Wohlstand und Prestige symbolisieren: Autos und Urlaubsreisen, Fernsehgeräte, Telefone und Fotoapparate breiten sich auch in die Arbeiterschicht hinein aus. In den 60er Jahren befreite sich der große Teil der Arbeiter aus der traditionellen Enge ihrer Wohnkultur: größere und komfortablere Wohnungen (*Osterland u. a.* 1973, 168ff.) erhöhen die Qualität des Privatlebens. Als Symbol für den „entproletarisierten" Wohnstil mag das Wohnzimmer als herausgehobener Lebensraum von Privatsphäre und Freizeit gelten, das nicht in der Arbeitskluft, sondern in sauberer Kleidung betreten wird. Die Politik des sozialen Wohnungsbaus zielte auf eine „soziale Mischung" der Bewohner von Neubausiedlungen und verhinderte die Wiederentstehung von Arbeitervierteln mit räumlicher Enge, schlechter Bausubstanz und sozialer Abschottung (vgl. *Häußermann* 1984, 652f.). In der Mitte der 80er Jahre wohnten 29% der Un- und Angelernten sowie 43% der Facharbeiter in Eigenheimen oder Eigentumswohnungen (*Noll/Habich* 1990, 170). Die Befreiung von existenzieller Not, der Zugewinn an Freizeit und ein behagliches Heim schaffen die Voraussetzungen dafür, daß sich das Familienleben der Arbeiter stärker am bürgerlichen Leitbild der privatisierten und emotionsgeprägten Familie orientieren kann.[44]

Zur Entwicklung des **Selbstverständnisses** und Selbstbewußtseins der Arbeiterschaft gibt es keine empirischen Belege. Aber es wäre verwunderlich, wenn die Teilhabe an „mittelständischen Privilegien“ – das bessere Essen, die bessere Kleidung, das komfortablere Heim, das Auto, die Urlaubsreise u. a. – nicht auch die erlebte soziale Distanz zur Mitte der Gesellschaft verringert hätten. Daher erscheint die Annahme *Moosers* (1984, 227) plausibel, daß alte „proletarische Minderwertigkeitsgefühle“ abgebaut wurden und daß die Respektabilität und das Selbstwertgefühl der Arbeiter im Zuge der Entproletarisierung angestiegen sind.

5.4.2 Fortdauer schichttypischer Besonderheiten

Es wäre ein Mißverständnis der Entwicklung, wenn man aus der Entproletarisierung von Soziallage und Subkultur schließen würde, alle schichttypischen Eigenheiten der Arbeiterschaft hätten sich aufgelöst. Die ArbeiterInnen sind nicht in einer diffusen konturlosen „Mitte“ der Gesellschaft aufgegangen, sondern ein großer Teil von ihnen ist ArbeiterIn geblieben, auch wenn es Überlappungen mit benachbarten Gruppen der alten und neuen Mittelschichten gibt. Die typischen Unterschiede zu benachbarten Schichten sind weniger augenfällig und markant geworden, aber die empirische Sozialforschung kann sie durchaus sichtbar machen.

Zunächst ist die These *Moosers* (1984, 227) von „der Selbstzurechnung zur Mittelschicht“ nur die halbe Wahrheit. Der Anteil der Arbeiter, die sich als Angehörige der „Mittelschicht“ fühlen, ist zwar in den letzten 25 Jahren deutlich angestiegen: von 21% im Jahre 1955 über 33% im Jahre 1980 (jeweils alle ArbeiterInnen) auf 45% unter den Facharbeitern und Meistern bzw. auf 30% unter den Un- und Angelernten im Jahre 1988. Aber auch heute rechnen sich die Hälfte der Facharbeiter und Meister sowie 60% der Un- und Angelernten zur „Arbeiterschicht“ (*Klingemann* 1984, 608; *Noll* 1984, 103; Datenreport 1989, 506).

Auch die häufig behauptete „Verschmelzung“ der ArbeiterInnen mit den Angestellten hat in wichtigen Bereichen nicht stattgefunden. Selbst wenn man die Arbeiter nicht mit der Gesamtheit aller Angestellten und Beamten vergleicht, sondern nur mit dem „unteren Viertel“ der neuen Mittelschicht, mit der ausführenden Dienstleistungsschicht, zeigen sich deutliche Unterschiede. Recht markant treten diese Differenzen zwischen blue collar- und white collar-Arbeitsplätzen hervor: ein erheblich größerer Teil der Arbeiter hat körperlich schwere Arbeit zu verrichten und arbeitet unter belastenden Umwelteinflüssen (*Noll/Habich* 1990, 178). Arbeiter sind dabei auch größeren gesundheitlichen Risiken ausgesetzt: 1979 gingen 57% der Arbeiter aber nur 33%

der Angestellten aus Invaliditätsgründen früher in Rente; 17% der Arbeiter wurden vor dem 50. Lebensjahr berufsunfähig gegenüber 9% der Angestellten (*Hradil* 1987, 36f.).Im Vergleich zu den „nicht-manuell Ausführenden" unterlagen ArbeiterInnen häufiger einer strengen Kontrolle am Arbeitsplatz und hatten seltener die Möglichkeit zur Selbstgestaltung, Mitentscheidung oder zum Dazulernen (*Noll/Habich* 1990, 178).

Das **Pro-Kopf-Haushaltseinkommen** aller Arbeitergruppen war in der Mitte der 80er Jahre deutlich niedriger als das des unteren Drittels der Angestellten und Beamten. Die „Nicht-manuell-Ausführenden" lagen um 14% über dem Durchschnitt, alle Arbeitergruppen lagen unter dem Durchschnitt: die Meister und Vorarbeiter um 9%, die Facharbeiter um 11%, die Un- und Angelernten um 18% und die Landarbeiter um 33% (errechnet nach *Noll/Habich* 1989, Tabelle 4).

Die in Kap. 7.4.1 ausgebreiteten Daten (vgl. insbes. S. 222 ff.) zeigen, daß die Bildungschancen der Arbeiterkinder nicht nur deutlich hinter den **Bildungschancen** der Angestelltenkinder im allgemeinen zurückbleiben, sondern auch hinter denen der einfachen und mittleren Angestellten und Beamten. So ist es auch nicht verwunderlich, daß die **Selbsrekrutierungsquote** der Arbeiterschaft hoch ist (Einzelheiten S. 202 ff.).

Arbeitersöhne bleiben nicht nur mehrheitlich in ihrer Herkunftsschicht, sie suchen auch ihre Ehepartnerin im Arbeitermilieu. **Schichthomogene Heiratskreise** dieser Art sind zumindest für den Beginn der 70er Jahre belegt, wo zwei Drittel der Arbeiter mit Arbeitertöchtern verheiratet waren (*Mayer* 1977, 175f.).

Begriffe wie „Kragenlinie" oder „Trennlinie" zwischen blue collar und white collar suggerieren scharf gezogene Grenzen zwischen Arbeitern und Angestellten, die es in dieser Form sicherlich nie gab und die es heute infolge der Entproletarisierung noch weniger gibt. Was jedoch auch heute noch nachweisbar ist, sind arbeitertypische Arbeitsbedingungen mit typischen Begrenzungen der Lebenschancen: durchschnittlich stärkere körperliche und gesundheitliche Belastungen am Arbeitsplatz gehen einher mit durchschnittlich geringeren Einkommens-, Bildungs- und Mobilitätschancen und mit einer Tendenz zur schichtinternen Ehepartnerwahl. Und auch aus der Vorstellungswelt der ArbeiterInnen ist die Arbeiterschicht nicht verschwunden: die Mehrheit rechnet sich ihr nach wie vor zu.

5.4.3 Innere Differenzierung: Arbeiterelite – Facharbeiter– Un-/Angelernte

Die Arbeiterschaft der Bundesrepublik ist nicht die sozial homogene Klasse, die nach den Prognosen von *Karl Marx* entstehen sollte, sondern eine in sich

vielfältig differenzierte Gruppe: Unterschiede im Einkommen und in den Arbeits- und Lebensbedingungen sind kennzeichnend für ihre Struktur. Sie hängen zusammen mit unterschiedlichen Arbeits- und Qualifikationsniveaus, aber auch damit, ob ein Arbeiter in der quasi-patriarchalischen Atmosphäre eines Kleinbetriebes arbeitet oder in einem Großbetrieb, wo Gewerkschaften und Mitbestimmung stärker verankert sind, wo häufiger Nacht- und Schichtarbeit gefordert wird, wo aber auch zusätzliche Belohnungen in Form betrieblicher Sozialleistungen gewährt werden.

Wichtige Impulse für den Wandel der Arbeitsbedingungen gehen von technischen Veränderungen aus. Verschiedene Vorstellungen über den Einfluß der zunehmenden **Technisierung und Automatisierung** der Arbeitswelt erwiesen sich als offensichtlich falsch: Die Einführung neuer Technologien führte weder zu einer allgemeinen Dequalifizierung der Arbeiterschaft, noch zu einer allgemeinen Höherqualifizierung und auch nicht zu einer zunehmenden Polarisierung in höhere und niedere Qualifikationsgruppen. Da technische Neuerungen je nach Branche und Betriebsgröße in sehr unterschiedlichem Tempo eingeführt wurden, lassen sich ihre Auswirkungen auf die Struktur der Arbeiterschicht im allgemeinen noch am besten als „Heterogenisierung“ oder „Differenzierung“ charakterisieren (vgl. *Mooser* 1984, 66; *Klinger* 1990, 66).

Vertikal läßt sich die Arbeiterschicht sinnvoll in drei Gruppen gliedern: in die Arbeiterelite der Meister und Vorarbeiter, die Facharbeiter und die Un- und Angelernten. In der Mitte der 80er Jahre lebten von der deutschen Bevölkerung (ab 16 Jahre) des Bundesgebietes 12% in Familien der Arbeiterelite, 19% in Facharbeiterfamilien und 16% in Familien von Un- und Angelernten (*Noll/Habich* 1989, A1).

Die **Arbeiterelite** hebt sich durch ihre bessere Qualifikation vom Durchschnitt der Facharbeiter ab; sie verdient daher etwas mehr Geld und hat sicherere Arbeitsplätze. In ihren Arbeitsbedingungen ähnelt sie – was körperliche Belastung, Abwechslung, Selbstgestaltung, Mitentscheidung und Kontrolle angeht – stärker den Dienstleistungsmittelschichten als anderen Arbeitergruppen (*Noll/Habich* 1990, 178). Ihre starke Mittelschichtorientierung zeigt sich insbesondere in den guten Bildungs- und Aufstiegschancen ihrer Kinder. Der Anteil der Gymnasiasten unter ihnen ist deutlich höher als unter Facharbeitern (s. S. 223), und lediglich ein Drittel der Söhne (s. S. 202 f.) und ein Fünftel der Töchter (*Ballerstedt/Glatzer* 1979, 311) bleiben in der Arbeiterschicht .

Die schichttypischen Unterschiede in den Arbeitsbedingungen und Lebenschancen zwischen Facharbeitern und Un- und Angelernten sind so deutlich ausgeprägt, daß es berechtigt ist, auch die **Un- und Angelernten** als eine besondere Schicht zu unterscheiden. Sie unterliegen der Gefahr sozialer Ausgrenzung, weil sie im Zuge der Höherqualifizierung der Erwerbstätigen zahlenmäßig zu einer Minderheit geschrumpft sind, die immer kleiner wird. Noch in den 60er Jahren gehörte die Mehrheit der deutschen erwerbstätigen Bevölkerung zu den Un- und Angelernten. Der Arbeitende ohne volle abgeschlossene Berufsausbildung war der typische Erwerbstätige (*Geißler* 1990, 100). Für die Arbeiterschaft gilt dies auch noch im Jahre 1970: 57% waren noch Un- und Angelernte, unter den Männern bildeten die Facharbeiter allerdings bereits eine Mehrheit von 55%. In den 70er Jahren findet nochmals eine erhebliche Höherqualifizierung der (männlichen) Arbeiterschaft statt. Im Wohlfahrtssurvey 1988 machen die Un- und Angelernten nur noch 38% der deutschen ArbeiterInnen aus, unter den Männern ist ihr Anteil bereits auf 26% geschrumpft. An den Arbeiterinnen ist diese Entwicklung allerdings vorbeigegangen: 1988 waren 81% von ihnen als Un- bzw. Angelernte tätig (berechnet nach *Landua* u. a. 1991, 29).

Große Teile der Un- und Angelernten verrichten schwerste, gefährliche und schmutzige Arbeiten. Die überwiegende Zahl ihrer Arbeitsplätze unterliegt hoher Kontrolle und bietet wenig Abwechslung und kaum Möglichkeiten, etwas dazuzulernen. Nur wenige der Un- und Angelernten haben berufliche Aufstiegschancen – 1980 werteten nur ein Fünftel dieser Gruppe, aber die Hälfte der Facharbeiter den bisherigen beruflichen Werdegang als Aufstieg (*Mooser* 1984, 256; vgl. auch S. 202). Der technischen und sozialen Dynamik der industriekapitalistischen Produktion sind die Un- und Angelernten in besonderem Maße ausgesetzt. Sie müssen besonders häufig ihre Stelle und ihren Beruf wechseln und sind stärker von Arbeitslosigkeit bedroht als andere: Die Arbeitslosenquote unter Personen ohne beruflichen Ausbildungsabschluß lag 1987 mit knapp 18% dreimal so hoch wie unter Personen mit einer abgeschlossenen Berufsausbildung mit knapp 6% (IBW 4/1991, 50). Das soziale Ansehen der Un- und Angelernten ist sehr niedrig. Auch die Facharbeiter zeigen häufig Überlegenheitsgefühle und soziale Distanz zu den Hilfsarbeitern, um sich sozial nach unten hin abzugrenzen.

Nicht nur in der Arbeitswelt, auch in anderen Lebensbereichen sind die Un- und Angelernten überdurchschnittlich benachteiligt. So sind sie nicht in der Lage, politische Teilnahmerechte wahrzunehmen, die über die Minimalformen wie Wahlbeteiligung und Mitgliedschaft in den Gewerkschaften hinausgehen. Vom Aufstieg in Machteliten sind sie ausgeschlossen, auch die traditionellen Aufstiegskanäle der Arbeiterschaft über Gewerkschaften und politische Parteien sind für sie verriegelt (*Geißler* 1987c, 53ff.). Kriminologische Studien zeigen, daß die Un- und Angelernten am häufigsten mit dem Strafgesetz in Konflikt geraten und am stärksten dem Zugriff der Strafverfolgungsbehörden ausgesetzt sind, und in Gerichtsprozessen sind sie weniger als andere in der Lage, ihre Ansprüche und Interessen zur Geltung zu bringen (*Geißler* 1987d, 138ff.). Von der Erweiterung der Bildungschancen haben sie kaum profitiert. Ihre Distanz zu den höheren Bildungseinrichtungen, wo ihre Kinder auf größere Vorurteile stoßen als andere, ist nach wie vor besonders ausgeprägt (vgl. S. 232 f. und *Geißler* 1987a, 89ff.) Vier Fünftel ihrer Söhne bleiben in den Arbeiterschichten, nur einer kleinen Minderheit von 2% gelingt ein Aufstieg in die „obere Dienstklasse" (vgl. S. 202). Die Nachteile ihrer Soziallage schlagen sich auch auf ihren Gesundheitszustand nieder: Sie sind besonders anfällig gegenüber physischen und psychischen Erkrankungen. So weisen z. B. 56% der Ungelernten, 21% der Angelernten und 15% der qualifizierten Arbeiter behandlungsbedürftige psychische Störungen auf; die Kindersterblichkeit, aber auch die Sterblichkeit von Erwachsenen liegt bei den Un- und Angelernten besonders hoch (*Weber* 1987, 166ff.).

Wegen der schlechten Bildungs- und Mobilitätschancen setzen sich die Benachteiligungen z. T. von Generation zu Generation fort, so daß sich Mentalitätsunterschiede und Schichtdifferenzierungen verfestigen.

5.4.4 Arbeiterschichten in der DDR

Unter ostdeutschen und neuerdings auch unter westdeutschen Sozialstrukturforschern wird die These vertreten, die Gesellschaft der DDR sei eine **Facharbeitergesellschaft** gewesen. „Der Facharbeiter wurde zur absolut dominierenden Katergorie" – so *Ingrid* und *Manfred Lötsch* (1985, 69) aus Ostberlin.[45] „Die DDR war eine Arbeitergesellschaft, präziser: eine Facharbeitergesellschaft ..." – so die Soziologen *Landua* und *Zapf* (1991, 10) aus Westberlin. Die Diskussion dieser These bedarf zunächst einer terminologischen Klarstellung, da die Begriffe des Arbeiters und Facharbeiters in Ost und West mit sehr unterschiedlichen Bedeutungen versehen werden.

Aus politisch-ideologischen Gründen wurde das Konzept der **Arbeiterklasse** in der DDR nie präzise definiert und häufig in einer sehr weiten Fassung verwendet, war doch die Arbeiterklasse nach dem offiziellen Selbstverständnis der DDR „jene politische und soziale Kraft, die im Bündnis mit anderen Werktätigen den Sozialismus durch ihre revolutionäre Tat gestaltet" (*Weidig* 1988a, 41). Sie umfaßte sowohl Arbeiter im engeren Sinne als auch Angestellte, zahlenmäßig insgesamt etwa drei Viertel der Erwerbstätigen, wobei offen gelassen wurde, wo die Grenze zur Intelligenz verlief.

Der Begriff des **Facharbeiters** war dagegen eindeutig definiert. Auch er beschränkt sich jedoch nicht nur auf Arbeiterberufe nach westlichem Verständnis, sondern umfaßt das gesamte Spektrum von Ausbildungsberufen unterhalb der Fachschulebene – dazu gehören auch die Berufe im Dienstleistungsbereich, so z. B. „Facharbeiter" im Einzelhandel, für Schreibtechnik u. a. *Lötsch/Lötsch* und *Landua/Zapf* meinen also nicht dasselbe, wenn sie die DDR als Facharbeitergesellschaft bezeichnen.

Legt man das DDR-Konzept des Facharbeiters zugrunde, so dominieren infolge der Höherqualifizierung der Bevölkerung seit Mitte der 70er Jahre die „FacharbeiterInnen" die Struktur der erwerbstätigen Bevölkerung (s. Abb. 7.1 auf S. 214). Anders sieht die quantitative Entwicklung aus, wenn man von dem engeren Begriff des blue-collar-workers ausgeht; ihr Anteil war bereits in den 60er Jahren leicht rückläufig (*Grundmann u. a.* 1976, 163) und ist auch in den letzten beiden Jahrzehnten weiter gesunken. 1990 stuften sich noch knapp die Hälfte (47-48%) der berufstätigen Bevölkerung als ArbeiterInnen ein; läßt man die Arbeitnehmer in der Landwirtschaft unberücksichtigt, dann waren es nur 39% (Abb. 5.12). Da die andere Hälfte der Beschäftigten aus Angestellten besteht, befindet sich Ostdeutschland also derzeit genau im **Stadium des Übergangs von einer Arbeiter- in eine Dienstleistungsgesellschaft** – eine Situation, in der sich die BR etwa Mitte der 70er Jahre befand.

Entproletarisierung ist auch in der DDR das Hauptmerkmal für die Veränderung der Soziallage der ArbeiterInnen im engeren Sinne. Dazu gehören

Abb. 5.12: *Erwerbstätige nach beruflicher Stellung in %*

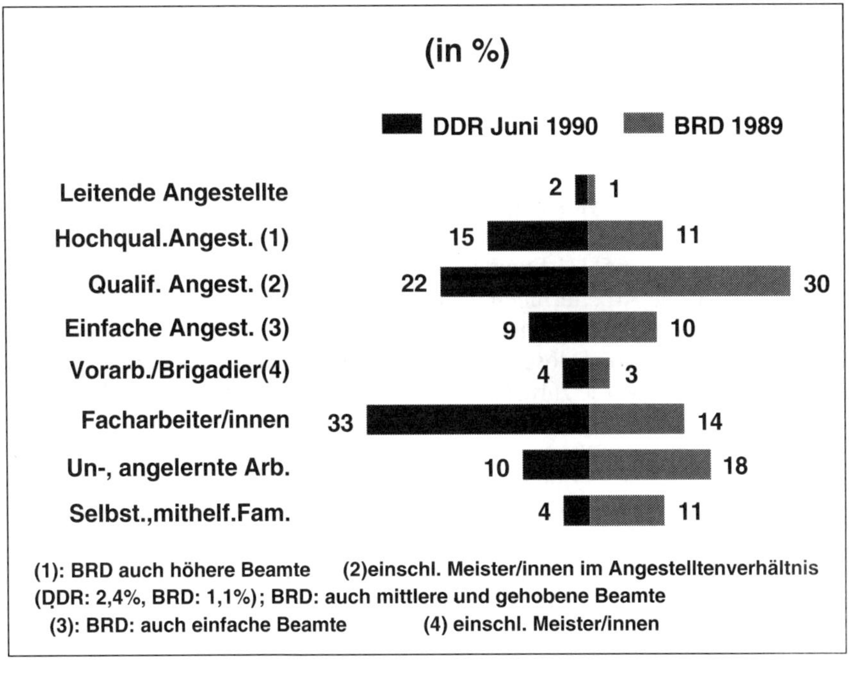

Quelle: berechnet nach Schupp/Wagner 1991, 325; Datenbasis: Sozio-ökonomisches Panel

die Verbesserung der materiellen Lebensbedingungen und der Arbeitsbedingungen, die erhebliche Erhöhung des Ausbildungsniveaus und – anders als in der BR – die absolute Arbeitsplatzsicherheit.

Die Verbesserung der **materiellen Lage** der Arbeiterschaft verlief im Sozialismus nach einem anderen Muster: innergesellschaftlich – im Vergleich zu anderen Schichten – wurde sie weiter vorangetrieben als in der BR; im deutsch-deutschen Vergleich dagegen hinkte sie hinterher. Die Einkommens- und Steuerpolitik begünstigte die ArbeiterInnen und stärkte ihre finanzielle Situation im Vergleich zu anderen Schichten erheblich. So lagen z. B. die Produktionsarbeiter in der Industrie 1988 mit ihren Nettoverdiensten um 43% über den Angestellten mit vergleichbarer Qualifikation und ganz in der Nähe der sog. wissenschaftlich-technischen Intelligenz; Industrieangestellte mit Fach- oder Hochschulabschluß verdienten lediglich 15% mehr als Produktionsarbeiter (*Stephan/Wiedemann* 1990, 561). Auf der anderen Seite verhinderte die Wohlstandsschere, daß die ostdeutschen ArbeiterInnen mit den Einkommens- und Lebensstandarderhöhungen in der Bundesrepublik Schritt halten konnten (vgl. S. 41 f.). Außerdem wurden die Einkommensverbesserungen zusätzlich dadurch beeinträchtigt, daß Geld in der DDR wegen der Engpässe im Angebot von Waren und Diensten „weniger Wert" war. Es spricht vieles für die These von *Lötsch*, daß die Nivellierung der Einkommen eine der Ursachen für die mangelnde Effizienz des ökonomischen Systems darstellt (vgl. S. 55 ff.). Daher kann man formulieren: **Die relative Besserstellung der ArbeiterInnen wurde erkauft mit Einbußen in der absoluten Höhe ihres Lebensstandards.**

Die Entwicklung der **Arbeitsbedingungen** in einem System, das mit der Abschaffung des Privatkapitals auch die „entfremdete Arbeit" beseitigen wollte, stellt sich ambivalent dar. Die „normale" tarifliche Arbeitszeit lag mit 43 3/4 Stunden um 5 1/4 Stunden pro Woche höher als in der Bundesrepublik. Ostdeutsche ArbeiterInnen waren vergleichsweise immobil, sie gehörten relativ lange demselben Betrieb an (*Adler* 1991, 165; *Wagner u. a.* 1991, Tab. 1411). Geistig anspruchslose sowie körperlich belastende und gesundheitsgefährdende Arbeit wurde zurückgedrängt, letztere allerdings offensichtlich weniger erfolgreich als in der westdeutschen Privatwirtschaft. In den 70er Jahren tauchten mit der Einführung neuer Techniken der Automation Dequalifizierungstendenzen auf – Zunahme von Monotonie, Anspruchsarmut („Knöpfchendrücken"), psychischen Belastungen und sozialer Isolation;[46] offenbar waren diese Verschlechterungen jedoch nur vorübergehender Natur (*Lötsch/Lötsch* 1985, 49). Ein Spezifikum der DDR-ArbeiterInnen (und -Angestellten) war die starke Einbindung in das soziale Netz am Arbeitsplatz, in das sog. „Arbeitskollektiv". Empirische Studien zeigen wiederholt, daß sich mehr als 90% der ArbeiterInnen in ihren Kollektiven wohlfühlten (*Jetzsch-*

mann 1988, 249). Als Hort emotional-sozialer Geborgenheit bei der Arbeit – für viele auch darüberhinaus – dienten die Arbeitskollektive vermutlich auch als Schutzschirm gegen Leistungsanforderungen an den Einzelnen und als soziale Nischen, die systembedingten Einschränkungen des Lebens erträglicher machten.

Die ArbeiterInnen reagierten auf die Arbeitssituation zwiespältig. Auf der einen Seite räumen sie der **Arbeit einen höheren Stellenwert** in ihrem Leben ein als westdeutsche ArbeiterInnen (*Landua* u. a. 1991, 29; *Habich* u. a. 1991, 335 f.); ostdeutsche Soziologen hatten wiederholt hervorgehoben, daß die Arbeit ein wichtiges Element im Selbstverständnis der DDR-BürgerInnen war (vgl. z. B. *Engels* 1983, 43). Auf der anderen Seite zeigen empirische arbeitswissenschaftliche Analysen, daß die DDR die **Mängel in der Arbeitsmotivation und Arbeitsdisziplin**, die *Walter Ulbricht* bereits in den 50er Jahren als „Arbeitsbummelei, Vortäuschung von Krankheit, achtloses Umgehen mit volkseigenen Maschinen, Geräten und Werkzeugen, ja sogar Vergeudung von Volkseigentum" (zit. nach *Belwe/Klinger* 1986, 66) anprangerte, nie beseitigen konnte.[47]

Zu den vielfältigen **Ursachen der Leistungszurückhaltung** gehören u. a. Mängel in der zentralen oder betrieblichen Planung und Organisation der Arbeit (z. B. fehlerhafte oder ausbleibende Lieferungen, Herstellung von „überflüssigen" Produkten), Unterforderung durch personelle Überbesetzung oder durch Arbeitseinsatz unterhalb des Ausbildungsniveaus und nicht zuletzt die Bindung der beruflichen Karriere an politische Loyalitäten. So meinten 60% von 911 befragten Montagearbeitern, es sei in erster Linie „politische Aktivität" nötig, „wenn man hier vorwärtkommen will", nur 22% führten „berufliches Können" an (*Voigt* 1973, 109). Die DDR war zwar eine Arbeitsgesellschaft, aber eine **defizitäre Arbeitsgesellschaft mit gebremster Leistungsbereitschaft und lockerer Arbeitsdisziplin**.

Besonderheiten der Lebensbedingungen brachten auch in der DDR eine spezifische „**Arbeitermentalität**" hervor. Nach *Kretzschmar* (1985, 44ff.), der die empirischen Studien zu dieser Problematik zusammenfaßt, zeichnet sie sich durch die folgenden Merkmale aus: stärkere Orientierung der Arbeitsmotivation an Geld und Vorwärtskommen; stärkeres Bedürfnis nach Verbesserung der Arbeits- und Lebensbedingungen und nach Ruhe und Erholung in der Freizeit; passivere, weniger anspruchsvolle Formen der Freizeitgestaltung; weniger geistige, kulturelle und politische Interessen, stattdessen stärkere Unterhaltungsorientierung.

Differenzierungen. Die technischen Veränderungen in der Arbeitswelt haben auch in der DDR die Vielfalt der Arbeitsbedingungen und Qualifikationsanforderungen erweitert und die Arbeiter in Untergruppen aufgefächert.[48] Die Spitze der Arbeiterschaft bilden neben den Meistern und Brigadiers die **„Ra-**

tionalisierungsmittelbauer" (*Weidig* 1988a, 89) in den fortgeschritteneren Industrien, wo die sog. „modernen Schlüsseltechnologien" zur Anwendung kommen. 1985 gehören zu diesem Teil der Arbeiterelite eine kleine, schnell wachsende Zahl von ca. 90.000 hoch- und höchstqualifizierten Facharbeitern – das sind schätzungsweise 2,5% der ArbeiterInnen – , die an der Nahtstelle von Forschung/Entwicklung und Produktion tätig sind. Ihre hochspezialisierten manuellen und technischen Fähigkeiten, die häufig über Zusatzqualifikationen erworben wurden und die Bereitschaft zur ständigen Weiterbildung voraussetzen, garantieren ihnen eine anspruchsvolle vielseitige Tätigkeit mit ständigem Kontakt zum technischen Wandel in der Arbeitswelt.

Die Benachteiligten unter den ArbeiterInnen bilden die **Un- und Angelernten**. Intensive Bemühungen um die Weiterbildung von Erwachsenen (vgl. *Thomas* 1982, 106; *Waterkamp* 1987, 227ff.) haben diese untere Schicht schneller und stärker verkleinert als in der Bundesrepublik, aber der verbleibende Rest weist ein „beachtliches Beharrungsvermögen" (*Lötsch/Lötsch* 1985, 36) auf. Unter allen Erwerbstätigen gab es 1989 noch 13% Un- und Angelernte (BR: 23% Ungelernte, vgl. S. 214 f.), unter der Arbeiterschaft 1990 noch 23%. Von den Arbeiterinnen waren noch 37% ohne abgeschlossene Berufsausbildung, von den Arbeitern nur noch 15% (berechnet nach *Landua* u. a. 1991, 29). Das „Kernproblem" (*I. Lötsch* 1984, 54) für den unerwünschten Fortbestand dieser unteren Schicht lag darin, daß es nicht möglich war, die Zahl der Arbeitsplätze mit niedrigen Qualifikationsanforderungen in größerem Umfang zu verringern. Die Anforderungen in der Arbeitswelt lagen noch unter dem Ausbildungsstand der Bevölkerung. 1980 war nur für etwa zwei Drittel der Arbeitsplätze eine Berufsausbildung erforderlich (*Weidig* 1985, 171), und 1981 verrichteten 18% der Facharbeiter die Tätigkeiten von Un- und Angelernten (*Lötsch/Lötsch* 1985, 43).

Anders als in der Bundesrepublik waren die Un- und Angelernten gegen Lebensrisiken wie Arbeitslosigkeit, Wohnungslosigkeit oder Armut – von Altersarmut abgesehen – abgeschirmt. Die Gefahren materieller und psychischer Verelendung waren im Sozialismus beseitigt worden. Andererseits hat die empirische Sozialstrukturforschung der DDR wiederholt darauf hingewiesen, daß auch bei den ostdeutschen Un- und Angelernten **Benachteiligungen vielfältiger Art** zusammentreffen. Arbeit mit niedrigen Qualifikationsanforderungen weist in den Worten von *Lötsch* (1985, 36)

> „eine hochgradige strukturelle Konsistenz auf, einen hohen Grad der Bündelung: mit tendenziell schwerer körperlicher Arbeit einschließlich eines höheren Anteils physisch schädigender oder zumindest problematischer Arbeit; mit tendenziell ungünstigeren Arbeitsbedingungen in ihrer Gesamtheit; mit einem niedrigeren Niveau der allgemeinen Bildung; mit weitaus geringerer gesellschaftlicher Aktivität; oft außerhalb der Arbeit mit weniger günstigen Wohnbedingungen etc."

Die ersten Untersuchungen über die Situation in den neuen Ländern haben diese Ergebnisse untermauert und durch weitere Einzelheiten ergänzt.[49]

Es sieht auch so aus, als seien die Un- und Angelernten diejenige Schicht, die **besonders schwer an den Folgen des Umbruchs zu tragen hat.** Der Anteil derjenigen, die Angst um ihren Arbeitsplatz haben (58%), die sich „in den komplizierten Verhältnissen nicht zurechtfinden" (45%), die „oft Sorgen und Ängste" haben (35%) und die angeben, es gehe ihnen schlechter als vor fünf Jahren (37%), liegt unter ihnen höher als unter allen anderen Berufsgruppen (*Habich u. a.* 1991, 40; *Landua/Zapf* 1991, 12).

5.5. AusländerInnen

5.5.1 Quantitative Entwicklungen in Westdeutschland

In den sechziger Jahren treten die AusländerInnen in der Bundesrepublik als neue zahlenmäßig bedeutsame Schicht in Erscheinung. Der erzwungene Stop der Zuwanderung aus der DDR durch die Absperrung der deutsch-deutschen Grenze im Jahre 1961 und der steigende Mangel an niedrig qualifizierten Arbeitskräften veranlaßten die Wirtschaft, verstärkt sogenannte „Gastarbeiter" aus Südeuropa anzuwerben. 1961 lebten 690 000 AusländerInnen in der Bundesrepublik, 1970 waren es bereits 2,4 Millionen, und im Zuge der Vollbeschäftigung schnellte ihre Zahl bis 1974 nochmals auf 4,1 Millionen hoch (Abb. 5.13). Mehr als jeder neunte Erwerbstätige der Jahre 1973 und 1974 war bereits ein „Gastarbeiter". Der 1973 verordnete und bis heute gültige **Anwerbestop** ließ die Zahl der erwerbstätigen Ausländer wieder sinken. Die ausländische Wohnbevölkerung jedoch nahm nur vorübergehend ab. Durch Familiennachzug und hohe Geburtenraten stieg sie zwischen 1978 und 1982 und dann erneut seit 1987 wieder an und erreichte 1989 mit **4,85 Millionen** - das sind **7,8% der Gesamtbevölkerung** - den bisher **höchsten Stand in der Geschichte der Bundesrepublik.**[50] Im Vergleich zu den Ausländeranteilen in anderen westeuropäischen Gesellschaften nimmt die Bundesrepublik einen Mittelplatz ein: in Frankreich (ca. 8%) und Belgien (ca. 9%) lebten in den 80er Jahren prozentual mehr Ausländer, in der Schweiz (ca. 19%) und Luxemburg (ca. 31%) sogar erheblich mehr (iwd 26/1990). Die Türken machen 1989 unter den in der Bundesrepublik lebenden AusländerInnen mit mehr als 1,6 Millionen ein Drittel aus, auch die Jugoslawen mit 612 000 (13%) und die Italiener mit 520 000 (11%) stellen große Gruppen (*Fleischer* 1990, 543).

Die ausländische Wohnbevölkerung ist nicht gleichmäßig über die Bundesrepublik verteilt, sondern **konzentriert sich auf Großstädte und industrielle Ballungszentren**: Frankfurt wies im Jahre 1987 mit 20% den höch-

Abb. 5.13: *AusländerInnen in der Bundesrepublik 1961 – 1990*

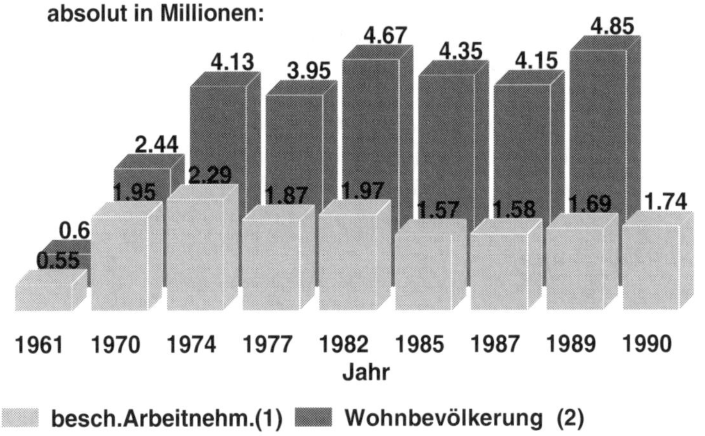

Ausl. Wohnbevölkerung und beschäftigte Arbeitnehmer/innen in % der Gesamtbevölkerung bzw. in % aller beschäftigten Arbeitnehmer/innen:

	1961	1970	1974	1977	1982	1985	1987	1989	1990
Wohnbevölkerung (2)	1.2	4.3	6.7	6.4	7.6	7.3	6.8	7.8	
besch.Arbeitnehm.(1)	2.5	9	10.9	9.4	8.7	7.7	7.5	7.8	8.5

(1) Quellen: Hermann 1984, 6 (1955 – Juli, 1961 bis 1974 – jeweils September); BMAS 1989, 4 (1977 bis 1987 – jeweils Jahresdurchschnitt); Stat. Jb. 1990, 108 (30.6.1989); StBA 1990 (31.3.1990).

(2) Die Angaben für 1961, 1970 und 1987 beruhen auf Volkszählungen (Quelle: Datenreport 1989, 47). Die Zahlen für die Jahre 1974 bis 1985 (Quelle: Erichsen 1988, 15) wurden nach dem Ausländerzentralregister ermittelt und sind überhöht (vgl. Anm. 50).

sten Ausländeranteil auf, gefolgt von Offenbach (19%), Stuttgart (18%), Mannheim (15%) sowie München und Köln (jeweils 14%) (Datenreport 1989, 49).

Die ersten Anwerbungskampagnen in den 60er Jahren gingen von der Vorstellung aus, daß die benötigten Arbeitskräfte nur für kurze Zeit als „Gäste“ in der Bundesrepublik arbeiteten. Nach dem „Rotationsprinzip“ sollten sie nach einigen Jahren in ihre Heimatländer zurückkehren und – bei Bedarf der Wirtschaft – durch neue „Gastarbeiter“ ersetzt werden. Diese „Idee der schnellen Rückkehr“ wurde lange Zeit von den zuständigen Stellen in der Bundesrepublik und in den Entsendeländern, aber auch von den Betroffenen selbst gepflegt. Die tatsächliche Entwicklung machte jedoch deutlich, daß das Konzept der „Rotation" den Bedürfnissen der Betroffenen in vielen Fällen nicht entsprach. Das politisch-ökonomische Kalkül hatte den menschlichen Faktor außer acht gelassen: „Man hat Arbeitskräfte gerufen, und es kommen Menschen" (Max Frisch). Kurzfristige **„Gastarbeiter"** verwandeln sich immer mehr in **länger verweilende „ausländische Arbeitnehmer"** und ein Teil von ihnen auch in **Einwanderer**.

Die große Mehrheit der AusländerInnen ist in ihre Heimat zurückgekehrt: Zwischen 1961 und 1987 zogen ca. 15 Millionen Ausländer in die Bundesrepublik und ca. 11 Millionen haben die Bundesrepublik wieder verlassen (Datenreport 1989, 34). Umfragen zeigen jedoch, daß sich immer mehr Ausländer darauf einrichten, auf längere Zeit oder auch auf Dauer in der Bundesrepublik zu leben. 1980 wollte nur jeder vierte Ausländer „für länger" in Deutschland bleiben, 1988 war es bereits jeder zweite. 1989 gaben lediglich 11% an, daß sie konkrete Pläne für eine Rückkehr ihn ihre Heimatländer haben. Dieser Wandel in den Orientierungen führte dazu, daß sich immer mehr Ausländer immer länger in der Bundesrepublik aufhalten. Zwischen 1980 und 1987 hat sich der Anteil unter ihnen, der mindestens 10 Jahre in der Bundesrepublik wohnt, von 30% auf 60% verdoppelt. 43% lebten Ende 1988 bereits länger als 15 Jahre im „Gastland". Von den Kindern und Jugendlichen unter 18 Jahren waren Ende 1987 bereits 64% hier geboren.[51]

Die **Ursachen** dieser Entwicklung sind vielfältig. Die Mehrheit der AusländerInnen fühlt sich in der Bundesrepublik wohl. Manche nehmen Rücksicht auf die Schullaufbahn und die Wünsche ihrer Kinder, andere fürchten Reintegrationsprobleme in ihren Heimatländern, wo der Lebensstandard niedriger ist und eine zum Teil hohe Arbeitslosigkeit herrscht. Nicht zuletzt sind auch viele Betriebe daran interessiert, ausländische Arbeitskräfte zu halten, die sich gut eingearbeitet haben (vgl. dazu *Erichsen* 1988, 22; *Thränhardt* 1988, 9).

Der Wandel vom kurzfristigen Gastarbeiter zum langfristigen Arbeitnehmer bzw. Einwanderer wird begleitet von **Veränderungen in der demographischen Zusammensetzung** der Ausländer. Die „Gastarbeiter" der sechziger Jahre waren überwiegend alleinlebende erwerbstätige Männer im mittleren Alter. Die ausländischen Arbeitnehmer der achtziger Jahre sind inzwischen zum Teil älter geworden, die meisten haben ihre Ehefrauen und Kinder nachgeholt und leben in Familien, in denen Kinder geboren werden. Ihre demographische Struktur hat sich der „normalen" Struktur angenähert: der Anteil der Erwerbstätigen ist von 70% in den sechziger Jahren auf 36% im Jahre 1990 gesunken, der Frauenanteil von 31% auf 45% gestiegen; es gibt heute mehr Jugendliche und Kinder, aber auch mehr ältere Menschen unter ihnen als früher.[52]

5.5.2 Soziallage

Die Soziallage der AusländerInnen weist Gemeinsamkeiten, aber auch Unterschiede nach Nationalitäten auf. Gemeinsam ist allen Ausländern der **mindere Rechtsstatus**: Das Recht auf (konventionelle) politische Teilnahme ist ihnen bisher auf allen Ebenen verwehrt. Einschneidender für die alltäglich Existenz vieler Ausländer sind Unsicherheiten, die von den arbeits- und aufenthaltsrechtlichen Bestimmungen herrühren. Angehörige der Nicht-EG-Staaten und der Türkei leben und arbeiten in der Bundesrepublik rechtlich nur in „befristeter Sicherheit"; sie erhalten zunächst nur Arbeits- und Aufenthaltsgenehmigungen für ein bzw. zwei Jahre. Bis zur Neufassung des Ausländergesetzes im Jahre 1991 war es gesetzlich nicht geregelt, unter welchen Bedingungen eine Aufenthaltsverlängerung genehmigt oder verweigert werden konnte. Die rechtlich ungesicherte Existenz wurde insbesondere in wirtschaftlichen Krisenzeiten drückend, wenn mit dem Arbeitsplatzverlust auch die Ausweisung drohte. Erst nach fünf Jahren Aufenthalt können sie eine unbefristete „Aufenthaltserlaubnis" und erst nach acht Jahren eine „Aufenthaltsberechtigung" erwerben, die eine stärkere Aufenthaltssicherheit garantiert und z. B. bei Sozialhilfebezug vor Ausweisung schützt. Möglichkeit und Wirklichkeit klaffen dabei auseinander: Obwohl im Jahr 1985 Zweidrittel der süd- und südosteuropäischen AusländerInnen länger als zehn Jahre in der Bundesrepublik lebten, hatten erst 23% eine Aufenthaltsberechtigung erworben, 1980 waren es lediglich 2% (*Wiegand* 1990, 6).

Das Sozio-ökonomische Panel der Jahre 1984 bis 1986 (Abb. 5.14) zeigt, daß die große Masse der AusländerInnen **im untersten Teil der Schichtungshierarchie** anzusiedeln ist. 59% leben in Haushalten von un- und angelernten Arbeitern. Im Gegensatz zu den klassischen Einwanderungsländern USA, Kanada oder Australien, die insbesondere Hochqualifizierte ins Land holen, hat die Bundesrepublik Ausländer angeworben, die vorwiegend einfachste Arbeiten verrichten sollen. Aber nicht alle Ausländer entsprechen dem Stereotyp des „unqualifizierten Gastarbeiters". Die Facharbeiter unter ihnen stellen mit 17% die zweitgrößte Schicht. Eine fast ebenso große Gruppe von 14% gehört zu den Dienstleistungsmittelschichten. Unter diesen dürften die ca. 500 000 Angehörigen aus den europäischen Nachbarländern – Österreicher, Schweizer, Franzosen, Briten, Holländer, Belgier –, die in der Bundesrepublik als Fachpersonal, Wissenschaftler, Studenten oder Selbständige leben, sowie die ca. 100 000 Amerikaner und Kanadier stark vertreten sein. Südeuropäisch geprägt ist dagegen der wachsende „Mittelstand" der beruflich selbständigen Ausländer, dessen Umfang im Sozio-ökonomischen Panel (Abb. 5.14) offensichtlich unterschätzt wird. Unter den deutschen Erwerbstätigen schrumpft der Anteil der Selbständigen, unter den Ausländern nimmt er

Abb. 5.14: *Klassenlage der AusländerInnen in %*

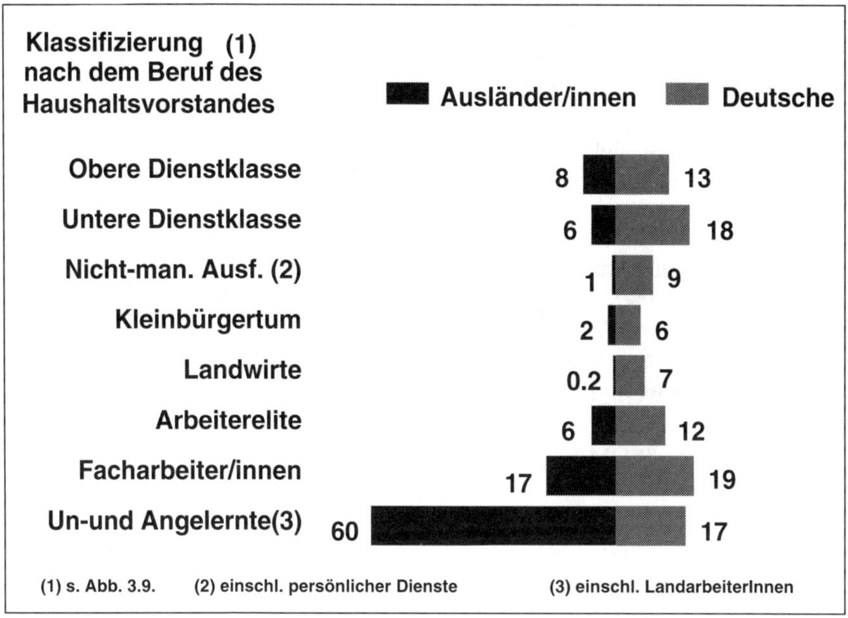

Quelle: Sozio-ökonomisches Panel 1984 – 86 nach Noll/Habich 1989, Tab. 1

zu. 1970 waren nur 2,5% von ihnen als Selbständige oder mithelfende Familienangehörige tätig, 1986 bereits 7,3% (*Erichsen* 1988. 24; nach Angaben des Mikrozensus). Mehr als 131.000 (Klein-)Betriebe wurden 1988 von Ausländern geführt. Unter den Gastronomen stieg der Ausländeranteil von 11% im Jahre 1975 auf 20% im Jahre 1985 (iwd 39/1989, 8). Es sieht so aus, als würden immer mehr Ausländer den Weg in die Selbständigkeit beschreiten, um durch Selbsthilfe die Unannehmlichkeiten und Risiken der unqualifizierten Arbeitsplätze zu umgehen.

5.5.3 Lebenschancen

Die folgende Skizze zu den Ressourcen und Lebenschancen macht deutlich, daß die AusländerInnen im Durchschnitt schlechtere Arbeits- und Lebensbedingungen haben als vergleichbare deutsche ArbeitnehmerInnen.

- AusländerInnen verrichten überproportional häufig **belastende und gefährliche Arbeiten** und sind stärker von **Arbeitslosigkeit** bedroht. 58%

der Deutschen, aber nur 27% der ausländischen Erwerbstätigen waren Ende der siebziger Jahre „geringen" oder „sehr geringen" Belastungen während der Arbeit ausgesetzt. Ausländer werden besonders häufig an Arbeitsplätzen eingesetzt, mit denen hohe körperliche Belastungen, Schmutz, Lärm, Gefahren, monotone Abläufe, starke Kontrollen und ungünstige Arbeitszeiten wie Nacht- oder Schichtarbeit verbunden sind.[53] Da sie überwiegend als Un- und Angelernte tätig sind (vgl. Abb. 5.14) und dazu noch hauptsächlich in den schrumpfenden Sektoren der Produktion – in Industrie und Baugewerbe – arbeiten, sind sie den Risiken des industriekapitalistischen Wirtschaftssystems stärker ausgesetzt als andere. Seit einem Jahrzehnt liegen die Arbeitslosenquoten bei Ausländern erheblich höher als bei Deutschen – 1989 z. B. mit 12,2% um mehr als die Hälfte über der allgemeinen Quote von 7,9% (aid 3/1990, 2).

- Ausländische ArbeiterInnen **verdienen** auf allen Qualifikationsstufen im Durchschnitt **weniger** als deutsche ArbeiterInnen. Das Nettohaushaltseinkommen der südeuropäischen „Gastarbeiter" lag im Jahre 1989 bei durchschnittlich 2700 DM (aid 4/89, 4) und damit um 22% unter dem Nettoeinkommen der deutschen Arbeiterhaushalte des Jahres 1988. 1989 lebten 24% der AusländerInnen in Familien, die pro Kopf höchstens 50% des Durchschnittseinkommens erzielten, aber nur 9% der Deutschen (Abb. 5.17). Dramatisch zugenommen hat daher auch die Gruppe derjenigen Ausländer, die auf **Sozialhilfe** angewiesen sind – zwischen 1975 und 1989 um das 15fache (!) von 34 000 auf 634 000; einen großen Teil davon stellen allerdings die Asylbewerber (vgl. dazu S. 172 f.).
- AusländerInnen konzentrieren sich in **Wohngebieten** mit alter, sanierungsbedürftiger, z. T. sogar abbruchreifer Bausubstanz, häufig in alten Arbeitervierteln, in der Nähe von Industrieanlagen mit entsprechend **hohen Umweltbelastungen** (vgl. *Eichener* 1988, 159 ff.; *Reimann* 1987, 179ff.).
- AusländerInnen leben im Durchschnitt **in wesentlich engeren, älteren und schlechteren Wohnungen** als Deutsche. So waren 1980 mehr als die Hälfte der kinderreichen Ausländerfamilien mit mindestens vier Kindern in drei oder weniger Räumen zusammengedrängt (*Eichener* 1988, 26). Die Situation hängt zum Teil mit den niedrigeren Ansprüchen zusammen; andererseits sind Ausländer im kapitalistischen Wohnungsmarkt erpreßbar: In den Ballungsgebieten werden „Ausländeraufschläge" auf die Mieten bis zu 30 und 40% gefordert, weil Ausländer „angemessene" Wohnungen nachweisen müssen, um ihre Familien nachzuholen oder um eine Ausweisung zu umgehen, und weil sie infolge mangelnder Rechts- und Sprachkenntnisse schwache Verhandlungspartner sind (vgl. *Ipsen* 1984, 351; *Eichener* 1988, 146f.).

- Die **Familiensituation** der Ausländer hat sich durch die Familienzusammenführung nach dem Anwerbestop im Jahre 1973 deutlich **verbessert**. Nur noch eine kleine Minderheit der Familien ist zerrissen, weil enge Familienangehörige in der Heimat zurückbleiben mußten. 1972 lebten mehr als 9% der verheirateten Ausländer von ihrem Ehepartner getrennt, 1988 nur noch 4,5%. 89% der Kinder von ausländischen Arbeitnehmern lebten 1989 in der Bundesrepublik. Alleinerziehende waren 1988 unter ausländischen Familien (10%) seltener als unter deutschen (18%) (*Pöschl* 1990, 80, 83; IZA 4/1990, 5).
- Die miserablen Aussichten der Ausländerkinder im deutschen Bildungswesen haben sich zwar im letzten Jahrzehnt deutlich verbessert, aber ihre **Bildungschancen** sind weiterhin ausgesprochen **schlecht**. Alle Förderprogramme von staatlichen Stellen und Privatunternehmen haben es nicht verhindern können, daß im Jahre 1989 weiterhin nur ein Drittel der berufsschulpflichtigen Ausländer eine volle berufliche Ausbildung absolviert oder eine weiterführende allgemeinbildende Schule besucht; unter den deutschen Jugendlichen sind es dagegen über 90%.[54] Ein kleiner Lichtblick besteht darin, daß inzwischen (1987) Dreiviertel der ausländischen Jugendlichen mindestens den Hauptschulabschluß erwerben – in den siebziger Jahren schafften dies nur 40 bis 50% – und daß eine größer werdende Minderheit auch den Sprung in die weiterführenden Schulen schafft. Im Jahre 1987 erwarben 22% der ausländischen Schüler den Realschulabschluß und 6% das Abitur (IZA 3/1989, 6; vgl. auch *Wiegand* 1990, 7). Diese Quoten entsprechen in etwa den Bildungschancen von Kindern der deutschen Un- und Angelernten. Zu beachten ist jedoch, daß unter den ausländischen Realschülern und Gymnasiasten auch die Kinder der Nordamerikaner und der europäischen Nachbarn mitgezählt werden. Die Bildungschancen der Kinder aus der ausländischen Randschicht sind also weiterhin noch schlechter als die schlechten Bildungschancen der Kinder aus der deutschen Unterschicht. Kinder der ausländischen Randschicht sind im deutschen Bildungswesen im hohen Maße überfordert, weil sie einer dreifachen Mehrbelastung ausgesetzt sind: zum einen haben sie das Handicap der unterschichtspezifischen Milieudefizite zu tragen, und darüberhinaus müssen sie im Vergleich zu deutschen Kindern ein doppeltes Zusatzpensum bewältigen: die Anpassung an die deutsche Sprache und Kultur und die Einübung in die Sprache und Kultur ihres Heimatlandes.
- AusländerInnen sind **höheren gesundheitlichen Risiken** ausgesetzt als vergleichbare deutsche Bevölkerungsgruppen. Sie leiden häufiger unter physischen Krankheiten wie z. B. Tuberkulose und Magenkrankheiten sowie auch unter psychischen Erkrankungen. Von Arbeitsunfällen sind sie häufiger betroffen, und auch der Schweregrad solcher Unfälle ist bei ihnen größer (Götz 1986).

- Es wäre falsch, von einer generellen **Diskriminierung** und **Isolation** der AusländerInnen in der Bundesrepublik zu sprechen. Richtig ist dagegen, daß Teile der deutschen Bevölkerung die Ausländer ablehnen und Teile der Ausländer weitgehend isoliert von der deutschen Bevölkerung leben.

  Mit dem Massenzustrom von Ausländern und mit der steigenden Massenarbeitslosigkeit nahm in den siebziger Jahren auch die Ausländerfeindlichkeit in der deutschen Bevölkerung zu. Viele fühlten sich von den Ausländern bedroht, eine Mehrheit(!) der Deutschen schob ihnen die Schuld für die hohe Arbeitslosigkeit zu. In den achtziger Jahren sind **ausländerfeindliche Einstellungen** wieder **rückläufig**, aber z.Zt. immer noch bei einem guten Drittel der Bevölkerung verankert, überdurchschnittlich häufig in den unteren Bildungsschichten und bei älteren Menschen (*Gehring/Böltken* 1987, 499ff.). So waren 1988 36% der Deutschen der Meinung, man solle „die Gastarbeiter" wieder in ihre Heimat zurückschicken, wenn die Arbeitsplätze knapp werden und 33% stimmten der Ansicht zu, „Gastarbeiter" sollten sich ihre Ehepartner unter ihren eigenen Landsleuten auswählen. Im Jahre 1980 lag die Zustimmung zu diesen Meinungen noch bei 52% bzw. 44%.[55]

  Für große Teile der AusländerInnen ist die Ausländerfeindlichkeit eine psychische Belastung. 37% der südeuropäischen „Gastarbeiter" geben an, daß ihnen die Ausländerfeindlichkeit von den Problemen, auf die sie in der Bundesrepublik stoßen, am meisten zu schaffen macht, unter den Türken sind es sogar 49%. Am Arbeitsplatz ist die Diskriminierung nicht ganz so ausgeprägt: 27% berichten von einer eher unfreundlichen Haltung der deutschen Arbeitskollegen (aid 4/1989, 4).

  Obwohl weiterhin die Mehrheit der AusländerInnen die deutsche Sprache nur sehr mangelhaft beherrscht – 1987 schätzen 61% der Frauen und 53% der Männer ihre Deutschkenntnisse als schlecht ein –, berichten 77% von wechselseitigen Besuchskontakten mit Deutschen – sie besuchen deutsche Bekannte in deren Wohnung und umgekehrt; 30% leben isoliert und ohne persönliche Kontakte zur deutschen Bevölkerung. Die **jüngere Generation** hat einen deutlichen **Integrationsvorsprung** gegenüber der Elterngeneration: 42%/85% der jungen Türken/Jugoslawen sprechen gut oder fließend deutsch und 57%/85% haben deutsche Freunde.[56] Auch jeder vierte Deutsche zählt inzwischen im Jahre 1988 „Gastarbeiter" zum Kreis seiner Freunde und Bekannten, 1980 waren es erst 15% (*Reuband* 1989, 273). Ein Fünftel der AusländerInnen hat bereits eine deutsche oder zumindest eine gemischte nationale Identität entwickelt, d.h. sie fühlen sich als Deutsche bzw. auch als Deutsche (*Wiegand* 1989, 528).

- In der Öffentlichkeit, aber auch unter Wissenschaftlern ist die Meinung verbreitet, daß Ausländer, insbesondere die jüngere Generation, häufiger kriminell werden als Deutsche. Genauere Analysen belegen jedoch, daß die angeblich hohe „Ausländerkriminalität“ auf Verzerrungen und Fehldeutungen der Kriminalstatistiken zu Lasten der Ausländer zurückzuführen ist. Die benachteiligte Soziallage der ausländischen Bevölkerung hat **keine überdurchschnittlich hohen Kriminalitätsraten** zur Folge (vgl. *Villmow* 1985; *Mansel* 1989; *Geißler/Marißen* 1990).

Die Lebensbedingungen der **verschiedenen nationalen Minderheiten** unterscheiden sich erheblich voneinander. Empirische Studien zu den „Gästen“ aus den europäischen Nachbarländern oder aus Nordamerika liegen nicht vor. Sieht man einmal von ihren geschmälerten Rechten als AusländerInnen ab, so dürften sie sich in ihren Lebenschancen kaum von der deutschen Bevölkerung unterscheiden. In benachteiligten Verhältnissen leben dagegen die „Gastarbeiter“ aus Südeuropa und Nordafrika, aber auch unter ihnen gibt es Unterschiede. Eine besondere Problemgruppe stellt die große Minderheit der **Türken** dar. Sie verrichten besonders häufig schwere und belastende Arbeiten und erleben am intensivsten den Kulturkonflikt zwischen der deutschen Kultur und ihrer Heimatkultur, die durch den Islam und zum Teil auch durch agrarische und patriarchalische Sozialstrukturen geprägt ist. Ihre deutschen Sprachkenntnisse sind überdurchschnittlich schlecht, die Isolationstendenzen besonders hoch. Türkenkinder – sie machen mehr als 50% aller Ausländerkinder aus – sind im deutschen Bildungssystem besonders belastet und benachteiligt, und als äußerlich auffällige Minderheit ziehen die Türken die Antipathien der ausländerfeindlichen Teile der deutschen Bevölkerung in besonderem Maße auf sich.[57]

5.5.4 Unterschichtung

Der Schweizer Soziologe *Hoffmann-Novotny* (1987, 48) hat die Zuwanderung von Ausländern in die hochindustrialisierten Gesellschaften Westeuropas als „**Unterschichtung**“ der Aufnahmeländer bezeichnet, d.h. „die Einwanderer treten in die untersten Positionen der Sozialstruktur des Einwanderungslandes ein“. Wenn man diesen Begriff etwas relativiert und mit Vorsicht benutzt, trifft er auch auf wesentliche Momente dieses Vorgangs in der Bundesrepublik zu. Die Ausländer schieben sich nicht unter die sozial deklassierten deutschen Randschichten. Von ihrer materiellen Lage her befinden sie sich über diesen; nur eine kleine Minderheit der Ausländer gehört zu den Armen oder Langzeitarbeitslosen. Aber die große Mehrheit der angeworbenen Südeuropäer und Nordafrikaner befindet sich wegen des niedrigen beruflichen Ausbildungsniveaus, wegen der belastenden, wenig angesehenen und qualifizierten Arbeit, wegen des niedrigen Einkommens und der ungünstigen Wohnsituation in den unteren Ebenen der sozialstrukturellen Hierarchie, die gleich über den deutschen Randschichten anzusiedeln sind. Da ihre volle Teilnahme am Leben der Kerngesellschaft zusätzlich durch mindere Rechte, schlechtere Bildungschancen und Tendenzen zur sozialen Isolation und sozialen Diskriminierung behindert wird, ist auch für die Mehrheit der AusländerInnen der Begriff Randschicht gerechtfertigt. Ihre Randständigkeit hat z. T. andere Züge und andere Ursachen als die der deutschen Randschichten, aber auch sie leben am Rande der bundesdeutschen Gesellschaft. Man kann die Zuwanderung der Ausländer als „Unterschichtung" bezeichnen, weil die Lebensbedingungen der ausländischen Randschicht im Vergleich zu den deutschen Arbeiterschichten durch eine ähnliche materiell-ökonomische Situation, aber durch **zusätzliche Defizite in den politischen und sozialen Teilnahmechancen** gekennzeichnet ist. In einem Schichtungsmodell lagern sie daher mehrheitlich über den deutschen Randschichten. Ihre **spezifische Randständigkeit** läßt sich in einem Hausmodell der sozialen Schichtung graphisch am besten verdeutlichen, wenn man sie in einem „Anbau" neben dem „deutschen Haus" plaziert, auf gleicher Höhe mit den entsprechenden deutschen Rand- und Arbeiterschichten (vgl Abb. 4.5 auf S. 76). Leichte Tendenzen zu einer besseren „Integration" der Ausländer, zu besseren Bildungs- und Kontaktchancen und der leichte Rückgang der Ausländerfeindlichkeit, die in den achtziger Jahren durchaus nachweisbar sind, haben an dieser Situation nichts Wesentliches verändert.

5.5.5 AusländerInnen in den neuen Ländern

Seit den 50er Jahren studierten an den Universitäten der DDR einige Tausend Gäste aus dem „befreundeten Ausland", „Gastarbeiter" gab es jedoch über Jahrzehnte nicht. Erst gegen Ende der 70er und zu Beginn der 80er Jahre wurden aus ökonomischen Gründen größere Gruppen von ausländischen Arbeitskräften ins Land geholt. Ende 1989 lebten in der DDR 191.000 AusländerInnen, darunter 60.000 Vietnamesen, 52.000 Polen sowie 25.000 Kubaner und Afrikaner aus Mosambik und Angola. In ihrer demographischen Struktur ähneln sie den westdeutschen „Gastarbeitern" der 60er Jahre. Die meisten von ihnen waren im Alter zwischen 20 und 40 Jahren, 70% waren Männer. Regional waren sie auf den Süden und Osten der DDR konzentriert, zwei Drittel lebten in Sachsen und in den Bezirken Halle, Cottbus und Berlin. Sie waren eine ausgesprochen kleine Minderheit; quantitativ war ihr Anteil von 1,2% der Wohnbevölkerung im Vergleich zu dem erheblich höheren Ausländeranteil in der Bundesreuplik unerheblich; qualitativ mußten die meisten von ihnen allerdings in einer **ausgeprägten Randständigkeit** leben. Sie waren keine teilintegrierten oder auf Intergration wartenden Einwanderer, und auch der Begriff „Gastarbeiter" würde ihre Situation über Gebühr beschönigen.[58]

Der größte Teil von ihnen arbeitete auf der Grundlage bilateraler Regierungsabkommen als „Leiharbeiter". Diese waren massiven Reglementierungen unterworfen und lebten z. T. unter **menschenunwürdigen Arbeits- und Aufenthaltsbedingungen**. 87% von ihnen verrichteten Schichtarbeit. Einige Verträge sahen vor, daß zurückkehren mußte, wer durch Krankheit oder Arbeitsunfall arbeitsunfähig wurde. Schwangere Frauen standen also vor der Wahl, abzutreiben oder den Aufenthalt vorzeitig abzubrechen. Ein Teil des Lohnes der „Leiharbeiter" wurde einbehalten und an den Heimatstaat abgeführt, bei einigen wurde der verbleibenden Rest erst nach der Rückkehr ausgezahlt. Die Ausländer waren ohne Familien in die DDR gekommen und wohnten meist beengt und gettoisiert in Wohnheimen. Die Regierungsabkommen garantierten ihnen lediglich einen Wohnraum von 5 qm pro Person. Mangelhafte Deutschkenntnisse und eingeengte Bewegungsmöglichkeiten isolierten sie zusätzlich von der ostdeutschen Bevölkerung (vgl. *Commichau* 1990, 1432ff.).

Die Animositäten von Teilen der DDR-Bevölkerung gegenüber den Ausländern – besonders eine gewisse Abneigung und auch Feindseligkeit gegenüber den Polen reicht weit zurück – wurden in der Öffentlichkeit vor dem Umbruch tabuisiert. Mit der Ideologie von der sozialistisch-internationalen „Völkerfreundschaft" und „Solidarität" und mit dem offiziell verordneten Antifaschismus wurden Konflikte zwischen Ausländern und DDR-Bürgern zugedeckt und verdrängt. So heißt es noch im „Neuen Deutschland" vom 6. März 1989: „Der Antifaschismus als Staatsdoktrin, der radikale Bruch mit allem Reaktionären und Antihumanen, mit nationalistischer Überheblichkeit und Völkerverachtung waren die Grundlage dafür, daß der Ausländerfeindlichkeit in unserem Lande der Boden entzogen wurde...".[59] Leider sah die Wirklichkeit in der DDR anders aus als ihre Darstellung im Zentralorgan der SED. Es gab bei Teilen der Bevölkerung eine latente **Ausländerfeindlichkeit**. Diese schlug nach der Wende und dem Wegfall der autoritären Kontrollen in offene Abneigung und Aggressionen um und verschärfte sich dann im Zuge der explosionsartigen Arbeitsmarktkrise. Medienberichte über tätliche Angriffe auf Ausländer weisen auf das erschreckende Ausmaß des Ausländerhasses hin, zu der sich kleine Gruppen von Ostdeutschen hinreißen lassen. Erste empirische Studien – in der DDR gab es keinerlei Forschung zur Ausländerproblematik[60] – machen deutlich, daß die Ausländerfeindlichkeit in Ostdeutschland erheblich weiter verbreitet ist als in Westdeutschland und auch erheblich aggressivere Züge trägt, obwohl es nur wenige Ausländer gibt. Um es überspitzt zu formulieren: es existiert in Ostdeutschland eine „Ausländerfeindlichkeit ohne Ausländer". Der Meinung „mich stören die vielen Ausländer bei uns" stimmten 42% der ostdeutschen SchülerInnen aus Klasse 9 zu, im Vergleich zu 26% der westdeutschen (*Schubarth* u. a. 1991, 15). „Deutsche sind besser als Türken" – dies bejahen 22% der westdeutschen Jugendlichen, aber 65% der ostdeutschen (*Lederer u. a.* 1991, 592). Eine nicht repräsentative Befragung des Kölner Instituts Sozialforschung und Gesellschaftspolitik (1991, 4ff.) Ende 1990 ergab, daß etwa ein Viertel der befragten Ostdeutschen eine deutlich ablehnende und etwa die Hälfte eine ambivalente Haltung gegenüber den AusländerInnen zum Ausdruck bringen. Von den 117 befragten Ausländern berichteten nur wenige über Schwierigkeiten mit den Behörden und am Arbeitsplatz, dafür über eine ausgeprägte Feindseligkeit in der Öffentlichkeit, die ihnen von einer Minderheit der Ostdeutschen entgegenschlägt. Etwa ein Fünftel von ihnen war bereits mindestens einmal tätlich angegriffen oder geschlagen worden, 70% waren von Deutschen beleidigt oder beschimpft und 40% beim Einkauf in Geschäften übervorteilt worden. Viele hatten Angst, ihre Wohnheime abends zu verlassen, und einige wagten es auch nicht mehr, sich tagsüber allein in den Zentren der Großstädte zu bewegen. Die Abneigungen und Aggressionen der Ostdeutschen richten sich insbesondere gegen Afrikaner und Asiaten, aber auch gegen Polen; und an der Spitze der Antipathieskala stehen die Türken – die es in Ostdeutschland so gut wie nicht gibt!

Eine wichtige **Ursache** für die Ausländerfeindlichkeit ist zweifellos die dramatisch um sich greifende Massenarbeitslosigkeit, die AusländerInnen zu unbeliebten Konkurrenten um knappe und begehrte Arbeitsplätze macht. Es existieren jedoch auch tieferliegende Wurzeln, die aus der politischen Sozialisationsgeschichte der Ostdeutschen herrühren. Der offiziell propagierte Internationalismus blieb abstrakt, weil er in eine unliberale und autoritäre Gesamtideologie eingebettet war, die keinen Respekt und kein Verständnis für das Fremde und Andersartige zuließ. Diese Ideologie und die ihr entsprechenden gesellschaftlichen und politischen Strukturen hinterließen nachweislich ihre Spuren in der Psyche der Ostdeutschen: Autoritäre Persönlichkeitsmerkmale und „ethnozentrische" Einstellungen – so bezeichnet die politische Psychologie die Kompromißlosigkeit gegenüber Andersdenkenden – sind in Ostdeutschland deutlich stärker ausgeprägt als in Westdeutschland,[61] wo Haltungen dieser Art im Laufe der Zeit nach und nach abgeschwächt werden konnten (vgl. dazu *Geißler* 1981, 30ff. und *Lederer* 1983). Die Ausländerfeindlichkeit ist also eingebettet in einen allgemeinen Komplex autoritär-intoleranter Einstellungen, der unter ostdeutschen Jugendlichen und Erwachsenen weiter verbreitet ist als unter westdeutschen.

Ein Teil der „Leiharbeiter", deren Aufenthaltsbedingungen nach dem Zusammenbruch des sozialistischen Systems vom Runden Tisch verbessert wurden, ist inzwischen in ihre Heimat zurückgekehrt. Im März 1991 waren beim Zentralen Einwohnerregister (ZER) noch 123.000 AusländerInnen gemeldet (wib 6/91-II/74); de facto liegt ihre Zahl vermutlich niedriger, da sich einige Rückkehrer nicht offiziell abmelden. Die Zahl der Ausländer dürfte jedoch in Ostdeutschland in den nächsten Jahren ansteigen, weil ein Teil der Asylbewerber – insbesondere Südeuropäer, Sinti, Roma – aufgenommen werden muß und weil sich der ostdeutsche Arbeitsmarkt auch für „Neuausländer“ aus der Bundesrepublik und den EG-Staaten öffnet.

5.6 Deutsche Randschichten

Für Bevölkerungsgruppen, die aufgrund gravierender Benachteiligungen teilweise vom „normalen“ Leben der Gesellschaft ausgeschlossen sind, hat sich die unscharfe Bezeichnung „**Randgruppen**“ eingebürgert (vgl. z. B. *Karstedt* 1975, 182; *Markefka* 1982, 24ff.). Mit diesem Etikett werden so unterschiedliche Gruppen wie Ausländer und Spätaussiedler, Vorbestrafte und Homosexuelle, Sozialhilfeempfänger und Obdachlose, Behinderte und alte Menschen, Drogenabhängige und Arbeitslose versehen. Aus soziologischer Sicht ist der Terminus „Randgruppe“ problematisch, weil diesen Personenkreisen in der Regel wichtige Merkmale fehlen, die eine Gruppe im engeren soziologischen Sinn auszeichnen, insbesondere ein Wir-Gefühl und häufige soziale Interaktionen auf der Grundlage gemeinsamer Ziele. Andererseits weisen einige Randgruppen die typischen Merkmale einer Schicht auf: die Mitglieder befinden sich in einer ähnlichen sozioökonomischen Lage, mit der wiederum aufgrund ähnlicher Lebenserfahrungen typische Mentalitäten und Verhaltensmuster verknüpft sind. Daher werde ich die **Armen**, die **Obdachlosen** und die **Langzeitarbeitslosen** in der Bundesrepublik sowie große Teile der **alten Menschen** in der DDR, mit denen ich mich im folgenden etwas ausführlicher beschäftigen werde, als **Randschichten** bezeichnen. Randschichten – dazu gehört auch die große Mehrheit der **Ausländer** (vgl. S. 161 f.) – befinden sich im untersten Bereich der Schichtungshierarchie. Sie sind „randständig“, „an den Rand der Gesellschaft gedrängt“, weil sich in ihrer Soziallage erhebliche Benachteiligungen in verschiedenen Bereichen häufen. Starke wirtschaftliche Defizite gehen in der Regel einher mit Tendenzen zur sozialen Isolation und sozialen Diskriminierung. Dadurch werden die Lebenschancen der Randschichten und ihre Teilnahme am gesellschaftlichen, kulturellen und politischen Leben erheblich beeinträchtigt. Randschichten sind in diesem Sinne „marginalisiert“; sie sind Problemgruppen der Sozialpolitik und nur mangelhaft in die Kerngesellschaft integriert.

5.6.1 Arme
Was ist Armut?

Armut in einem der reichsten Länder der Welt – das klingt paradox, entspricht aber der Situation in der Bundesrepublik: Die armen Bevölkerungsgruppen stellen neben den Ausländern die zweite wichtige Randschicht in der Sozialstruktur der Bundesrepublik dar. Die Armut in der Bundesrepublik ist nicht vergleichbar mit dem Massenelend, das die Industrialisierung begleitete (vgl. *Zapf* 1983, 52), oder mit der kümmerlichen Lebenssituation breiter Bevölkerungskreise in der Zwischen- und Nachkriegszeit; das Wirtschaftswunder, die Wohlstandsexplosion und der Sozialstaat haben die Armut quantitativ und qualitativ verändert, aber sie haben sie nicht beseitigen können. Als **Randschicht der Armen** werden im folgenden diejenigen Menschen bezeichnet, die an oder unterhalb der Armutsgrenze leben.

Das Problem, was Armut ist, wer zu den Armen gehört, welche Lebensumstände als Leben in Armut bezeichnet werden sollen, ist unter Sozialwissenschaftlern, Sozialarbeitern und Politikern umstritten. Einig ist sich die Armutsforschung über drei Aspekte der Armut:

1. Armut in der Bundesrepublik ist keine **absolute**, sondern **relative** Armut. In anderen Worten: Armut ist in entwickelten Gesellschaften keine Frage des **physischen Überlebens** mehr – wie noch in vielen Ländern der Dritten oder Vierten Welt –, sondern eine Frage eines **menschenwürdigen Lebens**; die Armutsgrenze wird nicht durch ein **physisches**, sondern durch ein **soziokulturelles** Existenzminimum markiert.
2. Armut wird als interkulturell und historisch **relative** Erscheinung begriffen: Was Armut ist, variiert interkulturell von Gesellschaft zu Gesellschaft und historisch von Zeitabschnitt zu Zeitabschnitt. So definiert der EG-Ministerrat Arme als „Einzelpersonen oder Familien, die über so geringe Mittel verfügen, daß sie von der Lebensweise ausgeschlossen sind, die in dem Mitgliedsstaat, in dem sie leben, als annehmbares Minimum angesehen wird“ (zit. nach *Friedrich* 1988, 368). Was in einer Gesellschaft als „annehmbares Minimum“ angesehen wird, verändert sich im Laufe der Zeit mit dem Wandel der Lebensverhältnisse in der Gesamtgesellschaft.[62] Festlegungen dieser Art beruhen auf gesellschaftlichen bzw. politischen Mehrheitsmeinungen und werden nicht von allen Parteien, Wissenschaftlern oder Gesellschaftsmitgliedern geteilt.
3. Armut ist **mehrdimensional**: Sie ist nicht nur ein **ökonomisch-materielles**, sondern gleichzeitig auch ein **soziales, kulturelles und psychisches** Phänomen. Ökonomische und materielle Unterversorgung ist gekoppelt mit der Versagung von allgemein anerkannten Lebenschancen in wesentli-

chen Bereichen der menschlichen Existenz, mit dem weitgehenden Ausschluß von der Teilnahme am wirtschaftlichen, gesellschaftlichen, politischen und kulturellem Leben.[63]

Entwicklungen: Rückgang und erneute Ausbreitung von Armut

Wenn Sozialwissenschaftler versuchen, das Ausmaß und die Entwicklung von Armut zu quantifizieren, arbeiten sie meist mit dem sog. **Ressourcenansatz**. Dabei greifen sie auf ökonomische Kriterien – in der Regel auf vergleichsweise einfache Indikatoren für die Einkommenssituation – zurück. Zwei in der Armutsforschung gebräuchliche Arten der Messung machen verschiedene Facetten von Armut in der Bundesrepublik sichtbar: 1. die „**bekämpfte**" und „**verdeckte**" Armut nach der „**offiziellen" Armutsgrenze des Bundessozialhilfegesetzes**; 2. verschiedene Varianten der relativen Armut, wobei verschiedene Armutsgrenzen nach dem **relativen Abstand zum Durchschnittseinkommen** von Haushalten mit gleicher Personenzahl gezogen werden – die 40%-Grenze, die 50%-Grenze oder die 60%-Grenze.

Da eine kontinuierliche nationale Armutsberichterstattung fehlt, liefert die problematische Statistik der **Sozialhilfe** die besten Reihen zur Entwicklung der Armut über längere Zeiträume. Das komplexe System von Sozialhilfeleistungen soll den soziokulturellen Mindestbedarf für ein menschenwürdiges Leben sicherstellen und greift ein, wenn Personen oder Familien nicht mehr in der Lage sind, das gesellschaftlich zuerkannte Existenzminimum aus eigener Kraft oder durch andere soziale Versorgungsleistungen zu sichern. Der Mindestbedarf, der durch die Sozialhilfe garantiert wird, läßt sich also als die politisch festgesetzte Armutsgrenze ansehen. Er errechnet sich nach einem komplizierten Verfahren und liegt in der Nähe der 40%-Grenze. Haushalte von SozialhilfeempfängerInnen mußten 1988 mit monatlich 769 DM pro Person auskommen, das waren 43% der Summe, die in einem Durchschnittshaushalt zur Verfügung stand (berechnet nach *Schüler* 1990, 188).

Wirtschaftswachstum, Verbesserung der Beschäftigungssituation und Wohlstandsentwicklung führten dazu, daß die Zahl der Fürsorgeempfänger (bis 1962) bzw. Empfänger von „laufender Hilfe zum Lebensunterhalt" (HLU) von 1,6 Millionen im Jahre 1950 auf den Tiefststand von 749 000 im Jahre 1970 sank (*Glatzer* 1989, 279). Seit 1971 kehrte sich der Trend um: in den 70er und 80er Jahren rutschten kontinuierlich immer mehr Menschen unter die Sozialhilfegrenze. 1975 ist die Millionengrenze überschritten, 1985 die Zweimillionengrenze, und 1989 wurde der bisherige Höchststand von 2 774 000 Sozialhilfeempfängern (HLU) erreicht – 2 140 000 Deutsche und 634 000 Ausländer (StBA 1991, 38ff.). Die Anzahl der Personen, die staatliche Hilfe zur Sicherung ihres soziokulturellen Existenzminimums in An-

Abb. 5.15: *Armut nach der Sozialhilfegrenze 1963 – 1989 (ohne AusländerInnen)*

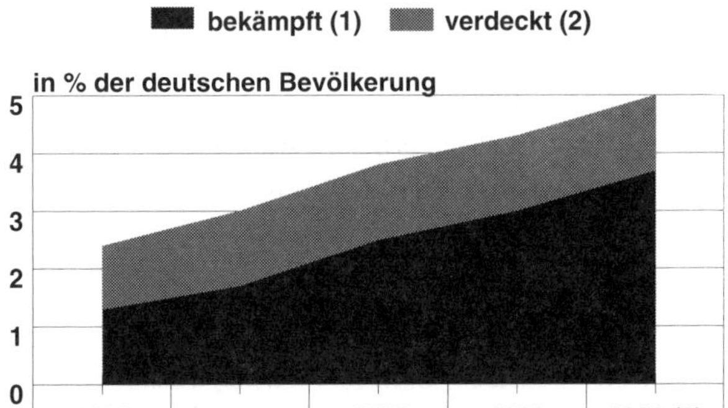

	1969	1973	1978	1983	1989 (3)
verdeckt (2)	1.1	1.3	1.3	1.3	1.3
bekämpft (1)	1.3	1.7	2.5	3	3.7

in %

	1963	1969	1973	1978	1983	1989 (3)
verdeckt		615	668	673	708	752
bekämpft	761	707	861	1275	1659	2140

in 1000

(1) Empfänger von laufender Hilfe zum Lebensunterhalt (HLU) nach dem Bundesozialhilfegesetz (BSHG)

(2) Personen in Haushalten mit einem Nettoeinkommen unterhalb der haushaltsspezifischen Sozialhilfegrenze, die keine Leistungen nach dem BSHG erhalten (Datenbasis: Einkommens- und Verbrauchsstichproben)

(3) verdeckte Armut geschätzt (Annahme: Quote wie 1983)

Quellen: zusammengestellt und z. T. berechnet nach Semrau 1990, 118, 120f. (1963-1983); StBA 1991, 38 (1989).

spruch nehmen, ist also dramatisch angestiegen (vgl. Abb. 5.15): sie hat sich in den beiden letzten Jahrzehnten mehr als verdreifacht und machte 1989 4,4% der Gesamtbevölkerung aus: 3,7% der Deutschen und 13,1% der Ausländer beziehen laufende Hilfe zum Lebensunterhalt.

Bei der Interpretation dieser Daten müssen die Mängel der Sozialhilfestatistik beachtet werden: diese gibt Auskunft über den Umfang der „**bekämpften Armut**“, sie schweigt sich jedoch aus über die „**verdeckte Armut**“, über die

Abb. 5.16: *Relative Armut (1) in der Bundesrepublik 1963 – 1983 (ohne AusländerInnen)*

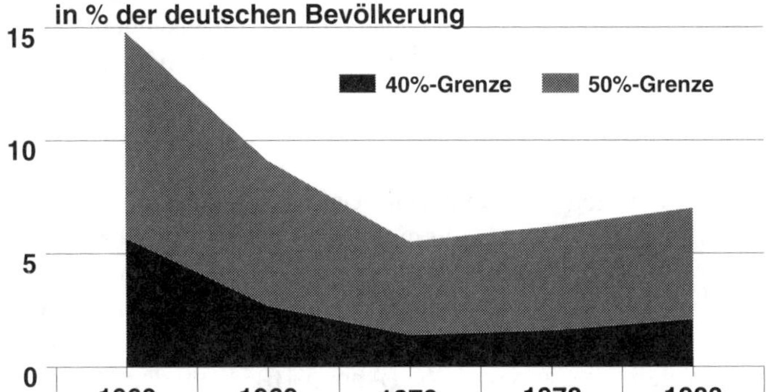

	1963	1969	1973	1978	1983
50%-Grenze	14.8	9.1	5.5	6.2	7
40%-Grenze	5.7	2.7	1.4	1.6	2.1

in %

	1963	1969	1973	1978	1983
50%-Grenze	8.449	5.092	3.093	3.393	3.678
40%-Grenze	3.252	1.481	0.881	0.876	1.093

in 1000

(1) gewichtetes verfügbares Haushaltseinkommen pro Person, das 40% bzw. 50% unterhalb des Durchschnitts liegt.

Quelle: Hauser/ Semrau 1990, 2f. (Datenbasis: EVS)

große Zahl von Personen und Familien, die unterhalb des soziokulturellen Existenzminimums leben, ohne Sozialhilfe zu beziehen. Viele Menschen, deren Einkünfte unterhalb der Sozialhilfegrenze liegen, nutzen ihre Ansprüche auf staatliche Unterstützung nicht aus – z. T. aus Unkenntnis über Ansprüche und Zuständigkeiten; z. T. aus mangelndem Selbstbewußtsein im Umgang mit Behörden; z. T. aus Stolz und Scham, aus Furcht vor Stigmatisierung als Almosenempfänger. Manche/r möchte auch verhindern, daß – wie es das Sozialhilfegesetz vorsieht – Kinder oder andere Verwandte zu finanzieller Hilfe verpflichtet werden, bevor der Staat eingreift (vgl. *Hartmann* 1981, 117ff.; *Schulz* 1989, 197ff.). Insbesondere ältere Menschen scheuen den Gang zum Sozialamt. Während in den 70er Jahren nur etwa 50% der Sozialhilfeberechtigten ihre Ansprüche geltend machten,[64] waren es 1983 bereits 70%. Mit dem Anstieg der Armut seit den 70er Jahren hat sich auch der „Ausschöpfungsgrad" bei der sozialstaatlichen Unterstützung erhöht (*Semrau* 1990, 118). Die Sozialhilfestatistik verharmlost also den Umfang der Armut, aber sie dramatisiert deren Anstieg. Man kann davon ausgehen, daß 1989 nicht nur 2,1 Millionen, sondern 2,9 Millionen Deutsche an oder unter der Sozialhilfegrenze leben mußten, daß sich aber ihre Zahl und ihr Anteil in den beiden letzten Jahrzehnten nicht verdreifacht, sondern „nur" verdoppelt haben (vgl. Abb. 5.15).

Auch die Daten zur **relativen Armut** zeichnen ein dramatischeres Bild vom Umfang der Armut und ein weniger dramatischeres von ihrem Anstieg. Zwischen 1963 und 1973 schrumpfen die Bevölkerungsteile, die mit 40%, 50% oder 60% des durchschnittlichen Einkommens leben müssen, stark zusammen, seit 1973 dehnen sie sich wieder aus, liegen jedoch 1983 noch deutlich unter dem Niveau von 1963 (Abb. 5.16). Nach den Daten des Sozio-ökonomischen Panels in Abb. 5.17, die mit den Zeitreihen in Abb. 5.16 nicht direkt verglichen werden können, sind die Armutsquoten zwischen 1984 und 1989 nahezu konstant geblieben. 1989 mußten in der BR 4,4% der Bevölkerung oder 2,8 Millionen mit maximal 40% des Durchschnittseinkommens auskommen und 10,7% oder 6,7 Millionen mit maximal 50% (Abb. 5.17).

Besondere Risikogruppen

Zu den **Risikogruppen** der 60er und 70er Jahre gehörten **Frauen** und **alte Menschen**. 1983 dagegen – für dieses Jahr liegen die letzten genaueren Einblicke in die demographische Struktur der Armen vor – tauchen sie nicht mehr als Gruppen mit überdurchschnittlich hohen Armutsquoten auf. Die Risikounterschiede zwischen den Geschlechtern im allgemeinen sind allmählich verschwunden, und die Altersarmut wurde eingedämmt. Unter älteren Menschen über 65 Jahre sank z. B. die Sozialhilfequote von 2,9% im Jahre 1963 um ca. ein Drittel auf 1,9% im Jahre 1986. Beide Entwicklungen hatten zur Folge, daß es die traditionelle Risikogruppe der **älteren Frauen** nicht mehr gibt. Zwar beziehen mehr Frauen über 65 Jahre Sozialhilfe als Männer in diesem Alter; dies liegt jedoch offenbar daran, daß ältere Frauen ihre Ansprüche besser ausschöpfen als ältere Männer. Denn unter Männern über 65 Jahre ist die relative Armut etwas stärker verbreitet. 1,9% von ihnen leben 1983 unter der 40%-Grenze und 7,8% unter der 50%-Grenze; unter den altersgleichen Frauen betragen diese Anteile 1,7% bzw. 7,2%. Besondes zugenommen hat die Armut unter **alleinstehenden Männern**. 1986 bezog jeder sechste von ihnen laufende Hilfe zum Lebensunterhalt (*Semrau* 1990, 114f., 118, 120; *Hauser/Semrau* 1990, 4).

Abb. 5.17: *Relative Armut in der Bundesrepublik 1984 – 1989*

		arme Personen in Prozent						arme Personen in 1000[1]	Dauer der Armut in Prozent[2]	
		1984	1985	1986	1987	1988	1989	1989	6 Jahre ununterbrochen	mindestens 5 Jahre
40%-Grenze	Gesamt	5.1	4.4	5.3	4.9	5.2	4.4	2758		
	Deutsche	4.8	4.1	4.8	4.5	4.9	4.0	2313	8	32
	Ausländer	9.8	10.3	14.4	11.8	10.6	10.7	519	6	38
50%-Grenze	Geamt	11.0	11.0	12.4	10.6	10.7	10.7	6707		
	Deutsche	10.3	10.2	11.5	9.9	10.1	8.8	5089	28	47
	Ausländer	24.1	24.8	29.4	24.4	22.9	24.3	1176	26	48
60%-Grenze	Gesamt	20.8	20.0	22.0	20.3	20.2	19.3	12097	37	62

[1] eigene Hochrechnung auf die Gesamtbevölkerung

[2] in Prozent der armen Personen des Jahres 1989; eigene Berechung nach Habich u. a. 1990, 6

Datenbasis: Sozio-ökonomisches Panel; Welle 1 (1984) – Welle 6 (1989)

Quelle: Habich/Heady/Krause 1991, 5f.; einige bisher unveröffentlichte Daten wurden von Peter Krause zur Verfügung gestellt. (Vielen Dank!)

Vier Bevölkerungsgruppen sind in besonderem Maß vom Abgleiten in die Armut bedroht: die zwei „traditionellen" Risikogruppen der kinderreichen Familien und der alleinerziehenden Mütter sowie die beiden „neuen" Risikogruppe der Arbeitslosen und der AusländerInnen.

Da Mütter mit zunehmender Kinderzahl auf eine Erwerbstätigkeit verzichten (müssen), war das Armutsrisiko von **kinderreichen Familien** schon früher sehr hoch; es hat sich in den 80er Jahren noch erheblich erhöht. In Nordrhein-Westfalen lebten 1981/82 17% der Familien mit mindestens drei Kindern an der Grenze des soziokulturellen Existenzminimums, fünf Jahre später waren es bereits 27% (Inst. f. Bev.forschung 1987, 65). Von den Familien mit fünf oder mehr Kindern waren in den 70er Jahren 60% auf Sozialhilfe angewiesen (*Karsten* 1989, 331).

Die zweite Gruppe mit hohem Armutsrisiko sind die **alleinerziehenden Mütter**, deren Zahl durch den Anstieg der Scheidungsraten und unehelichen Geburten zugenommen hat (vgl. S. 271 f., 277). Derzeit lebt etwa jedes 9. Kind in einer Einelternfamilie, meist bei der Mutter. 1986 waren 21% der alleinerziehenden Mütter auf Sozialhilfe (HLU) angewiesen (BMFJ 1991, 85). Wichtige Ursachen sind die unzureichende Versorgung durch die Väter sowie die Arbeitsmarktprobleme und die niedrigen Einkommen der Frauen.

Die beiden letztgenannten Risikogruppen – kinderreiche Familien und alleinerziehende Mütter – weisen darauf hin, daß auch **Kinder und Jugendliche** überdurchschnittlich häufig in Not geraten. Kinder unter 11 Jahren sind inzwischen diejenige Altersgruppe, die am häufigsten von Armut bedroht ist: 1988 leben von ihnen ca. 5,5% in Haushalten, die auf Sozialhilfe angewiesen sind, das sind mehr als doppelt so viele wie unter den Erwachsenen (*Deininger* 1990, 426; vgl. auch *Blinkert* 1988, 89). Nicht mehr von Alter und Geschlecht, sondern von der Kinderzahl und von der Mutterschaft bei Alleinstehenden gehen heute besondere Armutsrisiken aus.

Arbeitslose sind eine Risikogruppe, deren Umfang in den 80er Jahre erheblich zugenommen hat. Immer häufiger reicht die Arbeitslosenunterstützung nicht aus, um das soziokulturelle Existenzminimum zu sichern. Die Zahl der Arbeitslosenhaushalte, die auf laufende Unterstützung durch Sozialhilfe angewiesen ist, hat sich innerhalb des letzten Jahrzehnts mehr als verfünffacht und ist von 80.000 im Jahre 1980 auf 479.000 im Jahre 1989 angestiegen. Fast ein Drittel aller Haushalte, die von laufender Sozialhilfe leben, ist inzwischen Opfer der angespannten Arbeitsmarktsituation (vgl. auch Abb. 5.19).

Auch unter den **Ausländern** hat sich die Armut enorm ausgebreitet. Von 1975 bis 1987 ist die Zahl der Sozialhilfeempfänger (HLU) von 34 000 um das 12fache auf 415 000 angestiegen, unter ihnen befinden sich neben arbeitslosen „Gastarbeitern" sehr viele **Asylbewerber**. Der weitere Zustrom von

Asylbewerbern ließ diese Zahl im Jahre 1989 nochmals erheblich auf 634 000 anschwellen (StBA 1991, 40). Unter den ausländischen Empfängern von Sozialhilfe in Baden-Württemberg waren 1989 fast 59%(!) Asylbewerber (F.A.Z. vom 6.9.1991, 3).

„Neue Armut" und ihre Ursachen

Die Merkmale der Risikogruppen geben einige Hinweise darauf, wo die **Ursachen** dafür liegen, daß sich die Randschicht der Armen in den beiden letzten Jahrzehnten erheblich ausgedehnt hat. Ohne in alle Verästelungen des vielschichtigen Ursachenkomplexes einzudringen, lassen sich drei wichtige Faktoren benennen.

1. Der Hauptimpuls für die Ausbreitung der Armut ist die langanhaltende **Massenarbeitslosigkeit**, auf deren Ursachen auf S. 182 näher eingegangen wird.
2. Ein zweiter Impuls geht von den **Krisenerscheinungen** der modernen **Familie** aus: die Zunahme von Scheidungen und Trennungen und der Anstieg der nichtehelichen Geburten ließen die Risikogruppen der alleinerziehenden Mütter anwachsen.
3. Als dritter wichtiger Ursachenkomplex lassen sich **Lücken im System der sozialen Sicherung** ausmachen, das dem Sozialhilfesystem vorgelagert ist: so z. B. die ungenügende familienpolitische Unterstützung kinderreicher Familien, die befristete Zahlung des Arbeitslosengeldes oder die starke Orientierung der sozialen Sicherung am Arbeitsleben der abhängig Beschäftigten, das Berufsanfänger, von Jugend an Erwerbsunfähige und bestimmte Gruppen von Selbständigen nur ungenügend schützt.

Hat sich mit der quantitativen Ausdehnung der Randschicht der Armen auch ihre **Lebenslage** verändert? Die Entwicklung der Sozialhilfeleistungen kann diese Frage wenigstens für einen Teil der Randschicht grob beantworten. Die laufende Hilfe für den Lebensunterhalt ist prozentual („dynamisch") an die allgemeine Lohn- und Gehaltsentwicklung angepaßt worden – zeitweise unterdurchschnittlich, zeitweise überdurchschnittlich. Reallöhne und -gehälter stiegen zwischen 1962 und 1988 um 77%, der Realwert der Sozialhilfe-Eckregelsätze um 76%; d.h.: die offizielle Armutsgrenze ist kontinuierlich nach oben verschoben worden. Allerdings verbergen sich hinter diesen prozentual fast identischen Steigerungsraten erhebliche absolute Unterschiede (Abb. 5.18). Legt man die Kaufkraft zugrunde, dann stieg der Eckregelsatz seit 1962 um 176 DM, die Löhne und Gehälter dagegen um 956 DM.[65] Die Armen haben also in bescheidenem Maß an der Wohlstandsentwicklung teil-

Abb. 5.18: *Sozialhilfeleistungen und Einkommensentwicklung (Bundesrepublik 1962 – 88)*

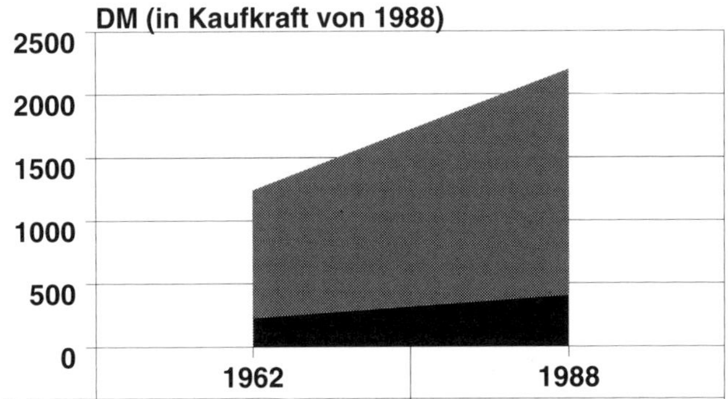

	1962	1988
Nettolöhne/-gehälter	1240	2196
Eckregelsatz	231	407

Quelle: berechnet nach BMAS 1989, Tabellen 1.14, 6.9, 6.11, 8.16.

genommen; sie leben 1988 in etwas weniger kümmerlichen Verhältnissen als 1962. Gleichzeitig hat sich jedoch die Schere zwischen Armutsgrenze und Durchschnittseinkommen weiter geöffnet. Der Abstand zwischen Armen und Normalverdienern ist größer geworden. Die „Dynamisierung" der Sozialhilfeleistungen kann nicht verhindern, daß Arme weniger am Anstieg des Lebensstandards teilnehmen als andere. Arme werden zwar nicht immer ärmer, wie manchmal behauptet wird (z. B. *Schulz* 1989, 241), aber die **Armutskluft**, der Abstand im Lebensstandard zwischen Armen und dem Durchschnitt der Bevölkerung, **wird kontinuierlich größer**.

Die neuen Konturen, die sich in der Randschicht der Armen in den 80er Jahren herausgebildet haben, rechtfertigen die Bezeichnung „**neue Armut**". Neu sind an der augenblicklichen Armut die vier folgenden Merkmale:

- Der größere Umfang und seine Ursache: Armut hat sich in den 70er Jahren bis in die erste Hälfte der 80er Jahre hinein zunehmend ausgebreitet; die wichtigste Ursache dafür ist die anhaltende Massenarbeitslosigkeit.
- Der relative Rückgang der verdeckten Armut: „neue" Arme machen ihre Ansprüche auf staatliche Unterstützung häufiger geltend.

- Die zunehmende Armutskluft: die „neuen" Armen leben zwar wegen der dynamischen Anpassung der Sozialhilfesätze etwas weniger ärmlich als in früheren Jahrzehnten, aber ihr Rückstand zum Lebensstandard des Bevölkerungsdurchschnitts nimmt zu.
- Das neue soziodemographische Profil: die „neue" Risikogruppe der Arbeitslosen hat das soziodemographische Profil der Armen verändert. Die prozentualen Anteile von älteren Menschen und Frauen sind zurückgegangen, dafür dringt Armut zunehmend in die erwerbstätige Bevölkerung vor – auch unter die Männer und unter die jüngeren Jahrgänge. Zwischen 1972 und 1989 ist unter den Empfängern von laufender Sozialhilfe zum Lebensunterhalt der Männeranteil von 27% auf 45% gestiegen, der Anteil von Personen im erwerbsfähigen Alter von 36% auf 56% (*Schneider* 1989a, 271; StBA 1991, 36f.). Der Anteil junger Menschen im Alter von 18 bis 25 Jahren hat sich zwischen 1975 und 1985 vervierfacht (*Lompe* u. a. 1988, S. 98).

Zusammenfassend läßt sich zur Randschicht der Armen festhalten: Der steigende Wohlstand in der Bundesrepublik geht seit zwei Jahrzehnten einher mit einer Ausbreitung von Armut. Immer mehr Menschen werden in die Hinterhöfe der Wohlstandsgesellschaft abgedrängt, und die Kluft zwischen dem Lebensstandard in den Hinterhöfen und dem allgemeinen Niveau wird immer größer. Die Nischen der Not führen im öffentlichen Bewußtsein ein Schattendasein; auch der problembewußte Bürger kann sie kaum direkt aufspüren. Die Unübersichtlichkeit der komplexen Gesellschaft und die soziale Isolation führen dazu, daß Arme nicht nur am Rande des Existenzminimums, sondern auch am Rande der gesellschaftlichen Aufmerksamkeit leben.

5.6.2 Obdachlose und Wohnungslose

Materielle Not hat häufig Wohnungsnot, Obdachlosigkeit und in Extremfällen auch Wohnungslosigkeit zur Folge. Die Mehrheit der Obdachlosen gehört zu den Ärmsten unter den Armen, und Wohnungslose wiederum sind die Ärmsten unter den Ärmsten. Beide Gruppen markieren die untersten Stufen der sozialen Deklassierung.

Die Begriffe Obdachlosigkeit und Wohnungslosigkeit. Der Begriff **Obdachlosigkeit** ist mißverständlich. In der Verwaltungssprache und entsprechenden amtlichen Statistiken wird der Terminus „Obdachlose" auf Personen oder Familien angewendet, die von den Behörden vorübergehend in eine provisorische Notunterkunft – meist Schlichtwohnungen in kommunalen Obdachlosensiedlungen oder -heimen, aber auch beschlagnahmte Privatwohnungen oder Normalwohnungen, selten private Billigpensionen – eingewiesen wurden, weil sie nicht in der Lage waren, aus eigener Kraft eine Wohnung zu finanzieren. In den mietfreien Notunterkünften leben sie ohne Mietvertrag mit minderem Status und eingeschränkter Privatsphäre, weil die Behörde jederzeit das Recht auf Zutritt und Kontrolle hat. Neben den behördlich registrierten **manifest** Obdachlosen wird von Sozialwissenschaftlern noch die größere Gruppe der **verdeckt** Obdachlosen unterschieden. Diese haben zwar einen Mietvertrag, leben aber in ähnlichen unzureichenden Wohnverhältnissen. Obdachlose – ob manifest oder verdeckt – sind also nicht ohne Obdach und nicht im eigentlichen Sinne obdachlos. Kein dauerhaftes Dach über dem Kopf haben dagegen die **Wohnungslosen**: sie leben im Freien, in Parks oder auf der Straße, in nicht genutzten Wohnungen oder an anderen öffentlich zugänglichen Stellen; einige übernachten in sogenannten „Obdachlosenasylen". Die Nationalsozialisten haben diese Gruppe mit dem Etikett „nichtseßhaft" versehen, um in diskriminierender Absicht auf das „Asoziale" ihres Verhaltens anzuspielen. Dieser Begriff wird auch heute noch im Behördendeutsch und in der Regel auch in den Sozialwissenschaften verwendet, obwohl die „Stadtstreicher" häufig „seßhafter" sind als die Normalbürger und obwohl „nichtseßhaft" einseitig falsche Vorstellungen über die Ursachen dieser extremen Notlage suggeriert (zu den Begriffen vgl. ausführlich *Steinack* 1987, 122ff.; *Angele* 1989, 19ff.).

Obdachlose: Entwicklung – Ursachen – Risikogruppen

Da in der Bundesstatistik zwar nachzulesen ist, wieviele Schling- und Kletterpflanzen in bundesdeutschen Baumschulen gezüchtet werden (Stat. Jb. 1990, 146), aber nicht wieviele Menschen in unwürdigen Verhältnissen wohnen müssen, läßt sich die Zahl der Obdach- und Wohnungslosen nur schätzen. Der Rückgang der Wohnungsnot in den 60er Jahren ist in den 70er Jahren zum Stillstand gekommen (*Vaskovics/Weins* 1979, 18f.). Ob im Verlauf der 80er Jahre wieder mehr Menschen obdach- und wohnungslos geworden sind, wie es für einzelne Städte nachweisbar ist (vgl. z. B. *Bolte/Hradil* 1984, 248) und wie es vielfach auch generell behauptet wird (z. B. *Steinack* 1987, 122; *Angele* 1988, 31), ist nicht genau zu belegen. Eine Schätzung für 1988 sieht ähnlich aus wie die Schätzungen am Ende der 70er oder zu Beginn der 80er Jahre: Man geht davon aus, daß in der Bundesrepublik ca. 1 Million Menschen in Wohnungsnot leben mußten (*Iben* 1989, 317). Da sich die Situation auf dem Wohnungsmarkt in den letzten Jahren durch mehr als 1.7 Millionen Aus- und Übersiedler (vgl. S. 295) krisenhaft zugespitzt hat, sieht die neuste Gesamtschätzung dramatischer aus. Die Bundesarbeitsgemeinschaft für Nichtseßhaftenhilfe rechnet im Oktober 1990 in den alten Bundesländern mit **1,5 Millionen** Menschen, die von Wohnungslosigkeit, Obdachlosigkeit oder Wohnungsnot betroffen sind. Danach leben 130 000 ohne Wohnung auf der Straße, 300 000 sind in öffentlich zugewiesenen Unterkünften untergebracht, 200 000 in Billigpensionen, Heimen oder Anstalten sowie 200 000 Aus- und Übersiedler in Notunterkünften. Zu diesen etwa 800 000 Menschen in „akuter Wohnungsnot" kommen weitere 700 000, die in überbelegten oder mangelhaften Wohnungen leben oder unmittelbar von Wohnungsverlust bedroht sind (verdeckt Obdachlose).[66]

Die vordergründigen **Ursachen** der Obdachlosigkeit sind in der Regel Mietschulden. Obwohl die Mehrheit der deutschen Bevölkerung meint, Obdachlose hätten ihre Situation selbst verschuldet, ist Obdachlosigkeit nur selten ein ausschließlich selbstverschuldeter Zustand. Strukturelle Hintergründe der Notlage, die in Mietschulden offenbar wird, sind Armut und Arbeitslosigkeit in Zusammenhang mit einer angespannten Situation am Wohnungsmarkt. Die Belastung armer Familien durch die Mieten liegt extrem hoch: 1 Million Haushalte mit einem Niedrigeinkommen von weniger als 800 DM müssen davon im Durchschnitt 44% für die Miete aufbringen, bei Normalfamilien ist dieser Anteil nicht einmal halb so groß. Arbeitslosigkeit und unverschuldete Notlagen, z. B. durch Krankheit, haben bei der Entstehung von Obdachlosigkeit eine große Bedeutung, familiäre Ereignisse wie Scheidung oder Geburten spielen ebenfalls eine Rolle, sind aber von minderem Gewicht.[67]

Von Wohnungsnot betroffen sind insbesondere **kinderreiche Familien, alleinerziehende Mütter** sowie **Kinder und Jugendliche**. In den 70er Jahren machten die Familien mit mindestens drei Kindern 40-50% der Bewohner von Obdachlosensiedlungen aus, in der Gesamtbevölkerung aber nur 7% (*Vaskovics/Weins* 1979, 57). Obwohl der Anteil der Kinder und Jugendlichen unter den Obdachlosen rückläufig ist, war er in den 80er Jahren mit 34-42% immer noch erheblich höher als in der Gesamtbevölkerung (*Iben* 1989, 318).

Soziale und psychische Auswirkungen von Obdachlosigkeit

Am Extremfall der Obdachlosen lassen sich weitere **soziale und psychische Auswirkungen von Armut** erkennen. Nach einer Studie in Nordrhein-Westfalen aus dem Jahre 1984 wird bei manifest Obdachlosen 60% des Einkommens für Miete und andere Zahlungsverpflichtungen aufgezehrt, so daß es ihnen kaum noch möglich ist, aus eigener Kraft den notwendigsten Lebensbedarf zu decken. Nur jede vierte Familie hatte ein Auto zur Verfügung; häufig fehlten im Haushalt elementare Einrichtungsgegenstände und Geräte wie Kleiderschrank, Polstermöbel oder Staubsauger. Mehr als die Hälfte der Kinder und Erwachsenen hatten sich noch nie in ihrem Leben eine Urlaubsreise leisten können (*Chassé* 1988, 55). Die materielle Not wird begleitet von sozialer Mißachtung: Obdachlose werden in hohem Maße diskriminiert und stigmatisiert, negative Eigenschaften werden stark überschätzt. Die räumliche Ausgrenzung mit Tendenzen zur Gettoisierung – ihr Wohnen in überbelegten Siedlungen und Heimen, häufig in verrufenen Gegenden, z. T. am Rande der Städte neben Gleisanlagen, Kläranlagen oder Schrottplätzen – verstärkt die sozialen Vorurteile (vgl. *Vaskovics/Weins* 1979, 22).

Studien zu den Folgen der Obdachlosigkeit für Einstellungen und Verhaltensweisen machen die groben Umrisse einer spezifischen **Subkultur der Armut** (vgl. S. 180 f.) sichtbar. Die stark benachteiligte Soziallage ist tendenziell mit folgenden Erscheinungen verbunden:

- Tendenzen zur sozialen Isolation: Rückzug aus Vereinen und Organisationen sowie Abnahme von Sozialkontakten außerhalb der Siedlungen;
- überdurchschnittlich häufige körperliche und psychische Erkrankungen, in Kombination mit ärztlicher Unterversorgung;
- Zunahme von Orientierungsunsicherheiten, von negativen Selbsteinschätzungen und niedrigem Selbstvertrauen, von Inaktivität, Apathie, Resignation und Hoffnungslosigkeit;
- Zunahme von Aggressivität, Verhaltensauffälligkeiten und Kriminalität.[68]

Auch die Lebens- und Zukunftschancen der Kinder werden durch die Mangellage in hohem Maße beeinträchtigt. Erziehungs- und Sozialisationdefizite hemmen die sprachliche, kognitive und motivationale Entwicklung der Kinder so stark (vgl. *Gerstenmaier/Hamburger* 1978, 170ff.), daß am Ende der 60er Jahre 40-80% auf Sonderschulen überwiesen wurden, in den 80er Jahren waren es in Nürnberg und Darmstadt „nur" noch 44% bzw. 25% (*Angele* 1989, 54; *Iben* 1989, 318). In den 70er Jahren erlernten nur ca. 20% der Jugendlichen einen Beruf (*Vascovics/Weins* 1979, 61).

Wohnungslose

Die letzte Stufe der sozialen Deklassierung ist mit der **Wohnungslosigkeit** erreicht. Wer seine Wohnung verliert, dem wird eine elementare Grundlage für ein gesichertes, menschenwürdiges Leben entzogen. Die Wohnung ist nicht nur materielle Basis für Wärme, Schutz und Geborgenheit, sondern unabdingbare Voraussetzung für Arbeit, Familie, Privatleben, Hygiene, für bestimmte Formen der Kommunikation (z. B. Postzustellung) und für soziale Anerkennung. Ein Leben auf der Straße bedeutet ein Leben außerhalb vieler, ja nahezu aller Normen, „Ausschluß aus der Welt derer ..., die sich gegenseitig als Menschen wiedererkennen und anerkennen" (*Drude* 1987, 42). Die Belastungen, die mit dem ungesicherten und entwürdigenden Leben eines „Landfahrers" oder „Stadtstreichers" verbunden sind, haben bei längerer Dauer körperliche und psychische Schäden sowie vorzeitige Alterung zur Folge und verringern die Lebenserwartung deutlich (*Steinack* 1987, 126, 128; *Rohrmann* 1987, 99f.).

Betroffen von Wohnungslosigkeit sind hauptsächlich alleinstehende Männer im Alter zwischen 20 und 50 Jahren. Der Frauenanteil ist in den letzten Jahren von 3-5% auf ca. 10% gestiegen. 95% waren vor dem Wohnungsverlust von Beruf Arbeiter. Etwa ein Fünftel der Wohnungslosen sind ehemalige Strafgefangene, die nach ihrer Haftentlassung nicht oder noch nicht wieder Fuß fassen konnten.[69]

Das Abgleiten in die Extremsituation der Armut wird z. T. durch persönliche Schicksalsschläge ausgelöst, wie durch den Verlust eines Ehepartners oder durch Arbeitsunfähigkeit, durch die Entlassung aus Strafvollzugsanstalten, aber auch durch gesellschaftliche Krisenerscheinungen. Das Auf und Ab in den Arbeitslosenquoten spiegelt sich relativ schnell und genau in steigenden bzw. rückläufigen Zahlen von Wohnungslosen wider (*Drude* 1987, 40).

Für höchstens ein Viertel der 130.000 Wohnungslosen stehen Plätze zur Übernachtung oder längeren Unterbringung in privaten oder öffentlichen Einrichtungen zur Verfügung (*Drude* 1987, 38; *Wenzel/Leibfried* 1986, 305). 130 000 Wohnungslose sind 130 000 leidvolle Einzelschicksale, gesamthaft gesehen erscheint diese Zahl bei einer Bevölkerung von 62 Millionen auf den ersten Blick klein und in einem Buch über die Sozialstruktur einer ganzen Gesellschaft eher für eine Fußnote geeignet. Sie nimmt jedoch andere Dimensionen an, wenn man sie auf wichtige Vergleichsgruppen bezieht. So hat die Bundesarbeitsgemeinschaft für Nichtseßhafte errechnet, daß innerhalb der entsprechenden Altersgruppen 7 von 1000 deutschen männlichen Arbeitnehmern wohnungslos sind. Besonders gefährdet sind die arbeitslosen deutschen Männer: jeder 10. von ihnen aus den entsprechenden Altersvergleichsgruppen lebt auf der Straße (*Drude* 1987, 40).

5.6.3 Fluktuation am Rand der Gesellschaft

Armut, Obdachlosigkeit und Wohnungslosigkeit sind für den Einzelnen und für die Gesellschaft um so folgenschwerer, je länger sie andauern. Wenn Menschen über lange Zeit oder auf Dauer in Mangellagen leben müssen, verschlimmern und verfestigen sich die psychischen und sozialen Folgen. Es kann dazu kommen, daß extreme Benachteiligungen von Generation zu Generation weitergegeben werden. Obwohl die Dauer der Randständigkeit bzw. die Bewegung über die Grenzen der Randschichten hinweg sozialstrukturell und sozialpolitisch von großer Bedeutung sind, liegen dazu nur sehr lückenhafte Informationen vor.

In den 70er Jahren wurden schätzungsweise jährlich etwa 25 000 Menschen **wohnungslos** (*Vaskovics/Weins* 1979, 18), und etwa genausovielen dürfte es jedes Jahr gelungen sein, diesen Zustand zu beenden. D.h.: jährlich entkam etwa jeder vierte Wohnungslose diesem Extrem der sozialen Deklassierung. Informationen darüber, wie umfangreich der stabile, langfristige Kern dieser Gruppe ist, sind mir nicht bekannt.

Zur manifesten **Obdachlosigkeit** liegen etwas bessere Daten vor. Für einige Großstädte ist der durchschnittliche Verbleib von Familien in den öffentlichen Obdachlosensiedlungen in den 70er Jahren untersucht worden; er betrug damals 5,4 bis 6,4 Jahre (*Vaskovics/Weins* 1979, 67). In kleineren Städten liegt er offenbar niedriger. 1984 gaben 45% von 177 befragten Kommunen (20-50 000 Einwohner) an, daß die durchschnittliche Verweildauer in ihren

Notunterkünften weniger als zwei Jahre betrage (*Angele* 1988, 91). In Nordrhein-Westfalen waren im Landesdurchschnitt im Jahre 1985 65% der Obdachlosen länger als zwei Jahre in dieser Notsituation (*Steinack* 1987, 126). Der harte Kern von langfristig Obdachlosen umfaßt ca. ein Viertel bis ein Drittel dieser Randschicht: In München lebte 1975 etwa jede dritte Familie bereits mindestens zehn Jahre in kommunalen Notunterkünften, und Untersuchungen aus den 80er Jahren aus Hessen und Köln kamen auf Anteile von 22% bzw. 23% (*Vaskovics/Weins* 1979, 67; *Angele* 1989, 50).

Die vorliegenden Daten über die Dauer der Abhängigkeit von Sozialhilfe (HLU) sind repräsentativer. Für 1988 wird geschätzt, daß deutsche Haushalte im Durchschnitt genau zwei Jahre lang laufende Hilfe zum Lebensunterhalt bezogen haben. Die Dauer der Hilfegewährung war in den letzten Jahren leicht rückläufig (*Deininger* 1990, 426). 1979 waren 72% der Sozialhilfeempfänger bereits länger als zwei Jahre auf die staatliche Unterstützung angewiesen, zwischen 66% (1979) und 54% (1981) erhielten diese seit mehr als drei Jahren. Der harte Kern von langfristig Armen umfaßte 29% bei mehr als 7-jähriger bisheriger Abhängigkeit (1981) und 24% bei mehr als 10-jähriger bisheriger Abhängigkeit (*Hartmann* 1981, 112; *Buhr* u. a. 1990, 93). Neuere Auswertungen des Sozio-ökonomischen Panels kommen zu etwas niedrigeren Anteilen der Bevölkerung, die langfristig von Armut betroffen sind. Danach bezogen von den Sozialhilfeempfängern des Jahres 1987 nur ein knappes Drittel seit Beginn der Erhebungen im Jahre 1983 ununterbrochen laufende Hilfe zum Lebensunterhalt. Aus Abb. 5.17 geht hervor, daß es nur einen kleinen Kern von Menschen gibt, die in den Jahren 1984 bis 1989 sechs Jahre lang ununterbrochen oder in mindestens fünf Jahren des Erhebungszeitraums in Armut lebten (vgl. auch *Berger* 1990, 327f.). Aus diesen Zahlen läßt sich die allgemeine Regel ableiten: **Je extremer die Mangellage ist, umso schneller gelingt es den Menschen, sich daraus wieder zu befreien**.

Insgesamt ergeben die vorliegenden Informationen das folgende Bild: **Die Fluktuation über die Grenzen der Armut und Obdachlosigkeit hinweg ist relativ hoch**. Einer überwiegenden Mehrheit gelingt es, sich kurz- oder mittelfristig wieder aus der Randlage zu befreien. Eine Minderheit – sie umfaßt ca. ein Viertel bis ein Drittel der Betroffenen – ist dazu verurteilt, über sechs Jahre, über sieben Jahre, zehn Jahre oder auch noch länger in extremer Wohnungsnot oder an der Grenze des soziokulturellen Existenzminimums zu leben.

Die hohe Fluktuation am Rand der Gesellschaft legt die Vermutung nahe, daß tiefergehende psychische Prägungen durch extreme Not nur bei Minderheiten der Armen, Obdachlosen und Arbeitslosen stattfinden. Vermutlich bilden sich im wesentlichen beim stabilen Kern der **Langzeitrandständigen** Wahrnehmungs-, Einstellungs- und Verhaltensmuster heraus, auf die der Begriff „Subkultur der Armut“ paßt, den der amerikanische Anthropologe *Oscar Lewis* (1961) bei seinen Beobachtungen in den Armenvierteln von Mexico entwickelt hat (vgl. S. 177, 184).

5.6.4 Langzeitarbeitslose

Entwicklung und Ursachen

Seit fast zwei Jahrzehnten ist in der Bundesrepublik die **kurzfristige Arbeitslosigkeit** kein „Randgruppenschicksal“ mehr, sondern eine **Massenerfahrung**. Es wäre aus zwei Gründen falsch, die Arbeitslosen insgesamt als „Randgruppe“ oder gar als „Randschicht“ zu bezeichnen: Zum einen werden nicht nur eine kleine Minderheit, sondern immer breitere Kreise der erwerbstätigen Bevölkerung vorübergehend von Arbeitslosigkeit erfaßt, und zum anderen ist die Arbeitslosigkeit bei der großen Masse der davon Betroffenen nur von kurzer Dauer. Durch die Veränderungen der Nachfrage nach Gütern und Diensten sowie durch technische Neuerungen und Rationalisierung verlieren schätzungweise 5 Millionen Erwerbstätige jährlich ihre Arbeitsplätze (*Woll* 1989, 13), das ist ungefähr jeder 6. Erwerbstätige. Etwa drei Viertel davon sind vorübergehend ohne Arbeit; 3,5 – 3,7 Millionen bzw. 15 – 19% der abhängig Beschäftigten wurden in den 80er Jahren in jedem Jahr arbeitslos, etwa dieselbe Zahl kehrte jedes Jahr in das Arbeitsleben zurück. Im Durchschnitt dauerte die Arbeitslosigkeit in den letzten Jahren etwas mehr als ein halbes Jahr (IAB 1990, 56f., 64f.). Zwischen 1974 und 1985 war bereits etwa jeder dritte Erwerbstätige mindestens einmal von Arbeitslosigkeit betroffen (*Welzer* u. a. 1988, 18). Für die ganz überwiegende Mehrheit ist die Arbeitslosigkeit eine harte, aber relativ schnell vorübergehende Erfahrung. Problematisch wird die Situation für eine große Minderheit, die über längere Zeit arbeitslos ist. Ihre soziale Mangellage verfestigt sich und gerinnt zu einem Element der Sozialstruktur; in den 80er Jahren tauchen **Langzeitarbeitslose als neue Randschicht** auf.

Der **Umfang** dieser Schicht ist nur annäherungsweise zu bestimmen. Mit der anhaltend hohen Arbeitslosenquote in den 80er Jahren hat sich auch die Zahl der Langzeitarbeitslosen erheblich ausgedehnt (Abb. 5.19)

Aus dem Mikrozensus – er weist Langzeitarbeitslosigkeit zuverlässiger aus als die offizielle Arbeitslosenstatistik – von 1988 geht hervor, daß knapp 1 Million (=42%) der Erwerbslosen länger als ein Jahr vergeblich nach Arbeit gesucht haben und daß 618 000 oder 27% aller Erwerbslosen auch nach drei Jahren noch nicht wieder in den Arbeitsmarkt integriert sind (*H.-L. Mayer* 1990, 18 und 21). Das Sozio-ökonomische Panel der Jahre 1984 – 1987 weist weitere 6% aus, die wiederholt von Arbeitslosigkeit betroffen sind (*Schneider*

1989, 293). Der Umfang der neuen Randschicht der Langzeitarbeitlosen (mindestens 3 Jahre) beträgt danach ca. 620 000 Personen mit ihren Familien, d.h. insgesamt schätzungsweise 1,6 Millionen Menschen.[70] Besonders betroffen sind drei **Risisikogruppen**: Niedrigqualifizierte, Ältere und Menschen mit gesundheitlichen Problemen. Von denjenigen Personen, die im September 1988 länger als 2 Jahre vergeblich nach Arbeit gesucht hatten, verfügten 59% nicht über eine abgeschlossene Berufsausbildung, fast die Hälfte von ihnen war mindestens 50 Jahre alt und 37% waren gesundheitlich beeinträchtigt (*Schneider* 1989, 294; vgl. auch *Brinkmann* 1989, 345).

Die **strukturellen Ursachen** dafür, daß „der Arbeitsgesellschaft teilweise die Arbeit ausgeht", sind zu zwei Komplexen zu bündeln: demographische Faktoren bestimmen wesentlich die Nachfrage nach bezahlter Arbeit und technologische Faktoren beeinflussen wesentlich das Angebot an bezahlter Arbeit.

- **Zum demographischen** Ursachenkomplex: In den 80er Jahren nahm die Zahl der Arbeitssuchenden stark zu, zwischen 1983 und 1988 um 683 000 Deutsche und 81 000 Ausländer (*Kühl* 1988, 7). Dieser Anstieg hängt damit zusammen, daß die zahlenmäßig schwachen Jahrgänge der dezimierten Kriegsgeneration aus dem Arbeitsmarkt ausschieden und gleichzeitig die geburtenstarken Jahrgänge nachrückten. Dazu kamen Einwanderungsüberschüsse durch Ausländer und am Ende der 80er Jahre auch zunehmend durch deutschstämmige Aussiedler aus Osteuropa und durch Übersiedler aus der DDR. Der demographische Druck auf den Arbeitsmarkt wurde noch dadurch verstärkt, daß Frauen zunehmend einer Erwerbstätigkeit nachgehen wollten.
- Zum **technologischen Ursachenkomplex**: Da Maschinen und Automaten in vielen Bereichen billiger produzieren als menschliche Arbeitskraft, unterliegt die Arbeitswelt einem ständigen Rationalisierungsdruck. Durch den Preisvorteil der Technik werden ständig Arbeitsplätze vernichtet, und das Bemühen, die Folgen des technischen Fortschritts für das Arbeitsvolumen durch Produktionsausweitung aufzufangen, stößt auf Grenzen. Die ständige Steigerung der Arbeitsproduktivität hat zur Folge, daß jährlich ca. 2,5 – 3% Wirtschaftswachstum nötig sind, um die rationalisierungsbedingte „Arbeitsvernichtung" auszugleichen.

Soziallage und psychosoziale Belastungen

Lanzeitarbeitslosigkeit hat häufig **materielle Verarmung** zur Folge. Da die Unterstützung durch Arbeitslosengeld, das maximal 68% der letzten Nettobezüge umfaßt, zeitlich auf ein Jahr befristet ist, sind Langzeitarbeitslose vor al-

Abb. 5.19: *Arbeitslosigkeit und Langzeitarbeitslose (Bundesrepublik 1980 – 1990)*

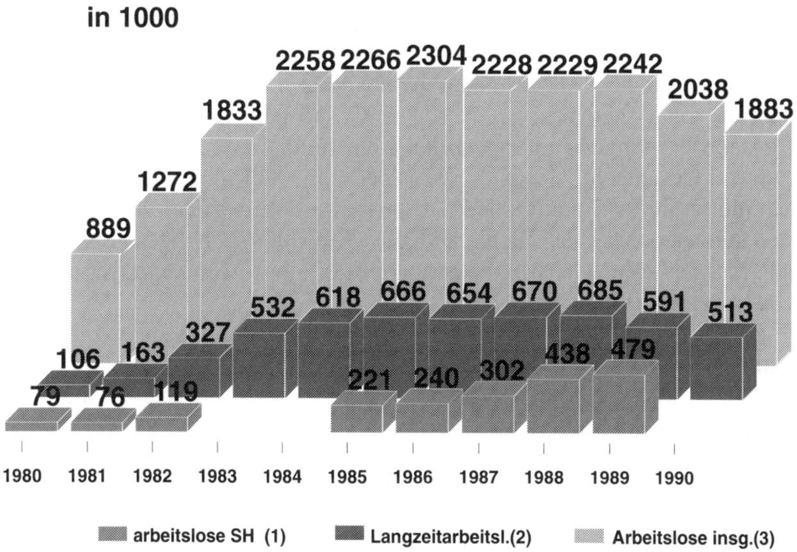

	1970	1975	1980	1981	1982	1983	1984	1985	1986	1987	1988	1989	1990
Arbeitslosenquote	0.8	4.7	3.8	5.5	7.5	9.1	9.1	9.3	9	8.9	8.7	7.9	7.2

(1)Arbeitslosenhaushalte mit Sozialhilfe
(3) Jahresdurchschnitt

(2) länger als 1 Jahr erwerbslos, Anzahl jeweils im September

Quellen: BMAS 1989, Tab. 2.10; Stat. Jb. 1990, 111; BfA 1990,3

lem auf Arbeitslosenhilfe, die höchstens 58% des letzten Nettoeinkommens beträgt, und in wachsendem Maße auch auf Sozialhilfe angewiesen (vgl. S. 172).

Zur materiellen Lage von Langzeitarbeitslosen liegen lediglich empirische Daten aus einer Umfrage vom Sommer 1983 vor (*Brinkmann* 1984); an ihrer Notlage dürfte sich jedoch bis heute nichts Wesentliches geändert haben. Wer seit eineinhalb Jahren noch oder erneut arbeitslos war – befragt wurden nur Deutsche ab 25 Jahre –, erzielte 1983 im Durchschnitt nur 40% des Haushaltseinkommens eines Erwerbstätigen. Der durchschnittliche Haushalt eines Langzeitarbeitslosen liegt damit an der Armutsgrenze. Daher ist es nicht verwunderlich, daß 44% von sehr großen finanziellen Schwierigkeiten berichten,

39% mit ihren Zahlungsverpflichtungen – u. a. mit der Miete – in Verzug gekommen sind und 23% bereits in die Verschuldung getrieben wurden. Die materielle Not zwingt die Langzeitarbeitslosen, ihren **Lebensstandard massiv einzuschränken** und auf die Annehmlichkeiten der Wohlstandsgesellschaft zu verzichten (vgl. *Brinkmann* 1984, 458).

Der erzwungene Ausschluß von der Arbeit reißt den einzelnen aus dem gewohnten „normalen" Tagesablauf heraus, aus dem üblichen Rhythmus im Wechsel von Arbeit und Freizeit. Die Grundsituation der Arbeitslosigkeit wird auch bei langer Dauer von den Betroffenen unterschiedlich bewältigt; Alter und Geschlecht, Gesundheitszustand und Qualifikation, soziale Einbettung und familiäre Situation oder Arbeits- und Berufsorientierung der Betroffenen spielen dabei eine erhebliche Rolle. Die Untersuchungen zeigen jedoch auch, daß bei Langzeitarbeitslosen tendenziell die folgenden **psychosozialen Belastungen** auftreten:[71]

- die Verkümmmerung sozialer Kontakte und Tendenzen zur sozialen Marginalisierung;
- die Belastung der Familie und der Kinder („Ärger" in der Familie, häufig Streit um knappes Geld);
- psychische Belastungen (Identitätsprobleme, Gefühl des „Überflüssigseins", ungesicherte Lebensperspektive, Gefühle der Ohmacht und Ausgrenzung, auch Hoffnungslosigkeit, Depressionen, Apathie);
- Verschlechterung des Gesundheitszustandes (bei einem knappen Drittel).

„Für den, der noch nicht die Erfahrung der Arbeitslosigkeit gemacht hat, ist es schwer nachzuempfinden, was es bedeutet, aus allen Routinen gerissen zu werden, Zukunftsplanungen zu verlieren, gegenüber seiner Familie die Rolle als Ernährer nicht mehr wahrzunehmen, sich nutzlos und ausgestoßen zu fühlen, stigmatisiert zu werden, Faulheit und mangelnde Fähigkeit unterstellt zu bekommen, kein Geld mehr zu haben, um Freunde und Bekannte einladen zu können oder die Kinder mit auf eine Ferienzeit schicken zu können" (*Schneider* 1989, 297).

5.6.5 Die 80 – 90%-Gesellschaft

Das Konzept der „Zwei-Drittel-Gesellschaft" ist zu einem gängigen Schlagwort in der deutschen und internationalen Diskussion unter Sozialwissenschaftlern und Sozialpolitikern geworden. Es soll kritisch darauf hinweisen, daß ein Drittel der Bevölkerung sozial ausgegrenzt werde oder zumindest akut von sozialer Ausgrenzung bedroht sei. Trifft es die Situation in der Bundesrepublik?

Wer sich auf die Quantifizierung des Randes der Gesellschaft einläßt, ist mit empirischen Ungenauigkeiten konfrontiert und muß sich mit begrifflichen Festlegungen auseinandersetzen, in die eine gewisse „informierte Willkür" einfließt. Drei Probleme müssen dabei gelöst werden:

1. Wie soll der „Rand“ der Gesellschaft präzisiert werden? Welche Schichten leben am Rande? In Abb. 5.20 gehe ich davon aus, daß Arme und die Mehrheit der Ausländer die quantitativ zentralen Randschichten in Westdeutschland darstellen.[72] Das Armutskonzept weist neben den bereits skizzierten Definitionsproblemen – Sozialhilfegrenze, verschiedene relative Armutsgrenzen – weitere Schwächen auf: Es schließt Teile der Studierenden ein, die sinnvollerweise nicht am Rand der Gesellschaft anzusiedeln sind; andererseits werden die typischen Randschichten der Obdachlosen und Langzeitarbeitslosen vermutlich nicht vollumfänglich erfaßt. Es wäre auch falsch, alle Ausländer als randständig einzustufen. Ich nehme in Abb. 5.20 an, daß 20% der ausländischen Bevölkerung nicht zu den Randschichten zählen; das sind insbesondere die mitteleuropäischen und nordamerikanischen „Gäste“ sowie diejenigen Ausländer, die den Dienstleistungsmittelschichten angehören.
2. Unterschiedliche Erhebungsmethoden führen zu leicht voneinander abzuweichenden Ergebnissen über den Umfang der Armut.
3. Wie soll die Fluktuation am Rand der Gesellschaft bewertet und in die Überlegungen zum Umfang der Randschichten einbezogen werden? In Abb. 5.20 arbeite ich – im Hinblick auf Armut – mit einem engeren, einem mittleren und einem weiteren Begriff der Randschicht. Der mittlere Begriff ist eine **Momentaufnahme** zur Armut und enthält den Anteil der Armen zu einem bestimmten Zeitpunkt (1989). Er entspricht dem üblichen statitischen Konzept, mit dem z. B. Arbeitslosenziffern bzw. Arbeitslosenquoten erhoben werden. Das **engere** Konzept der **langfristigen** Armut berücksichtigt nur den stabileren Kern der Armen, also Menschen, die über längere Zeit von Armut betroffen sind. Dazu zähle ich Personen, die in einem Zeitraum von sechs Jahren (1984-1989) mindestens vier Jahre lang in relativer Armut leben mußten. Ihr Anteil liegt unter den Armutsquoten der Momentaufnahme. Das **weitere** Konzept der **lang- und kurzfristigen** Armut erfaßt auch Menschen, die nur für kürzere Zeit an die Armutsgrenze gedrückt wurden. Dazu zähle ich Personen, die in dem genannten Zeitraum mindestens zweimal als arm registriert wurden. Sie waren also von Armut so akut bedroht, daß sie auch de facto zumindest kurzfristig in Armut leben mußten. Ihr Anteil ist größer als die Armutsquoten der Momentaufnahme.

Angesichts der Unzulänglichkeiten eines derartigen Quantifizierungsversuchs ist es sinnvoll, die Aussagen zur Größe der Randschichten nicht als „Berechnungen“, sondern als „informierte Schätzungen“ zu bezeichnen.

Aus Abb. 5.20 läßt sich der Umfang der westdeutschen Randschichten wie folgt bestimmen: Sieht man die 40%-Grenze als den Rand der Gesellschaft an, dann leben 5,2 bis 7,2 Millionen bzw. 8-12% der Bevölkerung randständig – 1,3 bis 3,3 Millionen Deutsche und 3,9 Millionen Ausländer. Danach wäre Westdeutschland eine **90%-Gesellschaft**.

Legt man die 50%-Grenze zugrunde, dann nimmt der Umfang der Randschichten erheblich zu. Danach leben 6,8 bis 11,7 Millionen oder 11 bis 19% der Bevölkerung am Rand der Gesellschaft – 2,9 bis 7,8 Millionen Deutsche, dazu 3,9 Millionen Ausländer. Bei einer weiteren Fassung des Randschichtenkonzeptes – 50%-Grenze und mindestens kurzfristige Randständigkeit – läßt sich der Umfang der Randschichten auf maximal 19% schätzen. Das Schlagwort der Zwei-Drittel-Gesellschaft dramatisiert also die Situation in den alten Bundesländern; selbst wenn man die Randschichten großzügig definiert, ist Westdeutschland eher eine **80%-Gesellschaft**.

Abb. 5.20: *Randschichten in der Bundesrepublik 1984 – 1989*

	deutsche Randschichten in Mio[1]	in %[2]	Randschichten einschl. Ausländer[3] in Mio	in %[4]
Sozialhilfeberechtigte 1989[5]	2,89	5,0	6,77	10,8
40%-Grenze langfristig (mind. 4 Jahre)	1,33	2,3	5,21	8,3
Momentaufnahme 1989	2,31	4,0	6,19	9,9
lang- und kurzfristig (mind. 2 Jahre)	3,30	5,7	7,18	11,5
50%-Grenze langfristig (mind. 4 Jahre)	2,89	5,0	6,77	10,8
Momentaufnahme 1989	5,09	8,8	8,97	14,3
lang- und kurzfristig (mind. 2 Jahre)	7,81	13,5	11,69	18,7

[1] 40%- und 50%-Grenze hochgerechnet auf die deutsche Bevölkerung 1989

[2] in % der deutschen Bevölkerung der BR

[3] Annahme: 80% der Ausländer (=1989: 3,88 Mio) gehören zu den Randschichten

[4] in % der Gesamtbevölkerung der BR

[5] Schätzung (vgl. Abb. 5.15 Anm. 3)

Quellen: Habich/Heady/Krause 1991, 5f. (50%-Grenze); die Daten zur 40%-Grenze hat Peter Krause zur Verfügung gestellt; Datenbasis zur 40%- und 50%-Grenze: Sozio-ökonomisches Panel 1984 – 1989.

Der Rand der Bundesrepublik zeichnet sich durch zwei Charakteristika aus: durch die bereits erwähnte **hohe Dynamik** (Fluktuation über die Randschichtengrenzen hinweg) und durch **vielgestaltige Zersplitterung.** Zersplittert sind sowohl die deutschen als auch die ausländischen Randschichten. Die Lücken im System der sozialen Sicherung und, z. T. im Zusammenspiel damit, die Dynamik des marktwirtschaftlichen Arbeitsmarktes drängen verschiedene Gruppen der deutschen Bevölkerung (meist vorübergehend) an den Rand, die von ihrer sonstigen Soziallage her nur wenig miteinander gemein haben. Und auch die Randschicht der Ausländer ist vielfach fraktioniert – nach Nationalitäten, Einkommen, Grad der Integration u. a.. Über die Ausländer sind die innergesellschaftlichen Schichtstrukturen mit den europäischen Strukturen der sozialen Ungleichheit verzahnt: Der Arbeitskräftebedarf der prosperierenden westdeutschen Wirtschaft zog Menschen aus wirtschaftlich schwächeren europäischen Regionen an, und diese tauchen dann als Randschichten im sozialstrukturellen Gefüge der Bundesrepublik auf. Die Ungleichheiten zwischen den europäischen Gesellschaften spiegeln sich in der westdeutschen Schichtstruktur wieder.

Dynamik und Zersplitterung haben eine dritte Besonderheit der Randschichten zur Folge: ihr **politisches Leichtgewicht.** Randständige sind auch an die Randzone der politischen Konflikte gedrängt; soziale und politische Sprengkraft haben sie nicht entwickelt. Der geringe Verfestigungsgrad, die

Tendenzen zu Isolation, Rückzug und Apathie, die Vielfalt von Soziallagen und Nationalitäten machen es unwahrscheinlich, daß sich Randschichten als Gruppe gegen ihr Schicksal auflehnen und zu einer politischen Größe werden. Sie sind vielmehr auf die Hilfe der Kerngesellschaft angewiesen und stellen eine Herausforderung an die soziale Sensibilität all derjenigen dar, denen das Randschichtenschicksal erspart blieb.

5.6.6 Randschichten in der DDR

Sozialfürsorgempfänger und Wohnungsnot

Drei für die Bundesrepublik typische Randschichten spielten in der Sozialstruktur der DDR keine Rolle: Langzeitarbeitslose und manifest Obdachlose gab es nicht; Sozialfürsorgeempfänger existierten, aber in einer verschwindend geringen Zahl.

Das verfassungsmäßig garantierte Recht auf Arbeit, das gleichzeitig auch eine Pflicht zur Arbeit enthielt, verhinderte in der DDR 40 Jahre lang eine nennenswerte **Arbeitslosigkeit**. Die DDR kannte – von politisch bedingten Einzelfällen abgesehen – keine arbeitsfähigen Menschen ohne Arbeitsplatz. Die sog. „verdeckte Arbeitslosigkeit“ – die personelle Überbesetzung des Produktionsprozesses bzw. die „Vergeudung von Arbeitskraft“ durch unproduktive und deshalb wirtschaftlich entbehrliche Arbeitnehmer – ist ein wichtiges ökonomisches Problem, aber schichtungssoziologisch ohne Bedeutung.

Auch in der DDR gab es die **Sozialfürsorge**, ein letztes soziales Sicherungssystem für Menschen, die nicht in der Lage waren, ihren Lebensunterhalt durch eigenes Einkommen, durch Renten oder ähnliche Sozialleistungen oder durch Hilfe ihrer nächsten Angehörigen zu bestreiten. Die schon immer sehr kleine Zahl der Empfänger von laufender Unterstützung durch die Sozialfürsorge ging in den letzten 15 Jahren kontinuierlich zurück – auf ca. 5 500 im Jahre 1989 (Stat. Jb. 1990, 383). Die der Sozialfürsorge vorgelagerten Systeme der sozialen Sicherung wie Mindestlöhne und Mindestrenten griffen also in der DDR besser als in der Bundesrepublik; allerdings waren diese – wie das Beispiel der Rentner zeigt – nicht in der Lage, die Ausbildung einer Randschicht zu verhindern.

Die staatlich hoch subventionierten und daher sehr niedrigen Mieten in der DDR verhinderten, daß Menschen aus ihren Wohnungen vertrieben wurden. Armut führte in der DDR nicht zu manifester **Obdachlosigkeit** oder Wohnungslosigkeit. Die sozialistische Wohnungspolitik hatte allerdings auch ihre Kehrseite: Die niedrigen Mieten hinderten die Privateigentümer älterer Mietwohnungen daran, die Bausubstanz ihrer Häuser zu erhalten. Insbesondere die Altstadtquartiere der Großstädte verfielen zusehends. Nach der Bauzustandserhebung, die von der Bauakademie der DDR im Jahre 1990 durchgeführt wurde, waren ca. 200 000 Wohnungen in Mehrfamilienhäusern aus der Vorkriegszeit „unbewohnbar“ und weitere 800 000 wiesen „schwerwiegende Schäden“ durch Nässeeinwirkungen und andere Mängel auf. Selbst wenn man davon ausgeht, daß ca. eine halbe Million Wohnungen wegen ihres schlechten Zustandes „leergezogen“ sind, werden mindestens eine halbe Million Wohnungen – das sind ca. 7% des Wohnungsbestandes – weiterhin genutzt, obwohl sie schwerwiegende Mängel aufweisen.[73] Latente Obdachlosigkeit in Form von Wohnungsnot existierte also in der DDR durchaus in erheblichem Umfang. Die Daten lassen einen direkten Vergleich mit der BR nicht zu; vermutlich liegt jedoch der Anteil der latent Obdachlosen in den neuen Ländern erheblich über dem in Westdeutschland.[74]

Alte Menschen

Die eigentliche soziale Problemgruppe der DDR waren die alten Menschen. Die sozialistische Sozialpolitik verteilte ihre Leistungen stark „produktionsorientiert“, d.h.: staatliche Hilfen erhielten insbesondere erwerbstätige Menschen, die am Produktionsprozeß teilnahmen; vernachlässigt wurden dagegen die „Unproduktiven“, die aus Altersgründen oder wegen Krankheit aus dem Erwerbsleben ausgeschieden waren. Die Rentner durften am steigenden Lebensstandard in der DDR am wenigsten teilhaben, sie waren die **Stiefkinder der sozialistischen Sozialpolitik**. Die Versorgung der alten Menschen wurde bis zum Beginn der 80er Jahre zusätzlich durch eine ungünstige Altersstruktur der Bevölkerung erschwert (s. S. 293 f.).

1989 lebten in der DDR ca. 2,8 Millionen Rentner, die meisten von ihnen im Rentenalter, das bei Frauen mit dem 60. Lebensjahr, bei Männern fünf Jahre später begann. 74% der Personen im Rentenalter waren Frauen (Sozialreport ’90, 224; Stat. Jb. 1990, 391).

Die **Einkommenssituation** der Rentner in der DDR war nicht nur absolut,sondern auch relativ – im Vergleich zum Durchschnitt der Arbeitnehmer – erheblich schlechter als in der Bundesrepublik. Ein Rentnerhaushalt kam 1988 auf 43% des verfügbaren Einkommens eines Privathaushalts (BR: 68%). Berücksichtigt man die Zahl der Personen, die von diesem Einkommen leben mußten, dann verringert sich der Abstand zum Durchschnitt; das Pro-Kopf-Einkommen eines Rentnerhaushalts betrug 76% des durchschnittlichen Pro-Kopf-Einkommens von Privathaushalten (BR: 90% in Bezug auf alle Privathaushalte, 108% in Bezug auf alle Arbeitnehmerhaushalte)[75]. Anders als in der BR war in der DDR der Übergang in den Status eines Rentners weiterhin für viele Menschen gleichbedeutend mit sozialem Abstieg, die Rente sicherte häufig lediglich eine Grundversorgung.

Über die Soziallage der alten Menschen, über die Einkommensunterschiede unter ihnen und über den Umfang der Gruppe, die an der Armutsgrenze leben mußte, liegen keine genauen Informationen vor.[76] Sicher ist, daß die Lebensbedingungen der alten Menschen auch in der DDR **erhebliche Unterschiede** aufwiesen. So gab es z. B. für bestimmte gesellschaftlich oder politisch bedeutsame Gruppen – für Führungskräfte der Partei und des Staatsapparates, für ausgewählte Gruppen der Intelligenz, für Lehrer, für Beschäftigte bei Bahn, Post, Militär, Zoll, Polizei, Staatssicherheitsdienst u. a. – Sonderregelungen und „Ehrenpensionen". Am 1. Juli 1990 erhielten 129 000 Personen aus diesen erheblich privilegierten Personenkreisen Bezüge aus Zusatzversorgungssystemen. Sie kamen dadurch auf eine Altersversorgung, die um ca. 75% höher lag als die Durchschnittsrente aus der Sozialversicherung (wib 20/90-III/249). Die Mehrheit der RentnerInnen war jedoch auf die bescheidene „Normalrente" aus der Pflichtversicherung angewiesen, die im Durchschnitt nur knapp über der Mindestrente lag (Einzelheiten in Sozialreport '90, 224ff.).

Ca. 900 000 RentnerInnen bezogen 1989 eine **Mindestrente**; sie lag vor der Rentenerhöhung am 1.12.1989 zwischen 300 und 370 Mark – das waren 31-38% der Arbeitnehmernettolöhne bzw. 38-47% des verfügbaren Pro-Kopf-Haushaltseinkommens im Jahre 1988 (berechnet nach Sozialreport '90, 227, 336 und *Bedau/Vortmann* 1990, 659). Angesichts dieses hohen Abstandes der Mindestrenten vom Durchschnittseinkommen kann man davon ausgehen, daß die MindestrentnerInnen in der Regel in relativer Armut unterhalb oder zwischen der 40%-45%-Grenze leben mußten. Sie machten 5,4% der Gesamtbevölkerung aus. Im sozialistischen Deutschland gab es also schätzungsweise einen ähnlich hohen Prozentsatz der Bevölkerung, der an die Armutsgrenze gedrückt war, wie in Westdeutschland. Er wies jedoch ein anderes Sozialprofil auf: es handelte sich um **Altersarmut** und vorwiegend um **Frauenarmut**. Im Gegensatz zu den erheblich fluktuierenden westdeutschen Randschichten war das sozialistische Randschichtenschicksal zudem in der Regel **auf Dauer** angelegt, da sich alte Menschen nicht mehr aus eigener Kraft aus ihrer Randlage befreien konnten.

Betroffen waren vor allem dic betagten Jahrgänge der älteren RentnerInnen. Sie hatten keine oder nur wenig Chancen, in den Genuß der erst 1971 eingeführten Zusatzrente zu kommen. Desweiteren bezogen hauptsächlich Frauen sehr niedrige Renten, weil deren Arbeitseinkommen vergleichsweise niedrig waren und auch weil die Witwenrenten am Ende der Rentenskala lagen. Mitte der 80er Jahre betrug der Frauenanteil unter den MindestrentnerInnen 83% (Sozialreport '90, 336). Nach den Angaben des Sozialreports erhielten 1989 nur 48 000 Männer, aber 846 000 Frauen (=96%!) eine Mindestrente (S. 227). Alleinstehende Menschen waren von materieller Not stärker betroffen als Ehepaare, und auch in dieser Gruppe liegt der Frauenanteil hoch: 70% der Verwitweten, Ledigen oder Geschiedenen im Alter von mindestens 70 Jahren waren 1989 Frauen (berechnet nach Stat. Jb. 1990, 393).

Die sozialistische Gesellschaft hat zwar versucht, die soziale und kulturelle Teilnahme der alten Menschen durch altersspezifische Vergünstigungen zu fördern; dennoch muß insgesamt festgehalten werden: Die produktionsorientierte Sozialpolitik der sozialistischen DDR vernachlässigte trotz der Verbesserungen seit dem Amtsantritt Honneckers die alten Menschen und drängte eine große Zahl von ihnen an den Rand der Gesellschaft. Insbesondere ein Teil der älteren Generation der Rentnerinnen, die den Zweiten Weltkrieg mit seinen Wirren durchlitten hat und die die Entbehrungen der Nachkriegszeit und die Lasten des Wiederaufbaus tragen mußte, wurde um einen Lebensabend gebracht, der sie für die Mühsal eines harten Daseins angemessen entschädigt. Schätzungsweise ca. eine Million der alten Menschen gehören zu einer „betrogenen Generation", die sich nach einem entbehrungsreichen Arbeitsleben am Rande materieller Armut wiederfinden.

5.6.7 Umschichtungen am gesellschaftlichen Rand der neuen Länder

Mit der Umformung der zentral gelenkten Planwirtschaft in eine soziale Marktwirtschaft, mit dem Abbau der Mietsubventionen und der Teilprivatisierung des Wohnungsmarktes und mit der stufenweisen Anpassung der sozialen Sicherung an das westdeutsche Muster sind die neuen Länder gezwungen, mit den Vorteilen auch die Nachteile dieser Systeme in Kauf zu nehmen. Es ist absehbar und z. T. auch schon empirisch festzustellen, daß sich die Randschichten umstrukturieren werden.

Am offensichtlichsten ist die in der DDR unbekannte, aber seit dem Frühjahr 1990 explosionsartig um sich greifende offene **Arbeitslosigkeit**. Der Zusammenbruch von Teilen der ineffizienten ostdeutschen Wirtschaft, der Abbau der Überkapazitäten im öffentlichen Dienst und andere ökonomisch notwendige Veränderungen der Wirtschaftstruktur ließen die Arbeitslosenziffern von 9 000 im Februar 1990 über 642 000 im Dezember 1990 auf 1 068 000 im Juli 1991 emporschnellen. Gleichzeitig stieg die Zahl der Kurzarbeiter dramatisch an – von 656 000 im August 1990 auf 1,8 Millionen im Dezember 1990; ein Teil von ihnen befand sich zwar in einem Beschäftigungsverhältnis und bezog Kurzarbeitergeld, war jedoch de facto ohne Arbeit („Null-Arbeit"). Im August 1991 gab es mehr als 1 Million (12,1%) Arbeitslose und fast 1,5 Millionen (ca. 16,5%) „Kurzarbeiter" (Abb. 5.21). Prognosen rechnen damit, daß die Arbeitslosenzahl im Jahre 1992 trotz aller entlastenden Faktoren (Ost-West-Wanderung, Ost-West-Pendler, vorzeitige Übergänge in den Ruhestand, Beschäftigungs- oder Qualifizierungsgesellschaften, Arbeitsbeschaf-

Abb. 5.21: *Arbeitslosigkeit und Kurzarbeit in den neuen Ländern Februar 1990 – Juli 1991*

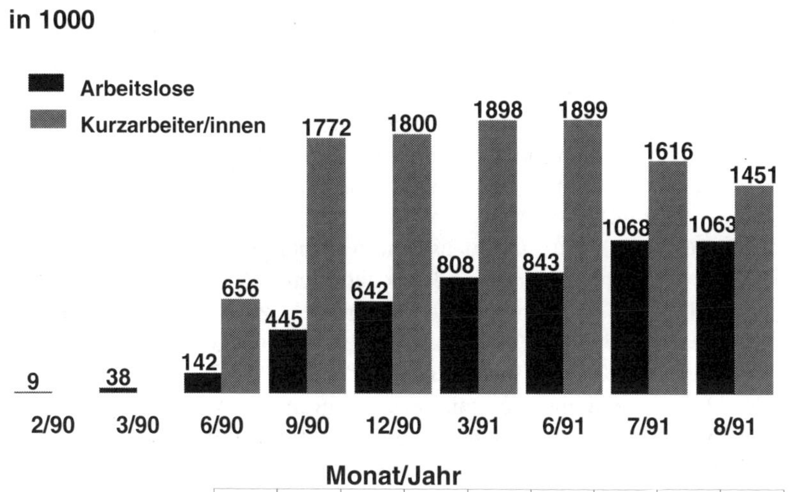

	2/90	3/90	6/90	9/90	12/90	3/91	6/91	7/91	8/91
Arbeitslose	0.1	0.4	1.6	5	7.3	9.2	9.5	12.1	12.1
Kurzarbeiter/innen			7.4	20.1	20.5	21.6	21.4	18.3	16.5

in %

Quellen: Belwe 1991, 122; iwd; Bundesanstalt für Arbeit; eigene Berechnungen.

fungsmaßnahmen, Vollzeitqualifizierung) auf 1,7 bis 2,4 Millionen bzw. auf 20 bis 28% aller Erwerbspersonen ansteigen wird – so eine Modellrechnung des Instituts der Deutschen Wirtschaft (iwd 18/1991). Andere Vorhersagen fallen noch pessimistischer aus. Damit würde das Ausmaß der Arbeitsmarktkrise in den schwarzen Jahren der Weimarer Republik – 1930 gab es 22% Arbeitslose, 1932 30% – erreicht bzw. übertroffen, allerdings abgefedert durch ein unvergleichlich besseres Netz der materiellen Sicherung. Der Verlust des Arbeitsplatzes dürfte für das individuelle Leben in Ostdeutschland noch einschneidender sein als in Westdeutschland, war doch die DDR in stärkerem Maße eine „Arbeitsgesellschaft“ als die BR. Arbeit und Arbeitsstätte prägten den Alltag stärker, ragten weiter in verschiedene Bereiche des täglichen Lebens hinein. So existierten die bereits erwähnten (S. 150 f.) Besonderheiten der sozialistischen Arbeitsbedingungen – längere Arbeitszeiten, stärkere Einbindung in Arbeitskollektive, höherer subjektiver Stellenwert der Arbeit; darüber hinaus wurde durch die Betriebe für viele eine ganze Reihe sozialer Aufgaben wahrgenommen wie Kinderbetreuung, medizinische Versorgung, Zuteilung von Wohnungen, Weiterbildung, kulturelle Aktivitäten sowie Organisation von Freizeit, Urlaub und Erholung. Absehbar ist bisher nicht, wie lange die Massenarbeitslosigkeit anhalten wird und ob sich im Laufe der nächsten Jahre eine umfangreichere Randschicht von Langzeitarbeitslosen herausbilden wird. Zu rechnen ist damit, daß – wie in Westdeutschland – ein Teil der Arbeitslosen zumindest vorübergehend auf Sozialhilfe angewiesen ist und damit an die Grenze des soziokulturellen Existenzminimums gedrängt wird.

Obdachlosigkeit dürfte teilweise ihren bisherigen latenten Charakter verlieren und manifest werden. Es wäre erstaunlich, wenn der starke Anstieg der Mieten bei Teilen der armen Bevölkerung nicht zu Wohnungslosigkeit oder manifester Obdachlosigkeit führen würde, weil die Wohnungskosten nicht mehr aus eigener Kraft zu finanzieren sind.

Absehbar ist auch, daß sich mit der Einführung der westdeutschen Systeme der sozialen Sicherung Umschichtungen am Rand der Gesellschaft vollziehen. Das **Armutsrisiko** wird in den neuen Ländern Gruppen treffen, die in der DDR nicht zu den Randgruppen zählten – neben den bereits erwähnten Arbeitslosen, die alleinerziehenden Mütter, die kinderreichen Familien und – damit zusammenhängend – Kinder und Jugendliche. Neuere Studien belegen, daß Alleinerziehende diese Gefahren wahrnehmen; Gefühle der sozialen Unsicherheit und Existenzbedrohung sind bei ihnen in besonderem Maße ausgeprägt (Frauenreport '90, 99). Der reale Hintergrund dieser Ängst wird daran deutlich, daß im Spätherbst 1990 jeder zehnte Sozialhilfeempfänger in Ostberlin eine alleinerziehende Mutter mit Kindern bis zu sieben Jahren war (*Belwe* 1991, 128).

Andererseits wird mit der Übernahme der erheblich besseren westdeutschen Altersversorgung ein Teil der Menschen aus ihrer bisherigen Randlage befreit. Dieser Vorgang läßt sich bereits ansatzweise in den neusten Erhebungen zur Einkommensentwicklung in den neuen Ländern erkennen. Am Ende des Jahres 1990 hatten Rentnerhaushalte mit Abstand den höchsten relativen Einkommenszuwachs zu verzeichnen. Seit dem Mai 1989 war ihr verfügbares (Nominal-)Einkommen um 37% angestiegen, in Haushalten von Erwerbstätigen, die nicht von Arbeitslosigkeit oder Kurzarbeit betroffen waren, lag der Anstieg lediglich zwischen 22% und 26% (*Schwarze/Parakenings* 1991, 217). Allerdings dürfte diese Differenz im Einkommensanstieg nicht voll auf den Lebensstandard durchschlagen; denn vermutlich sind auch die Lebenshaltungskosten eines Rentnerhaushalts stärker gestiegen, weil die Subventionen für die Güter des täglichen Gebrauchs abgebaut wurden.

Insgesamt dürften sich die Randschichten in den neuen Ländern allmählich **nach dem westdeutschen Muster umstrukturieren**. An ihrem Umfang dürfte sich nicht viel ändern, aber die Erscheinungsformen wandeln sich und es sind auch andere Gruppen, die von den Risiken der Randständigkeit bedroht werden.

Anmerkungen

1 z. B. *Grundmann* u. a. 1976, 132f.; *Lötsch/Lötsch* 1985, 71; *Kretzschmar* 1985, 24f.; *Lötsch/Meier* 1988, 186.

2 Neuere Überblicke zur Entwicklung der Sozialstruktur der DDR aus DDR-Sicht bei *Weidig* 1988, aus westdeutscher Sicht bei *Thomas* 1988 und *Belwe* 1989.

3 Vgl. z. B. *Bahro* 1977, 250f.; *Voigt* u. a. 1987, 152f., 156f., 165ff.; *Pollack* 1990, 294; *Adler* 1991, 164.

4 Vgl. *Herbert* 1991; *Klages* 1991a und 1991, 111ff.; *Koch* 1991.

5 Die Ergebnisse dieser drei wichtigsten empirischen Studien zur Machtelite der Bundesrepublik sind in mehreren Publikationen veröffentlicht; u. a. *Enke* 1974 für die Studie von 1968; *Hoffmann-Lange* u. a. 1980 für die Studie von 1972; *Wildenmann u. a.* 1982, *Hoffmann-Lange u. a.* 1982 sowie *Hoffmann-Lange* 1990a für die Studie von 1981. Zu den Methodenproblemen bei der Messung von Macht (Positionsmethode, Reputationsmethode, Entscheidungsmethode) vgl. *Drewe* 1974.

6 Vgl. auch die Elitentypologien bei *Dahrendorf* 1965, 259 und bei *Hoffmann-Lange* 1990, 9.

7 *Zapf* 1965, 179ff.; *Dahrendorf* 1965, 179; *Scheuch* 1966, 362.

8 vgl. Anm. 7 sowie *Enke* 1974, 76; *Hoffmann-Lange u. a.* 1980, 24.

9 Weitere Einzelheiten zum „Machtmonopol der Männer" und seinen Ursachen werden in Kap. 8 behandelt.

10 Die Interpretation bezieht sich insbesondere auf Daten bei *Mayer* 1980, 189f.; *Hoffmann-Lange u. a.* 1980, 52ff.; *Hoffmann-Lange* 1983, 20.

11 *Sontheimer/Bleek* 1979, 151 kommen zu einer ähnlichen Einschätzung.

12 Zur Kaderpolitik und Kaderschulung vgl. insbes. die Arbeiten von *Glaeßner* (1977 und 1989, 144ff.) sowie BMIB 1985, 968f. und *Fricke* 1989.

13 Nach Meinung der westdeutschen Bevölkerung (1987) verdienen insbes. die Vorstandsvorsitzenden, aber auch die Minister und Ärzte zuviel *(Braun/Uher* 1990, 200).

14 1989 gab es 561.000 mithelfende Familienangehörige, davon arbeiteten allein 395.000 im primären Sektor (Stat. Jb. 1990, 98). Die Zahl der Familienbetriebe liegt niedriger, weil in einigen Betrieben mehr als ein Familienmitglied mitarbeitet.

15 Die quantitativen Angaben nach *Bögenhold* 1985, 241; 1987, 41, 49; 1987a, 324f.

16 Daten nach Stat. Jb. 1954, 94 (1950) und Argrarberichte 1990, 52 und 1991, 1,9.

17 Zur Unzufriedenheit vgl. auch *Pongratz* 1987, 522f., *Noll/Habich* 1990, 182 und Abb. 4.1 auf S. 70.

18 Zur Agrarrevolution vgl. *Staritz* 1984, 111; *Weber* 1985, 110f. und 314ff.; *Hohmann* 1985, 14ff.; *Krambach* 1988, 94f.; *Winters* 1990, 15.

19 Zu den Problemen des internationalen Vergleichs und zu den Ursachen der Unterschiede zwischen den Gesellschaften vgl. *Noll* 1990, 3, vgl. auch Anm. 21.

20 Vgl. *Scharpf* 1986, 7; *Berger* 1986, 36f.; *Schedl/Vogler-Ludwig* 1987, 7 und 154; zum Anteil der Angestellten im sekundären Sektor vgl. S. 123.

21 Ein Teil des erwähnten „Dienstleistungsdefizites" der alten Bundesrepublik gegenüber anderen westlichen Gesellschaften hängt auch mit diesen statistischen Problemen zusammen.

22 Unterschiedliche pragmatische oder theoretisch orientierte Typologien z. B. bei *Müller* 1983, 146ff.; *Berger, J./Offe* 1984, 244ff.; *Schröder* u. a. 1989, 19; iwd 47 (1990), 7.

23 Unterschiedliche Belege bei *Scharpf* 1986, 3; *Schedl/Vogler-Ludwig* 1987, 2; *Hofmeier* 1988, 16.
24 1950 nach *Berger* 1986, 47; 1989 berechnet nach Stat. Jb. 1990, 98. Die Angaben im Stat. Jb. beziehen sich auf Angestellte **und** Beamte. Im sekundären Sektor dürfte es jedoch kaum Beamte geben.
25 Aus der Fülle der soziologischen oder sozialhistorischen Studien zu den deutschen Angestellten seien genannt: *Lederer* 1912; *Lederer/Marschak* 1926; *Kracauer* 1930; *Croner* 1962; *Braun* 1964; *Steiner* 1967; *Braun/Fuhrmann* 1970; *Kocka* 1981; *Kocka/Prinz* 1983; *Baethge/Overbeck* 1986. Gute Überblicke zur Soziologie der Angestellten bei *Bolte* 1970 und *Seltz* 1983.
26 Angestellte als „neuer Mittelstand" oder Teil des „neuen Mitteldstandes" z. B. bei *Lederer* 1912, 300; *Schmoller* 1918, 617ff.; *Geiger* 1932, 101ff. Die (neo-)marxistische Position bei *Marx* 1973, 310ff.; *Lederer/Marschack* 1926, 141; *Steiner* 1967, *Kadritzke* 1982. Zu dieser Kontroverse vgl. *Bolte* 1970, 316f., 321-325 und *Seltz* 1983, 280-290 und 294f.
27 Empirische Belege zur Soziallage bei *Noll/Habich* 1989, Tabelle 4; *Mayer* 1977, 215; *Noll* 1984, 103; *Datenreport* 1989, 506; *Holtmann/Strasser* 1990, 100.
28 Z.B. bei *Müller* 1986, *Herz* 1990 und *Noll/Habich* 1990; vgl. auch *Geißler* 1991.
29 Empirische Belege bei *Seltz* 1983, 291; *Kocka/Prinz* 1983, 233f.; *Bolte/Hradil* 1984, 213; *Noll/Habich* 1989, Tabellen 4, 8 und 9; *Kudera* u. a. 1983, 203f.; *Baethge/Oberbeck* 1986, 20ff. *Holtmann/Strasser* 1990, 93; *Schüler* 1990, 118.
30 *Jaeggi/Wiedemann* 1966; *Braun/Fuhrmann* 1970; *Saurien* 1979; *Kudera* u. a.1979; *Kudera u.a.* 1983; *Schmidt* 1988; *Salowsky* 1991, 50ff.
31 *Prinz/Kocka* 1983, 249; *Pege* 1985, 11; *Stück* 1988, 40; *Bertl* u. a. 1989, 64; *Müller-Jentsch* 1989, 72f., 130f., 135.
32 *Isensee* 1988, 11; zu den Berufseinstellungen im öffentlichen Dienst vgl. auch *Bolte* 1970, 342f.; *Luhmann/Mayntz* 1973, 347; *Ellwein/Zoll* 1973, 157ff.
33 *Grundmann u. a.* 1976, 163; *I. Lötsch* 1987, 29; *Weidig* 1988a, 92.
34 Berechnet nach *Adler* 1991, 173ff.; *Landua/Zapf* 1991, 12; *Schupp/Wagner* 1991, 325.
35 Die empirischen Belege überwiegend nach dem BISS-Survey (*Adler* 1991, 173ff.; zur Repräsentativität *Kretzschmar/Lindig* 1991, 78f.); einige auch nach *Kretzschmar* 1985, 98, *Stephan/Wiedemann* 1990, 261 und *Landua/Zapf* 1991, 12.
36 Überblicke zur Intelligenz aus DDR-Sicht bei *Lötsch* 1988; aus westdeutscher Sicht bei *Erbe* 1982 für die 60er und 70er Jahre und bei *Belwe* 1990a für die 80er Jahre.
37 *Lötsch* 1980a, 34; 1981a, 67; 1982, 730; 1988, 155; *I. Lötsch* 1990, 4f.
38 Nach Aussage des Präsidenten der Deutschen Akademie der Naturforscher Leopoldina (Halle), *Bethge*.
39 Ein guter Überblick dazu bei *Belwe* 1990a, 17-33.
40 *Lötsch* wies wiederholt auf die meisten dieser Faktoren hin (z. B. 1981a, 66f.; 1985, 40; 1986, 7f., 12; 1988, 144f., 157f.; 1988a, 23); Beispiele für Hinweise durch andere Wissenschaftler bei *Belwe* 1990a, 17-33.
41 Zahlen nach DIW bei *Schupp/Wagner* 1991, 323 (x-Bereich); DER SPIEGEL 35/1990, 64 (Staatssicherheitsdienst; dazu auch *Fricke* 1990, 119ff.); *Holzweißig* 1985, 57 (Berufssoldaten); wib 11/91, 23 (NVA-Offiziere); DDR-Handbuch 1985, 275f. (Volkspolizei); *Lapp* 1992, 11 (Soldaten).
42 Einige Daten bei *Adler* 1991, 173ff.; zur Altersversorgung vgl. S. 189.
43 Laut Agrarbericht 1991 (S. 9) arbeiteten 1990 noch 88.000 familienfremde Arbeitskräfte ständig in der Landwirtschaft, das sind ca. 1% der Arbeiterschaft.
44 *T. Meyer* 1992, 41-54; vgl auch *Mooser* 1984, S. 289; *Häußermann* 1984, S. 652f u. 657ff.; *Rosenbaum* 1982, 474f.sowie S. 268).
45 Vgl. auch *Lötsch* 1990.

46 Vgl. *Dippmann* 1983, 47 ff.; *Naumann/Welskopf* 1983, 57; zusammenfassend *Erbe* 1982, 163 ff.; *Kuhnert* 1983, 506f.; *Belwe/Klinger* 1986, 73ff.

47 Vgl. z. B. *Kroh/Schmollack/Thieme* 1983, 105; s. auch *Klinger* 1984, 25ff.; *Voigt u. a.* 1987, 144ff.

48 Vgl. z. B. *Grundmann/Lötsch/Weidig* 1976, 136ff.; *Lötsch* 1985, 15; *Weidig* 1988a, 92.

49 *Adler* 1991, 159, 173ff.; *Frick u. a.* 1991, 339; *Landua u. a.* 1991, 29; *Landua/Zapf* 1991, 12; vgl. auch *Lötsch/Meier* 1988, 181ff.

50 Die Volkszählung von 1987 ergab, daß die durch die Zählung des Ausländerzentralregisters (AZR) ermittelte Zahl um 9,4 Prozent zu hoch liegt, weil sich Ausländer bei Fortzügen z. T. nicht abmelden und weil das Papierbelegverfahren im AZR Verzögerungen und Fehlerquellen zur Folge hat. Die Zahlen bis 1987 sind daher überhöht, ab 1987 werden sie korrigiert (vgl. *Fleischer* 1989, 594f.).

51 *Erichsen* 1988, 20 u. 16; *Fleischer* 1988, 326; BMAS 1989a, 6; IZA 1/1990, 5; Stat. Jb. 1990, 59.

52 *Erichsen* 1988, 17; Fleischer 1989, 542; aid 2/1988, 3; BMAS 1989a, 1; iwd 3/1990.

53 *Bolte/Hradil* 1984, 259; *Hradil* 1987a, 37f.; *Biller* 1989, 222, 255f.

54 Der Präsident der Bundesanstalt für Arbeit nach IZA 4/1989, 7.

55 *Reuband* 1989, 272. Auch die Trendanalysen von *Terwey* 1989 und *Romotzky/Alt* 1989 zeigen einen Rückgang ausländerfeindlicher Einstellungen.

56 Studie von *Esser* nach IBW 6/1988, 90; *Wiegand* 1989, 525f.

57 Arbeitssituation – *Hradil* 1987a, 45; *Biller* 1989, 329; Sprachkenntnisse, Isolation – *Wiegand* 1987, 508; *Esser* nach IBW 6/1988, 90; Diskriminierung – *Gehring/Böltken* 1987, 504.

58 Zahlen nach Frauenreport '90, 35f. und *Werth* 1990, 4.

59 Zitiert nach *Commichau* 1990, 1433.

60 Die erste Publikation ist das Buch von *Irene Runge* 1990.

61 Vgl. den Bericht über ein DFG-Forschungsprojekt mit Repräsentativ-Umfrage im Jahr 1990 in WZB-Mitteilungen 1991, Nr. 51, 25ff.; sowie *Fuchs/Klingemann/Schöbel* 1991, 41.

62 *Georg Simmel*, der als einer der ersten Soziologen Armut analysierte, hat den Relativismus des Armutsbegriffs noch weiter getrieben und auch innerhalb einer Gesellschaft derselben Zeit schichtspezifische Abstufungen der Armut unterschieden. (*Simmel* 1968, 369).

63 Zum Armutsbegriff vgl. *Hartmann* 1981, 155ff.; *Lompe/Roy* 1987, 19ff.; *Hauser* 1988, 8ff.; *Schulz* 1989, 106ff.; *Iben* 1989, 276ff.

64 *Hartmann* 1981, 35ff. und 168f.; *Hauser* u. a. 1981, 70 und 73f.; *Cremer-Schäfer* 1981, 20 für Arbeitslose; bei H. *Geißler* 1975, 33 wird die Dunkelziffer erheblich überschätzt.

65 Die Entwicklung der Armutskluft dürfte etwas gemäßigter ausfallen, wenn man andere Sozialhilfeleistungen – z. B. die Miet- und Heizkosten – bei der Rechnung berücksichtigen könnte.

66 Schätzungen für Obdachlose am Ende der 70er Jahre bei *Vaskovics/Weins* 1979, 18, 53, 56; für Obdachlose 1980 bei *Vaskovics/Weins* 1983, 125ff.; die Schätzung für 1990 bei *Specht-Kittler/Schaub* 1990; vgl. auch *Specht* 1990, 230ff.; zum Rückgang der manifesten Obdachlosigkeit in NRW vgl. *Könen* 1990, 30; zur Zahl der Wohnungslosen vgl. *Bolte/Hradil* 1984, 276; *Wenzel/Leibfried* 1987, 305; *Drude* 1987, 38; *Steinack* 1987, 126.

67 *Vaskovics/Weins* 1979, 46ff.; *Schuler-Wallner* 1988, 33ff.; *Drygala* 1988, 15ff.; *Iben* 1989, 317f.; *Angele* 1989, 31ff; *Könen* 1990, 41ff.

68 Zusammenfassungen der empirischen Forschungsergebnisse bei *Gerstenmaier/Hamburger* 1978, 156ff., 163ff.; *Vaskovics/Weins* 1979, 22; *Bolte/Hradil* 1984, 245ff.; *Angele* 1989, 57ff.; *Iben* 1989, 318f.

69 *Wenzel/Leibfried* 1986, 305; *Steinack* 1987, 126ff.; *Drude* 1987, 38; *Giesbrecht* 1987, 27.

70 Die Anzahl der Familienangehörigen der Langzeitarbeitslosen läßt sich nur grob schätzen. 1984 gab es etwa 3 Millionen Kinder mit mindestens einem arbeitslosen Elternteil (*Horn-*

stein 1988, 260) und 1987 ca. 1 Million Personen mit einem erwerbslosen Ehepartner (*Mayer* 1990, 26). Geht man davon aus, daß bei Langzeitarbeitslosen entsprechend viele Kinder und Ehepartner betroffen sind, kommt man auf eine Zahl von 1 Million Familienangehörige.

71 Nach *Brinkmann* 1984, 461 f.; *Zenke/Ludwig* 1985, 271; *Hornstein* 1988, 263; *Welzer u. a.* 1988, 26; *Schneider* 1989, 300; *Steinkamp* 1991a, 8. Zu den psychosozialen Folgen von Arbeitslosigkeit vgl. auch *Silbereisen/Walper* 1989; *Landua* 1990; *Hess/Hartenstein/Smid* 1991.

72 Unberücksichtigt bleiben 5,1 Mio. (= 8% der Bevölkerung) amtlich registrierte Schwerbehinderte (Datenreport 1989, 182), deren Soziallage einer speziellen eingehenden Analyse bedarf. Auch die etwa 1 Mio Spätaussiedler der letzten Jahre (S. 300 f.) werden nicht zu den Randschichten gezählt, da ihre Aussichten auf Integration in die Kerngesellschaft langfristig eher als gut einzuschätzen sind.

73 Angaben zum Zustand der Wohnungen in Sozialreport '90, 161f.; *Schröder* 1991, 7; *Bartholmai* u. a. 1990, 597.

74 Nach Angaben der Bundesregierung sollen 20-25% des ostdeutschen Wohnungsbestandes nach den westlichen Maßstäben „nicht mehr bewohnbar" sein (wib 8/91-XII/8).

75 Die Zahl 108% bezieht sich auf das Jahr 1985. Daten nach *Bedau/Vortmann* 1990, 659 (1988) und Zahlenspiegel 1988, 75 (1985).

76 Einige Daten für alle Rentner bei *Schneider* 1988, 53, 73 und *Landua/Zapf* 1991, 12.

6. Soziale Mobilität

6.1 Begriffe und Methoden der Mobilitätsforschung

Der Begriff Mobilität bezieht sich auf die Bewegung von Personen in der Gesellschaft. In der Regel werden **räumliche Mobilität** (Bewegungen von Ort zu Ort, Wanderungen) und soziale Mobilität unterschieden. Einige Aspekte der räumlichen Mobilität werden in Kapitel 10.5 behandelt. Mit **sozialer Mobilität** ist der Wechsel von Personen zwischen sozialen Positionen gemeint, dazu gehört auch der Wechsel zwischen Berufsgruppen oder Schichten. Mobilitätsprozesse verlaufen sehr vielschichtig, daher hat die Soziologie eine ganze Reihe von Begriffen entwickelt, die unterschiedliche, meist miteinander zusammenhängende Aspekte der sozialen Mobilität beleuchten. Bereits *Max Weber* (1976, 177) unterschied zwischen **Generationenmobilität** (oder: Intergenerationenmobilität) – dem Schichtwechsel in der Generationenfolge, von der Elterngeneration auf die Kindergeneration – und **Karrieremobilität** (oder: Intragenerationenmobilität), dem Schichtwechsel im Verlaufe einer individuellen Lebensgeschichte. Von dem russisch-amerikanischen Mobilitätsforscher *Pitirim A. Sorokin* (1927) stammt die Unterscheidung zwischen **horizontaler** und **vertikaler** Mobilität, von horizontalen Bewegungen zwischen Positionen, die von ihrem Rang her auf einer Ebene liegen, und vertikalen Bewegungen zwischen höher oder niedriger gelegenen Positionen, also soziale **Aufstiege** bzw. soziale **Abstiege.** *Theodor Geiger* (1962, 1962a) trennte zwischen **individueller** Mobilität, dem Übergang von einzelnen Personen von einer Schicht in die andere, und **kollektiver** Mobilität, dem sozialen Aufstieg oder Abstieg einer ganzen Gruppe; kollektive Mobilität ist danach z. B. der soziale Aufstieg der Volksschullehrer durch die Akademisierung ihrer Ausbildung. *Geiger* wies auch mit Nachdruck auf die **doppelte Dynamik** der Mobilitätsvorgänge hin: nicht nur Individuen bewegen sich ständig zwischen den Positionen und Schichten, auch das Positionsgefüge selbst, das Berufs- oder Schichtgefüge, befindet sich in permanenter Bewegung; es verändert ständig seine Struktur. Der Strukturwandel „zwingt" die Menschen, ihre Positionen zu wechseln. Schrumpfende Gruppen – z. B. die Bauern – verdrängen Menschen, sie üben einen **Abstoßeffekt** aus; expandierende Gruppen – z. B. die Dienstleistungsschichten – ziehen Menschen an, sie üben einen **Sogeffekt** aus. Der Einblick in die Zusammenhänge von **Umschichtungen**, wie *Geiger* den Strukturwandel im Schichtgefüge nennt (Vgl. S. 79), und sozialer Mobilität veranlaßte ihn, zwischen „kategorischem" und „individuellem" Positionswechsel zu unterscheiden (*Geiger* 1939, 631). Der Mobilitätsforscher *Yasuda* (1964) nannte diese beiden Aspekte der Dynamik später **Strukturmobilität** und **Zirkulationsmobilität**. Die erstere wird durch Strukturwandel „erzwungen", die andere ist „überschüssige" Mobilität und vollzieht sich unabhängig von den Veränderungen im Positionsgefüge.

Methodische Anmerkung. Soziale Mobilität läßt sich relativ anschaulich mit sog. **Mobilitätsmatritzen** beschreiben, die Abstromquoten oder Zustromquoten enthalten. **Abstromquoten** zur Generationenmobilität geben an, wieviel Prozent der Kinder in den Beruf Ihres Vaters bzw. in andere Berufe „abströmen". Sie quantifizieren also die **Chancenstruktur** einer Gesellschaft und verdeutlichen, wie hoch in den jeweiligen Schichten die Chancen für Statuserhalt („Statusvererbung"), sozialen Aufstieg bzw. sozialen Abstieg sind. **Zustromquoten** (oder: Herkunftsquoten) zeigen an, aus welchen Schichten die Angehörigen einer Berufsgruppe stammen, woher sie „zugeströmt" sind. Sie enthalten u. a. die Selbstrekrutierungsquoten (Zuströme aus der eigenen Berufsgruppe) und vermitteln ein Bild von der sozialen **Einheitlichkeit oder Vielgestaltigkeit** der Gruppe, von ihrer **Offenheit** bzw. **Geschlossenheit** gegenüber anderen Gruppen.

Die **Messung** der sozialen Mobilitätsprozesse bringt eine ganze Reihe von Problemen mit sich, weil die ermittelten Zahlen in hohem Maß vom Instrument des Forschers abhängig sind. Es ist z. B. unmittelbar einleuchtend, daß die Zahl der registrierten Schichtübergänge steigt, wenn man mit einem 10-Schichten-Modell statt mit einem 5-Schichten-Modell oder gar nur mit einem 2-Schichten-Modell arbeitet, obwohl die „Realität" der Mobilität dieselbe geblieben ist. Oder: Wer Übergänge zwischen ähnlichen Gruppen mißt, z. B. innerhalb der Arbeiterschaft, wird mehr Mobilität finden als derjenige, der nur relativ geschlossene Gruppen unterscheidet. Mobilitätsraten sind somit weitgehend Produkte des Forschers, sie werden – überspitzt formuliert – am Computer erzeugt. Daher sind Vergleiche zwischen verschiedenen Studien, interkulturelle Vergleiche, aber auch historische Vergleiche mit erheblichen Methodenproblemen verbunden.

Bei der Darstellung der Umschichtungen in den vorangehenden Kapiteln bin ich bereits häufiger auf Mobilitätsprozesse eingegangen: z. B. auf den sozialen Aufstieg in die Eliten, auf die Fluktuation bei den Selbständigen, auf die kollektive Mobilität breiter Kreise der Arbeiterschaft durch Entproletarisierung oder auf die Mobilität über die Randschichtengrenzen hinweg. In diesem Kapitel soll ein Überblick über die Struktur und Entwicklung der **Generationenmobilität** im Mittelpunkt stehen.

6.2 Zunehmende Mobilität in der Bundesrepublik

Die einfach klingende Frage, ob die Generationenmobilität in der Bundesrepublik zugenommen hat, ob die Bundesrepublik eine „offenere" Gesellschaft geworden ist, war unter Mobilitätsforschern lange Zeit umstritten. Angesichts der Erschütterungen der Gesellschaft durch den Zweiten Weltkrieg – Zerstörung, Vertreibung, Flucht, Verluste an Besitz und Vermögen, Lücken in der

Bevölkerungsstruktur durch die Kriegsopfer, Neuaufbau von Existenzen, schnelles Wirtschaftswachstum – liegt die Vermutung nahe, daß die Gesellschaft stark in Bewegung geriet und sozial durcheinandergewirbelt wurde. Andererseits lassen sich auch mobilitätshemmende Faktoren ausmachen: Lastenausgleich für verlorenes Vermögen, eine restaurative Wirtschaftsordnung und eine Wirtschaftspolitik, die Besitz sichert und Kapitalvermehrung begünstigt (vgl. *Müller* 1986, 344). Empirische Analysen lieferten widersprüchliche und umstrittene Ergebnisse, so daß im Forschungsüberblick von *Bolte* und *Recker* (1976, 57) aus den 70er Jahren „bewußt darauf verzichtet werden soll, dazu vorliegende Aussagen zu referieren und eventuell den Anschein gesicherten Wissens darüber zu vermitteln".

Die wenigen neueren Studien zur Entwicklung der Generationenmobilität ergeben ein eindeutigeres Bild. Ihre Ergebnisse, die sich ausschließlich auf Männer beziehen, lassen sich zu drei Thesen komprimieren:

1. Die Gesellschaft der Bundesrepublik ist in den 60er Jahren mobiler geworden.
2. In den 70er Jahren sind insbesondere die Aufstiegschancen gestiegen, während die Bedrohung durch sozialen Abstieg zurückgegangen ist.
3. Die zurückgelegten Entfernungen „nach oben" sind in den 70er Jahren größer geworden.

Zu These 1: **Mobilitätszunahme.** Der Sozialhistoriker *Hartmut Kaelble* (1983, 68f.) unterscheidet drei große Schichten und stellt fest: der Anteil der Söhne, die in der Schicht ihrer Väter verblieben waren, sank von 70% im Jahre 1955 auf 56% im Jahre 1969. Die Entwicklung in den 70er Jahren ist durch eine Kohortenanalyse dokumentiert. Bei dieser Methode werden Mobilitätstrends anhand der Mobilität von verschiedenen Geburtsjahrgängen – der sozialwissenschaftliche Spezialausdruck für Geburtsjahrgang ist „Kohorte" – untersucht. Aus den Daten von *Heinz-Herbert Noll* (1985, 481f.) läßt sich errechnen, daß der Anteil der Söhne, die in einem 8-Schichten-Modell auf- oder abgestiegen sind, zwischen 1970 und 1979 nur noch geringfügig von 64% auf 66% angestiegen ist.

Zu These 2: **Zunahme der Aufstiegschancen und Abnahme der Abstiegsgefahren.** Charakteristisch für die Dynamik der 70er Jahre ist ein erheblicher Schub an Aufwärtsmobilität bei gleichzeitigem Rückgang der Abwärtsmobilität. 1970 standen einem Abstieg 1,8 Aufstiege gegenüber, 1979 bereits 2,5.[1] Abb. 6.1 zeigt, daß sich in allen Berufsgruppen die Aufstiegchancen verbessert und die Abstiegsrisiken verringert haben. Immer mehr Söhnen aus den unteren und mittleren Schichten gelingt der Aufstieg in die Gruppen der gehobenen bzw. höheren Angestellten und Beamten.

Abb. 6.1: *Auf- und Abstiegsquoten für erwerbstätige Männer, Bundesrepublik 1970 und 1979 (in Prozent)*

Beruf des Vaters	Aufstiege		Abstiege		Aufstieg in nicht benachbarte höhere Berufsgruppen		Zugänge in die höchsten Dienstleistungsgruppen	
	1970	1979	1970	1979	1970	1979	1970	1979
Ungelernte Arbeiter	76	88	–	–	44	57		
Gelernte Arbeiter	55	68	7	3	22	40	5	11
Facharbeiter	37	47	17	12	30	40		
Vorarbeiter, einfache Beamte	40	52	44	30	36	48		
Meister, einfache Angestellte	33	46	48	34	9	23	12	22
Werkmeister, mittlere Beamte und Angestellte	25	38	30	22	13	16	25	38
gehobene Angestellte und Beamte	24	25	46	36	–	–	50	55
Leitende Angestellte, höhere Beamte	–	–	64	50	–	–	52	54

Die Angaben für 1970 beziehen sich auf die Geburtsjahrgänge 1931 bis 1939, die Angaben für 1979 auf die Geburtsjahrgänge 1940 bis 1948. N für 1970=3979, N für 1979=3470 (jeweils einschl. Selbständige, die nicht in diese Tabelle übernommen wurden).

Quelle: Zusammengestellt nach Noll 1987, 453f.

Auch die **Karrieremobilität** hat in den 70er Jahren zugenommen (*Berger* 1986, 208; *Blossfeld* 1989, 148; *Noll* 1987, 455f.). Abstieg findet im individuellen Lebenslauf noch seltener statt als zwischen den Generationen. 1982-84 standen einem Abstieg drei Aufstiege gegenüber (*Kappelhoff/Teckenberg* 1987, 319).

Zu These 3: **Zunahme der Langstreckenmobilität.** Vertikale Mobilität war in der Bundesrepublik bis in die 70er Jahre **Kurzstreckenmobilität** in die benachbarten Schichten. Der traumhafte Aufstieg aus einfachen Verhältnissen in die oberen Schichten gelingt nur wenigen; und noch seltener taucht die extreme soziale Deklassierung auf, der „freie Fall" aus den oberen Etage der Gesellschaft ins Kellergeschoß. *Kleining* (1975, 286f.) hat die Mobilitätsdistanzen in einem 6-Schichten-Modell für die Geburtsjahrgänge 1930-1949 quantifiziert und festgestellt: jeder 5. steigt in die nächsthöhere Schicht auf, jeder 10. steigt über zwei Schichten auf und nur jedem 50. gelingt ein Aufstieg über drei Schichten. Ein Abstieg über drei Schichten droht nur jedem 100. Aus Abb. 6.1 geht hervor, daß sich mit der zunehmenden Aufstiegsdynamik auch die zurückgelegten Entfernungen vergrößert haben; die Sprünge nach oben sind in den 70er Jahren nicht nur häufiger, sondern auch höher geworden. 1970 schafften nur 5% der Arbeitersöhne den Aufstieg in die Schicht der gehobenen und höheren Dienstleistungsberufe, 1979 waren es bereits 11%. Bei den Söhnen von einfachen Angestellten und Beamten (einschließlich Meister) stieg der entsprechende Anteil von 12% auf 22%. Langstreckenabstieg taucht allerdings nach wie vor sehr selten auf.

Hinter der geschilderten zunehmenden Dynamik stecken zwei miteinander zusammenhängende Entwicklungstendenzen der Berufs- und Schichtstruktur; die eine „erzwingt" Aufstiegsmobilität, die andere erleichtert sie. Den ersten Abspekt des Strukturwandels kann man als **Umschichtung nach oben** bezeichnen. Mit dem Wandel zur Dienstleistungsgesellschaft, mit der Expansion der Dienstleistungsberufe, mit den höheren Qualifikationsanforderungen in der Berufswelt, mit der Verlagerung des Gewichts von der körperlichen zur geistigen Arbeit (vgl. Kap. 5.3.1 und 7.2.1) schrumpfen die unteren Schichten der manuell Arbeitenden, gleichzeitig dehnen sich mittlere und obere Schichten im tertiären Sektor aus. Diese Umschichtung nach oben „erzwingt" Aufstiegsmobilität und behindert massenhaften sozialen Abstieg. Zu den schrumpfenden unteren Schichten gehören seit langem die Bauern und die un- und angelernten Arbeiter, seit den 70er Jahren auch zunehmend die Facharbeiter und die ausführende Dienstleistungsschicht (vgl. z. B. Noll 1985, 481); sie „stoßen Menschen ab". Die expandierenden mittleren und höheren Schichten dagegen „ziehen Menschen an". Die Unterschichtung der Sozialstruktur durch die Ausländer in den 60er und 70er Jahren hat der deutschen Bevölkerung noch zusätzliche Aufstiegsmöglichkeiten gebracht, da die „Gastarbeiter" vorwiegend die unterste Ebene der Schichtungshierarchie besetzten (vgl. Kap. 5.5).

Erleichert wird der Schichtwechsel durch eine zweite Entwicklung: **durch die zunehmende Dominanz der relativ offenen Bildungsschichten über die relativ geschlossenen Besitzschichten**. Die Zugehörigkeit zu den Besitzschichten des alten Mittelstandes – insbesondere Bauern, aber auch andere Selbständige – ist an die Verfügung über Betriebsmittel, Kapital oder Grund und Boden gebunden. Daher sind Übergänge „von außen" in diese Schichten relativ schwer. In die Bildungsschichten dagegen – Angestellte, Beamte – wird der Zugang über Ausbildungszertifikate ermöglicht; und diese sind leichter zur erwerben als Kapital oder Grund und Boden; daher sind Bildungsschichten nachweislich (vgl. S. 204 f.) vergleichsweise offen. Durch die Ausdehnung der Dienstleistungsmittelschichten auf Kosten des alten Mittelstandes öffnet sich also die Sozialstruktur.

6.3 Mobilitätsmuster in der Bundesrepublik

Methodische Anmerkung. Die Abb. 6.2 und 6.3 erlauben einen genaueren Einblick in die Prozesse der Generationenmobilität bei erwerbstätigen Männern. Der interessierte Leser sollte sich in Ruhe in die Mobilitätsmatritzen vertiefen, um die Fülle der interessanten Einzelinformationen zu studieren, die diese Tabellen enthalten. Ich werde im folgenden Text nur einige grundlegende Aussagen aus den Daten ableiten.

Die Schichten bzw. Berufsgruppen sind in eine Reihenfolge gebracht worden, die in etwa ihren Aufstiegschancen ins „obere Viertel" der Gesellschaft entspricht. Die drei oberen Berufsgruppen (obere und untere Dienstleistungsklasse, Arbeiterelite) und die drei unteren Berufsgruppen (Facharbeiter, Un- und Angelernte, Landarbeiter) lassen sich theoretisch recht gut als sechs übereinander liegende Schichten deuten. Nicht-manuell Ausführende sind eher in der unteren Hälfte bzw. unteren Mitte zu plazieren. Die Selbständigen dagegen sind schichtungssoziologisch so uneinheitlich, daß Abgänge und Zugänge nicht sinnvoll als Auf- oder Abstiege gedeutet werden können. Die Bezeichnung der Gruppen habe ich weitgehend von dem Mannheimer Soziologen *Walter Müller* übernommen, der mir dankenswerterweise bisher unveröffentlichte Matritzen zur Verfügung stellte, aus denen die Abbildungen konstruiert wurden.

6.3.1 Aufstiegschancen und Abstiegsgefahren bei Männern

Die beiden expandierenden **Dienstklassen** machen das **„obere Viertel"** der Gesellschaft aus – 18% der Väter gehören dieser Schicht an und 28% der Söhne. Sie können ihre Angehörigen recht gut gegen sozialen Abstieg in die Mitte und nach unten absichern. 66% bzw. 57% der Söhne bleiben in diesen Schichten, nur 11% bzw. 19% steigen in die „untere Hälfte" der Gesellschaft, in die Arbeiterschichten, ab (Einzelheiten in Abb. 6.2).

Auf der anderen Seite sind die Aufstiegschancen der **Arbeitersöhne** nach oben begrenzt, wobei eine deutliche Staffelung innerhalb der Arbeiterschichten besteht. Ins obere Viertel gelangen 21% (Facharbeiter), 14 % (Un-, Angelernte) bzw. 10% (Landarbeiter). Der Aufstieg in die obere Dienstklasse – sie stellt sozusagen das „obere Zehntel" der Erwerbstätigen dar – gelingt nur noch wenigen; dorthin dringen nur noch 4% der Facharbeitersöhne und 2% der Söhne von Un- und Angelernten vor und Landarbeitersöhne überhaupt nicht mehr. Die überwiegende Mehrheit der Arbeitersöhne – zwischen 56% und 71% – wird wieder Arbeiter.

Auch die Aufstiegschancen der **Bauernsöhne** sind schlecht, schlechter noch als die der Söhne aus Facharbeiterfamilien. Da die Bauern eine stark schrumpfende Schicht sind, kann nur jeder Vierte den Hof seines Vaters übernehmen. Die meisten derjenigen, die durch den Strukturwandel aus der Landwirtschaft vertrieben werden, wechseln in die Arbeiterschichten über, etwa die Hälfte davon in die Gruppe der Un- und Angelernten.

Die kleine Gruppe der **Nicht-manuell Ausführenden** und die **Arbeiterelite** sind typische aufstiegsorientierte „Durchgangsschichten". Ihre Mobilitätsmuster sind nahezu identisch. Nur wenige Söhne verbleiben in diesen Schichten, ein gutes Zehntel steigt in die obere Dienstklasse auf, weitere 26 bzw. 29% in die untere Dienstklasse. Ein gutes Drittel wechselt in die „normalen"

Abb. 6.2 *Sozialer Auf- und Abstieg bei Männern (Abstromprozente) Bundesrepublik*

	Beruf der Söhne											„oberes Viertel"	„untere Hälfte"
	1 ODK	2 UDK	3 NMA	4 AE	5 S	6 L	7 FA	8 U/A	9 LA		N	1+2	7-9
Beruf der Väter													
1 Obere Dienstklasse	43	23	7	9	9	0	4	5	1	101	206	66	10
2 Untere Dienstklasse	20	37	5	12	7	1	11	8	0	101	342	57	19
3 Nicht-manuell Ausführende	11	29	6	12	8	0	22	11	1	100	225	40	34
4 Arbeiterelite	12	26	4	18	6	0	22	11	1	100	391	38	34
5 Selbständige[1]	8	20	8	12	24	1	15	14	0	102	445	28	29
6 Landwirte	4	10	4	8	6	25	17	25	1	100	521	14	43
7 Facharbeiter	4	17	5	14	4	0	38	17	1	100	1048	21	56
8 Un-, Angelernte	2	12	2	10	3	0	36	33	2	100	592	14	71
9 Landarbeiter	0	10	4	12	3	1	25	32	13	100	120	10	70
alle Gruppen	9	19	5	12	7	4	25	18	1	100	3890	28	44

Die Abbildung wurde nach Matritzen von Walter Müller, Mannheim, erstellt. Datenbasis sind 5 repräsentative Umfragen aus den Jahren 1976 – 1982. Zu den Kategorien vgl. Abb. 3.9.

[1] ohne Landwirte, Großunternehmer, Freie Berufe

Arbeiterschichten über, was zumindest für die Söhne der Arbeiterelite sozialen Abstieg bedeutet.

6.3.2 Offene und geschlossene Schichten

Abb. 6.3 vermittelt einen Einblick in die soziale Herkunft der männlichen Schichtangehörigen.

Die **Bauernschaft**, die innerhalb einer Generation um mehr als zwei Drittel schrumpfte, ist eine nahezu geschlossene Besitzklasse im klassischen Sinne; sie rekrutiert sich zu 93% aus Bauernsöhnen.

Hohe Selbstrekrutierungsraten zeichnen auch die **Arbeiterschichten** in der unteren Hälfte der Gesellschaft aus – eine Folge der relativ schlechten Aufstiegschancen von Kindern aus diesen Gruppen und der geringen Abstiegsgefahren „von oben". Zwischen 58 und 69% der Arbeiter stammen aus Arbeiterfamilien. Nimmt man noch die vielen Bauernsöhne hinzu, die Arbeiter geworden sind, so haben zwischen 77 und 83% der Arbeiter einen Vater aus der Arbeiter- und Bauernschaft (ohne Arbeiterelite).

Abb. 6.3: *Soziale Herkunft der Männer aus verschiedenen Berufsgruppen (Zustromprozente) Bundesrepublik*

	Beruf der Söhne 1 ODK	2 UDK	3 NMA	4 AE	5 S	6 L	7 FA	8 U/A	9 LA	alle Gruppen
Beruf der Väter										
1 Obere Dienstklasse	26	6	7	4	6	0	1	1	4	7
2 Untere Dienstklasse	21	17	10	9	8	1	4	4	2	9
3 Nicht-manuell Ausführende	8	9	7	6	6	0	5	3	3	6
4 Arbeiterelite	13	14	9	15	9	1	9	6	8	10
5 Selbständige[1]	10	12	19	11	38	2	7	8	0	11
6 Landwirte	6	7	11	9	10	93	9	19	14	13
7 Facharbeiter	13	24	26	31	16	2	41	25	15	27
8 Un-, Angelernte	3	9	8	12	6	1	22	28	23	15
9 Landarbeiter	0	2	3	3	1	1	3	5	31	3
	100	100	100	100	100	101	102	99	100	101
N	339	741	181	474	280	139	976	710	51	3890
„oberes Viertel" (1+2)	47	23	17	13	14	1	5	5	6	
„untere Hälfte" (7-9)	16	35	39	46	23	4	66	58	69	

[1] ohne Landwirte, Großunternehmer, Freie Berufe

Quelle: vgl. Abb. 6.2

Die geschrumpfte Gruppe der **Selbständigen** ist dagegen in ihrer Gesamtheit keine typische Besitzklasse mehr. Ihre Selbstrekrutierungsquote ist mit 38% erstaunlich niedrig. Sie ist – wie auch die bereits erwähnten hohen Fluktuationsraten zeigen (S. 103) – vergleichsweise offen für Zugänge aus allen anderen Schichten. Auffällig sind die relativ hohen Anteile der Facharbeiter- und Bauernsöhne unter den Selbständigen.

Das obere Viertel der Gesellschaft ist zur Mitte und – mit Einschränkungen – nach unten hin geöffnet. Die Selbstrekrutierungsquote der oberen Dienstklasse ist mit 26% sehr niedrig, mehr als die Hälfte dieser Schicht stammt nicht aus dem oberen Viertel. Die stark expandierende untere Dienstklasse – sie hat sich innerhalb einer Generation mehr als verdoppelt – stammt überwiegend aus der gesellschaftlichen Mitte und immerhin noch zu einem guten Drittel (35%) aus den Arbeiterschichten (ohne Arbeiterelite).

Da sich die **Nicht-manuell-Ausführenden** und die **Arbeiterelite** zu großen Teilen aus der Arbeiterschicht rekrutieren und gleichzeitig ihren Söhnen gute Aufstiegschancen bieten, kann man sie als Zwischenstufen für soziale

Karrieren zwischen den Generationen, sozusagen als Plattformen für den sozialen Aufstieg von unten nach oben ansehen. Sie weisen auch die niedrigsten Selbstrekrutierungsquoten auf.

6.3.3 Generationenmobilität bei Frauen

Die Mobilitätsmuster der Frauen weichen z. T. von denen der Männer ab. Ein wichtiger Unterschied besteht darin, daß Frauen neben dem Statuserwerb über Bildung und Beruf einen zweiten wichtigen Weg zur sozialen Plazierung nutzen (müssen): den Weg über den **Heiratsmarkt**.

Die Benachteiligung der Frauen im Bildungssystem und in der Arbeitswelt schlug in den 70er Jahren auch auf die **berufliche** Generationenmobilität durch: Die Aufstiegsbarrieren in die obere Mittelschicht waren für Frauen höher als für Männer, gleichzeitig liefen Frauen größere Gefahr, in die Schicht der Un- und Angelernten abzusteigen oder ihren Status in der oberen Mittelschicht nicht zu halten. Der **Heiratsmarkt** bot ihnen für die schlechteren beruflichen Mobilitätschancen einen gewissen Ausgleich. Über die Wahl des Ehepartners ließ sich der Abstieg in die unterste Bildungsschicht eher vermeiden, und auch sozialer Aufstieg gelang durch Heirat häufiger als über Bildung und Beruf. Aus „emanzipatorischer" Sicht sind Statuserhalt oder Aufstieg durch Heirat durchaus fragwürdig, weil der Sozialstatus der Frau von dem des Ehemannes „abgeleitet" wird. Vergleicht man die Mobilitätschancen der Frauen über den Heiratsmarkt mit den Mobilitätschancen der Männer über Bildung und Beruf, so zeigen sich erstaunliche Ähnlichkeiten, und dies, obwohl den Bewegungen der beiden Geschlechter sehr verschiedene Mechanismen zugrundeliegen. Aber auch diese Gegenüberstellung fördert gewisse Nachteile für die Frauen zutage: die Töchter von Beamten und Angestellten können ihren Status über die Heirat nicht so gut halten wie die Söhne dieser Gruppen über Bildung und Beruf.[2]

6.4 Soziale Mobilität in der DDR: Umbruch und Erstarrung

6.4.1 Die revolutionäre Umwälzung der Sozialstruktur

Die Umwälzungen in Politik, Wirtschaft und Gesellschaft beim Aufbau der neuen sozialistischen Ordnung in der Nachkriegszeit waren gleichzeitig eine Phase **hoher sozialer Mobilität**. Ein wichtiges Ziel der revolutionären Gesellschaftspolitik bestand darin, die gehobenen „bürgerlichen" Schichten nach und nach durch eine systemloyale „neue sozialistische Intelligenz" zu ersetzen, die zu möglichst großen Teilen proletarischer Herkunft sein sollte. Im Zuge einer konsequenten Entnazifizierungspolitik mußten mehr als eine halbe

Abb. 6.4: *Soziale Herkunft der Intelligenz der DDR (Generationenmobilität)*

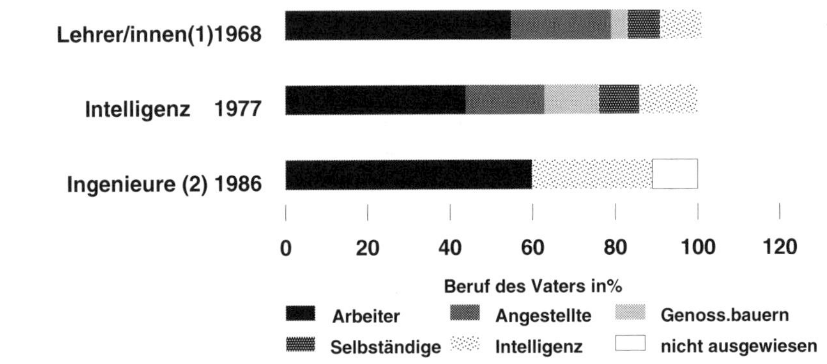

(1) an allgemeinbildenden Schulen
(2) in Forschung und Entwicklung; Technikwissenschaftler (50-66% aus Arbeiterfamilien)

Quellen: Lötsch 1980a, 35; Meier 1974, 166f., Autorenkollektiv 1988, 56.

Million von ehemaligen NSDAP-Mitgliedern ihre gehobenen oder höheren Positionen verlassen. Allein in Thüringen wurden 62 000 Personen aus der staatlichen Verwaltung und 21 000 Personen aus der Wirtschaft entfernt. Betroffen von diesem personellen Austausch waren neben den administrativen und wirtschaftlichen Sektoren insbesondere die politisch sensiblen Bereiche von Justiz, Militär, Erziehung und Kultur. In die frei gewordenen Stellen rückten politisch zuverlässige, häufig in Schnellkursen ausgebildete Menschen nach – „Volksrichter", „Volksstaatsanwälte", 40 000 Neulehrer bis zum Herbst 1946 u. a. (*Weber* 1985, 108; *Staritz* 1984, 102). Sie stammten zu großen Teilen aus der Arbeiterschaft und aus anderen unteren und mittleren Schichten. Nach den Angaben des DDR-Soziologen *Rudi Weidig* (1988a, 50) übernahmen zwischen 1945 und 1955 150 000 ehemalige Produktionsarbeiter leitende Funktionen in Staat und Wirtschaft. Das Sozialprofil des Wirtschaftmanagements veränderte sich rapide. Unter den neuen Leitern der volkseigenen Betriebe waren 1947 nur noch 6% ehemals leitende Angestellte übriggeblieben; dafür waren 24% der Leitungspositionen von ehemaligen Arbeitern und 31% von ehemaligen Angestellten besetzt. 1948 stammten schon über 50% der Leiter von volkseigenen Betrieben aus der Arbeiterschaft (*Badstübner u. a.* 1987, 68f.). Zwei Jahrzehnte nach dem Zusammenbruch des NS-Re-

Abb. 6.5: *Soziale Herkunft von DDR-Führungsschichten*

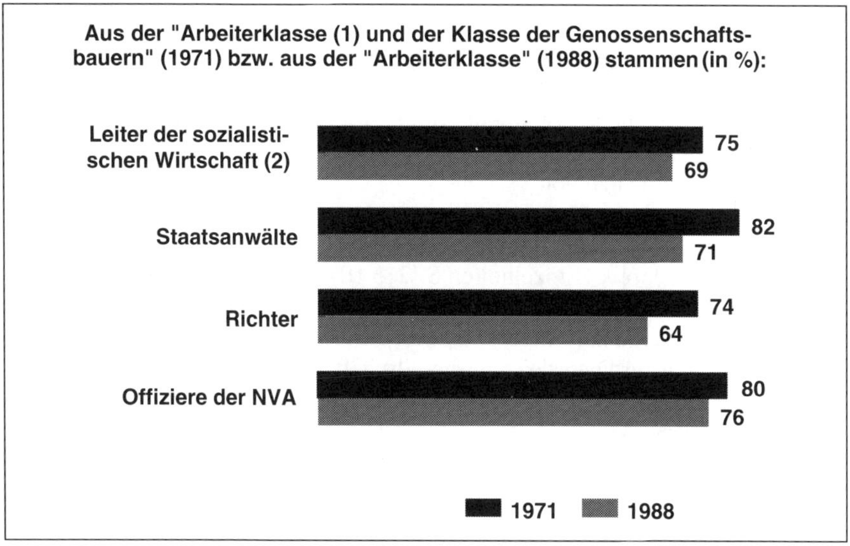

Quellen: 1971 – Grundmann u. a. 1976, S. 119; 1988 – Weidig 1988, S. 50.

(1) Der Begriff „Arbeiterklasse" wird in den Quellen, aus denen die Daten stammen, nicht präzisiert; ebensowenig wird angegeben, ob es sich um Generationen- oder Karrieremobilität handelt. Da die Angaben legitimatorischen Absichten dienen – der Anteil von Angehörigen der Arbeiterklasse unter den Führungsschichten soll möglichst hoch sein – dürfte mit dem Konzept der „proletarischen Herkunft" sehr großzügig umgegangen werden. Vermutlich werden zwei Gruppen damit erfaßt: 1. Kinder aus Schichten, die nicht zur Intelligenz, zu den Selbständigen oder zu den Genossenschaftsbauern zählen; 2. alle Personen, die eine berufliche Qualifikation unterhalb des Fachschulniveaus erworben haben (1981 hatten z. B. 28% der Hochschulabsolventen zusätzlich eine Facharbeiter- oder Meisterqualifikation erworben – nach I. Lötsch 1985, S. 516).

(2) 1988: Generaldirektoren zentralgeleiteter Kombinate

gimes war der Generationenwechsel in der Spitze und der oberen Mitte der Gesellschaft fast vollzogen. 1964 gehörten bereits ca. 80% der Angehörigen der Intelligenz der neuen „sozialistischen" Generation an; sie hatten ihre Ausbildung nach 1951 im neuen Erziehungssystem abgeschlossen (*Erbe* 1982, 90). Die Abbildungen 6.4 und 6.5 machen deutlich, daß die Intelligenz zu ca. Dreivierteln aus sozialen Aufsteigern aus den Schichten der Arbeiter, Bauern und Angestellten bestand; unter Offizieren, Staatsanwälten und insbesondere unter LehrerInnen war der Anteil der Söhne und Töchter aus diesen Schichten besonders hoch. 57% der Lehrer und 53% der Lehrerinnen an allgemeinbildenden Schulen stammten aus Arbeiterfamilien (*Meier* 1974, 166f.).

6.4.2 Abnehmende Mobilität – zunehmende Blockierung des sozialen Aufstiegs

Die Entwicklung der sozialen Mobilität in den letzten zwei bis drei Jahrzehnten läßt sich auf der Basis der bisher veröffentlichten Daten nur sehr unvollkommen nachzeichnen. Dokumentiert sind drei Tendenzen des Strukturwandels, die eng mit den Bewegungen der DDR-Bevölkerung zwischen den Schichten zusammenhängen:

1. Der Anstieg des allgemeinen Ausbildungsniveaus verlief ähnlich wie in der Bundesrepublik (Einzelheiten S. 213 ff.). Er kann gleichfalls als „Umschichtung nach oben" gedeutet werden und hatte sozialen Aufstieg großer Bevölkerungsteile zur Folge.
2. Auf dem Weg zur Dienstleistungsgesellschaft hinkt die DDR erheblich hinter der Bundesrepublik her (Einzelheiten S. 117 f.), dennoch erzwang der Strukturwandel starke Mobilitätsströme aus dem schrumpfenden Agrarsektor in industrielle Positionen; die Stagnation des Dienstleistungsbereichs verhinderte jedoch strukturell verursachte Übergänge in den tertiären Sektor.
3. Während der Stillstand im Dienstleistungsbereich die Mobilität hemmte, wirkte eine andere Strukturveränderung mobilitätsfördernd: mit der starken Dezimierung der relativ geschlossenen Besitzschichten der selbständigen Bauern, Handwerker und Händler bzw. Kaufleute (Einzelheiten S. 99, 104 ff.) wurden gleichzeitig Mobilitätsbarrieren beseitigt.

Die wenigen empirischen Daten, die gewisse Rückschlüsse auf die Entwicklung der Mobilitätsraten zulassen, zeigen an, daß die hohe vertikale Mobilität der revolutionären Umbruchphase in den folgenden Jahrzehnten rückläufig war. Zu Beginn der 80er Jahre „wird erkennbar, daß individuelle Mobilitätsprozesse, wie sie für den Beginn des sozialistischen Aufbaus, als die Klassenschranken überhaupt erst einmal niedergerissen wurden, charakteristisch waren, aufgrund der Stabilisierung der neuen Klassenbeziehungen heute nicht mehr in dem Ausmaß und der seinerzeitigen Vehemenz vor sich gehen" (*Meier* 1981, 121; vgl. auch *Lötsch/Freitag* 1981, 92, 94). Die DDR-Soziologen deuteten die zunehmende Reproduktion der sozialistischen Sozialstruktur als eine „offenbar ... gesetzmäßige Erscheinung" (*Lötsch/Meier* 1988, 198).

Nur wenige spärliche Daten geben präzisere Hinweise auf die wirklichen Mobilitätsvorgänge. Die **Arbeiterschaft** der DDR rekrutierte sich – ähnlich wie in der Bundesrepublik – in der früheren Phase zu großen Teilen aus der bäuerlichen Bevölkerung und später zunehmend aus sich selbst. 1977 stammten fast 75% der Arbeiter aus einer Familie, wo der Vater ebenfalls Arbeiter war. Abbildung 6.6 zeigt, daß innerhalb der Arbeiterschaft ähnliche Mobili-

Abb. 6.6: *Soziale Herkunft nach dem Bildungsstand des Vaters (DDR)*

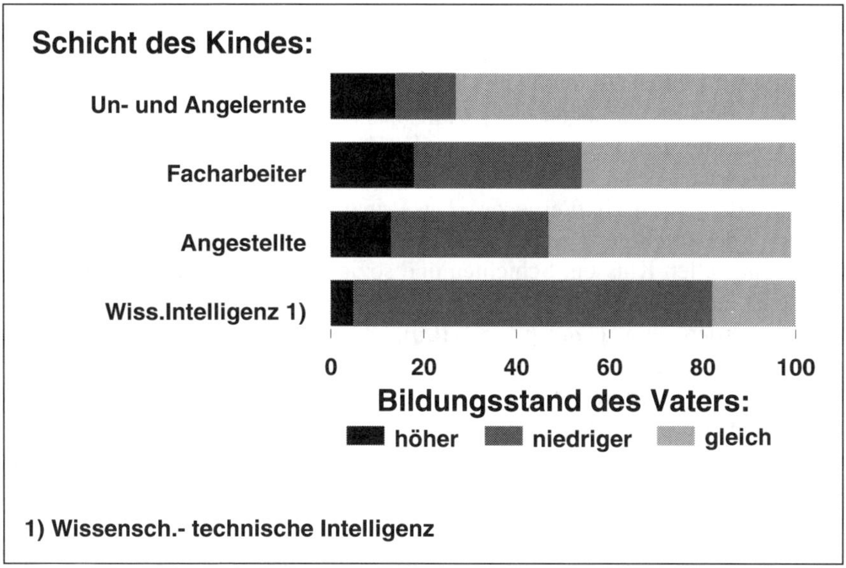

Quelle: Lötsch 1988, 149.

tätsströme verlaufen wie in der Bundesrepublik: viele Kinder von Un- und Angelernten steigen zum Facharbeiter auf. Nur wenige Facharbeiterkinder laufen Gefahr, in die untere Bildungsschicht der Un- und Angelernten abzusteigen. Die Kehrseite dieses Sachverhalts ist eine ausgesprochen hohe Selbstrekrutierungsquote dieser Unterschicht von 86%.

Die traditionelle Besitzschicht der **Bauern** wurde bereits durch die Bodenreform in den Nachkriegsjahren mit ehemaligen Arbeitern aus Landwirtschaft und Industrie durchmischt. 1960 waren nur noch 71% der Mitglieder von landwirtschaftlichen Produktionsgenossenschaften ehemalige Klein-, Mittel- oder Großbauern (*Krambach* 1988, 95f.). Durch die Umformung der Bauern zu landwirtschaftlichen Arbeitnehmern im Zuge der Kollektivierung öffnete sich diese Schicht immer weiter für Angehörige anderer Gruppen. 1977 stammte nur noch jeder zweite Genossenschaftsbauer aus einer Bauernfamilie (*Lötsch/Freitag* 1981, 97), und in den 80er Jahren rekrutierte sich der Nachwuchs überwiegend aus der nichtbäuerlichen Bevölkerung, etwa die Hälfte stammte sogar aus der Stadt. Für die Agrarpolitiker der DDR wurde die hohe soziale Mobilität zum Problem; denn bei vielen Jugendlichen aus der Stadt war der Wunsch nach einer Beschäftigung in der Landwirtschaft mit illusionären Vorstellungen über ein Leben in der Natur und unter Tieren verbunden, die zu Enttäuschungen in der Praxis und zu einer Verwässerung der „guten bäuerlichen Traditionen" führten (Autorenkollektiv 1985, 76f.; *Krambach* 1988, 124f.)

Ein besonderes Anliegen der sozialistischen Bildungs- und Gesellschaftspolitik war die soziale Umformierung der Führungsschichten und deren hohe Zirkulation: die neue sozialistische **Intelligenz** sollte sich ständig aus allen Gruppen der Gesellschaft erneuern. Das Prinzip der **„proportionalen Rekrutierung"** der Intelligenz wurde mit Nachdruck hervorgehoben: „Ihre Rekrutierung aus allen Klassen, Schichten und sozialen Gruppen auf proportionale Weise ist eine bedeutende geschichtliche Errungenschaft, die nicht aufs Spiel gesetzt werden kann" (*Lötsch* 1980, 100). Die empirischen Daten zur sozialen Herkunft der sozialistischen Intelligenz sind z. T. mit schwierigen Interpretationsproblemen verbunden (vgl. Anm. 1 zu Abb. 6.5). Dennoch lassen die Abbildungen 6.4 bis 6.6 erkennen, daß die Führungsgruppen für den Zugang aus unteren Schichten offen waren, auch wenn das (utopische) Modell der proportionalen Rekrutierung nie erreicht wurde. Eine Kohortenanalyse macht allerdings den **Rückgang der Generationenmobilität** und die rückläufigen Aufstiegschancen deutlich, die sich bereits in den 70er Jahren abzeichneten: Von den 35-54jährigen Angehörigen der Intelligenz des Jahres 1977 stammten noch 73% aus Familien, in denen der Vater Arbeiter oder Bauer war; von den Personen unter 35 Jahren waren es nur noch 54% (*Lötsch/Freitag* 1981, 98).

Sicher dokumentieren läßt sich die **soziale Schließung der Universitäten** seit den 60er Jahren. Arbeiterkinder wurden in den drei letzten Jahrzehnten so stark aus den Universitäten hinausgedrängt, daß ihre Studienchancen vor dem Umbruch schlechter waren als in der Bundesrepublik (Einzelheiten S. 227 ff.). Die Aufstiegskanäle für Kinder aus unteren Schichten über das Bildungssystem verstopften also zusehends, die Sozialstruktur der DDR erstarrte immer mehr. Die neue sozialistische Intelligenz, die mit dem revolutionären Schwung der 50er Jahre zu großen Teilen aus den unteren Schichten in die Führungspositionen vorgerückt war, setzte sich dort langfristig fest. Sie sicherte ihre Kinder über Bildungsprivilegien gegen sozialen Abstieg und schottete sich dadurch – angesichts abnehmender Expansion der höheren Bildungsschichten – gegen den Zugang von unten ab (vgl. *Geißler* 1991c).

Aus dem Blickwinkel der Generationenmobilität und der Aufstiegschancen für Kinder aus unteren Schichten läßt sich die Entwicklung in 45 Jahren Sozialismus folgendermaßen zusammenfassen: Einer Phase hoher sozialer Mobilität bei der revolutionären Neuformierung der Sozialstruktur folgte eine Phase abnehmender sozialer Mobilität, und diese mündete schließlich in den 80er Jahren in eine Phase der Erstarrung ein, in der sich die Führungsschichten in der Generationenfolge fest etabliert hatten und den Kindern aus unteren Schichten den Zugang in die höchste Bildungsschicht – zumindest über das Bildungssystem – stärker blockierten als in der Bundesrepublik.

6.4.3 Soziale Mobilität in den neuen Bundesländern: Strukturwandel und Zirkulation im Zeitraffertempo

Zu den Auswirkungen des Strukturwandels in den neuen Bundesländern auf die soziale Mobilität läßt sich im Augenblick nur wenig Präzises sagen. Fest steht, daß sich der Wandel des Positionsgefüges in hohem Maß beschleunigt hat (vgl. *Geißler* 1991; *Berger* 1991, 16ff.). Die **Transformation der Sozialstruktur** vollzieht sich im **Zeitraffertempo** und zwingt die Menschen vorübergehend zu **außergewöhnlicher Intragenerationen-Mobilität**. Zur hohen **Strukturmobilität**, die von den Anpassungsprozessen der Wirtschafts- und Berufsstruktur ausgeht (Schließung der Tertiärisierungslücke, Abbau der Überkapazitäten im öffentlichen Dienstleistungssektor, Umstrukturierung der Arbeitsplätze in vielen Bereichen, Wiederentstehung des „alten Mittelstandes") kommt zusätzliche **Zirkulationsmobilität**, weil politisch kompromittierte oder fachlich inkompetente Anhänger des alten Systems in höheren oder gehobenen Positionen ausgetauscht werden. Für viele Menschen bedeutet diese **ungeheure Beschleunigung des sozialstrukturellen Wandels und der sozialen Zirkulation:** Verunsicherungen, Bedrohungen, Herausreißen aus Gewohntem; Entwertung beruflicher und gesellschaftlich-politischer Qualifikationen; sozialer Aufstieg, aber auch sozialer Abstieg; Identitätskrisen. Die Lage der Menschen, die dieser Dynamik ausgesetzt sind, wird noch zusätzlich dadurch erschwert, daß die Dynamik im Zeitraffertempo auf eine Bevölkerung trifft, die darauf nicht vorbereitet ist: Soziale Sicherheit und Betreuung waren bisher wesentliche Bestandteile ihrer sozialen Situation. Den Ostdeutschen wird daher in den Jahren der Umstrukturierung ein außergewöhnliches Maß an Umstellungs-, Lern- und Anpassungsfähigkeit, an Unsicherheits- und Frustrationstoleranz, an Geduld und z. T. auch an Leidensfähigkeit abverlangt. Die weit verbreitete Hoffnung auf eine bessere Zukunft (*Landua u. a.* 1991, 33ff.) wird vermutlich den meisten von ihnen helfen, diese Phase des rapiden Umbaus und der damit verbundenen Unsicherheiten und Umorientierungen zu bestehen.

Anmerkungen

1 Berechnet nach *Noll* 1985, 481f.; zum Übergewicht der Aufstiegsmobilität vgl. auch *Müller* 1975, 77; *Kleining* 1975, 286f.; *Herz* 1983, 163; *Kappelhoff/Teckenberg* 1987, 319.

2 Zusammenfassung der Ergebnisse nach *Mayer* 1977, 185ff.; *Ballerstedt/Glatzer* 1979, 311; *Handl* 1988, 94f., 117ff., 165ff.

7. Bildungsexpansion und Wandel der Bildungschancen. Veränderungen im Zusammenhang von Bildungssystem und Sozialstruktur

7.1 Soziale Funktionen des Bildungssystems: soziale Plazierung, soziale Auslese und Chancengleichheit

Entwicklungen in der Sozialstruktur sind auf vielfältige Weise mit Entwicklungen im Bildungssytem verknüpft. Dieses Kapitel konzentriert sich auf einen zentralen Aspekt dieser Zusammenhänge: auf die **soziale Plazierung und Auslese** und deren Verknüpfungen mit der **Bildungsexpansion**, die – aus sozialstruktureller Perspektive – die wichtigste Veränderung im deutschen Bildungswesen der letzten Jahrzehnte darstellt.

Zu den wichtigen Funktionen des Bildungssystems in modernen Leistungsgesellschaften gehört die **Plazierungsfunktion** (synonym: Statuszuweisungs- oder Allokationsfunktion). Der Zugang zu verschiedenen sozialen Positionen mit ihren Privilegien und Benachteiligungen, der Zugang zu verschiedenen Schichten, soziale Aufstiege und Abstiege sind relativ eng an das Bildungsniveau gekoppelt.

Mit der Plazierungsfunktion ist eine weitere wichtige Funktion eng verknüpft: die **Auslese**- oder **Selektionsfunktion.** Bildungssysteme sollen in erster Linie nach **„Leistung“**[1] auslesen. Auslese durch das Bildungssystem ist jedoch nie ausschließlich Auslese nach Leistung, sondern immer auch – gewollt, geduldet oder ungewollt – **soziale Auslese**. Soziale Merkmale der jungen Menschen – ihre soziale Herkunft, ihre Nationalität, ihr Geschlecht, ihre regionale Herkunft – beeinflussen ihre Bildungskarrieren, entweder unabhängig von ihrer Leistung oder auch, weil Leistungen z. T. mit Lebensbedingungen zusammenhängen, die wiederum mit den genannten sozialen Merkmalen verknüpft sind.

Über soziale Auslese und soziale Plazierung beeinflußt das Bildungssystem in hohem Maß die **vertikale soziale Mobilität** einer Gesellschaft.

Die soziale Auslese im Bildungssystem mit ihren nachhaltigen Folgen für die unterschiedlichen späteren Lebenschancen wird dann zum Problem, wenn man Auslese und Plazierung von der Norm der **Chancengleichheit** her betrachtet. Wenn Kinder aus verschiedenen Schichten und Herkunftsländern, wenn Mädchen und Jungen, wenn Stadt- und Landkinder unterschiedliche Bildungschancen und damit auch unterschiedliche Lebenschancen haben, dann können diese Ungleichheiten einen Verstoß gegen die Norm der gleichen Chancen für alle bedeuten. Die vage Leitidee der Chancengleichheit, zu der sich beide Gesellschaften bekannten, taucht in verschiedenen Varianten auf, deren wichtigste die proportionale und die leistungsbezogene Version sind. Nach dem **Proporz-Modell** sollen alle Bevölkerungsgruppen einer Gesellschaft – Mädchen und Jungen, Kinder aus verschiedenen Schichten, Herkunftsländern oder Regionen – entsprechend dem Anteil der Gruppe an der Gesamtbevölkerung in weiterführenden Bildungseinrichtungen vertreten sein. Im Konzept der **leistungsbezogenen** Chancengleichheit sollen gleiche Bildungschancen mit der Auslese nach Leistung in Übereinstimmung gebracht werden; es gilt die Formel „gleiche Chancen nach Fähigkeit und Leistung". (Genaueres bei *Geißler* 1990, 84f.)

7.2 Die Bildungsexpansion und ihre Ursachen

Der Begriff Bildungsexpansion stammt aus der Bildungsforschung und bezeichnet den **Ausbau der sekundären** (Klassen 5-13, berufliche Schulen) **und tertiären Bereiche** (Hoch- und Fachschulen) des Bildungswesens. Aus der Sicht der Betroffenen heißt das: Immer mehr Menschen erwerben mittlere bzw. höhere Bildungsabschlüsse; immer mehr Menschen verweilen immer länger im Bildungssystem. Es ist sinnvoll, diesen engeren bildungswissenschaftlichen Begriff durch ein **weiteres** Konzept aus der Perspektive der Sozialstrukturforschung zu ergänzen. Bildungsexpansion aus sozialstruktreller Sicht bedeutet: die Verbesserung der Qualifikationsstruktur, die **Höherqualifizierung** der Bevölkerung. Oder genauer: immer größere Teile der Bevölkerung verfügen über mittlere oder höhere Bildungsabschlüsse bzw. Qualifikationen.

7.2.1 Die Höherqualifizierung der Bevölkerung

Abbildung 7.1 zeigt, daß das Qualifikationsniveau der erwerbstätigen Bevölkerung in der DDR und in der BR in den letzten Jahrzehnten kontinuierlich angestiegen ist. Für beide Gesellschaften gilt: die Gruppe der Un- und Angelernten, die in den 50er Jahren die Mehrheit unter den Berufstätigen ausmachte, ist kontinuierlich zu einer Minderheit geschrumpft. Erwerbstätige mit einer abgeschlossenen Berufsausbildung unterhalb des Fachschul- bzw. Meisterniveaus werden zur zahlenmäßig dominierenden Gruppe. Gleichzeitig wachsen auch kontinuierlich die Schichten mit gehobenen oder höheren Qualifikationen, mit Hochschul-, Fachschul- oder Meisterabschluß. Schichtungssoziologisch kann man die Höherqualifizierung der Bevölkerung auch als eine **„Umschichtung nach oben"** ansehen.

Die Gesamttendenzen dieser Entwicklung verlaufen in beiden Gesellschaften gleich. Die Schübe der Höherqualifizierung erfolgen jedoch in der DDR früher und zahlenmäßig umfangreicher als in der BR.

Abb. 7.1: *Entwicklung der Qualifikationsstruktur der Erwerbstätigen 1955 – 1989 (in %)*

	DDR Hochschule	BR Hochschule[1]	DDR Fachschule, Meister	BR Fachhoch-,[2] Fachschule,[3] Meister	DDR Facharbeiter[4]	BR Lehre, Berufsschule, Anlernberufe	DDR Un-, Angelernte Teilausbildung	BR Ungelernte
1955	1 – 2*	3[5]	3 – 4*		26		70	
1960	2		5		33		60	
1964/65[6]	3	3	8	5 – 9*	36	19 – 20*	48 – 54*	62 – 63*
1970	4	4 – 5*	10	12 – 16*	42	44	41	41
1975/76[7]	6	5	12	9	51	50	29	35
1980	6	6	15	10	56	55	20	29
1985	8	6	17	11	60	56	15	25
1988/89[8]	8	7	18	17	61	58	13	23

* Die Angaben variieren in verschiedenen Quellen. Für die BR sind die Daten vor 1976 wegen methodischer Mängel bei der Kategorisierung unzuverlässig.

[1] einschl. Lehrerausbildung, ohne Fachhochschule [2] einschl. Ingenieurausbildung [3] einschl. Technikerausbildung

[4] entspricht der westdeutschen Kategorie „Lehre"; nicht nur Arbeiterberufe im engeren Sinne

[5] 1957 [6] BR 1964, DDR 1965 [7] DDR 1975, BR 1976 [8] DDR 1988, BR 1989

Quellen: Rudolph/Schneider 1981, 911 (DDR 1955 – 1965); Lötsch/Freitag 1981, 96 (DDR 1955 – 1965); Sozialreport '90, 68 (DDR 1970 – 1988); Stat. Jahrbücher BRD (BRD 1957 – 1970, 1989); Tessaring 1988, 190 (BRD 1976 – 1985).

In der **DDR** wurde der hohe Anteil von **Un- und Angelernten**, der unter den Erwerbstätigen 1955 noch ca. 70% betrug, kontinuierlich abgebaut. 1965 lag er bei etwa der Hälfte, 1975 bei einem Drittel, im Jahre 1989 nur noch bei 13%. Der kleine Rest weist ein „deutliches Beharrungsvermögen" (*M. Lötsch* 1985, 36) auf, weil nicht allen Jugendlichen eine vollwertige Berufsausbildung vermittelt werden konnte (s. S. 216 f.) und weil es nicht möglich war, die Zahl der Arbeitsplätze mit geringen Qualifikationsanforderungen weiter zu verringern (vgl. *I. Lötsch* 1984, 54). Auch in der **Bundesrepublik** wurde die Schicht der **Ungelernten** kontinuierlich kleiner. 1964 lag ihr Anteil noch bei ca. 63%, 1978 hatte er sich auf 32% halbiert, bis 1989 ging er weiter auf 23% zurück. Ein erheblicher Teil dieser Schicht wird von den ausländischen Arbeitskräften gestellt (s. S. 156 f.). Die Entwicklung in der BR widerlegt auf gesamtgesellschaftlicher Ebene die Befürchtungen der Polarisierungstheorie, die eine Polarisierung der Qualifikationsstruktur durch technischen Fortschritt in niedere und höhere Niveaus voraussagte und mit einer Zunahme der Schicht der Un- und Angelernten rechnete. Deren Beharrungsvermögen ist jedoch in der BR deutlich stärker ausgeprägt als in der DDR (zu den Ursachen der Unterschiede *Geißler* 1990, 100f., 110). Allerdings ist bei dem Ost-West-Vergleich zu beachten, daß die Qualifikationsanforderungen am Arbeitsplatz z. T. niedriger sind als das Ausbildungsniveau der Berufstätigen. 1990 setzten in der DDR immerhin 23% der Arbeitsplätze lediglich Einweisung, Einarbeitung oder Kurse bzw. gar keine Ausbildung voraus, in der BR waren es 28% (SOEP nach *Wagner/Schupp* 1991, 181). Ostdeutsche Berufstätige waren also häufiger unterqualifiziert eingesetzt als Westdeutsche.

In beiden Gesellschaften nimmt der Anteil der **Absolventen von Wissenschaftlichen Hochschulen** langsam, aber stetig zu. Auch hier hat die DDR wegen der früheren Expansion des tertiären Sektors einen geringfügigen zeitlichen Vorsprung. Mitte der 60er Jahre betrug der Akademikeranteil unter den Erwerbstätigen in beiden Gesellschaften etwa 3%. In der DDR bewegt er sich seit 1985 bei 8%, in der BR erreichte er 1987 7%. Die Führungspositionen wurden in beiden Gesellschaften in den letzten beiden Jahrzehnten zunehmend akademisiert, insbes. im Dienstleistungsbereich (*Tessaring* 1988, 193).

7.2.2 Die Expansion im Bildungssystem

Tabelle 7.2 macht wichtige Entwicklungen sichtbar, die zur Bildungsexpansion im engeren Sinne gehören. Die Ausdehnungen der sekundären und tertiären Sektoren setzte in der **Bundesrepublik** bereits in den 50er Jahren ein. Ein weiterer kräftiger Schub erfolgte dann im Zusammenhang mit den bildungspolitischen Debatten der 60er Jahre. Die Bildungsökonomen hoben den Nutzen der Bildung für das Wirtschaftswachstum hervor (Bildung als Humankapital) und sozialliberale Bildungsforscher und -politiker die gesellschaftspolitische Bedeutung der Bildung (Bildung als Bürgerrecht). Auch in den 70er und 80er Jahren hält die Bildungsexpansion an, obwohl der Ruf nach besseren Bildungschancen fast verstummt ist und obwohl aus ökonomischer Sicht seit langem vor sog. „Qualifikationsüberschüssen" gewarnt wird. Die Bildungsexpansion hat eine Eigendynamik entwickelt, die sich relativ unabhängig von direkten politischen und ökonomischen Impulsen vollzieht[2].

Abb. 7.2: *Bildungsexpansion – relativer Schul- und Hochschulbesuch 1952 – 1989*

	Sekundarstufe I: Von 100 Schülern der Klasse 7 besuchen die jeweiligen Schulformen					ohne volle Grundqualifikation: in % der jeweiligen Schülerjahrgänge			Abiturstufe: Abiturienten in % der Gleichaltrigen[5]		Hochschulen: Studienanfänger in % der Gleichaltrigen		
	BR					BR	DDR		BR	DDR	BR		DDR
	VS/HS	RS	GY	IGS	SoS	ohne HS-Abschluß[1]	kein Überg. in Klasse 9	o.Abschluß Klasse 10[4]	GY/IGS	EOS/AdB	FHS	HS[8]	HS
1952	79	6	13	–	2								
1960	68	12	17	–	3	21			6	8	2	6	10
1965	65	15	17	–	4	17	28*	38*	8	14	4	10	17
1970	53	20	22	–	5	17	15	19	11	13	4	12	17
1975	43	23	26	3	5	12		15	15	13	6	14	13
1980	38	26	27	4	5	10	6[3]	11	17	11	6	14	11
1985	36	27	27	5	5	9		9	22	13[6]	7	13	12
1989	32	27	31	6	4	9[2]	6	10	25	14[6]	10	20	14

Abkürzungen: VS-Volksschulen, HS-Hauptschulen, GY-Gymnasien, IGS-Integrierte Gesamtschulen, SoS-Sonderschulen; EOS-Erweiterte allgemeinbildende polytechnische Oberschulen (Klassen 11 und 12), AdB-Abiturklassen der Berufsausbildung (dreijährig), FHS-Fachhochschulen, HS-Hochschulen.

* 1965 erfolgte die allgemeine Umstellung auf die 10-jährige allgemeinbildende polytechnische Obeschule (POS). Nicht alle, die 1965 nicht in Klasse 9 überwechselten oder ohne Abschluß der Klasse 10 blieben, waren also „ohne volle Grundqualifikation".

[1] in % der 15-jährigen [2] 1988 [3] 1978 [4] in % aller Schulabgänger (bis 1985 einschl. Abiturienten, 1989 ohne Abiturienten)

[5] BR: 18 – 20jährige; DDR; 17 – 20jährige (jeweils Durchschnittsjahrgänge) [6] absolute Zahlen der Absolventen geschätzt

[7] 19 – und 20jährige (Durchschnittsjahrgänge) [8] ohne Fachhochschulen

Quellen: Hansen/Rolff 1990, 48 (Sekundarstufe I); Köhler/Schreier 1990, 34f. (ohne Abschluß Klasse 10 DDR, Abiturienten BR und DDR, Studienanfänger DDR, jeweils 1960 – 1985); Sozialreport '90, 62 (DDR – kein Übergang in Klasse 9); Studienanfänger BR berechnet nach BMBW 1990, 138; Abiturienten und Studienanfänger 1989 berechnet nach Stat. Jb. BR und DDR; ohne HS-Abschluß berechnet nach BMWB 1990, 74 und Stat. Jb. BR

Die wesentlichen Linien der Entwicklung lassen sich wie folgt zusammenfassen: Die Hauptschule, die als „Volksschule“ im Jahre 1952 noch fast 80% aller SchülerInnen aufgenommen hatte, schrumpft zur Restschule, die 1989 nicht einmal mehr von jedem(r) Dritten der Klasse 7 besucht wird. Zur „heimlichen Hauptschule“ avanciert stattdessen nach und nach das Gymnasium, dessen Bildungsangebote im Jahre 1989 ebenfalls von fast einem Drittel jedes Jahrgangs genutzt werden (Klasse 7). Die Abiturientenquote explodiert von 6% im Jahre 1960 um mehr als das Vierfache auf 25% im Jahre 1989. Ähnlich stark steigen die Anteile der Studienanfänger an den Hochschulen: 1989 nimmt bereits fast jede(r) Dritte eines Jahrgangs ein Studium an einer Fachhochschule oder Universität auf (Einzelheiten in Tabelle 7.2). Auf der anderen Seite des Spektrums schrumpft der Anteil von Jugendlichen, die das Bildungssystem ohne Hauptschulabschluß verlassen, von 17% im Jahre 1960 auf 9% im Jahre 1989. Dabei ist zu beachten, daß der Anteil von jungen Menschen ohne abgeschlossene Berufsausbildung etwas größer ist; 1987 lag er unter den 18- bis 27jährigen (einschl. AusländerInnen) bei 15%, unter den Deutschen in diesem Alter bei 12% (*Hanesch* 1990, 191).

Die Bildungsexpansion manifestiert sich des weiteren in folgenden Tendenzen (vgl. dazu *Klemm* 1987, 824f.; *Tippelt* 1990, 27ff.):

- Einführung eines 9. (Vollzeit-)Pflichtschuljahres, in einigen Ländern auch eines 10. Wahl- oder Pflichtschuljahres in Vollzeitschulen;
- Einrichtung von Fachoberschulen als Brücke zwischen Realschulen und Fachschulen;
- Zunahme der Ausbildung an Vollzeitberufsschulen;
- Erhöhung der wöchentlichen Unterrichtszeit an Teilzeitberufsschulen;
- zunehmende Teilnahme an Weiterbildungskursen.

In der **SBZ/DDR** war die gesellschaftliche und ökonomische Bedeutung der Bildung eher erkannt worden als in der BR. Die Bemühungen um möglichst gute Bildungschancen für alle und um die Ankurbelung der „wissenschaftlich-technischen Revolution“ hatten zur Folge, daß sich die sekundären und tertiären Bildungssektoren früher ausdehnten. In den 60er Jahren schlugen in der DDR deutlich mehr Jugendliche die Bildungswege zum Abitur und an die Hochschulen ein als in der BR (vgl. Abb. 7.2). Die Diskussion um eine ökonomisch unerwünschte „Überproduktion“ von Akademikern führte jedoch zu Beginn der 70er Jahre zu einer Drosselung des Zugangs in die Abiturstufe und an die Universitäten und zu einem vorübergehenden Rückgang der Abiturienten- und Studentenquoten. Da die westdeutschen Bildungspolitiker an der Öffnung der höheren Bildungseinrichtungen für die steigende Nachfrage festhielten – trotz der Diskussion um die sog. „Qualifikationsüberschüsse“ –, wurde die DDR Mitte der 70er Jahre von der Bundesrepublik „quantitativ überholt“. In den 80er Jahren wurde der Rückstand der DDR dann immer größer; 1989 lagen ihre Abiturienten- und Studentenquoten mit jeweils 14%

erheblich unter den westdeutschen von 25% (Abiturienten) bzw. 20% (Universitätsstudenten). Der Anteil junger Menschen ohne volle Grundqualifikation hatte 1989 mit 6% (höchstens Abschluß der Klasse 8) bzw. 10% (ohne Abschluß der Klasse 10) einen ähnlichen Umfang wie in Westdeutschland.

Strukturelle Ursachen der Bildungsexpansion. Der Motor der Bildungsexpansion liegt in Ost und West in einer Entwicklung, die *Helmut Schlesky* (1979a, 465) als die Entfaltung der **„wissenschaftlich-technischen Zivilisation"** bezeichnet hat. Wissenschaftlicher und technischer Fortschritt, die zunehmende Durchdringung aller Lebensbereiche mit Technik und technischen Neuerungen, der zunehmende Einsatz von Sozialtechnologien, um den sozioökonomischen Wandel in einer komplexen Gesellschaft zu kontrollieren und teilweise zu planen und zu steuern, erhöhen kontinuierlich den Bedarf an besseren Qualifikationen. Der Qualifikationsbedarf steigt des weiteren dadurch an, daß die Verwissenschaftlichung und Technisierung mit einer **wachsenden Komplexität** der Gesellschaft einhergeht – mit zunehmenden Differenzierungen und Spezialisierungen in Wirtschaft, Sozialstruktur und Politik, mit zunehmenden internationalen Verflechtungen. Wissen – und dabei wiederum insbes. das theoretische Wissen – gewinnt eminent an Bedeutung für das gesellschaftliche Leben und den sozialen Wandel. Theoretisches Wissen wird zunehmend zur Triebkraft für die wirtschaftliche und gesellschaftliche Entwicklung. Der amerikanische Soziologe *Daniel Bell* hat diesen Aspekt der Modernisierung von Gesellschaft mit seinem Konzept der „nachindustriellen **Wissensgesellschaft**" auf den Begriff gebracht, zu deren wesentlichen Gestaltungsprinzipien die „Zentralität des theoretischen Wissens" gehört (*Bell* 1979, 3; vgl. auch *Lyotard* 1986, 24f.). Die Bildungsexpansion macht offenbar, daß sich die beiden deutschen Gesellschaften auf dem Weg in die „wissenschaftlich-technische Zivilisation" bzw. in die „Wissensgesellschaft" befinden.

7.3 Gesellschaftliche Folgen der Bildungsexpansion

7.3.1 Folgen für die Sozialstruktur: Demokratisierung - Pluralisierung – „Emanzipation"

Die Folgen der Bildungsexpansion für die Sozialstruktur sind bisher relativ unerforscht, obwohl die Höherqualifizierung das soziale Leben der Menschen in hohem Maße beeinflußt und verändert. In den folgenden Bereichen sind Auswirkungen zu vermuten und z. T. auch empirisch nachzuweisen.

– Wenn die Theorie *Hondrichs* (1972, 11f., 91ff.) über den Zusammenhang von Qualifikationsniveau und Demokratisierung stimmt, dann dürfte von der Bildungsexpansion ein **Demokratisierungsdruck** auf die Macht- und Herrschaftsstrukturen in allen gesellschaftlichen Bereichen ausgehen.

- Es ist wahrscheinlich (wenn auch im Detail nicht empirisch überprüft), daß ein hohes Bildungsniveau für den einzelnen ein Mehr an Reflexion, Selbstfindung, Selbststeuerung oder **Individualisierung** (*Beck* 1986, 205ff.) zur Folge hat und daß Individualisierungstendenzen wiederum Auslöser sind für eine Erosion traditioneller Normen und Werte und für ein Mehr an **Pluralismus** im Wertebereich und in den Lebensformen und Lebensstilen (vgl. dazu *Hradil* 1990, 130ff.; *Tippelt* 1990, 280ff.; *Meulemann* 1990a, 110f.; *Meyer* 1992, 140f.).
- Plausibel und teilweise auch empirisch abgesichert sind die Zusammenhänge zwischen der Bildungsexpansion, von der Mädchen und Frauen in besonderem Maße profitierten, und der **Verringerung der sozialen Ungleichheit zwischen den Geschlechtern** (Einzelheiten dazu in Kap. 8).
- Empirische Hinweise liegen auch dafür vor, daß die Bildungsexpansion zur **Differenzierung der Formen des privaten Zusammenlebens** bzw. zum „Monopolverlust" der bürgerlichen Familie beiträgt. Mit dem Anstieg des Bildungsniveaus hängen nachweislich folgende Entwicklungen zusammen: spätere Heirat bei Frauen und späterer Zeitpunkt für die Geburt von Kindern (*Blossfeld/Jaenichen* 1990; *Diekmann* 1990); steigende Kinderlosigkeit (*Klein* 1989a); neue Formen des Privatlebens wie nichteheliche Lebensgemeinschaften, Wohngemeinschaften, Alleinleben in der jüngeren Generation (*Meyer* 1992, 64, 72, 86; vgl. dazu auch Kap. 9).
- Schließlich beeinflußt der Ausbau des tertiären Sektors die altersspezifische Differenzierung der Sozialstruktur. Da immer mehr junge Menschen im Alter zwischen 18 und 30 Jahren im Bildungssystem verweilen und erst relativ spät ins Berufsleben eintreten, schiebt sich zwischen die Statusgruppen der Jugendlichen und Erwachsenen eine weitere Phase im Lebenslauf, für die häufig der Begriff „**Postadoleszenz**" verwendet wird (vgl. dazu z. B. *Meyer* 1992, 133ff.).

7.3.2 Bildungsexpansion und soziale Plazierung: Aufwertung und Entwertung von Bildungszertifikaten

Die Zusammenhänge von Bildungsexpansion und **sozialer Plazierung durch das Bildungssystem** sollen etwas ausführlicher betrachtet werden. *Schelsky* hatte bereits in den 50er Jahren die Bedeutung der Schulbildung für den zukünftigen Sozialstatus und die Lebenschancen eines Menschen hervorgehoben. Seine Formulierung, die Schule sei zur „ersten und damit entscheidenden, zentralen sozialen Dirigierungsstelle für die zukünftige soziale Sicherheit, für den zukünftigen sozialen Rang und für das Ausmaß zukünftiger Konsummöglichkeiten" geworden (*Schelsky* 1957, 17), wird häufig zitiert. Die zunehmende Bürokratisierung und Verwissenschaftlichung der Berufswelt haben dazu geführt, daß berufliche Werdegänge immer stärker an bestimmte Laufbahnvorschriften gebunden und der Einstieg in bestimmte Laufbahnen wiederum immer enger an bestimmte Schulabschlüsse gekoppelt wurden. Die These *Schelskys* trifft auch heute im Kern noch zu, sie bedarf jedoch einiger Verfeinerungen und Relativierungen.

Der Ausbau der sekundären und tertiären Sektoren des Bildungssystems hat sich in einer Art und Weise auf die Bedeutung der Bildungsabschlüsse für den zukünftigen Sozialstatus ausgewirkt, die auf den ersten Blick widersprüchlich anmutet: mittlere und höhere Abschlüsse gewannen und verloren gleichzeitig an Wert. Der Effekt auf die Plazierungsfunktion läßt sich als das **Paradox der Bildungsexpansion** bezeichnen: Die **Aufwertung** der mittleren und höheren Abschlüsse ist im gleichen Atemzug verbunden mit ihrer **Entwertung**.

Der **Aufwertungseffekt** besteht darin, daß mittlere und höhere Bildungsabschlüsse immer wichtiger für den Einstieg in viele Berufslaufbahnen werden. Wo früher niedrige Schulabschlüsse genügten, werden heute mittlere oder höhere gefordert. Die Folge davon ist die sog. „vertikale Substitution": besser Qualifizierte verdrängen schlechter Qualifizierte beim Wettbewerb um begehrte Arbeitsplätze und damit verbundene Lebenschancen (empirische Belege dazu z. B. bei *Blossfeld* 1982). So zeigt z. B. die Akademisierung von Leitungspositionen – in der Politik (*Geißler* 1987c, 65ff.), in der Wirtschaft (iwd 21/1985, 6) – an, daß Hochschulabschlüsse zunehmend eine Voraussetzung für den Aufstieg in die höheren Ebenen der Herrschaftsstruktur und der beruflichen Hierarchie werden.

Als **Entwertung** läßt sich der folgende Prozeß deuten: Mit einem Bildungszertifikat desselben Niveaus können nur noch Berufspositionen mit durchschnittlich weniger Statuschancen (Einkommen, Einfluß, Arbeitsqualität, Prestige u.ä.) erworben werden. Der ab und zu verwendete Begriff **„Bildungsinflation"** charakterisiert diesen Sachverhalt durchaus zutreffend: mittlere und höhere Abschlußzertifikate werden erheblich vermehrt und verlieren damit an Wert für zukünftige Lebenschancen. Zwei Beispiele sollen diesen Entwertungsvorgang verdeutlichen:

- Der Einkommensvorsprung der Akademiker wird kleiner; 1970 erzielten Universitätsabsolventen noch das 2,0-fache des monatlichen Nettoeinkommens eines Durchschnittsverdieners, 1976 und 1982 noch das 1,82-fache und 1985 nur noch das 1,71-fache (MatAB 7/1984, 4; *Tessaring* 1987, 286).

- Der Vorsprung der Universitätsabsolventen bezüglich Arbeitsplatzsicherheit ist ebenfalls geschrumpft, da die Akademikerarbeitslosigkeit überproportional angestiegen ist. 1975 lag die durchschnittliche Arbeitslosigkeit mit 4,6% noch um das Dreifache über der Akademikerarbeitslosigkeit von 1,5%. 1989 betrug der Abstand nur noch das 1,6-fache (*Tessaring* 1988a, 4f.; iwd 42/1990, 4).

Mit der Entwertung ist ein weiterer Vorgang verkoppelt: die höheren Bildungsabschlüsse büßen etwas von ihrer Bedeutung für die soziale Plazierung ein. Was viele besitzen, kann nicht das allein ausschlaggebende Kriterium für die Verteilung von Privilegien an wenige sein. **Die Entscheidungen über die soziale Plazierung verlagern sich stärker vom Bildungssystem in die Arbeitswelt**, wo aus einer Vielzahl von formal ähnlich qualifizierten Personen beim Eintritt in höhere Berufslaufbahnen und beim Aufstieg in höhere Positionen ausgewählt werden kann.

Die Bildungsexpansion hat also dazu geführt, daß höhere Bildungsabschlüsse **immer mehr Voraussetzung, aber immer weniger Garantie** für einen höheren Sozialstatus geworden sind. Ein bestimmter Bildungsabschluß reicht immer weniger aus, um in den Genuß bestimmter Vorteile zu kommen; gleichzeitig wird er aber immer notwendiger, um die Chancen auf diese Vorteile zu wahren. Daher ist die Frage nach der sozialen Auslese durch das Bildungssystem weiterhin von erheblicher gesellschaftspolitischer Bedeutung.

7.4 Soziale Schichtung und Bildungschancen

7.4.1 Entwicklung der Bildungschancen in der Bundesrepublik: mehr Bildungschancen, aber weniger Bildungsgerechtigkeit

Bildungspolitische Passivität und mangelndes Problembewußtsein hatten zur Folge, daß sich in den beiden ersten Nachkriegsjahrzehnten an der starken Benachteiligung der Unterschichtenkinder im Bildungssystem der BR nur wenig änderte. Mit 5% lag der Anteil der Arbeiterkinder unter den Studierenden im Jahre 1959/60 nur wenig über den Prozentsätzen in der ersten Hälfte dieses Jahrhunderts, die zwischen 2% und 4% schwankten (*Kaelble* 1983, 130). Erst in den 60er Jahren kam Bewegung in die Bildungspolitik. Die gesellschaftspolitische Forderung nach einer Verbesserung der Bildungschancen für bisher benachteiligte Gruppen wies bildungspolitisch in dieselbe Richtung wie der Ruf der Wirtschaft nach mehr Absolventen mit höheren Qualifikationen.

Bildungsreformen und Bildungsexpansion haben sich auf verschiedenen Ebenen des Bildungssystems unterschiedlich auf die Chancengleichheit ausgewirkt. Sie sollen daher zunächst für die Sekundarstufe I, dann für die Sekundarstufe II und schließlich für den Hochschulbereich skizziert werden.

Methodischer Hinweis. Repräsentative Schulbesuchsquoten liegen erst seit 1972 aus den Daten des Mikrozensus vor. Leider ist die soziale Herkunft nur durch sehr grobe Berufsgruppen ausgewiesen. So sind z. B. die Kinder aller Beamten sowie die Kinder aller Angestellten zu jeweils einer Gruppe zusammengefaßt. Dennoch lassen sich aus den Daten einige grobe Entwicklungen der schichtspezifischen Chancenunterschiede ablesen.

Abb. 7.3: *Besuch weiterführender Schulen nach dem Beruf des Familienvorstandes (Bundesrepublik 1972 – 1989, 13- und 14jährige)*

	Von jeweils 100 Kindern aus den verschiedenen Berufsgruppen besuchten					
	alle Berufsgruppen	Arbeiter	Angestellte	Beamte	Selbständige o. Beschäftigte	Selbständige m. Beschäftigten
	eine Realschule					
1972	19	16	25	23	20	25
1976	21	20	25	22	25	25
1980	25	22	30	25	26	30
1985	27	26	30	26	33	31
1989	27	26	29	24	29	26
Differenz 1972 – 1989	8	10	4	1	9	1
	ein Gymnasium					
1972	19	6	36	46	16	34
1976	22	9	38	47	20	37
1980	24	10	39	51	20	35
1985	26	11	41	51	19	36
1989	29	11	44	58	26	45
Differenz 1972 – 1989	10	5	8	12	10	11

Quellen: Sonderauswertungen des Mikrozensus, zusammengestellt nach Klemm 1987, 831; Klemm u. a. 1990, 92: Hansen/Rolff 1990, 61; Böttcher 1991, 153.

Aus Abb. 7.3 geht hervor, daß die häufigeren Übergänge in Realschulen und Gymnasien durchaus den Kindern aus allen erfaßten Berufsgruppen zugute kamen; aber es lassen sich deutliche schichttypische Unterschiede im Zuwachs der Chancen ausmachen. Vom Ausbau der **Realschulen** profitierten insbesondere die Kinder der Arbeiter und der kleinen Selbständigen; auf dem Niveau der **mittleren Abschlüsse** sind also die **Chancenunterschiede verringert** worden.

Anders sieht es an den **Gymnasien** aus. Den Ausbau dieser Schulform nutzten insbesondere die bereits Privilegierten. Die Beamtenkinder konnten ihren Gymnasiastenanteil von 46% im Jahre 1972 auf 58% im Jahre 1989 steigern, und auch die Kinder von Selbständigen sowie die Angestelltenkinder legten um 11 und 10 bzw. um 8 Prozentpunkte zu. Bei den traditionell benachteiligten Arbeiterkindern war der Chancenzuwachs mit 5 Prozentpunkten am geringsten; oder mit anderen Worten: **Im Wettlauf um höhere Schulabschlüsse verloren die Arbeiterkinder gegenüber den anderen Gruppen weiter an Boden.** Bei den Arbeiterkindern erfolgte in der ersten Phase der Bildungsreform ein Chancenschub, der sich jedoch nach 1976 stark verlangsamte und in den 80er Jahren schließlich in Stagnation überging. Nach 1985 sind die Arbeiterkinder die einzige Gruppe, deren gymnasiale Chancen sich trotz des weiterhin gewachsenen Zustroms auf die Gymnasien nicht mehr erhöht haben. **Soziale Schließungstendenzen auf dem Wege zum Abitur** zeigen auch die folgenden Daten an: Die Anteile der Arbeitersöhne (Arbeitertöchter) unter den Studienberechtigten sind vom Schuljahr 1979/80 bis zum Schuljahr 1985/86 von 21% (19%) auf 17% (16%) zurückgegangen (*BMBW* 1990, 72).[3]

Abb. 7.4 gibt eine Momentaufnahme von der Chancenstruktur direkt nach dem Übergang in die weiterführenden Schulen im Anschluß an das 4. bzw. 6. Schuljahr wieder.[4] Danach haben die Kinder von höheren Beamten – 82% von ihnen besuchen ein Gymnasium – die besten Bildungschancen, gefolgt von

Abb. 7.4: *Übergang auf weiterführende Schulen nach dem Beruf des Vaters (BRD 1983/84)*

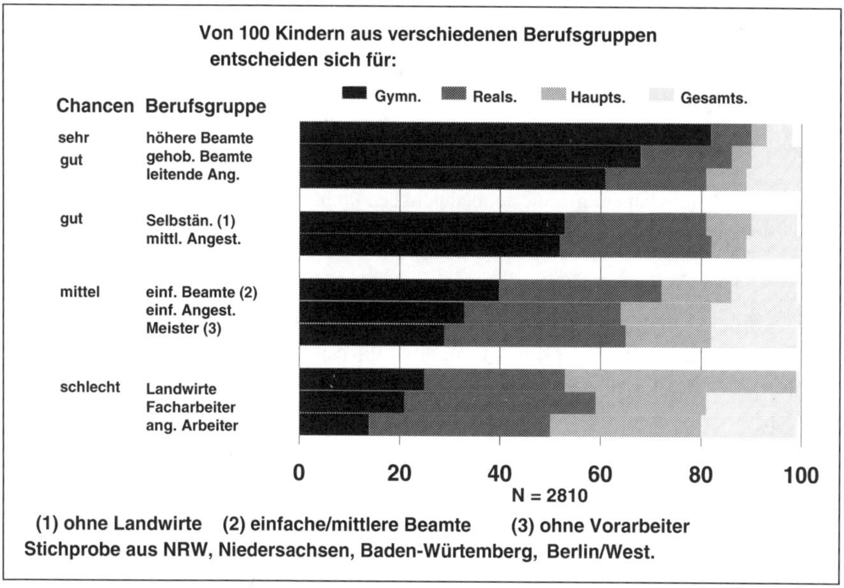

Quelle: zusammengestellt nach Fauser/Schreiber 1987, 50.

Abb. 7.5: *Studienanfänger/innen nach dem Beruf des Familienvorstandes 1969 – 1988 (BRD)*

Von 100 19-21jährigen aus der jeweiligen Herkunftsgruppe begannen ein Studium an einer Wissenschaftl. Hochschule (1):

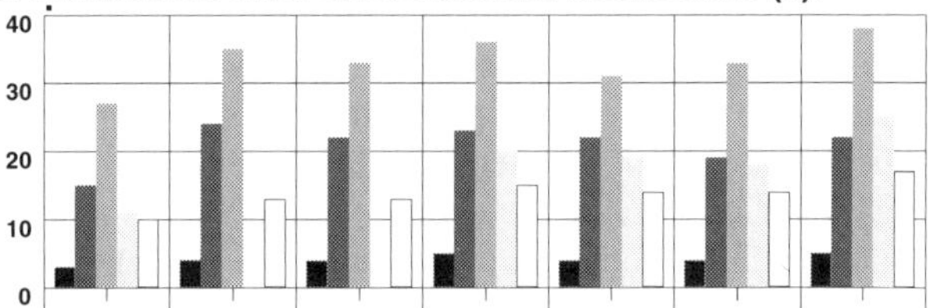

	1969	1979	1980	1982	1984	1986	1988
Arbeiter/innen	3	4	4	5	4	4	5
Angestellte	15	24	22	23	22	19	22
Beamte	27	35	33	36	31	33	38
Selbständige (2)	11			20	19	18	25
alle Berufsgruppen	10	13	13	15	14	14	17

Arbeiter/innen · Angestellte · Beamte · Selbständige (2) · alle Berufsgruppen

(1) Universität, Pädagogische Hochschule, Theologische Hochschule
(2) für 1979 und 1980 nicht berechnet

Methodische Anmerkung: Die Zahlen beruhen auf Schätzungen. In der amtlichen Statistik ist lediglich die Anzahl der Studienanfänger der jeweiligen Herkunftsgruppe bekannt, unbekannt ist dagegen die Größe der Altersgruppe, aus der die Studienanfänger kommen. Die Größe der Altergruppen mußte daher geschätzt werden. Für das Jahr 1969 wurde eine andere Methode zur Schätzung dieser Größe verwendet als für die Jahre 1979 bis 1985. Ein Vergleich mit anderen Analysen läßt jedoch den Schluß zu, daß die Entwicklung der schichtspezifischen Studienchancen in den siebziger Jahren trotz dieses methodischen Problems tendenziell richtig wiedergegeben wird.

den Kindern der gehobenen Beamten (68%) und leitenden Angestellten (61%). Am unteren Ende der Chancenskala rangieren die Kinder von ungelernten Arbeitern (14% Gymnasiasten), Facharbeitern (21%) und Landwirten (25%).

Die Zuwachsraten unter Studierenden an **Wissenschaftlichen Hochschulen** (Tabelle 7.5) weisen noch stärkere schichtspezifische Unterschiede auf als unter den Gymnasiasten. Obwohl die **Studienanfängerquoten** von Beamten, Angestellten und Selbständigen bereits im Jahre 1969 vergleichsweise hoch lagen, konnten diese Gruppen ihre Studienchancen nochmals erheblich steigern – die Beamtenkinder von 27% im Jahre 1969 auf 38% im Jahre 1988, die Kinder der Selbständigen von 11% auf 25% und die Angestelltenkinder von 15% auf 22%. Insbesondere die jungen Frauen aus diesen Herkunftsgruppen verminderten ihr Defizit. Auch die Studienanfänger unter den Arbeiterkindern nahmen in diesem Zeitraum zu, allerdings nur in einem bescheidenen Ausmaß von 3% auf 5%. Beim Übergang vom Gymnasium auf die Wissenschaftlichen Hochschulen vollzieht sich eine weitere schichtspezifische Auslese zu Lasten der Studienberechtigten aus den unteren Schichten.

Methodischer Hinweis. Neben den Studienanfängerquoten liefert auch die Entwicklung der **Sozialprofile** der Studienanfänger bzw. der Studierenden Informationen zur Entwicklung der Chancengleichheit. Sozialprofile geben die soziale Zusammensetzung der Studierenden wieder, z. B. die Anteile der Arbeiterkinder, Beamtenkinder etc. an allen Studierenden. In der Öffentlichkeit werden schichtspezifische Studienchancen meist anhand von Daten dieser Art diskutiert, obwohl ihre Interpretation mit zwei Schwierigkeiten verbunden ist. Zum einen läßt sich die Entwicklung der Sozialprofile nur vor dem Hintergrund der Sozialstruktur der Gesamtbevölkerung deuten – oder genauer: vor dem Hintergrund der Entwicklung des Sozialprofils der jeweiligen Elterngeneration. Und zweitens hängt das Sozialprofil der Studierenden von der Gesamtzahl der Studierenden ab und verändert sich, wenn ihre Gesamtzahl steigt oder zurückgeht (Genaueres bei *Geißler* 1990, 90). Trotz dieser Interpretationsprobleme werde ich hier Sozialprofile zur Darstellung heranziehen, da nur in dieser Form Daten für die DDR vorliegen. Sie bieten daher die beste empirische Basis eines Vergleichs der Entwicklung der schichtspezifischen Bildungschancen in beiden deutschen Gesellschaften.

Die Bildungsreform und die Bildungsexpansion lösten Mitte der 60er Jahre eine erhebliche Verschiebung in den Sozialprofilen zugunsten der Kinder aus der Arbeiterschicht aus (Abb. 7.6). Diese können ihre Anteile an den Studienanfängern ein Jahrzehnt lang kontinuierlich steigern. Der Gipfel wird im Jahre 1976 mit 16% erreicht. Seit 1983 ist die Entwicklung deutlich rückläufig. Der Anteil der Arbeiterkinder bröckelt wieder ab und ist im Jahre 1989 auf 9% und damit unter das Niveau von 1970 gesunken. Einen ähnlichen Verlauf zeigt der Anteil der Arbeiterkinder an allen Studierenden.

Zusammenfassend läßt sich zu den Folgen der Bildungsexpansion für die Bildungschancen der verschiedenen Schichten festhalten: Der Ausbau der Realschulen, der Gymnasien – und anderer Wege zum Abitur – und der Hochschulen hat zwar die Bildungschancen der Kinder aus allen Schichten erhöht, aber zu einem Abbau der Chancenunterschiede zwischen den Schichten ist es nur bei den Bildungsabschlüssen auf mittlerem Niveau gekommen. Die Chancen auf eine höhere Ausbildung an Gymnasien und Universitäten sind dagegen noch ungleicher geworden. Beim Run auf die höheren Bildungsabschlüsse können die bereits begünstigten Schichten – insbes. die Beamten, aber auch der alte bürgerliche Mittelstand und die mittleren und höheren Angestellten – ihre besseren Ressourcen ausspielen. Heute besuchen zwar erheblich mehr Arbeiterkinder Gymnasien und Universitäten als vor zwei Jahrzehnten, dennoch haben sie beim Wettlauf um höhere Bildungsabschlüsse gegenüber Kindern aus anderen Schichten an Boden verloren. Die Hauptverlierer der Bildungsexpansion sind – zumindest in den 70er Jahren – die Kinder von un- und angelernten Arbeitern, die vom Bildungsboom kaum erfaßt wurden (*Meulemann* 1985, 69ff.). **Die Bildungsexpansion hat mehr Bildungschancen, aber nicht mehr Bildungsgerechtigkeit gebracht; im Gegenteil: die Chancenunterschiede haben sich auf einem höheren Niveau vergrößert.**

Die zunehmende soziale Öffnung der Wege zu den höheren Bildungsabschlüssen in den 60er Jahren und zu Beginn der 70er Jahre kam allmählich zum Stillstand, und in den 80er Jahren machen sich rückläufige Tendenzen zu einer **erneuten sozialen Schließung** der Gymnasien und Wissenschaftlichen Hochschulen bemerkbar. Es gibt empirische Hinweise dafür, daß der rückläufige Anteil der Arbeiterkinder unter den Studienanfängern mit Veränderungen in der Ausbildungsförderung und in den Berufschancen von Hochschulabsolventen zusammenhängt. Kinder aus Arbeiterfamilien sind vom Rückgang der Studienförderung und von der Umstellung der Förderung auf Darlehen besonders betroffen (*BMBW* 1989a, 292f., 299ff.). Sie lassen sich durch Probleme bei der Studienfinanzierung und durch Arbeitsmarktschwierigkeiten bei Hochschulabsolventen in besonderem Maß von der Aufnahme eines Studiums abschrecken.[5]

7.4.2 Die Entwicklung der Bildungschancen in der DDR: soziale Öffnung und erneute Schließung des Bildungssystems

Gleiche Bildungschancen für alle gehörten von Beginn an zu den vorrangigen Leitideen der Bildungspolitik in der SBZ/DDR und hatten in der Aufbauphase ein klares revolutionäres Ziel: Die besondere Förderung der Arbeiter- und Bauernkinder sollte das sog. **„bürgerliche Bildungsmonopol" brechen** und damit einen wichtigen Pfeiler des bisherigen Herrschaftssystems beseitigen. Es sollte eine neue Führungsschicht herangebildet werden, die sich sowohl in ihrer Herkunft als auch in ihrer Ideologie von der früheren unterschied. Auch nach dem Austausch der Eliten und nach der Umwälzung der alten Klassenstruktur in den 50er Jahren wurde am Prinzip der proportionalen Chancengleichheit festgehalten. Die gesellschaftspolitische Zielrichtung war jedoch eine andere: Die Führungsschicht sollte sich proportional aus allen Klassen und Schichten der Gesellschaft rekrutieren. Dadurch sollte sichergestellt werden, daß die Interessen aller Gruppen der Bevölkerung bei der Führung der Gesellschaft zur Geltung kommen (vgl. S. 210).

Um das „bürgerliche Bildungsprivileg" zu brechen, wurde eine ganze Reihe von Umwälzungen im Bildungssystem durchgeführt. Dazu gehörten die Einführung der Einheitsschule, die Landschulreform, die Ausbildung von Neulehrern aus Angehörigen der unteren Schichten und eine intensive Bildungswerbung genauso wie das Zurückdrängen des Familieneinflusses auf die Sozialisation der Kinder und Jugendlichen zugunsten des Einflusses der staatlichen Einrichtungen.

Abb. 7.6: *Sozialprofil der Studierenden an Wissenschaftlichen Hochschulen, DDR 1945 – 1989 (in%)*

	DDR[1]					BR	
	Intelligenz[2]	Arbeiter	Angestellte	Mitgl. von LPG/PGH[3]	Selbständige Sonstige	Arbeiter Studierende	Arbeiter Studienanfänger[4]
1945/46		ca. 4				ca .4	
1954[1]	12	48	24	6	11	5	
1958[1]	14	53	19	6	9	5 (1959)	
1960	19	39	30	3	8	5	
1967	30	30	26	6	7	7 (1966)	7 (1966)
1976						13	16
1979	59	max 11 – 19[5]				15	15
1982	69	max 10 – 15[5]				16	14
1985						15	12
1989	78	max 7 – 10[5]				15 (1988)	9

[1] nur Direktstudium, ohne Fernstudium. Im Direktstudium liegt der Anteil der Arbeiterkinder höher und der Anteil der Intelligenzkinder niedriger als unter allen Studierenden

[2] Fach- oder Hochschulabschluß [3] LPG=Landwirtschaftliche Produktionsgenossenschaften, PGH=Produktionsgenossenschaften Handwerk

[4] Da der Anteil der Studienanfänger, deren Herkunft nicht klassifizierbar ist, von 3% (1982) auf 20% (1989) gestiegen ist, dürfte die rückläufige Tendenz bei den Arbeiterkindern etwas weniger stark sein, als es die Prozentwerte ausweisen.

[5] Schätzungen auf der Basis der Direktstudenten des Jahres 1967 (1967 waren 47,5% aller Studierenden, deren Eltern nicht der Intelligenz angehörten, Arbeiterkinder). Die Studentenuntersuchungen unterscheiden unterhalb der Fach- und Hochschulabschlüsse (=Intelligenz) drei weitere Qualifikationsstufen: „Meister" – „Facharbeiter" (der „Lehre" u.ä. im bundesdeutschen Sinne vergleichbar) – „Teilfacharbeiter/ohne Abschluß". Die höhere Schätzzahl resultiert aus einer Schätzung, die alle Eltern mit Qualifiktionen unterhalb des Fachschulniveaus berücksichtigt. Die niedrigere Schätzzahl klammert die Eltern mit Meisterabschluß aus der Schätzung aus. Der tatsächliche Anteil der Arbeiterkinder im engeren (bundesdeutschen) Sinne dürfte in der Nähe der niedrigen Schätzzahl liegen, eventuell auch noch darunter.

Quellen: DDR – 1954 – 1967: Stat. Jb. 1958 – 1968. 1979 – 1989 eigene Berechnungen nach Bathke 1984, 74; Starke 1984, 19; Friedrich/Gerth 1984, 90; Bathke 1990, 121.
BRD – Studienanfänger: BMBW 1981, 142 (1966 – 1979); BMBW 1990 (1982 – 1989);
Studierende: Lundgreen 1981, 153 (1954, 1959, 1966); Kaelble 1983, 130 (1960);
BMBW 1986, 101 (1979); BMBW 1989a, 441 (1982 – 1988)

Die Ergebnisse der revolutionären Bildungspolitik lassen sich für die 50er Jahre recht gut belegen. Der Anteil der Arbeiterkinder, der unter den Hochschulstudenten der SBZ so wie auch in den anderen Zonen bei Kriegsende bei etwa 4% gelegen hat, konnte enorm gesteigert werden. Auf dem Höhepunkt der Entwicklung im Jahre 1958 waren die Arbeiterkinder unter den Direktstudenten an Universitäten und Hochschulen mit 53% vertreten (Abb. 7.6). Die DDR hatte sich **dem Ziel der proportionalen Chancengleichheit** im Bildungssystem in einem beachtlichen Maße **genähert**.

Die wichtigsten Impulse für diese Umschichtung gingen von einer besonderen Förderung und der gezielten Bevorzugung systemloyaler Arbeiter- und Bauernkinder bei der Auslese im Bildungssytem aus, die mit einer Behinderung der Bildungsmöglichkeiten von Kindern aus eher systemkritischen bürgerlichen Schichten einherging. An den Arbeiter- und Bauernfakultäten der Universitäten, aber auch an den Volkshochschulen erhielten die Angehörigen der unteren Schichten besondere Hilfen und konnten die Hochschulreife nachholen. Instrumente der **Gegenprivilegierung** waren der sogenannte Arbeiter- und Bauernbonus sowie soziale Quotierungen beim Zugang zu Oberschulen, Fachschulen und Hochschulen: Dadurch wurden weniger leistungsstarke, aber politisch zuverlässige Arbeiter- und Bauernkinder den leistungsstärkeren, z. T. politisch als unzuverlässig geltenden Töchtern und Söhnen der Mittelschicht vorgezogen. Eine Bildungspolitik mit dem Ziel der proportionalen Chancengleichheit nahm also **Verstöße gegen das Leistungsprinzip** bewußt in Kauf.

Nach 1958 drehte sich das Rad der Entwicklung wieder zurück; die soziale Ungleichheit der Bildungschancen nahm wieder kontinuierlich zu. Zwischen 1960 und 1989 hat sich der Anteil der Kinder aus der Intelligenz von 19% auf 78% mehr als vervierfacht(!) (Abb. 7.6). Die Kinder aus anderen Schichten ließen sich durch die Söhne und Töchter aus der neuen sozialistischen Führungsschicht zunehmend von den Universitäten verdrängen. Nur 22% der Studierenden des Jahres 1988 waren Kinder von Arbeitern oder Angestellten, von Mitgliedern der Produktionsgenossenschaften in Landwirtschaft oder Handwerk, von Selbständigen oder sonstigen Berufstätigen. Der Anteil der Arbeiterkinder läßt sich lediglich schätzen; er betrug 1989 höchstens 7 bis 10%. Der kurzen Phase einer revolutionären Öffnung der Hochschulen für die Kinder der Arbeiterschaft folgten seit dem Ende der 50er Jahre drei Jahrzehnte einer **zunehmenden sozialen Schließung der Universitäten** – eine Dynamik, die bis zum Untergang der DDR angedauert hat. In der DDR war in den 50er Jahren das bürgerliche Bildungsprivileg beseitigt worden, seit den 60er Jahren hat sich dann stattdessen nach und nach ein **Bildungsprivileg der sozialistischen Intelligenz** etabliert.

Abbildung 7.7 gibt die Ergebnisse der ersten gemeinsamen Studentenuntersuchung in Ost- und Westdeutschland wieder, die Sozialwissenschaftler aus Leipzig, Marburg und Siegen im Jahre 1990 durchführten. Sie zeigt, daß die Akademikerkinder an ostdeutschen Universitäten erheblich stärker dominie-

Abb. 7.7: *Studierende nach dem Bildungsabschluß des Vaters und der Mutter in % (BR und DDR 1990)*

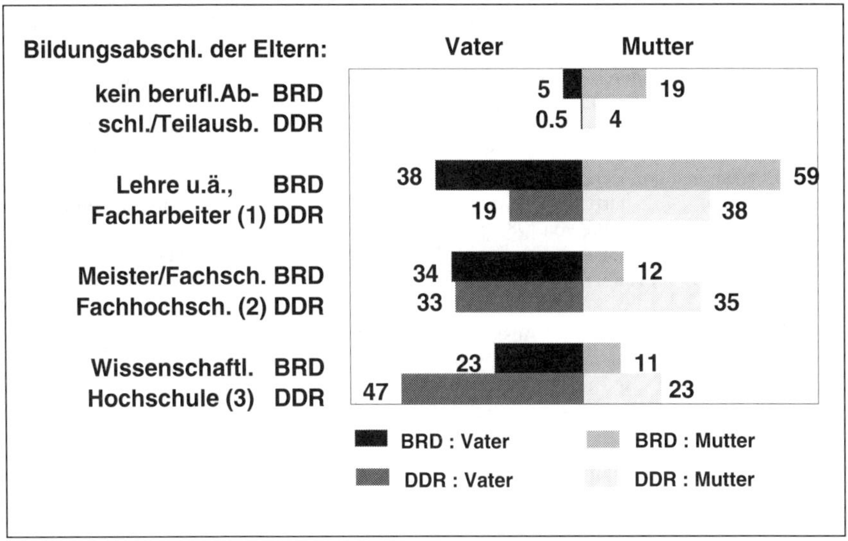

In der DDR wurden 1558 Studierende befragt, in der BR 543 Studierende der Universitäten Marburg und Siegen. Die Struktur der Bildungsabschlüsse der westdeutschen Eltern ist nahezu identisch mit derjenigen der 12. Sozialerhebung des Deutschen Studentenwerks 1988 (BMBW 1989a, 445).

1 Die Kategorie „Facharbeiter" in der DDR entspricht am ehesten der Kategorie „Lehre u.ä." in der BR.

2 Einschl. Techniker/innen.

3 In der BR stammen 26% der Studierenden aus Akademikerfamilien (Vater oder Mutter Hochschulabschluß), in der DDR 51%.

ren als an westdeutschen. In Ostdeutschland kommt jeder zweite Student aus einer Akademikerfamilie, in Westdeutschland nur jeder vierte. Auf der anderen Seite sind die Studienchancen für Kinder aus den unteren Bildungsschichten in Westdeutschland deutlich besser – und dies, obwohl sich auch hier in den 80er Jahren die erwähnten sozialen Schließungstendenzen bemerkbar machen.

Ursachen der sozialen Schließung. Wo liegen die Ursachen für die zunehmende soziale Ungleichheit der Bildungschancen in der DDR in den letzten drei Jahrzehnten? Es lassen sich sechs Ursachenkomplexe benennen.

1. Die Ordnungen, die die Aufnahme in die Abiturstufe sowie die Zulassung zum Studium regeln, sehen **drei Auslesekriterien** vor, die in verschiedenen Phasen mit unterschiedlichem

Gewicht zur Geltung gebracht wurden: 1. die fachlichen Leistungen; 2. die soziale Herkunft; 3. politische Kriterien: die Verbundenheit mit der DDR, die durch politische und gesellschaftliche Aktivität und durch die Bereitschaft zur aktiven Verteidigung des Sozialismus unter Beweis zu stellen war. Seit den 60er Jahren tritt der Gesichtspunkt der ökonomischen Effizienz und damit die **Auslese nach Leistung in den Mittelpunkt** bildungspolitischer Überlegungen, die Auslese nach sozialer Herkunft dagegen rückt in den Hintergrund (vgl. *Geißler* 1983, 759-765). Dadurch kommen schichtspezifische Unterschiede im Leistungsvermögen und im Bildungswillen stärker zur Geltung. Auch das politische Auslesekriterium der **Systemloyalität** wirkt sich zu Lasten der Kinder aus unteren Schichten aus; denn SchülerInnen aus Intelligenzfamilien waren nachweislich eher bereit, der offiziellen Forderung nach gesellschaftlichem und politischem Engagement, z. B. in der FDJ, nachzukommen (dazu z. B. *Meier* 1981, 125). Diese dürften auch von dem folgenden Auslesegrundsatz aus der Aufnahmeordnung für die Abiturstufe von 1981 profitiert haben: „Herausragende Leistungen von Eltern beim Aufbau des Sozialismus sind bei der Entscheidungsfindung zu beachten" (*Minister für Volksbildung* 1988, 186).

2. Des weiteren wurde die soziale Auslese durch die Einrichtung von **Spezialklassen** und **Spezialschulen** zur besonderen Förderung begabter Kinder in den 60er Jahren (vgl. *Schreier* 1990) verschärft. Diese Bildungswege eröffneten gute Karrierechancen und wurden vorwiegend von Kindern der neuen sozialistischen Intelligenz genutzt (*Meier/Reimann* 1977, 38ff.).

3. Mit dem **Anstieg des Qualifikationsniveaus** der Bevölkerung erhöht sich auch der Anteil der Akademikerfamilien mit hohem Sozialisations- und Bildungspotential erheblich. Dadurch wurde der Verdrängungswettbewerb für Kinder aus Schichten mit schwächerem Sozialisations- und Bildungspotential härter. Da Mütter mit mit guter Ausbildung die Bildungskarriere ihrer Kinder nachweislich noch besser fördern können als gut ausgebildete Väter, ging vom Vorrücken der gut ausgebildeten Frauenjahrgänge ins Alter von Studenteneltern ein erneuter Impuls zur Verschärfung der sozialen Auslese aus (vgl. dazu auch *Bathke* 1985, 30f. und *Geißler* 1990, Tab. 7 und 8). Die Herstellung geschlechtsspezifischer Chancengleichheit wirkt sich somit gegen den Abbau schichtspezifischer Ungleichheiten aus.

4. Die **Drosselung der Hochschulzulassungen** zu Beginn der 70er Jahre und die niedrigen Studierquoten haben den Wettbewerb um die knappe Zahl der Hochschulplätze verschärft und dürften sich zu Lasten der Kinder aus den unteren Schichten ausgewirkt haben.

5. Der Leipziger Hochschulforscher *Gustav-Wilhelm Bathke* (1990, 125f.) wies darauf hin, daß „die Intelligenz aufgrund ihres spezifischen Wertesystems besser die unzureichende materielle Stimulierung hoher Bildung und Qualifikation im Sozialismus" verkraftet. Mit anderen Worten: Die zunehmende **Einkommensnivellierung** (vgl. S. 54 ff.) hielt Kinder aus unteren Schichten eher davon ab, die Anstrengungen eines langen Bildungsweges auf sich zu nehmen als die Kinder aus Akademikerfamilien, wo eine Hochschulausbildung einen hohen Eigenwert besitzt und häufig zur Familientradition gehört.

6. In der DDR wurde seit den 60er Jahren erfolgreich die **Illusion** propagiert, im Bildungssystem sei die **Chancengleichheit für alle verwirklicht**. Dadurch wurden pädagogische und bildungspolitische Überlegungen und Anstrengungen vernachlässigt, die der sozialen Schließung der Hochschulen hätten entgegenwirken können. Nicht die Förderung der Benachteiligten – es gab ja angeblich keine mehr –, sondern die Förderung der Besten stand in den 80er Jahren im Zentrum der Diskussionen (vgl. *Schreier* 1990).

7.4.3 Ursachen der schichtspezifischen Bildungschancen

Bei den Ursachen für die weiterhin bestehenden ungleichen Bildungschancen gibt es Ähnlichkeiten zwischen den beiden Gesellschaften aber auch Unterschiede.

Ähnliche Ursachen in beiden Gesellschaften

Bildungssoziologische Studien haben gezeigt, daß die schichtspezifische Ungleichheit der Bildungschancen in der BR auf einen vielschichtigen Komplex von Ursachen zurückgeführt werden muß. **Sozialstruktur, Sozialisation und Bildungsorientierungen in den Familien** und **Auslesemechanismen im Bildungssystem** wirken in einer Art und Weise zusammen, daß Kinder aus den oberen Schichten die Bildungsangebote weitaus besser nutzen können als Kinder aus den unteren Schichten. Die wenigen empirischen Daten aus der DDR weisen darauf hin, daß dort ähnliche Zusammenhänge wirksam waren.

In beiden deutschen Gesellschaften gab/gibt es **schichtspezifische Sozialisationsprozesse**, d.h. schichtspezifische Unterschiede in der Persönlichkeitsentwicklung der Kinder. Sie entstehen insbesondere durch Familieneinflüsse, die mit den unterschiedlichen Soziallagen der Familien verknüpft sind. Der höhere materielle und kulturelle Anregungsgehalt des Familienmilieus in den oberen Schichten der BR fördert die Entwicklung von Fähigkeiten und Motivationen, die den Schul- und Studienerfolg der Kinder begünstigen. Dazu gehören kognitive und sprachliche Fähigkeiten genauso wie Leistungsmotivation oder der Glaube an den Erfolg individueller Anstrengungen. Die Sozialisationsvorteile der Kinder aus den oberen Schichten hängen mit der privilegierten finanziellen Situation dieser Familien zusammen, aber auch mit der höheren Bildung und der höheren Arbeitsqualität zumindest eines Elternteils, die wiederum das kommunikative und erzieherische Klima der Familie positiv beeinflussen (Überblicke dazu bei *Geißler* 1987b, 95ff. und *Steinkamp* 1991, 252ff.).

Auch in der DDR wiesen Arbeiterkinder, insbesondere Kinder von Un- und Angelernten, Defizite in der kognitiven und sprachlichen Entwicklung und in der Leistungsmotivation auf. Kinder der Intelligenz zeigten innerhalb und außerhalb von Schule und Universität vielseitigere Interessen und Aktivitäten, sie nutzen die kulturellen Angebote und auch die Angebote zur gesellschaftlichen und politischen Aktivität ausgiebiger.[6]

In beiden deutschen Gesellschaften bringen die Kinder aus den verschiedenen Schichten **unterschiedliche Voraussetzungen** mit, um den **Leistungserwartungen** im Bildungssystem zu genügen. In der BR und in der DDR zeigen sich ähnliche Folgen: Kinder aus unteren Schichten erhalten bis hin zum

Abitur häufiger schlechtere Noten, müssen häufiger eine Klasse wiederholen und scheiden häufiger vorzeitig aus den Pflichtschulen oder aus der Abiturstufe – in der Bundesrepublik auch aus dem Studium – aus, ohne den entsprechenden Abschluß erreicht zu haben.[7] Die Bildungssysteme in beiden Gesellschaften verlangen den Kindern aus den unteren Schichten **besondere Anpassungsleistungen** ab. Das gilt auch noch für das Studium: An den Hochschulen haben Studierende aus Arbeiterfamilien mit spezifischen Problemen zu kämpfen – in beiden Gesellschaften mit Orientierungs- und Motivationsschwierigkeiten, in der Bundesrepublik zusätzlich mit Problemen der Studienfinanzierung.[8]

In beiden Gesellschaften wird das **Leistungspotential der Kinder aus den unteren Schichten nicht voll ausgeschöpft**. Unsicherheiten über die möglichen Bildungswege und eine gewisse Distanz der unteren Schichten zur höheren Bildung verhindern, daß ihre Kinder gute Schulleistungen in gleichem Maße in höhere Ausbildungsabschlüsse umsetzen wie die Kinder aus mittleren und oberen Schichten. Für die BR ist dieser Sachverhalt mehrfach belegt. Dazu einige Beispiele:

- Im Schuljahr 1983/84 folgten 92% der Beamtenkinder der Grundschulempfehlung für das Gymnasium, aber nur 63% der Facharbeiterkinder und lediglich 48% der Kinder von Un- und Angelernten (*Fauser/Schreiber* 1987, 52; vgl. auch *Hansen/Rolff* 1990, 67).

- Eine Befragung aller Dortmunder SchülerInnen der Klassen 11 und 12 des Schuljahres 1985/86 ergab: Kinder von Beamten, Angestellten und Selbständigen mit befriedigenden/ausreichenden Schulleistungen wollen häufiger studieren als Arbeiterkinder mit guten/sehr guten Schulleistungen (*Böttcher/Holtappels/Rösner* 1988a, 114ff.).

- Leistungsschwache Söhne und Töchter von gehobenen/höheren Beamten des Abiturientenjahrgangs 1976 haben bis zum Jahr 1980 etwas häufiger ein Studium aufgenommen als leistungsstarke Söhne und Töchter aus Arbeiterfamilien (*Ehmann* 1986, 103).

Die einzige Untersuchung aus der DDR, die zu dieser Problematik veröffentlicht wurde, weist auf ähnliche Zusammenhänge hin:

- Von den leistungsstarken Schülern aus Akademikerfamilien wollten im Jahr 1966 68% eine Fach- oder Hochschule besuchen, aber nur 39% der Schüler aus derselben Leistungsgruppe, deren Väter keine abgeschlossene Berufsausbildung hatten (*Meier* 1974, 306f.).

Die folgenden Zusammenhänge zwischen **Sozialstruktur und Bildungsorientierungen** sind sowohl für die Bundesrepublik als auch für die DDR empirisch belegt:[9] Eltern aus oberen Schichten verfügen über ein ausgeprägteres pädagogisches Selbstbewußtsein. Bildung ist für sie ein höherer Wert. Sie motivieren ihre Kinder stärker zur Aneignung einer guten Ausbildung und visieren von vornherein höhere Bildungsabschlüsse für ihre Kinder – in der

BR insbesondere für ihre Söhne – an und lassen sich auch durch widrige Umstände wie mäßige Schulleistungen – in der BR auch Lehrerempfehlungen, die den Bildungswünschen widersprechen, oder schlechte Berufschancen für Akademiker – nicht so leicht von den hochgesteckten Bildungszielen abbringen. Sie kümmern sich intensiver um die Schulprobleme ihrer Kinder und machen ausgiebiger von den Möglichkeiten Gebrauch, über Kontakte zur Schule und über die Mitarbeit in Elternvertretungen die Schulchancen ihrer Kinder zu verbessern.

Für beide Gesellschaften gilt: **Der Widerstand der oberen Schichten gegen den sozialen Abstieg ihrer Kinder ist stärker ausgeprägt als der Wille der unteren Schichten zum sozialen Aufstieg.**

In der Bundesrepublik werden die Nachteile, die durch schichtspezifische Sozialisation und durch schichtspezifischen Bildungswillen entstehen, im Schulsystem selbst nicht kompensiert, sondern eher noch verstärkt. Lehrer versuchen, die Leistungen der Schüler „objektiv" zu bewerten, aber Studien zur Notengebung und zu den Schulempfehlungen zeigen, daß sich in das Lehrerurteil Kriterien einschleichen, die sich unabhängig vom tatsächlichen Leistungsvermögen zu Lasten der Kinder aus unteren Schichten auswirken (ein Überblick dazu bei Geißler 1987b, 101ff.; vgl. auch Grimm 1987b, 73ff.).

So gab es z. B. im Jahre 1983 erhebliche schichtspezifische Unterschiede bei den Grundschulempfehlungen: Sowohl in Baden-Württemberg als auch in Westberlin erhielten 94% der Kinder von höheren Beamten, die in den Fächern Deutsch und Mathematik einen Notendurchschnitt von mindestens 2,5 hatten, eine Empfehlung für das Gymnasium, aber jeweils nur 52% der Arbeiterkinder aus dieser Leistungsgruppe (*Fauser/Schreiber* 1987, 48).

Besondere Ursachen in der Bundesrepublik Deutschland

Schichtspezifische Auswirkungen haben in der BR auch die Curricula und die Organisationsstrukturen der Bildungseinrichtungen.

Historische und sprachliche Lerninhalte stellen wegen ihrer Ferne zum kulturellen und sprachlichen Milieu der Unterschichten eine zusätzliche Barriere für Kinder dieser Herkunft dar. Mathematische, naturwissenschaftliche und technische Lerninhalte kommen dagegen den Bildungsvoraussetzungen von Unterschichten besser entgegen (vgl. z. B. *Rodax/Spitz* 1982, 90f.). Durch das stärkere Festhalten der Gymnasien an historischen und sprachlichen Elementen der Curricula und durch die stärkere Abschottung der weiterführenden Bildung gegenüber der Arbeitswelt[10] lagen die curricularen Barrieren für Unterschichtenkinder in der Bundesrepublik höher als in der DDR.

Ähnliche schichtspezifische Effekte hat auch das weitgehende Festhalten an den **äußeren Differenzierungen des dreigliedrigen Schulsystems** in der Bundesrepublik. Die Bildungsreformen haben gezeigt, daß Bildungseinrichtungen, die eine frühzeitige Festlegung der individuellen Bildungswege vermeiden, spätere Korrekturen zulassen und Leistungsschwache besonders fördern, dem Bildungsverhalten der unteren Schichten besser entgegenkommen und deren Bildungschancen verbessern. Dazu gehören die Orientierungsstufe, die Fachoberschulen, die Übergänge von Realschulen in die Abiturstufe genauso wie die Gesamtschulen und die Gesamthochschulen. Da das Bildungssystem der DDR stärker vereinheitlicht und entdifferenziert wurde – Veränderungen, die in anderer Hinsicht Nachteile (Leistungseinbußen) mit sich gebracht haben –, muß auch die dreigliedrige Gesamtstruktur des Bildungswesens der Bundesrepublik als ein besonderer Faktor angesehen werden, der den Unterschichtenkindern den Weg zur höheren Bildung erschwert.

Auf die besonderen Ursachen für die Chancenungleichheit in der DDR wurde bereits auf S. 229 f. eingegangen.

7.5 Entwicklungsperspektiven in den neuen Ländern

7.5.1 Bildungsexpansion

Während die Höherqualifikation der Bevölkerung in der DDR etwas weiter vorangetrieben worden war als in der BR, hinkte die Expansion der sekundären und tertiären Sektoren des Bildungssystem seit den 70er Jahren hinter der westdeutschen Entwicklung her. Nachdem mit der deutschen Vereinigung die staatlichen Zulassungsbeschränkungen zur Abiturstufe und zu den Hochschulen abgeschafft wurden, dürften sich die ostdeutschen Abiturienten- und Studentenquoten in den nächsten Jahren dem westdeutschen Niveau annähern. Das ostdeutsche Bildungssystem dürfte von einer ähnlichen expansiven Eigendynamik erfaßt werden wie das westdeutsche. Einen empirischen Hinweis auf diesen Anpassungsprozeß liefert die starke Zunahme der Studienanfänger in den neuen Ländern; ihre Zahl stieg im Studienjahr 1990/91 gegenüber dem Vorjahr um ein Drittel an – vom 30 000 auf 40 000 (FES 1991).

Mit den Daten zur Bildungsexpansion läßt sich die Entwicklung der Qualifikationsstruktur nur sehr grob beschreiben. Die konkretere Qualität der Bildungsabschlüsse – ihre Abstimmung auf die Qualifikationsanforderungen der Arbeitsplätze, ihr „emanzipatorischer Gehalt" u.ä. – wird mit Quantitäten dieser Art nicht erfaßt. Methodisch abgesicherte Ost-West-Vergleiche zu den Qualitäten – z. B. zum „Wert" einer Facharbeiterausbildung oder des Abiturs – liegen nicht vor. Daher lassen sich zu dieser Problematik nur sehr vage Aussagen formulieren. Die Probleme bei der Umgestaltung der Arbeitsplätze in den neuen Ländern zeigen, daß eine häufig veraltete Arbeitsplatzstruktur mit häufig veralteten Qualifikationen der Erwerbstätigen einherging. Hinter einer formal ähnlichen Qualifikationsstruktur der Bevölkerung verbergen sich

„Modernisierungsrückstände“, die durch Umschulungen und Weiterbildung und evtl. auch durch eine Modernisierung von Bildungsinhalten in Teilen der allgemeinen und beruflichen Ausbildung beseitigt werden müssen.

7.5.2 Ungleiche Bildungschancen

Die weitere Entwicklung der sozialen Auslese in den neuen Ländern läßt sich nur schwer abschätzen. Wird sich der Trend zur sozialen Schließung der Wege zum Abitur und zu den Hochschulen brechen oder sogar umkehren lassen? Es ist abzusehen, daß die Veränderungen in Ostdeutschland widersprüchliche Effekte auf die schichtspezifische Ungleichheit der Bildungschancen ausüben werden. Zwei Entwicklungen dürften die soziale Auslese zuungunsten der Unterschichtenkinder verschärfen. So ist das äußerlich differenziertere Schulwesen, das mit der Einführung von Gymnasien bzw. von zwei- oder dreigliedrigen Schulsystemen entsteht, nachweislich sozial selektiver als integrierte Schulsysteme (z. B. die integrierten Gesamtschulen in den alten Ländern). Auch der Ersatz der staatlichen Studienfinanzierung durch ein Studiendarlehen für sozial Bedürftige dürfte einige Kinder aus den unteren Schichten vom Studium abhalten. Andererseits gibt es auch Veränderungen zugunsten von mehr Chancengleichheit. So ist die SED-Loyalität als Auslesekriterium verschwunden, von dem die Kinder der Intelligenz profitierten. Des weiteren wird die überproportionale Expansion der Abiturstufe und der Hochschulen den Verdrängungswettbewerb entschärfen. Und schließlich werden durch die stärkeren Einkommensunterschiede verstärkte Anreize zu höherer Bildung auf die Kinder aus den stärker „materialistisch“ orientierten unteren Schichten ausgehen; eine bessere Ausbildung „lohnt sich wieder“.

Die weitere Entwicklung wird auch davon abhängen, ob den Bildungspolitikern und der Öffentlichkeit in den neuen Ländern die Chancengleichheit zum Problem wird – ob ein politischer Wille entsteht, der sozialen Schließung der Wege zur höheren Bildung entgegenzuwirken; ob Maßnahmen ergriffen werden, die untere Schichten ermutigen, das Leistungspotential ihrer Kinder besser als bisher zu entwickeln und in entsprechende Ausbildungsabschlüsse umzusetzen.

Anmerkungen

1 Auf die Probleme, was „Leistung“ ist, wer „Leistung“ definiert, wie man „Leistung“ messen kann, welche Bedeutung bestimmte „Leistungen“ für eine Gesellschaft haben und ob bestimmte „Leistungen“ mit Recht als „Leistungen“ bewertet und belohnt werden, kann hier nicht näher eingegangen werden.

2 Zu den Zusammenhängen von Entwicklungen im Bildungswesen, Wirtschaft und Politik vgl. *Hüfner/Naumann/Köhler/Pfeffer* 1986; *Weishaupt/Weiß/v.Recum/Haug* 1988; *Klinger* 1990.

3 Zur Entwicklung der Bildungsbeteiligung der verschiedenen Schichten vgl. auch *Meulemann* 1985, 69ff., *Rodax* 1989, 221ff. und *Bofinger* 1990.

4 Neuere und repräsentativere Daten liegen wegen des bedauernswert schlechten Zustandes der Bildungsstatistik nicht vor.

5 Vgl. dazu *Bargel/Höpfinger* 1986, 136, 158; *Dippelhofer-Stiem* 1986, 194; *Walter* 1986, 209f.; *Bargel u. a.* 1987, 196f., 203.

6 Einzelheiten und Belege bei *Geißler* 1983, 765; weiterhin *Bathke* 1985, 92ff., 151f.; *Bathke* 1986, 247; *Friedrich* 1986, 6; *Bathke* 1988, 67.

7 Ein Überblick dazu für die BR bei *Geißler* 1987b, 92; vgl. auch *Stegmann* 1986, 95; *Hansen/Rolff* 1990, 67; Belege für die DDR zusammengefaßt bei *Geißler* 1983, 765; weiterhin *Starke/Hoffmann* 1984, 122f.; *Bathke* 1986, 249.

8 Zur BR vgl. z. B. *Böttcher/Holtappels/Rösner* 1988, 226ff.; *Bargel u. a.* 1987; *Funke* 1987; *Lewin* 1986. Zur DDR vgl. *Starke/Hoffmann* 1984, 104; *Bathke* 1985, 92ff., 133ff.; *Bathke* 1988, 68. Nach einer ersten vorläufigen Auswertung der Leipzig-Marburg-Siegener Studentenstudie, die *Bathke* und ich vorgenommen haben, haben es die wenigen ostdeutschen Studierenden aus Arbeiterfamilien schwerer, neben den Akademikerkindern an den Universitäten zu bestehen als die zahlreicheren westdeutschen.

9 Ein Überblick für die BR bei *Geißler* 1987b, 98ff.; weitere Einzelbelege bei *Stegmann* 1986 und bei *Fauser/Schreiber* 1987, 51ff.; Belege für die DDR zusammengefaßt bei *Geißler* 1983, 765; vgl. auch *Bathke* 1985, 141ff. und 1988, 71f. sowie *Kretzschmar* 1985, 86ff.

10 Vgl. dazu *Zimmermann* 1990, *Baske* 1990, *Hörner* 1990.

8. Die Entwicklung der sozialen Ungleichheit zwischen Frauen und Männern

Neben den schichtspezifischen Differenzierungen gehören die sozialen Ungleichheiten zwischen den Geschlechtern zu den wesentlichen Charakteristika der Sozialstruktur moderner Gesellschaften. In der industriellen Gesellschaft hat sich eine besondere Form der geschlechtsspezifischen Arbeitsteilung in der Privatspähre, in der Arbeitswelt und im öffentlichen Leben herausgebildet (vgl. dazu auch S. 35). Zwischen Männern und Frauen existieren typische Unterschiede in den Soziallagen und gesellschaftlichen Rollenanforderungen, die sich über geschlechtsspezifische Sozialisationsprozesse auch auf die Persönlichkeit, auf Einstellungen, Motivationen und Verhaltensweisen niederschlagen.

In der DDR und in der Bundesrepublik sind Differenzierungen dieser Art in den letzten Jahrzehnten abgeschwächt worden. Offenbar gehört die Tendenz zur Minderung der sozialen Ungleichheiten zwischen Männern und Frauen zu den allgemeineren „emanzipatorischen Trends" der modernen Gesellschaft (vgl. *Elias* 1989, 36f.). Gleichzeitig breitet sich das Bewußtsein aus, daß viele der weiterhin bestehenden sozialen Unterschiede zwischen den Geschlechtern sozial ungerecht sind; die soziale Ungleichheit zwischen Frauen und Männern wird zunehmend „entlegitimiert".

Die Entwicklungen in den beiden deutschen Gesellschaften weisen Ähnlichkeiten, aber auch Unterschiede auf. In der **DDR** gehörte die Gleichstellung der Frau von Anbeginn zu den offiziellen Zielen der sozialistischen Gesellschaftspolitik. Diese „Emanzipation von oben" war ideologisch, politisch und ökonomisch motiviert. Ideologisch war die Gleichheit von Männern und Frauen ein Element der egalitären Utopie von der kommunistischen Gesellschaft. Politisch sollten die Frauen durch den Abbau von Nachteilen für das neue sozialistische System gewonnen werden. Und ökonomisch stellten die Frauen ein dringend benötigtes Arbeitskräftepotential für die Wirtschaft dar.

In der **Bundesrepublik** hatten die Benachteiligung der Frauen oder gar das Ziel „Gleichstellung der Frau" nie einen vergleichbaren Stellenwert in der politischen Auseinandersetzung und in den Überlegungen der politischen Elite. Impulse für Veränderungen in der sozialen Stellung der Geschlechter gingen eher „von unten" aus, von den Frauen selbst, in den letzten zwei Jahrzehnten zunehmend von Frauengruppen, Frauenbewegungen und Frauenorganisationen in den verschiedenen Bereichen von Gesellschaft, Kultur, Wirtschaft und Politik. Überspitzt kann man sagen: Im Gegensatz zur sozialistischen „**Emanzipation von oben**“ gab es in der Bundesrepublik Versuche einer „**Emanzipation von unten**“.

In diesem Kapitel soll auf der Basis empirischer Daten untersucht werden, wie sich geschlechtsspezifische Ungleichheiten in den Sozialstrukturen der beiden Gesellschaften gewandelt haben. Ich werde die Veränderungen in den vier folgenden, z. T. miteinander verzahnten Bereichen vergleichend gegenüberstellen: im Bildungswesen, in der Arbeitswelt, in der Politik und in der Familie. Im Zentrum werden die Fragen stehen: Wie und warum haben sich die Lebenschancen der Frauen – ihre Bildungschancen, ihre Berufschancen, ihre Chancen auf politische Teilnahme sowie die Arbeitsteilung in der Familie – in den beiden deutschen Gesellschaften verändert? Gibt es unterschiedliche Entwicklungen in der DDR und in der Bundesrepublik? Wo liegen in beiden Gesellschaften die Hindernisse für den weiteren Abbau geschlechtsspezifischer Ungleichheiten?

8.1 Ungleichheiten im Bildungssystem

8.1.1 Chancengleichheit als bildungspolitisches Ziel

Die Entwicklung in den ersten Nachkriegsjahrzehnten zeigt, daß der **Bildungsbereich** derjenige gesellschaftliche Sektor ist, in dem sich **geschlechtsspezifische Unterschiede am schnellsten und am besten abbauen lassen**. In den 50er, 60er und 70er Jahren wurden den Mädchen und Frauen die Tore in die höheren Bildungseinrichtungen, die seit Beginn dieses Jahrhunderts einen Spalt weit geöffnet waren, endgültig aufgestoßen – in der DDR eher und z. T. auch weiter als in der Bundesrepublik.[1]

Gleiche Bildungschancen für Mädchen und Jungen, für Frauen und Männer gehörten von Anfang an zu den Zielen sozialistischer Bildungspolitik, die an die Tradition der marxistischen Frauenbewegung anknüpfen konnte. Für *Clara Zetkin* – um eine Repräsentantin dieser Bewegung zu nennen – war die Erwerbstätigkeit und Gleichstellung der Frau im Beruf Voraussetzung für die Selbständigkeit der Frau und für ihre gesellschaftliche Emanzipation. Aus dieser Maxime leitete sie folgerichtig ab, daß die Voraussetzung für die Gleichstellung im Berufsleben wiederum die Gleichstellung im Bildungswesen ist. Die Frauenförderung im Bildungswesen erhielt in der **DDR** sogar Verfassungsrang (Artikel 20 der Verfassung von 1968/74).

In der **Bundesrepublik** wurde erst in der bildungspolitischen Reformdiskussion der 60er Jahre die Forderung nach besseren und gleichen Bildungschancen für Mädchen erhoben (vgl. *Pross* 1969).

8.1.2 Allgemeinbildende Schulen

Am schnellsten und dauerhaftesten zogen die Mädchen mit den Jungen im **allgemeinbildenden Schulwesen** gleich. Mädchen erzielten im Durchschnitt schon immer bessere Schulnoten und mußten seltener Klassen wegen unzureichender Leistungen wiederholen.[2] Die besseren Schulleistungen waren die Basis dafür, daß sich das erhebliche **Bildungsdefizit** der Mädchen allmählich in einen **leichten Bildungsvorsprung** verwandelte.

In der **DDR** ist die Gleichstellung an der Erweiterten Polytechnischen Oberschule (EOS) – dieser Schultyp entspricht der gymnasialen Oberstufe in der Bundesrepublik – bereits in den 60er Jahren erreicht. 1963/64 betrug der Mädchenanteil in den 12. Klassen der EOS bereits 48%, im Schuljahr 1975/76 dann schon 53%.

In der **Bundesrepublik** holten die Mädchen den gymnasialen Vorsprung der Jungen etwa 15 Jahre später auf als in der DDR. Das Defizit an Abiturientinnen ist Anfang der 80er Jahre verschwunden, und bei den mittleren Abschlüssen auf Realschulniveau sind Mädchen inzwischen überrepräsentiert (1989: 53%), unter den Absolventen mit bzw. ohne Hauptschulabschluß dagegen unterrepräsentiert (1988: 44% bzw. 39%) (BMBW 1990, 78).

8.1.3 Hochschulen

Die Hindernisse, die den Weg für junge Frauen in die **Hochschulen** erschwerten, waren höher und nur schwerer aus dem Weg zu räumen. Noch 1965 waren in beiden Gesellschaften fast drei Viertel der Studierenden Männer.

In der **DDR** wurden die Studienchancen der Frauen dann relativ schnell innerhalb eines Jahrzehnts denen der Männer angeglichen (vgl. Abb. 8.1). Die **Gleichstellung der Frauen an den Hochschulen** der DDR ist vermutlich z. T. auf die **stärkere Reglementierung** bei der Zulassung zum Studium zurückzuführen, aber sie dürfte auch mit einer **frauenfreundlichen Gestaltung der Studienbedingungen** zu tun haben. Da Heirat und Kinder die häufigsten Ursachen für den Studienabbruch bei Studentinnen waren, wurden studierende Mütter ab 1972 besonders gefördert: Sie erhielten einen „Kinderzuschlag" auf ihre Stipendien sowie Sonderregelungen und besondere Förderungen beim Studienablauf, und ein kostenloses System von Kinderkrippen und -gärten an den Hochschulen entlastete sie bei der Betreuung ihrer Kinder.

Auch in der **Bundesrepublik** stieg der Frauenanteil bei den Studierenden im Zuge der Chancengleichheitsdebatte innerhalb eines Jahrzehnts von 27% auf 36% im Jahre 1975 an. Seit Mitte der 70er Jahre flacht dann die Wachstumskurve ab, der **Frauenanteil stagniert** schließlich seit der Mitte der 80er Jahre bei 41% (vgl. Abb. 8.1).

Abb. 8.1: *Frauenanteil unter Studierenden an Hochschulen (ohne Fachhochschulen)*

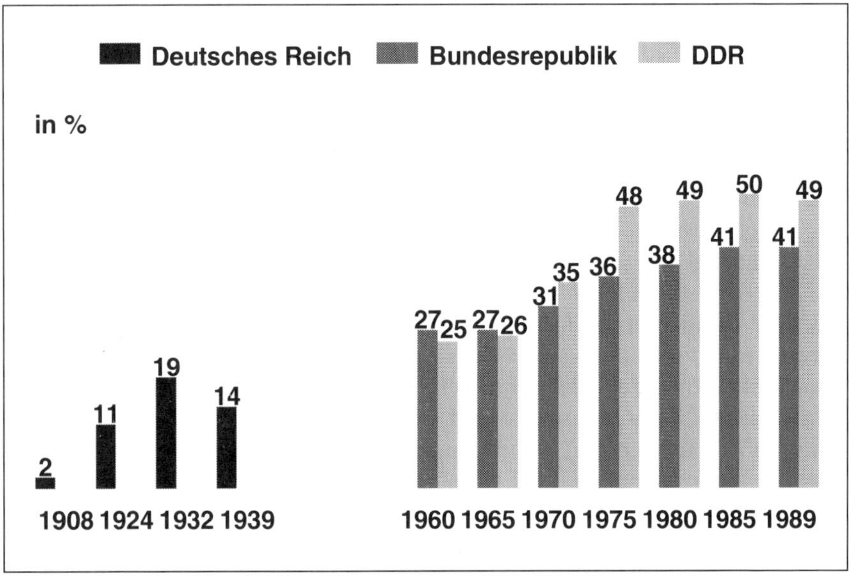

Quellen: DR: Hervé 1973, 14f. 18; BRD: nach BMBW 1989, 149, 153 u. 1990, 143; DDR: nach Stat. Jb. DDR 1990, 342.

An der Leistungsfähigkeit kann das Hochschuldefizit der Frauen in der BR, wie erwähnt, nicht liegen. Zwei andere **Ursachenkomplexe** lassen sich stattdessen benennen: 1. Die **traditionelle Familienorientierung:** Frauen stellen andere Kosten-Nutzen-Kalkulationen für ihre Lebensplanung an. Die Folgen davon sind häufig Studienverzicht und Studienabbrüche (BMBW 1989a, 86). 2. Eine **verengte Studien- und Berufsperspektive:** Frauen tendieren nach wie vor dazu, bestimmte Studienrichtungen zu meiden. Abb. 8.2 macht deutlich, daß in der DDR „männertypische" Studiengänge stärker für Frauen geöffnet werden konnten als in der BR – z. T. unter dem Druck der strengen Zulassungsreglementierungen und der „Umlenkung" in eigentlich unerwünschte Fächer.

8.1.4 Berufsausbildung

Nicht nur im Hochschulbereich, sondern auch in der **Berufsausbildung** stößt die Gleichstellung der Mädchen und Frauen auf Probleme.

Abb. 8.2: *Frauenanteil in ausgewählten Studienrichtungen 1989 in %*

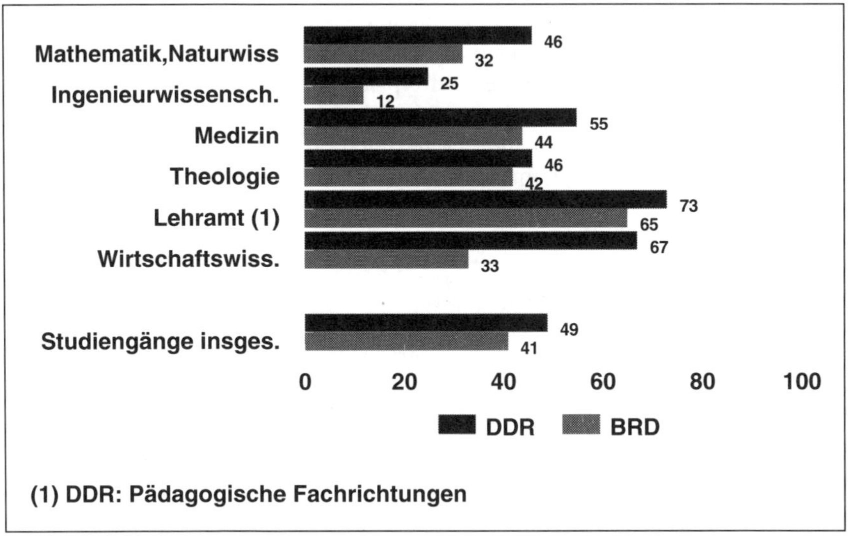

Quellen: Stat. Jb. BRD 1990, 367; Frauenreport '90, 47.

Trotz besserer Schulnoten und z. T. höheren Ausbildungsniveaus sind die jungen Frauen in der **Bundesrepublik** die Verliererinnen im Wettbewerb um qualifizierte Ausbildungs- und Arbeitsplätze. Ihr Übergang von der Schule in die Arbeitswelt ist mit größeren Schwierigkeiten verbunden: Sie erhalten nicht nur **schwerer eine Lehrstelle** als junge Männer, sondern werden nach Abschluß der Lehre auch **schwerer in den Beruf übernommen** (BMJFFG 1989, 16f.; *Engelbrech* 1987, 69).

Beim Übergang vom Bildungssystem in den Beruf werden bereits wichtige Weichen für die Nachteile der Frauen in der Arbeitswelt gestellt, auf die ich im nächsten Abschnitt genauer eingehen werde. Mädchen sind – ähnlich wie die Studentinnen in den Hochschulstudiengängen – **in wenigen Ausbildungsberufen zusammengedrängt.** 1989 waren in der Bundesrepublik 55% der weiblichen Auszubildenden auf die zehn häufigsten Berufe konzentriert, von den männlichen Auszubildenden waren es lediglich 38%. Mädchen sind – wie schon vor 20 Jahren – hauptsächlich in Dienstleistungsberufen mit Tätigkeitsprofilen wie Pflegen, Helfen, Verkaufen, Assistieren, Betreuen zu finden und nur selten in der Produktion oder in technischen Berufen (BMBW 1990, 112f.).

In der **DDR** konnten die geschlechtstypischen Vor- und Nachteile beim Eintritt ins Berufsleben gemildert, aber auch nicht völlig beseitigt werden.

1987 **konzentrierten sich** mehr als 60% der Schulabgängerinnen auf 16 von 355 Lehrberufen, die ebenfalls vorwiegend im **Dienstleistungsbereich** angesiedelt waren. Ihre Tätigkeitsprofile ähneln denen der bundesdeutschen Frauenberufe oder sind mit ihnen identisch (Frauenreport '90, 43ff.).

Die Konzentration der Mädchen auf typische Frauenberufe hängt nicht nur mit deren Berufsinteressen zusammen, sondern auch mit der Rekrutierungspraxis der Betriebe, die in beiden Gesellschaften Männer für Männerberufe bevorzugen.[3] In der DDR kam noch hinzu, daß die staatliche Berufslenkung durch Lehrstellenplanung „Frauen aus Männerberufen wie Männer aus Frauenberufen ausgrenzt" (*Nickel* 1990, 12).

8.2 Ungleichheiten in der Arbeitswelt

„Erfolgreich in der Schule – diskriminiert im Beruf" – dieser plakative Titel eines Aufsatzes (*Faulstich-Wieland u. a.* 1984) weist mit Nachdruck darauf hin, daß sich bessere Bildungschancen der Frauen nicht analog in bessere Berufschancen umsetzen lassen. **In der Arbeitswelt sind die Männerprivilegien resistenter als im Bildungssystem.**

8.2.1 Erwerbstätigkeit

Frauen sind in den letzten Jahrzehnten in den beiden Gesellschaften verstärkt in den Arbeitsmarkt vorgedrungen. In der **DDR** sind die **Erwerbsquoten** der Frauen seit den 50er Jahren permanent angestiegen; sie bewegen sich seit Jahren auf einem internationalen **Spitzenniveau**. Die Berufstätigkeit der Frau im erwerbsfähigen Alter war zur Selbstverständlichkeit geworden. 92% der 25-60jährigen Frauen (ohne Studentinnen) gingen 1990 einer Erwerbstätigkeit nach, nur 8% nutzten nicht ihr Recht auf Arbeit, das gleichzeitig auch eine Pflicht zur Arbeit war, oder konnten es nicht nutzen (*Kirner u. a.* 1990, 575). Die forcierte Berufstätigkeit der Frau in der DDR hatte einerseits **ideologische** Hintergründe: So lautet der programmatische Titel eines Aufsatzes aus der Feder von *Ingeburg Lange* (1969), der ZK-Sekretärin für Frauenfragen: „Die Rolle der Frau im Produktionsprozeß bestimmt ihre Stellung in der Gesellschaft". Andererseits befanden sich ideologische Motive in schönem Einklang mit **ökonomischen** Notwendigkeiten: Die Frauen wurden dringend als Arbeitskräfte in einer Wirtschaft benötigt, die bei ihrer mangelhaften Produktivität unter chronischem Arbeitskräftemangel litt. Zudem wurde in den meisten Familien das Einkommen der Ehefrau zur Sicherung des erwünschten Lebensstandards gebraucht. Die Frauen trugen zu etwa 40% zum Haushaltseinkommen von Paaren bei (*Kirner u. a.* 1990, 576). 1989 verrichteten 27% der erwerbstätigen Frauen **Teilzeitarbeit**, obwohl diese ideologisch und ökonomisch unerwünscht war (Frauenreport '90, 83).

Auch in der **Bundesrepublik** hat sich die Erwerbsquote der Frauen im Alter von 25 bis 60 Jahren erhöht – von 45% im Jahre 1969 auf 60% im Jahre 1989. Insbesondere die jüngeren Jahrgänge – Frauen zwischen 25 und 45 Jahren – nehmen verstärkt am Erwerbsleben teil, darunter auch zunehmend verheiratete Frauen und Mütter mit Kindern. 1988 waren 47% der westdeutschen Ehefrauen mit einem minderjährigen Kind berufstätig (DDR: 94%) und 35% mit 3 und mehr Kindern (DDR: 83%) Lediglich in kinderlosen Ehen erreichen die westdeutschen Frauen mit einer Erwerbsquote von 90% DDR-Niveau (*Kirner u. a.* 1990, 576 ff.). 1989 war jede 3. Frau **teilzeit**beschäftigt, von den 35-49jährigen sogar jede 2. (*Groß u. a.* 1989, 105, 111).

Frauen werden zwar zunehmend in die bezahlten Arbeitsprozesse einbezogen, dennoch haben sich in der Arbeitswelt der beiden Gesellschaften **markante Ungleichheiten** zu ihrem Nachteil erhalten. Zum einen existieren geschlechtsspezifisch geteilte Arbeitsmärkte, die für Frauen schlechtere Arbeitsbedingungen, niedrigere Einkommen sowie höhere Armuts- und Arbeitsplatzrisiken mit sich bringen. Zum anderen stoßen Frauen auf erhebliche Hindernisse beim Aufstieg in die höheren Etagen der Berufshierarchien. Beide Komplexe der Benachteiligung von Frauen im Beruf sollen durch einige ausgewählte empirische Daten dokumentiert werden.

8.2.2 Geschlechtsspezifische Arbeitsmärkte

Elisabeth Beck-Gernsheim (1984, 26) faßt ihre Analyse zum geschlechtsspezifischen Arbeitsmarkt der **Bundesrepublik** folgendermaßen zusammen:

> „Es gibt viele Industriezweige und Berufsfelder, die ganz oder überwiegend mit Männern besetzt sind, und andere, wo vor allem Frauen arbeiten. Zwischen ihnen besteht ein erhebliches Hierarchie- und Einkommensgefälle: Vergleicht man Frauen- und Männerberufe der gleichen Qualifikationsstufe, so sind Frauenberufe typischerweise schlechter ausgestattet in bezug auf Einkommen, Arbeitsplatzsicherheit, Arbeitsbedingungen und Aufstiegschancen".

So arbeiteten z. B. Mitte der 80er Jahre 84% aller Arbeiterinnen als Un- oder Angelernte (Abb. 4.1, S. 70).

In der **DDR** sah die Situation der berufstätigen Frauen ähnlich aus.

> „Frauen haben in der Industrie die unattraktiven Arbeitsplätze und sind – auch wenn sie an den modernsten Produktionsanlagen beschäftigt sind – häufiger dort zu finden, wo eine technologische Bindung wenig Kommunikation zuläßt, und sie arbeiten darüber hinaus unter den ungünstigeren arbeitshygienischen Bedingungen. Ihre Tätigkeiten setzen geringe Qualifikationen voraus" (*Nickel* 1990, 12).

Arbeit von Un- und Angelernten ist in der Industrie zu 60% Frauenarbeit (Frauenreport '90, 68). Auch in der Landwirtschaft verrichten Frauen überwiegend nicht nur die schwere, sondern auch die eintönigere, wenig abwechslungsreiche Arbeit (BMIB 1984, 9).

In beiden deutschen Gesellschaften werden Frauen häufiger als Männer **unter ihrem Ausbildungsniveau eingesetzt.**[4]

Die **Einkommensdifferenz** zwischen vollbeschäftigten Männern und Frauen konnte in der **Bundesrepublik** in den 60er und 70er Jahren etwas abgebaut werden; sie stagniert jedoch seit etwa einem Jahrzehnt auf einem relativ hohen Niveau (Abb. 8.3). Frauen als vollbeschäftigte Angestellte erzielten 1988 nur 64%, Industriearbeiterinnen nur 70% der Bruttoverdienste ihrer männlichen Kollegen. In der **DDR** sieht es für die Frauen nur geringfügig besser aus; vollbeschäftigte Frauen kamen 1988 nur auf 78% der Männerverdienste.

Abb. 8.3: *Einkommen von Männern und Frauen (Vollbeschäftigte)*

	BRD						DDR		
	durchschnittl. Bruttowochenverdienst von Arbeitern und Arbeiterinnen in der Industrie			durchschnittl. Bruttowochenverdienst von Angestellten in Industrie und Handel			Nettoerwerbseinkommen		
	M DM	F DM	%	M DM	F DM	%	M Mark	F Mark	%
1960	134	80	60	723	404	56			
1970	293	182	62	1531	917	60			
1980	596	408	68	3421	2202	64			
1988	783	551	70	4654	2989	64	1209	945	78

Quellen: BRD: BMJFFG 1989, S. 35f.; DDR: Einkommensstichprobe 1988.

Die Lohnungleichheit hat in beiden Gesellschaften die gleichen **Ursachen**. Diese sind weniger in „direkter Lohndiskriminierung" zu suchen, sondern überwiegend in der Struktur der geschlechtsspezifischen Arbeitsteilung. Ein Teil der Differenz ist zurückzuführen auf weniger Überstunden, kürzere Wochenarbeitszeiten, weniger übertarifliche Zulagen (z. B. für Schichtarbeit oder andere Arbeitserschwernisse), in der Bundesrepublik auch auf weniger Berufsjahre und kürzere Betriebszugehörigkeiten.[5] Wichtiger ist jedoch ein anderer Ursachenkomplex: Frauen sind häufiger in schlechter bezahlten Berufspositionen, Lohngruppen und -branchen tätig. So arbeiteten z. B. in der DDR 57% der Produktionsarbeiterinnen im Jahre 1989 in den niedrigen Lohngruppen 4 und 5, aber nur 22% ihrer männlichen Kollegen (Sozialreport '90, 122; Frauenerport '90, 91). Aber auch innerhalb der einzelnen Lohngruppen verdienten DDR-Frauen zwischen 10 und 20% weniger (*Leciejewski* 1987, 601).

Die niedrigen Einkommen haben für bestimmte Gruppen von Frauen ein höheres **Armutsrisiko** zur Folge. In der DDR waren insbesondere ältere Frauen von Armut betroffen, in der BR – und neuerdings auch in den neuen Ländern – alleinerziehende Mütter (Einzelheiten auf S. 189, 172, 192).

Zu den Nachteilen der Frauen im Arbeitsmarkt der Bundesrepublik gehört auch das größere **Arbeitsplatzrisiko**. Ihre Arbeitslosenquote liegt seit 1970 stets um 20-30% höher als bei den Männern (IDW 1991, Tab. 15); Frauen sind nicht nur häufiger arbeitslos als Männer, sie sind in der Regel auch länger arbeitslos, und ihnen gelingt es auch seltener, wieder eine bezahlte Arbeit aufzunehmen.[6]

8.2.3 Karrierechancen

In beiden Gesellschaften hat sich in der Arbeitswelt ein weiteres wesentliches Element der geschlechtsspezifischen Ungleichheit erhalten: Frauen haben es erheblich schwerer als Männer, beruflich Karriere zu machen. Beim Vordringen in die höheren und leitenden Positionen vollzieht sich eine deutliche Auslese nach Geschlecht. Dabei gilt sowohl für die Bundesrepublik als auch für die DDR das **„Gesetz“ der hierarchisch zunehmenden Männerdominanz: Je höher die Ebene der beruflichen Hierarchie, um so kleiner der Anteil der Frauen und um so ausgeprägter die Dominanz der Männer.** In den Chefetagen der Berufswelt – in Wirtschaft, Verwaltung und Wissenschaft, in Medien und Justiz – sind die Männer nahezu unter sich. Dies gilt etwas abgeschwächt selbst für Bereiche wie Gesundheits- und Bildungswesen, wo mehrheitlich Frauen arbeiten.

Die Daten lassen nur bedingt einen Vergleich zwischen den beiden deutschen Gesellschaften zu; es gibt jedoch Anhaltspunkte für den Schluß, daß die Frauen im sozialistischen Deutschland etwas besser in die höheren Ebenen der beruflichen Hierarchie vordringen konnten: In akademischen Berufen, an Gerichten, in den Schulleitungen, bei Promotionen, Habilitationen, im akademischen Mittelbau der Universitäten und offensichtlich auch in wirtschaftlichen Leitungspositionen unterhalb der Spitze sind sie besser vertreten als in der Bundesrepublik (Einzelheiten in Abb. 8.4).

Die folgenden ausgewählten Beispiele sollen die allgemeinen Aussagen zum Gesetz der hierarchisch zunehmenden Männerdominanz etwas konkreter und anschaulicher machen.

1988 war rund ein Drittel aller Leitungsfunktionen in der **sozialistischen Wirtschaft** mit Frauen besetzt. Allerdings waren Frauen hauptsächlich nur in die unteren und – etwas seltener – in die mittleren Leitungspositionen aufgestiegen, bis in die obere Leitungsebene konnten sie nur in Ausnahmefällen vordringen (Frauenreport '90, 93ff.). Genaueren Einblick vermitteln die Daten zur Führungsstruktur in der **Industrie**, wo Frauen 1985 42% der Beschäftigten stellten. Unter den „Leitungskadern der 3. Ebene“ ist ihr Anteil mit 20% mehr als halbiert; und die Kommandostellen der Industrie befinden sich fast ausschließlich in Männerhand: Unter den Betriebsleitern waren die Frauen nur mit 2,3% vertreten, unter den stellvertretenden Direktoren und Fachdirektoren nur mit 12% (vgl. Abb. 8.4). Auch in den Chefetagen der **bundesdeutschen Wirtschaftsunternehmen** gelten Frauen nach wie vor als exotisch anmutende Erscheinungen. Die Wirt-

Abb. 8.4: *Frauenanteil in akademischen Berufen und Spitzenpositionen (in Prozent)*

BRD		DDR	
1. Verschiedene akademische Berufe[1]			
Ingenieurinnen (1987)[2]	4		
Ärztinnen, Apothekerinnen (1987)	46	Ärztinnen (1982)	52
		Zahnärztinnen (1982)	57
		Apothekerinnen (1982)	68
Richterinnen (1989)	18	Richterinnen (1989)	50
2. Lehrer/Schulleiter an allgemeinbildenden Schulen			
Lehrerinnen insgesamt (1989)[3]	55	Lehrerinnen an Polytechnischen Oberschulen (1982)[5]	70
an Grund- u. Hauptschulen	66		
an Realschulen	52		
an Gymnasien	37		
Schulleiterinnen (1988)[4]	20	Schuldirektorinnen (1982)[5]	32
3. Hochschulen[6] (BR 1988[7], DDR 1989[8])			
Studentinnen	38	Studentinnen	51
Promotionen	26	Promotionen (1988)[9]	38
Habilitationen	9	Habilitationen (1988)[9]	15
Wiss. Mitarbeiterinnen	22	Assistentinnen	38 – 40
Hochschulassistentinnen	14	Oberassistentinnen	17
Akademische/Wiss. Direktorinnen	8	Dozentinnen	12
Professorinnen	5	Professorinnen	5
C4-Professorinnen	2.6		
4. Wirtschaft (BR 1986/87[10], DDR 1979[11])			
Führungspositionen in der Wirtschaft	4	Betriebsleiter in der Industrie	2
		stellv. Direktoren/Fachdirektoren in der Industrie	12
		„leitende Kader der 3. Ebene" in der Industrie	20

[1] Quellen: berechnet nach Stat. Jb. 1990, S. 104 und 336 (1987 nach Ergebnissen der Volkszählung); DDR-Meyer 1986a, S. 306; Stat. Jb. 1990, S. 448 (Richterinnen).

[2] einschließlich Fachschul- und Fachhochschulingenieure.

[3] berechnet nach BMBW 1990, S. 92, 94.

[4] berechnet nach zwd Frauen und Politik 27 (1988), S. 7. Für die Bundesländer Bremen, Niedersachsen und Hessen bezieht sich der Frauenanteil nicht nur auf die SchulleiterInnen, sondern gleichzeitig auch auf deren StellvertreterInnen.

[5] nach Meyer 1986a, S. 306. [6] BRD einschließlich Hochschulen.

[7] BMBW 1990, S. 143, 221, 250. Promotionen nach Stat. Jb. 1990, S. 371.

[8] Quelle für wiss. Personal: Hildebrandt 1990, S. 380.

[9] nach Leszczensky/Filaretow 1990, S. 78.

[10] nach iwd 4/1986, S. 8 und Allensbacher Berichte 4/1987, S. 3. [11] nach Pfister 1987, S. 219.

schaft wird nahezu ausschließlich von Männern gelenkt; nur 2 000 von 52 000 Führungspositionen (=3,8%) waren nach Angaben des Instituts der deutschen Wirtschaft Anfang 1986 mit Frauen besetzt (iwd 4/1986, 8). Einen Frauenanteil von 4% ergab auch eine Studie über die Vorstände und Geschäftsführer in mittleren und großen Unternehmen aus dem Jahr 1987 (Allensbacher Berichte 4/1987, 3).

In der **bundesdeutschen Justiz** ist der Anteil der Richterinnen und Staatsanwältinnen im letzten Jahrzehnt angestiegen – von 11% bzw. 10% im Jahre 1977 auf jeweils 18% im Jahre 1989 (Stat. Jb. 1990, 422). An den Verfassungsgerichten beträgt der Anteil der Richterinnen nur noch 6%, und die richterlichen Grundsatzentscheidungen an den Bundesgerichtshöfen, die die Weichen für die Rechtssprechung stellen, werden nahezu ausschließlich von Männern getroffen. In der Richterschaft der **DDR** waren die Frauen in den 80er Jahren mit 50% angemessen proportional vertreten, aber unter den Direktoren der Bezirksgerichte war ihr Anteil auf 13% geschrumpft (*Pfister* 1987, 219), und im Präsidium des Obersten Gerichts und in der Generalstaatsanwaltschaft waren die Männer bis zur Auflösung der DDR unter sich geblieben (Gesamtdeutsches Institut 1989, 33).

Das Bild wiederholt sich in den **Hochschulen**: In beiden Gesellschaften wird der Frauenanteil drastisch reduziert, je anspruchsvoller die akademischen Prüfungen werden und je höher die Positionen in der feingestaffelten Hierarchie angesiedelt sind. Die deutschen Professorenschaft ist sowohl in der Bundesrepublik als auch in der DDR eine Männergesellschaft geblieben mit einer kleinen Frauenminderheit von jeweils 5% (vgl. Abb. 8.4).

Männerdominanz herrscht auch in den „weiblichen Berufsfeldern" des **Bildungs- und Gesundheitswesens**. An den **Schulen** in der Bundesrepublik und in der DDR unterrichten mehr Lehrerinnen als Lehrer, wobei die bundesdeutschen Gymnasien eine bezeichnende Ausnahme bilden. Dennoch wurden in der DDR 68% der Schulen von Männern geleitet, in der Bundesrepublik sogar 80% (vgl. Abb. 8.4).

Noch krasser zeichnet sich die männlich dominierte Führungsstruktur in den **Krankenhäusern** ab. In der Bundesrepublik stellten die Frauen 1988 75% des Krankenhauspersonals, aber nur 4% von ihnen arbeiteten als Ärztinnen und 0,1% in leitender Position. Von den in den Krankenhäusern beschäftigten Männern dagegen war fast ein Drittel als Ärzte tätig, und 4,6% von ihnen hatten leitende Positionen inne (*Brückner* 1990, 357).

In den Redaktionen der **öffentlich-rechtlichen Rundfunkanstalten** der Bundesrepublik waren Frauen 1987 mit 20% vertreten, aber nur vier von 120 leitenden Stellen der Rundfunkanstalten (3,3%) waren mit Frauen besetzt. Die Intendantenposten blieben bisher den Männern reserviert (BMJFFG 1989, 87; *Holtz-Bacha* 1990, 498).

Die vielschichtigen **Ursachen für die Aufstiegsbarrieren** für Frauen können hier nur grob skizziert werden. Sie lassen sich zu drei Komplexen bündeln: 1. patriarchalische Familienstrukturen; 2. patriarchalische Strukturen der Arbeitswelt; 3. damit zusammenhängend: geschlechtsspezifische Sozialisationsprozesse. Das wichtigste Hindernis stellt die geschlechtsspezifische Arbeitsteilung in der Familie dar, auf die ich in Kap. 8.4 näher eingehe. Im folgenden sollen die Ursachenkomplexe zwei und drei kurz erläutert werden.

Geschlechtsspezifische Sozialisationsprozesse erzeugen typische Einstellungs- und Verhaltensunterschiede zwischen Männern und Frauen, die sich in den gegenwärtig existierenden Strukturen der Arbeitswelt als Vorteile für Männer und als Nachteile für Frauen erweisen. Obwohl bei einer idealtypisch übersteigerten Gegenüberstellung von **weiblichen und männlichen Persönlichkeitsmerkmalen** die Gefahr besteht, daß das „Typische" der Eigenschaften klischeehaft mißverstanden wird, seien dazu einige Stichworte genannt. Die ausgeprägte Berufs- und Karriereorientierung der Männer, ihr durchschnittliches Mehr an Selbstbewußtsein, Dominanzstreben, Durchsetzungsvermögen und Härte begünstigen sie in der Konkurrenz um begehrte Positionen. Umgekehrt sind weibliche Tendenzen zur Zurückhaltung, ein durchschnittlich geringeres Zutrauen in eigene Fähigkeiten und Erfolgschancen, die größere Bedeutung emotionaler und menschlicher Dimensionen ein Hemmnis für berufliche Spitzenkarrieren.[7]

Zu den **patriarchalischen Strukturen der Berufswelt** mit ihren „frauenfeindlichen" bzw. „männerfreundlichen" Wirkungen existieren nur vereinzelt systematisch-empirische Analysen. Sie lassen sich jedoch qualitativ aus vielen Erfahrungsberichten aus beiden deutschen Gesellschaften erschließen.

In Veröffentlichungen der DDR wurde in den letzten Jahren wiederholt Klage darüber geführt, daß gutqualifizierte Frauen nur zögernd für Führungspositionen vorgesehen wurden. Sie gelten, da sie Kinder bekommen und dadurch zeitweise ausfallen können, „als Risikofaktor für abrechenbare Leistung und Planerfüllung" (zit. nach *Belwe* 1988, 26). Vorbehalte dieser Art gegenüber Frauen lassen sich noch ökonomisch begründen, andere dagegen haben auch mit der Effizienz eines Betriebes nichts mehr zu tun: Frauen klagen häufig darüber, sie müßten mehr leisten als Männer, um dieselbe Anerkennung zu erreichen.[8]

Männer beobachten die aufstiegsmotivierte Frau offenbar häufig mit einem besonders kritischen Blick und zweifeln an ihrer Kompetenz, Belastbarkeit und Führungsfähigkeit. Dazu können noch geschlechtstypische Vorbehalte nach dem Muster kommen: Wenn der Chef mit der Faust auf den Tisch haut, ist er dynamisch; wenn die Chefin mit der Faust auf den Tisch haut, ist sie hysterisch. Da die wichtigen formellen und informellen Netzwerke in den höheren Bereichen der Berufswelt von Männern beherrscht werden und da Männer in der Regel über den beruflichen Aufstieg von Frauen entscheiden, können die geschilderten Vorbehalte und Vorurteile gegenüber Frauen reale Wirkung entfalten.

Zusammenfassung. In beiden Gesellschaften sind die Frauen zunehmend in die Berufswelt vorgedrungen, in der DDR eher und weiter als in der Bundesrepublik; von einer Gleichstellung im Beruf sind sie jedoch noch weit entfernt. In der DDR konnten die Ungleichheiten in der Arbeitswelt etwas weiter abgebaut werden: Die Einkommensdefizite waren etwas kleiner, das Arbeitsplatzrisiko fehlte, und der Frauenanteil in den höheren Berufspositionen war etwas größer.

8.3 Ungleichheiten in der Politik

Nach und nach fassen die Frauen auch im politischen Bereich Fuß; dennoch sind die Folgen der jahrhundertelangen Aussperrung der Frauen von der Politik in beiden Gesellschaften auch heute noch deutlich spürbar. In der DDR wurde die politische Mobilisierung der Frauen aus politischen und ideologischen Gründen früher und entschiedener angepackt und auf den unteren und mittleren – aber nicht auf den höchsten – Ebenen des politischen Systems erfolgreicher realisiert als in der Bundesrepublik.

8.3.1 Politische Basisaktivitäten

Obwohl in der **Bundesrepublik** das politische Interesse der Frauen in den letzten Jahrzehnten deutlich zugenommen hat und obwohl auch der gesellschaftliche Widerstand gegen das politische Engagement von Frauen nachgelassen hat – 1988 hielten 31% der Männer und 24% der Frauen Politik für Männersache, 1965 waren es noch mehr als zwei Drittel –, ist die Bereitschaft, sich politisch über die Wahlteilnahme hinaus zu betätigen, bei Frauen auch heute noch erheblich schwächer als bei Männern.[9] So sind Frauen z. B. vermehrt in die politischen **Parteien** eingetreten, aber sie bilden unter Parteimitgliedern weiterhin nur eine Minderheit – 38% bei den Grünen, 26% bei der SPD, 24% bei der FDP, 23% bei der CDU und 14% bei der CSU (1988).

Ähnliches gilt für die **Gewerkschaften**: Nur ein Viertel der Mitglieder waren im Jahre 1989 weiblichen Geschlechts (vgl. Abb. 8.5).

Anders stellt sich die Lage in der **DDR** dar. Die politische und gesellschaftliche Aktivität gehörte von Beginn an zum neuen Frauenleitbild. Frauen sollten einen wichtigen Beitrag zum Aufbau des Sozialismus leisten und sich entsprechend im politischen und sozialen Leben engagieren. In einigen Bereichen der politischen und gesellschaftlichen Basisaktivitäten waren die Unterschiede zwischen den Geschlechtern verschwunden. In den beiden wichtigsten **Massenorganisationen** in der DDR – im FDGB für die Erwerbstätigen und in der FDJ für die jungen Menschen – waren mehr als die Hälfte der Mitglieder Frauen. **Ehrenamtliche Tätigkeiten** in der FDJ, in den Betriebsgewerkschaftsleitungen, in den Schöffengerichten und Schiedskommissionen wurden von Frauen ebenso häufig, z. T. sogar häufiger übernommen als von Männern. (*Geißler* 1990c, 188; vgl. auch *Holst/Priller* 1991, 251, 255 f.).

Die Mobilisierung der Frauen für die **Parteien** verlief nicht so erfolgreich wie für die politisch unbedeutenderen Gewerkschaften. 30-40% der Mitglieder der vier Blockparteien CDU, LDPD, NDPD und DBD waren in den 80er Jahren weiblichen Geschlechts, von den SED-Mitgliedern des Jahres 1988 stellten die Frauen 36%. Beim Vergleich dieser Zahlen mit der Bundesrepublik muß beachtet werden, daß der politische Mobilisierungsgrad der Bevölkerung insgesamt in der DDR erheblich höher lag als in der Bundesrepublik. So waren Mitte der 80er Jahre 21% der Erwachsenen Mitglieder einer Partei, in der Bundesrepublik lediglich 4,4% (*Geißler* 1991b).

Das stärkere politische Engagement der Frauen dürfte u. a. mit dem spezifischen Anreiz – bzw. Belohnungssystem in der DDR zusammenhängen: Politische Betätigung war die Voraussetzung für den beruflichen und gesellschaftlichen Aufstieg; politische Abstinenz war in vielen Fällen gleichbedeutend mit Verzicht auf berufliche Karriere. Es gibt auch einige empirische Hinweise darauf, daß die Parität der Geschlechter bei den erwähnten Basisaktivitäten z. T. unter **gesellschaftlichem Druck** zustande kam (dazu *Geißler* 1990c, 189).

8.3.2 Mittlere Machtpositionen

In beiden Gesellschaften hatten es die Frauen schwerer, in einflußreichere Positionen des Machtgefüges vorzudringen. Auch in der Politik zeigt sich das aus der Arbeitswelt bekannte Phänomen: **Je höher die Position, um so stärker die Dominanz der Männer.** Auf den mittleren Ebenen der Machtpyramide ist es den Frauen in der DDR z. T. besser gelungen Fuß zu fassen als den Frauen in der Bundesrepublik.

Am konsequentesten wurde die Gleichstellung der Frau im **FDGB** verwirklicht. Sieht man einmal von den Vorsitzen ab, die vor der Wende stets in Männerhand geblieben waren, dann sind die Frauen in der internen Führungsstruktur der Gewerkschaft in etwa gleichberechtigt repräsentiert. Im **DGB** dagegen sind die üblichen Filter wirksam: Je wichtiger das Amt, um so zahlreicher die Männer (Abb. 8.5).

Auch in die **Volksvertretungen** der DDR konnten die Frauen stärker vordringen. Auf allen Ebenen – von den Gemeindevertretungen bis zur Volkskammer – waren die Frauenanteile mit 32-44% mehr als doppelt so hoch wie in den bundesdeutschen Kommunalparlamenten, Landtagen oder im Bundestag mit 14-18% (Abb. 8.6).

Gern wurde in der DDR auch das Beispiel der **Bürgermeister** für den politischen Einfluß der Frauen angeführt. 1988 waren 30% der Bürgermeister weiblichen Geschlechts (*Belwe* 1988, 3). Verschwiegen wird dabei jedoch, daß Frauen in der Regel kleinere Gemeinden „regieren“; von den 28 wichtig-

Abb. 8.5: *Frauen in der Gewerkschaftsarbeit*

DDR	Frauenanteil in %	BRD	
Gewerkschaftsmitglieder (1988)	53	Gewerkschaftsmitglieder (1989)	25
Betriebsgewerkschaftsleitgn./BGL (1986)	61	Betriebsräte (1987)	21
BGL-Vorsitzende (1986)	50	DGB-Bundesdelegierte (1985)	15
Vertrauensleute (1986)	51	Geschäftsführende Vorstände DGB (1987)	10
Kreisvorstände (1982)	50	Vorsitzende DGB-Einzelgewerkschaften (seit 1982)	5
Bezirksvorstände (1982)	53		
Bundesvorstand (1982)	50	Aufsichtsräte in Großunternehmen (Arbeitnehmervertreter) (1984)	4
FDGB-Vorsitz, Bezirksvorsitzende (1989)	0		

Quellen: DDR: Meyer 1986a, S. 297; Kuhrig 1988, S. 323; Stat. Taschenbuch der Deutschen Demokratischen Republik 1989, S. 20; Bundesrepublik: iwd 47 (1985), S. 6; iwd 16 (1987), S. 4; Stat. Jb. 1990, S. 96, 634; BMJFFG 1989, S. 81ff.

sten DDR-Städten befanden sich dagegen im Jahre 1988 fast 90% in Männerhand (Gesamtdeutsches Institut 1989, 34ff.).

8.3.3 Politische Eliten

In die **politischen Eliten** der beiden Gesellschaften sind nur wenige Frauen vorgedrungen. Der Vergleich führt in diesem Fall zu einem abweichenden Ergebnis: Nicht in der DDR, sondern in der **Bundesrepublik** sind Politikerinnen besser in den Spitzenpositionen vertreten. Die Diskussion um die Frauenquoten in den letzten Jahren zeigt allmählich Wirkung. In den **Bundesvor-**

Abb. 8.6: *Frauen in Volksvertretungen (in %)*

DDR	1960	1988	neue Länder	1990	BRD	1960	1989	1990
Volkskammer	25	32	Bundestag	21[1]	Bundestag	9	15	21[2]
Bezirkstage	25	41	Landtage	17	Landtage	7	18	
Kreistage	19	44			Gemeinde-, Stadträte	8[3]	14[4]	
Stadtbezirksvers.	24	43						
Gemeindevertret.	16	39						

[1] Abgeordnete aus neuen Ländern (ohne Berlin) [2] Abgeordnete aus alten Ländern (ohne Berlin)
[3] 1974 [4] 1985

Quellen: Kuhrig 1988, 326 (DDR 1960); Stat. Taschenbuch der DDR 1989, 18f. (DDR 1988); BRD – berechnet nach Hoecker 1987, 60ff., DER SPIEGEL 46/1988, 108 und Herzog u. a. 1990; neue Länder und Bundestag 1990 nach Angaben der Landtage und des Bundestages.

ständen der Grünen (54%), der SPD (35%) und der CDU (27%) sind Frauen inzwischen relativ häufiger zu finden als an der Parteibasis (iwd 4/1990). In den **Landesregierungen** erhöhte sich der Anteil der Ministerinnen auf 18% (vgl. Abb. 8.7). In den Bundesregierungen regierten seit 1961 immer ein oder zwei „Alibi-Frauen“ mit; sie waren – von einer Ausnahme abgesehen – stets für die „frauentypischen“ Bereiche Gesundheit, Familie, Jugend oder Bildung zuständig. 1988 berief *Helmut Kohl* erstmals eine dritte Frau in sein Kabinett, unter seinen 45 Staatssekretären befanden sich allerdings lediglich zwei Frauen.

In der **DDR** war das Zentrum der Macht trotz aller Gleichstellungsbeteuerungen bis zum Schluß für Frauen nahezu hermetisch abgeriegelt. In den engsten Führungszirkel des **Politbüros** der SED wurde nie eine Frau als stimmberechtigtes Mitglied aufgenommen. Die LPG-Vorsitzende *Margarete Müller* und die ZK-Sekretärin für Frauenfragen *Ingeburg Lange* – beide ohne Hausmacht in der Partei – warteten als Kandidatinnen des Politbüros 26 Jahre bzw. 16 Jahre vergeblich darauf, von den Männern zu Vollmitgliedern kooptiert zu werden. An der Spitze der Herrschaftspyramide blieb das Machtmonopol der Männer völlig intakt. Im elfköpfigen einflußreichen **Sekretariat des ZK** war lediglich die für Frauenprobleme zuständige Position mit einer Frau – mit *Ingeburg Lange* – besetzt. (Immerhin gab es in diesem kleinen, wichtigen, ressortähnlich gegliederten Gremium von Beginn an eine Position, die ausschließlich für Frauenfragen zuständig war; die Bundesrepublik kannte dagegen bis 1980 kein Frauenministerium, und auch heute noch sind Frauenfragen zusammen mit weiteren Politikbereichen in einem Ressort untergebracht.) In anderen wichtigen Funktionen von Partei und Staat waren Frauen seltene Ausnahmeerscheinungen (Abb. 8.7). *Margot Honecker*, als „Minister“ (nicht: Ministerin) für Volksbildung die wohl mächtigste Frau in der Ära Honecker, nahm sich im Kreis der 43 Männer des Ministerrats noch einsamer aus als die Ministerinnen der Bundeskabinette.

8.4 Ungleichheiten in der Familie

Die Rollentrennung in der bürgerlichen Gesellschaft hatte dem Mann die bezahlte Erwerbsarbeit außer Haus und der Frau die unbezahlte Haus- und Erziehungsarbeit in der Familie zugewiesen. Veränderungen an dieser traditionellen Arbeitsteilung außerhalb der Familie sind notwendigerweise gekoppelt an Veränderungen in der Familie. Wer die Frau mit zusätzlichen Verpflichtungen außer Haus – im Beruf, in der Politik – belastet, muß sie in der Familie entlasten, um sie nicht zu überlasten. **Veränderungen in der Verteilung der Familienarbeit sind daher eine entscheidende Voraussetzung für die Gleichstellung in Beruf und Politik.**

Abb. 8.7: *Frauen in politischen Spitzenpositionen 1989*

	DDR				BRD		
	Mtgl.	Frauen	Frauen anteil %		Mtgl.	Frauen	Frauen-anteil %
1. SED							
Politbüro Vollmitglieder	21	–	0	Bundesregierung	16	3	19
einschl. Kandidaten	26	2	8				
ZK-Sekretariat	11	1	9				
Abteilungsleiter im ZK-Apparat	37[1]	2	5				
Erste Bezirkssekretäre	15	1	7				
hauptamtl. Bezirkssekretäre[2]	98	6	6	Landesregierungen	111	22	18
ZK der SED Vollmitgl.	163	17	10	Bundesvorstände der Parteien (1988)			10 – 54
2. Staat							
Ministerrat	44	1	2				
stellv. Ministerrat							
Staatssekretäre	229	3	1				
Staatsrat	30	6	20	Staatssekretäre der Bundesregierung	45	2	4
Vorsitzende der Räte des Bezirks	15	1	7				

[1]37 von 40 Abteilungsleitern waren namentlich bekannt: [2]Zahlen von 1986 nach Meyer 1986b, 1297:

Quellen: DDR-Geamtdeutsches Institut 1989.
BRD-Oeckl 1990: BMJFFG 1989, S. 80; iwd 4/1990.

Entlastungen der Frau in der Familie sind auf zwei Wegen möglich: 1. durch die Veränderungen der geschlechtsspezifischen Arbeitsteilung in der Familie, oder mit anderen Worten: durch die Einbeziehung des Mannes in Hausarbeit und Kindererziehung; 2. durch Ausgliederung oder Rationalisierung der Familienarbeit, d.h. durch teilweise Delegation von Hausarbeit und Erziehung an Einrichtungen außerhalb der Familie bzw. durch Arbeitsersparnis über den Einsatz von Technik. Wie sind diese beiden Möglichkeiten in den deutschen Gesellschaften genutzt worden?

8.4.1. Ausgliederung und Rationalisierung der Familienarbeit

Der Ausbau von **Kinderkrippen**, **Kindergärten** und **Schulhorten** wurde in der **DDR** stark forciert, konnte man doch damit nicht nur die berufstätigen Frauen entlasten, sondern auch den Einfluß des Staates oder besser: der SED auf die Sozialisation der Kinder verstärken. Während in der DDR praktisch alle Kinder während der Arbeitszeiten der Eltern außerhalb der Familie betreut werden konnten, bestehen in der **Bundesrepublik** diesbezüglich erhebliche Defizite (vgl. Abb. 8.8). Auf die Problematik, daß manche Kinder die Opfer der Berufstätigkeit beider Eltern geworden sind, weil (über-)lange Betreuungszeiten in Krippen und Kindergärten schädliche Folgen für die Persönlichkeitsentwicklung haben können, kann hier nur am Rande verwiesen werden.

Abb. 8.8: *Einrichtungen zur Kinderbetreuung 1989*

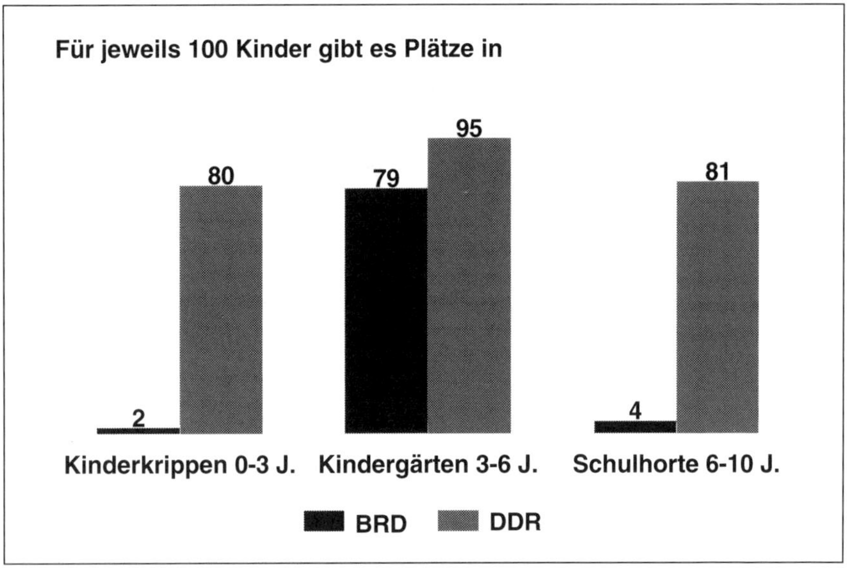

Quellen: DDR: Stat. Amt der DDR 1990, 141ff.; BRD: Achter Jugendbericht 1990 nach „Das Parlament" 16/1990,3.

Auch die **Dienstleistungseinrichtungen** zur Entlastung von Hausarbeit wurden in der **DDR** ausgebaut: die Wäschereien, Nähereien und Bügelstuben; in den Betrieben die Kantinen und Großküchen sowie Verkaufsstellen mit langen Öffnungszeiten; mehr als 80% der Kinder nahmen ein warmes Mittagessen in den Schulen ein. Dennoch dürfte der Zeitaufwand für Hausarbeit in der DDR höher gelegen haben als in der **Bundesrepublik**, wo das Angebot an Waren und Dienstleistungen erheblich reichhaltiger und die Technisierung des Haushalts erheblich weiter fortgeschritten waren. Die sozialistische Mangelwirtschaft mit ihren Versorgungslücken und Warteschlangen dürfte das Zeitbudget zur Versorgung der Familie stärker strapaziert haben (vgl. *H. Bertram u. a.* 1988, 263; Frauenreport '90, 127).

8.4.2 Arbeitsteilung in der Familie

Erhebliche Widerstände tauchten in beiden Gesellschaften bei dem Versuch auf, den wichtigen ersten Weg, sozusagen den Hauptweg zur Entlastung der Frau von Familienarbeit zu beschreiten: **Die eingefahrene traditionelle Arbeitsteilung zwischen Männern und Frauen in der Familie konnte nur geringfügig aufgelockert werden, in der DDR etwas mehr als in der Bundesrepublik.**

Auf dem Papier war die Familienarbeit zwischen den Ehepartnern in der **DDR** schon seit längerem auf beide verteilt. Das **Familiengesetzbuch** aus dem Jahre 1966 legt in § 10 fest:

„Beide Ehegatten tragen ihren Anteil bei der Erziehung und Pflege der Kinder und der Führung des Haushalts. Die Beziehungen der Ehegatten zueinander sind so zu gestalten, daß die Frau ihre berufliche und gesellschaftliche Tätigkeit mit der Mutterschaft vereinbaren kann."

Der Gesetzgeber der **Bundesrepublik** hat bei der Neufassung des **Familienrechts** im Jahre 1976, mit der das bis dahin gültige patriarchalische Modell der „Hausfrauenehe" abgelöst wurde, eine unverbindlichere Regelung gewählt: Das Recht auf Erwerbstätigkeit wird zwar beiden Ehepartnern zugebilligt; aber es wird eine Formulierung vermieden, die den Ehemann ausdrücklich zu einer Teilnahme an Erziehung und Haushaltsführung verpflichtet, wie sie das DDR-Familienrecht fordert.

Die feinen Unterschiede in den Rechtsnormen der beiden Gesellschaften spiegeln sich auch in der Wirklichkeit wider, auch wenn in beiden Gesellschaften Rechtsnormen und Praxis weit auseinanderklaffen.

Am ehesten lassen sich die Männer noch dazu erwärmen, die Vaterrolle zu spielen. An der **Betreuung der Kinder** beteiligen sie sich stärker als an der Haushaltsführung. Trotz dieser „neuen Väterlichkeit" wendeten die Mütter in der **Bundesrepublik** doppelt so viel Zeit dafür auf wie die Männer.[10] In der **DDR** beteiligen sich die meisten Väter an der Erziehung und Betreuung der Kinder, die Pflege im engeren Sinne ist jedoch auch hier noch zu großen Teilen Frauensache geblieben; so wird z. B. die Betreuung kranker Kinder, die zur Kollision mit Verpflichtungen im Beruf führt, in 78% der Familien überwiegend von der Mutter übernommen (Einzelheiten in Abb. 8.9; vgl. *Meier* 1988, 16).

Zur Beteiligung an den traditionellen **Hausfrauenarbeiten** sind die deutschen Männer schwerer zu bewegen. Es existiert weiterhin ein harter Kern von typisch weiblichen Aufgaben, denen sich die Ehemänner verweigern bzw. die die Ehefrauen als ihre Domäne behaupten: Waschen, Bügeln, Kochen und Saubermachen werden überwiegend von den Frauen erledigt. Dem steht ein harter Kern von Aktivitäten gegenüber, für den überwiegend Männer verantwortlich sind: Reparaturen in Haus oder Wohnung, Arbeiten im Garten, die Pflege und Wartung des Familienfahrzeugs. Ein dritter Komplex von Familienarbeit – Einkaufen, Geschirrspülen, Behördengänge – wird zunehmend gemeinsam oder im Wechsel zwischen Mann und Frau erledigt.

Abb. 8.9: *Arbeitsteilung in der Familie*

Es werden überwiegend[1] von der Frau erledigt (in Prozent der befragten Personen)

	BRD alle Ehepaare/ Partner (1983) **N=477Personen**	BRD berufstätige Ehepaare (1985) **N=1320 Personen**	DDR alle Familien (1988) **N=225**
Waschen	90	85 (91)[2]	79 (67)[2]
Zubereiten der Mahlzeiten	88	72 (84)	52 (43)
Saubermachen	80	64 (74)	59 (50)
Geschirrspülen	71	60 (66)	36 (22)
Einkaufen	75		
Kinder betreuen[3]	58	42 (43)	
mit den Kindern lernen			29
Kinder bei der Krankheit pflegen			78

[1] Die Antwortenvorgaben der drei Studien variieren leicht: in der DDR hieß es „überwiegend", in der Bundesrepublik bei allen Ehepaaren „in der Regel" und bei den berufstätigen Ehepaaren „zur Hauptsache".

[2] Die Prozentzahl ohne Klammer bezieht sich auf die Angaben der befragten Frauen; in Klammern stehen die der befragten Männer.

[3] In der Studie von 1983 heißt die Kategorie „Beaufsichtigung der Kinder"

Quellen: Hartenstein u. a. 1988, S. 47; (BRD 1983); Meyer/Schulze 1988, S. 347 (BRD 1985); Sozialreport '90, S. 270 (DDR 1988).

Abb. 8.9 macht deutlich, daß die traditionelle Arbeitsteilung in den Familien der DDR stärker aufgelockert wurde als in vergleichbaren bundesdeutschen Familien, in denen beide Ehepartner berufstätig sind. Der bundesdeutsche Ehemann läßt sich auch durch die Berufstätigkeit seiner Frau kaum zu einer verstärkten Mithilfe im Haushalt bewegen. Männer mit einer berufstätigen Partnerin leisten in der Woche nur eine halbe Stunde, am Wochenende ganze 6 Minuten mehr Hausarbeit als andere (*Metz-Göckel/Müller* 1986, 534). Die Folge davon ist: Berufstätigen Müttern (mit Kindern unter 16 Jahren) steht an Werktagen praktisch keine **freie Zeit** mehr zur Verfügung. Vollerwerbstätige Mütter mußten 1988 14,4 Stunden täglich für Beruf und Familie arbeiten, teilzeitbeschäftigte Mütter 14 Stunden (*Holst/Schupp* 1990, 407). In der DDR war das Freizeitbudget der Männer ebenfalls fast um die Hälfte größer, obwohl sie häufiger längere (Erwerbs-,)Arbeitszeiten hatten als Frauen (Frauenreport '90, 134). Auch Daten über junge Ehepaare bestätigen, daß der **Abbau**

der geschlechtsspezifischen Rollentrennung in der DDR weiter fortgeschritten ist.[11]

In beiden Gesellschaften sind die **höheren Schichten** und die **jüngere Generation** eher zu einer Abkehr von der herkömmlichen Arbeitsteilung bereit als andere. Beides deutet auf einen allmählichen Wandel der traditionellen Rollentrennung hin.[12]

8.4.3 Die harten Grenzen auf dem Weg zur Gleichstellung

Die Belastung der Frau durch neue Rollenverpflichtungen in Beruf und Politik hat weder in der DDR noch in der Bundesrepublik zu einer entsprechenden Entlastung bei alten Rollenverpflichtungen in der Familie geführt. **Diese Starrheit der herkömmlichen Arbeitsteilung in den Familien ist in beiden Gesellschaften das Haupthindernis für die Gleichstellung der Frauen in Arbeitswelt und Politik.** Ich möchte dieses Argument an vier von vielen möglichen Punkten konkretisieren.

1. Viele Mütter mildern die Kollision von Familien- und Berufspflichten durch den **vorübergehenden Ausstieg aus dem Beruf** oder durch **Teilzeitarbeit**. Die Entscheidung für eine dieser Varianten ist gleichbedeutend mit Verzicht auf beruflichen Aufstieg, in vielen Fällen bedeutet sie auch beruflichen Abstieg.[13]
2. Die traditionelle Arbeitsteilung in der Familie hat in beiden Gesellschaften geschlechtstypische Wirkungen für die Aufstiegschancen in berufliche Spitzenpositionen; sie fördert die Berufskarrieren der Männer und hemmt diejenigen der Frauen. Es lassen sich drei **Hindernisse für den beruflichen Aufstieg** der Frauen benennen, die mit den traditionellen Rollenorientierungen zusammenhängen:

a. Spitzenberufe sind meist **„Anderthalb-Personen-Berufe“** (*Beck/Beck-Gernsheim* 1990, 128), d.h. sie setzen voraus, daß andere den Berufstätigen „den Rücken freihalten“ für den ungehinderten Einsatz am Arbeitsplatz. Sie sind auf einen helfenden Partner zugeschnitten, der den Berufstätigen im privaten Bereich von zusätzlichen Sorgen und Verpflichtungen entlastet. Die Rolle der Helfenden fällt nach dem traditionellen Rollenverständnis der Frau zu und bedeutet für sie Abstriche an ihren beruflichen Ambitionen. Andererseits können Frauen kaum darauf bauen, daß ihnen ein Mann private Hilfestellung leistet, damit sie das „Anderthalb-Personen-Pensum“ der Spitzenpositionen bewältigen.

b. Weitere wichtige Voraussetzungen für Spitzenkarrieren sind der **Einstieg im richtigen Alter und das ständige „Am-Ball-Bleiben“**. Frauen können diese Bedingung häufig nicht erfüllen, weil wichtige Fundamente für den beruflichen Aufstieg in einer Lebensphase gelegt werden, in der sie durch Heirat und Kinder besonders stark in Anspruch genommen sind. Ein Einstieg in den Beruf mit voller Kraft kann – wenn überhaupt – häufig erst später erfolgen; und wer später startet, gelangt nicht mehr bis zur Spitze, sondern eventuell noch bis zur Mitte.

c. Viele Berufskarrieren sind zudem vom Wechsel des Wohnorts abhängig. In der Regel ist es die Frau, die sich der Mobilität des Partners anpaßt und dadurch nicht selten berufliche Wünsche zurückstellen muß.

3. Wenn die **beruflichen Ambitionen der Frauen niedriger** sind als die der Männer, so liegt es u. a. daran, daß sie eher bereit sind, Konflikte zwischen Beruf und Familie zugunsten der Kinder und des Partners zu lösen und Abstriche an ihren Karrierewünschen vorzunehmen.[14]
4. Welchen **Verzicht im familiären Bereich** diejenigen Frauen leisten müssen, die auf beruflichen Aufstieg setzen, wird in einer neueren Studie über die kleine Minderheit der bundesdeutschen Professorinnen deutlich. Der Anteil von Unverheirateten ist unter den Professorinnen um das 10fache(!) höher als unter ihren männlichen Kollegen; 57% der Professorinnnen, die geheiratet hatten, sind geschieden, aber nur 18% der Professoren; und mehr als die Hälfte von ihnen gibt an, keine Kinder gewollt zu haben (*Nave-Herz* nach BMBW 1990a, 108).

Die traditionelle Arbeitsteilung ist in den Familien der DDR, wie erwähnt, etwas stärker aufgelockert worden als in der Bundesrepublik; die „Entfamiliarisierung der Frau“ (*v. Trotha* 1990, 45) wurde in der DDR etwas weiter vorangetrieben. Aber der Unterschied zwischen den beiden Gesellschaften ist ein **gradueller** geblieben und **nicht prinzipiell** geworden: Die eigentliche Zuständigkeit für die häuslichen Pflichten liegt in der DDR wie in der Bundesrepublik weiterhin bei der Frau. **Die Kollision von Verpflichtungen in und außerhalb der Familie wird in beiden Gesellschaften als Frauenproblem und nicht als Männerproblem definiert**. Wenn der Konflikt von Familie und Beruf angesprochen wird, geht es um die Vereinbarkeit von Mutterschaft und Beruf, aber nicht um die Vereinbarkeit von Vaterschaft und Beruf.[15] In beiden Gesellschaften ist es nahezu für alle Männer – aber auch für nahezu alle Frauen – selbstverständlich, daß sich Männer in ihren beruflichen Ambitionen nicht durch häusliche Pflichten behindern lassen. So würden z. B. nur 2% der bundesdeutschen Väter die Kinderbetreuung übernehmen, wenn dabei der Beruf zurückgestellt werden müßte (*Metz-Göckel/Müller* 1986, 551). „Nur-Hausmänner“ und Männer, die freiwillig Teilzeitarbeit leisten, sind eine kleine Minderheit geblieben; ihre Zahl dürfte nach großzügigen Schätzungen kaum mehr als 100 000 (=0,6% der erwerbstätigen Männer) betragen (*Prenzel/Strümpel* 1990, 41). In der DDR waren 1988 nur 3% der Frauen und 1% der Männer der Ansicht, daß der Mann zeitweise beruflich zurückstecken sollte, wenn Kinder da sind; aber 62% der Frauen und 69% der Männer muteten dies der Frau zu (Sozialreport ’90, 274).

Auch in der DDR ist die Utopie von der Gleichheit der Geschlechter konzeptionell auf halbem Wege steckengeblieben: Dem neuen Frauenleitbild ist kein neues Männerleitbild an die Seite gestellt worden (vgl. *Enders* 1986, 26; *Belwe* 1988, 5ff.).

8.5. Bilanz: Gleichstellungsvorsprung der DDR

Die „Emanzipation von oben“ hat den Frauen in der DDR keine Gleichstellung gebracht, aber sie konnte die sozialen Ungleichheiten zwischen den Geschlechtern in allen vier untersuchten Bereichen stärker abbauen als die „Emanzipation von unten“ in der Bundesrepublik. Auch in der DDR wurden die Gesellschaft, die Arbeitswelt und die Machtstruktur in wichtigen Bereichen weiterhin von Männern dominiert, dennoch hat der Sozialismus den Frauen einen **Gleichstellungsvorsprung** gebracht: **Die Unterschiede zwischen den Geschlechtern in den Qualifikationschancen, Berufschancen, Einkommenschancen und politischen Teilnahmechancen sind stärker verringert worden als in der Bundesrepublik, und auch die traditionelle Arbeitsteilung in den Familien ist weiter aufgelockert.**

Einzelbeobachtungen legen die Vermutung nahe, daß die im wesentlichen von Männern inszenierte und kontrollierte „Emanzipation von oben“ in einigen Bereichen die **Entwicklung eines „emanzipatorischen Bewußtseins“ behindert** hat. Einige unreflektierte Einstellungen und Verhaltensweisen in Ostdeutschland wirken „rückständig“; es leben einige „Sexismen“ ungebrochen fort, die in der Bundesrepublik seit längerem problematisiert in die öffentliche Diskussion eingebracht worden sind. So wurde z. B. in der DDR nicht über sog. „sprachlichen Sexismus“ nachgedacht – Professor**innen** wurden stets als Professor**en** bezeichnet und nannten sich auch selbst so. Oder: Wenn Studentinnen im Clubkeller der Universität eine Dessous-Show als Höhepunkt des Abends darboten, so nahm daran kaum jemand Anstoß; ihr Auftritt wurde vielmehr von Frauen und Männern gleichermaßen beklatscht.

Ich möchte abschließend kurz auf die **Gründe für das Mehr an Gleichstellung** in der DDR eingehen, um daraus einige Vermutungen für die weiteren Entwicklungen im vereinten Deutschland abzuleiten.

Das Ziel Gleichstellung der Frau hatte in der DDR stärkere ideologische, politische und ökonomische Schubkräfte. Offiziell wurde ein **neues Frauenleitbild** proklamiert, nach dem die Frau nicht nur Mutter und Hausfrau, sondern auch gutqualifiziert, berufstätig sowie gesellschaftlich und politisch aktiv sein sollte. Das neue Frauenleitbild fand Eingang in die Rechtsnormen; einige diesbezügliche Beispiele habe ich bereits erwähnt: den Verfassungsauftrag zur Förderung der Frau insbesondere in der beruflichen Qualifizierung, die Verpflichtung beider Ehepartner zur Führung des Haushalts und Erziehung der Kinder. Obwohl in den Sozialisationsinstanzen – in den Massenmedien, in den Krippen, Kindergärten und Schulen sowie insbesondere in den

Familien – Elemente der traditionellen Rollentrennung überlebt haben, wurde das neue Bild der Frau in der Bevölkerung stärker akzeptiert als entsprechende Vorstellungen in der Bundesrepublik.

Die **Gleichstellungspraxis** in der DDR hob sich durch vier Elemente von der bundesdeutschen ab:

1. Durch ein **Mehr an Einrichtungen** in Politik und Gesellschaft, die sich um die besonderen Interessen von Frauen kümmerten. Im politischen Bereich existierten auf allen Ebenen des **SED-Apparates** besondere **Abteilungen bzw. Kommissionen für Frauenfragen,** die durch eine ZK-Sekretärin an der Parteispitze angeleitet wurden. Das Frauenressort war eines von insgesamt elf Ressorts an der Spitze des Parteiapparates. Wissenschaftlich wurde die Partei durch einen Stab von Frauenforscherinnen und -forschern beraten, deren Fragestellungen und Veröffentlichungen allerdings nicht den von der Parteiführung gesetzten Rahmen überschreiten durften. Im gesellschaftlichen Bereich waren die **Frauenkommissionen der Gewerkschaften** die bedeutendsten Einrichtungen. Sie existierten in allen Betrieben, Behörden und Bildungseinrichtungen und sollten sich um die speziellen Belange der berufstätigen Frauen kümmern, u. a. durch die regelmäßige Aufstellung von Frauenförderungsplänen.

2. Durch ein **Mehr an Lenkung und Verpflichtungen**. Durch die strikte Reglementierung des Zugangs zur höheren Bildung, durch die strengere Lenkung der Berufs- und Studienwahl, durch die Pflicht zur Arbeit auch für Frauen, durch den Druck zur politischen und gesellschaftlichen Aktivität und durch die zentral gelenkte Kaderpolitik bei der Auslese des Personals für Leitungspositionen konnte die Teilnahme der Frauen in Bildung, Beruf und Politik z. T. gesteuert werden. Lediglich die Privatsphäre der Familie war den direkten Eingriffen von oben und außen entzogen.

3. Durch ein **Mehr an Hilfen** für die berufstätigen und studierenden Mütter. Seit den 60er Jahren existiert ein ganzes Bündel von z. T. vorübergehenden, z. T. sukzessive ausgebauten Hilfen im bildungspolitischen, sozialpolitischen, familienpolitischen und frauenpolitischen Sektor, um Frauen zu fördern oder um den Konflikt zwischen traditionellen Familienpflichten und neuen Anforderungen in Bildung, Beruf und Politik zu mildern. Die folgenden stichwortartig aufgelisteten Unterstützungen waren bis zur Vereinigung in Kraft:

- die Vollversorgung mit Krippen, Kindergärten, Schulhorten und Schulspeisung;
- kürzere Wochenarbeitszeiten bzw. Wochenpensen für Mütter (nicht für Väter) mit mehr als einem Kind ohne Lohn- bzw. Gehaltseinbußen (z. B. 3 3/4 Std. pro Woche weniger für Vollzeitarbeiterinnen und -angestellte; 2 Unterrichtsstunden pro Woche weniger für Lehrerinnen);

- längere Jahresurlaubszeiten für Mütter (nicht für Väter) mit mehr als einem Kind (2-5 Tage, je nach Kinderzahl);

- das sog. „Babyjahr“: 1 Jahr bezahlter Urlaub (6 Monate voll bezahlt, 6 Monate Krankengeld) mit Arbeitsplatzgarantie bei der Geburt eines Kindes; unter bestimmten Bedingungen auch längere Beurlaubungszeiten;

- Pflegeurlaub zur Betreuung kranker Kinder bis 14 Jahren für Mütter oder Väter im Umfang von 4-13 Wochen; für Alleinerziehende und für Eltern mit mehr als einem Kind Zahlung von 70-90% des Nettoverdienstes;

- Anspruch auf soziale Betreuung durch den Betrieb während der Urlaubszeiten (Einladungen zu Veranstaltungen des Betriebes, Information über die Entwicklung des Betriebes, Hausbesuche von Kolleginnen oder Kollegen);

- ein bezahlter Hausarbeitstag pro Monat für alle Mütter, verheirateten Frauen und Frauen über 40 Jahre (und alleinerziehende Väter);

- besondere Förderung der studierenden Mütter durch Kinderzuschläge auf Stipendien, Krippen und Kindergärten an Hochschulen und Sonderregelungen für den Studien- und Prüfungsablauf.

Die Maßnahmen zur Unterstützung berufstätiger Mütter wurden in der DDR nicht nur begrüßt, sondern – mit Recht – vereinzelt wegen ihrer ambivalenten Wirkung auch kritisiert: Sie mildern zwar den Konflikt von familiären und beruflichen Pflichten, gleichzeitig verfestigen sie jedoch die traditionelle Rollentrennung in der Familie und mit ihr die erwähnten Benachteiligungen der Frau in der Arbeitswelt und in der Politik.

4. Durch ein **Mehr an Geld** zur Finanzierung der Hilfen und der politischen Kommissionsarbeit.

Zusammenfassend kann man sagen, daß **das sozialistische Kommandosystem der DDR durch seine Lenkungsmechanismen, aber auch durch seine Bereitschaft, zur Förderung der Frau höhere finanzielle Ressourcen einzusetzen, einen Gleichstellungsvorsprung erzielt hat.** Der Sozialismus hat die Gleichstellung der Frau nicht nur ideologisch und politisch stärker gesteuert, sondern er hat sie sich auch mehr kosten lassen.

8.6 Perspektiven im vereinten Deutschland

Mit der deutschen Vereinigung wird sich das historische Rad der zunehmenden Gleichheit in den neuen Ländern zumindest vorübergehend wieder ein erhebliches Stück zurückdrehen. Mit dem Zusammenbruch des politischen Systems sind auch die Frauenkommissionen in der Machtstruktur der DDR, die Möglichkeiten zentraler Steuerung und die Verpflichtungen zur Berufstätigkeit und zum gesellschaftlich-politischen Engagement verschwunden. Die

Rechtsnormen zugunsten der Frauen haben in der alten Form ebensowenig überlebt wie die Frauenkommissionen und die Frauenförderungspläne in der Arbeitswelt. Daß der marktwirtschaftlich orientierte Sozialstaat des vereinten Deutschlands nicht bereit ist, dieselben Finanzmittel zur Unterstützung der Frauen aufzuwenden, wurde bereits angekündigt: Der Hausarbeitstag wird gänzlich abgeschafft, die Kinderbetreuung außerhalb der Familie wird Einbußen hinnehmen müssen, Babyjahr und Pflegeurlaub werden auf das niedrigere bundesdeutsche Niveau zurückgestuft. Beim Übergang zur Marktwirtschaft deutet sich bereits an, daß in den neuen Ländern Frauen ebenfalls in besonderem Maße von Arbeitslosigkeit bedroht sind. Der Frauenanteil unter den Arbeitslosen stieg im Laufe des Jahres 1990 kontinuierlich an; Ende April 1991 lag er bei 56%, unter den Wiedereinstellungen im Oktober 1990 nur bei 27%; insbesondere arbeitslos gewordene Mütter, Alleinerziehende und ältere Frauen finden nur schwer wieder Arbeit (*Belwe* 1991b, 35). Alleinerziehende Mütter gehören zu den „neuen Risikogruppen" in Ostdeutschland, die in besonderem Maße von Armut bedroht sind. Den Ausbildungsvorsprung im Hochschulbereich hat die jüngste Generation der Studentinnen bereits eingebüßt: 1990 sank der Frauenanteil unter den StudienanfängerInnen gegenüber dem Vorjahr um 8 Prozent-Punkte auf 38,6% und lag damit sogar noch unter dem westdeutschen Niveau von 39,3% (IBW 7-8/1991, 99)[16]. Offensichtlich ist es den Frauen auch nicht möglich, ihre Positionen im mittleren Bereich der politischen Machthierarchie zu halten. Im neuen Bundestag liegt der Frauenanteil unter den ostdeutschen Abgeordneten mit 21% deutlich niedriger als in der letzten sozialistischen Volkskammer, wo er 32% betrug; und in den ostdeutschen Landtagen beträgt er im Durchschnitt nur noch 17%. Lediglich in der politischen Elite des neuen Systems sind die Frauen etwas besser vertreten als im SED-Staat: in vier Regierungen der neuen Länder stellen sie ein oder zwei Ministerinnen, nur Sachsen wird ausschließlich von Männern regiert.

In der Regel unterliegt die ostdeutsche Sozialstruktur einem massiven Anpassungsdruck an westdeutsche Verhältnisse. Eine kleine Abweichung von dieser Regel läßt die folgende Beobachtung erkennen: Die Koalitionsabsprachen zur Familienpolitik – der Anspruch auf einen Kindergartenplatz soll rechtlich verankert werden; der Pflegeurlaub, das Erziehungsgeld und der Erziehungsurlaub mit Beschäftigungsgarantie sind verlängert und z. T. auch erweitert worden – und auch die Überlegungen der Frauenministerin über eine besondere Förderung studierender Mütter deuten darauf hin, daß fortschrittliche Regelungen aus der DDR die Politik im vereinten Deutschland (am Rande) beeinflussen und damit auch langfristig einige kleinere Bereiche der westdeutschen Sozialstruktur.

Anmerkungen

1 Eine ausführlichere Darstellung der Entwicklung der geschlechtsspezifischen Bildungschancen in beiden deutschen Gesellschaften bei *Geißler* 1990c.

2 *Rodax/Hurrelmann* 1986, 138f. für die BRD; *Hille* 1990, 591 für die DDR.

3 Für die BR *Engelbrech* 1987, *Krüger* 1988 und iwd 49/1989, 8; für die DDR Frauenreport '90, 43.

4 *Helwig* 1987, 50f.; *Enders* 1984, 47; Frauenreport '90, 81.

5 BMJFFG 1989, 37 für die BRD; Sozialreport '90, 122 und Frauenreport '90, 91f. für die DDR.

6 IAB 1990, 56f.; *Gerhard* 1989, 15; zur überdurchschnittlich hohen Arbeitslosigkeit von Frauen mit Hochschulabschluß vgl. *Tessaring* 1988, 189 und *Krais/Trommer* 1988, 727f.

7 Allgemeine Literaturberichte zur geschlechtsspezifischen Sozialisation bei *Hagemann-White* 1984 und *Bilden* 1991; Übersichten zur geschlechtsspezifischen Sozialisation in der DDR bei *Hille* 1985, 134ff., *B. Bertram* 1989 und *Nickel* 1990a.

8 Beispiele bei *G. Meyer* 1986b, 1306 und *Belwe* 1988, 30; vgl. auch Frauenreport '90, 96.

9 *Zinnecker* 1985, 381; EMNID nach DER SPIEGEL 46/1988, 106ff.; Informationen für die Frau 4/1989, 6.

10 *Berger-Schmitt* 1986, 119; vgl. auch *H. Bertram/Borrmann- Müller* 1988, 262; *Griebel* 1991, 36.

11 *S. Meyer/Schulze* 1988, 350 für die BRD; *B. Bertram u.a.* 1988, 153 für die DDR. Weitere Daten zur Arbeitsteilung in der Familie für die Bundesrepublik bei *Metz-Göckel/Müller* 1986, 554; *Berger-Schmitt* 1986, 141ff.; *H. Bertram/Borrmann-Müller* 1988, 260ff.; *Keddi/Seidenspinner* 1990, 5; *Griebel* 1991; für die DDR bei *Enders* 1986, 35; *Helwig* 1987, 104ff.; *B. Bertram u.a.* 1988,, 114; *Meier* 1988, 9ff.; *Belwe* 1988, 18; Frauenreport '90, 127ff.

12 *Meier* 1988, 10ff. und Frauenreport '90, 128 für die DDR; *Berger-Schmitt* 1986, 121ff., *S. Meyer/Schulze* 1988, 352f. und *Griebel* 1991, 38f. für die BRD.

13 *H. Bertram/Borrmann-Müller* 1988, 259; iwd 25/1987, 8; *Holst/Schupp* 1990, 408.

14 *Helwig* 1987a, 899; vgl. *G. Meyer* 1986b, 1304 und *Pfister* 1987a, 38.

15 Vgl. z. B. den auf S. 255 zitierten § 10 des Familiengesetzbuches.

16 Zu beachten ist dabei, daß der Rückgang des Frauenanteils auch mit der besonderen Situation in diesem Jahr zusammenhängt: Die Studienanfängerzahlen sind bei Männern vorübergehend besonders hoch, weil viele Abiturienten nicht zum Militärdienst eingezogen wurden und weil zusätzliche Studienanfänger aus den aufgelösten Hochschulen der NVA dazukommen.

9. Struktur und Wandel der Familie

Thomas Meyer

9.1. Zum Begriff der Familie

Ein Definitionsversuch des Begriffs Familie steht vor der Schwierigkeit, die große historische und kulturelle Vielfältigkeit der Familienformen berücksichtigen zu müssen. Im weitesten Sinn ist die **Familie** eine nach Geschlecht und Generationen differenzierte Kleingruppe besonderer Art, welche ein spezifisches Kooperations- und wechselseitiges Solidaritätsverhältnis normiert, dessen Begründung in allen Gesellschaften zeremoniell begangen wird. An vorderster Stelle wird der Familie die **biologische** und **soziale Reproduktionsfunktion** zugewiesen (vgl. *Nave-Herz* 1989, 193). Im Rahmen der institutionellen Vorgaben kommen der Familie in der Regel also die Zeugung und Pflege des Nachwuchses, sowie dessen primäre Sozialisation, die grundlegende Einführung in die Sprache, Normen und Werte der Gesellschaft als Aufgaben zu. In einheitlicher, systemübergreifender Sichtweise gilt der Typus der **Kern- bzw. Kleinfamilie** als die in der modernen Industriegesellschaft – und somit auch in der Bundesrepublik und der DDR – vorherrschende und ihr adäquate Organisationsform (vgl. etwa *Parsons* 1955; *Neidhardt* 1975; *Gysi* 1988). Diese wird gebildet aus der auf der Ehe gründenden und auf zwei Generationen beschränkten Gefühlsgemeinschaft der Eltern mit ihren Kindern; allerdings entspricht eine primär auf die sogenannte „Normalfamilie" gerichtete Sichtweise nicht mehr der gegenwärtigen Situation. Denn seit geraumer Zeit signalisiert das demographische Geschehen – ein zentraler Indikator familialer Veränderungen – unzweideutig, daß der Stellenwert und die Strukturen von Ehe und Familie in Wandlung begriffen sind. Eine an Wandlungsprozessen orientierte Sichtweise hat sich deshalb den Veränderungen der Familie sowie den zumeist als **Pluralisierung der Familie** begriffenen, **„neuen" privaten Lebensformen** verstärkt zuzuwenden (vgl. *Meyer* 1992).

9.2 Strukturwandel der Familie

Wie bereits näher skizziert (S. 33 ff.), bilden die fundamentalen gesellschaftlichen Umschichtungen im Kontext der Industrialisierung die Grundlage für die Herausbildung der bürgerlichen Familie. In deren Gefolge ist es zu einem charakteristischen Gestaltwandel der Familie gekommen:

- Die Trennung von Berufs- und Wohnstätte bewirkte die Herauslösung der Erwerbsarbeit aus der Familie sowie die – oft als **Funktionsverlust** beschriebene – zunehmende Abgabe wichtiger, ehemals im Familienverband geleisteter Aufgaben. Das gilt insbesondere für die Kranken- und Altersversorgung, die Rechtsprechung, die Ausbildung sowie einen Teil der Erziehung.

- Durch die Abgabe von Funktionen hat sich eine **Privatisierung** der Familie vollzogen. Mit dieser ist eine historisch neu- und einzigartige **Emotionalisierung** wie Intimisierung der Familienverhältnisse einhergegangen. Dem entspricht das Ideal der **„romantischen Liebesehe“** und ein evolutionärer Bedeutungszuwachs der Rolle des Kindes wie der Erziehung.

- Die grundlegende Aufspaltung der bürgerlichen Gesellschaft in Privatheit und Öffentlichkeit hat zu einer **Neudefinition der Geschlechtsrollen** geführt. Hierunter ist die überaus bedeutsame und nachhaltige polare soziale Zuordnung des Mannes zur außerhäuslichen und der Frau zur innerhäuslichen Welt zu verstehen.

Insgesamt kann von einer mit der Entwicklung des Industriekapitalismus einhergehenden zunehmenden und tendenziell alle Schichten umgreifenden Orientierung am Ideal und Leitbild des bürgerlichen Familienmodells ausgegangen werden. Die unter industrie- und wohlfahrtsgesellschaftlichen Vorzeichen sich herausbildenden Umwälzungen im 20. Jahrhundert wiederum haben die Voraussetzung für die weitere Ausbreitung der am bürgerlichen Familienmodell anknüpfenden Kleinfamilie gebildet. Diese wurde in den beiden deutschen Staaten jedoch erst in den 60er Jahren zur empirisch dominanten, massenhaft gelebten und „normalen“ Lebensform.

9.3 Bedeutung und Funktion der Familie in der Bundesrepublik Deutschland und der DDR

Allen in der DDR offiziös propagierten „Wesensunterschieden“ zwischen der „sozialistischen“ und der „kapitalistischen“ Familie zum Trotz fallen **„zahlreiche Ähnlichkeiten“** (*Hille* 1985, 40, Hervorh. T.M.) zuerst ins Auge. In beiden Gesellschaften wurde der Ehe und Familie als Institution eine grundlegende Bedeutung zugesprochen. Dies unterstreicht nachhaltig der verfassungsmäßig verankerte Schutz von Familie und Ehe in Art. 9 des Grundgesetzes der Bundesrepublik und in Art. 38 der DDR-Verfassung. Weiterhin findet die Institutionalisierung in einer Vielzahl von familienpolitischen Maßnahmen, Ritualen und Sitten ihren Ausdruck. Nach beiderseitigem Verständnis galt die Familie als Grundform, als „kleinste Zelle“ (so etwa in der Präambel des Familiengesetzbuchs der DDR) von Staat und Gesellschaft. Die **Sozialisations-** und **Erziehungsfunktion** bzw. **sozio-kulturelle Funktion** wird heute gemeinhin als die herausragende und zentrale Leistung der Familie für die Gesellschaft angesehen. In der DDR galt diese als „**Hauptfunktion**“ (*Kabat vel Job/Pinther* 1981, 14); in der Bundesrepublik wird sie als die der Familie „eigenste“ (*König* 1974, 70) Aufgabe angesehen. Neben den strukturellen Analogien gibt es jedoch wichtige Differenzen:

- Hier ist zuvorderst die längerfristige und konsequentere Durchsetzung des Gleichberechtigungsgrundsatzes in der DDR zu nennen (vgl. auch S. 252 ff.).

- Die herausgehobene Bedeutung der außerhäuslichen Erziehungsinstitutionen wie Kinderkrippe, Kindergruppe und Schulhort und der damit reduzierte Einfluß der elterlichen Erziehung in der DDR (*Hille* 1985, 113). Aber auch in der DDR standen die Kinder meist im Mittelpunkt des Familienlebens (vgl. Gysi 1990, 35).

- Die DDR-Familie war grundsätzlich stärker in die Gesellschaft und ihre politisch-ideologischen Zielsetzungen eingebunden. So formulierte der § 42 des Familiengesetzbuches der DDR etwa den erzieherischen Auftrag der Entwicklung der „sozialistischen Persönlichkeit“. Hieraus folgte, daß im Gegensatz zur "bürgerlich-isolierten“ Familie die größere Offenheit der „sozialistischen“ Familie reklamiert wurde.

a) DDR

Kann noch bis in die 50er Jahre von einer „gewissen Vernachlässigung“ der Familie (*Helwig* 1984, 8) gesprochen werden, so wurde spätestens mit dem Familiengesetzbuch (FGB) von 1966 der Stellenwert der Familie in Form eines umfassenden Leitbildes definiert und gesetzlich verankert. Die Aufwertung der Familie fand ihren Niederschlag in einem Leitbild der Frau, welche eine engagierte Berufstätigkeit mit den Aufgaben in der Familie verbindet. Folgerichtig begünstigte und „prämierte“ die DDR-Familienpolitik in vielfältiger Weise das eheliche und familiale Zusammenleben. Auch die offizielle Ablehnung alternativer Formen des Zusammenlebens in der DDR signalisierte die **allgemeine und verbindliche Leitbildfunktion von Ehe und Familie**:

„Familienrechtlichen Schutz genießt nur die auf gesetzlicher Grundlage geschlossene Ehe. Der sozialistische Staat begünstigt nicht andere Formen des Zusammmenlebens familienähnlicher Art, weil diese nicht den moralischen und familienpolitischen Vorstellungen der sozialistischen Gesellschaft entsprechen“ (*Ansorg* 1967, zit. nach *Hille* 1985, 37).

Die in den letzten zwei Jahrzehnten systematisch ausgebauten Förderungsmaßnahmen für die Familie fanden insbesondere in einer prononcierten **Bevölkerungspolitik** ihren Ausdruck (u. a. in Geburtsbeihilfen, Kindergeld, Familiengründungsdarlehen, Arbeitswochenstundenverkürzung und besonderen Freistellungen für Mütter). Die Erhöhung der Geburtenrate war ein maßgebliches Ziel der Familienpolitik seit den 70er Jahren. Deshalb wurde der Mutterschutz 1976 auf 26 Wochen verlängert und seit 1986 das einjährige Elternjahr bereits vom ersten Kind an und seit 1984 das 1,5jährige ab dem 3.Kind gewährt. Erwähnenswert ist auch das in allen öffentlichen Bildungseinrichtungen verankerte Ziel der **Familienerziehung**. Diese strebte neben dem Abbau geschlechtsspezifischer Verhaltensformen und der Förderung der Gleichberechtigung von Mann und Frau die Vorbereitung junger Menschen auf Ehe und Familie an. Zugleich sollte vermittelt werden, daß eine befriedigende dauerhafte Sexualität nur in der Ehe Bestand haben kann. Im DDR-Verständnis gehörte die sogenannte „Familienfähigkeit" (*Kabat vel Job/Pinther* 1981, 81) zu den „Wesenszügen" der „allseitig entwickelten sozialistischen Persönlichkeit". Die kulturelle Bedeutsamkeit der Familie lag nicht zuletzt in deren absoluter „Normalität" und Fraglosigkeit im alltäglichen Leben (*Runge* 1985, 6). Eine empirische Untersuchung über Wertorientierungen weist ein **sinnerfülltes und glückliches Familienleben als wichtigstes Lebensziel** bei 92% der Frauen und 82,5% der Männer aus (*Gysi* 1989, 74; vgl. auch *Landua* u. a. 1991, 8). Weit über 90% der DDR-Jugendlichen maßen **Liebe und Familie** einen sehr großen Stellenwert für ihre künftige Lebensgestaltung zu (*Bertram* u. a. 1988, 168). Ungefähr 75% der DDR-Jugendlichen (*Gysi* 1988, 512) – in der BR sind es 73 % (*Allerbeck/Hoag* 1985, 93) – wollten später heiraten. In Deutschland – und im östlichen Teil mehr noch als in der alten BR – galt und gilt die Familie als der zentrale Lebenswert. Allen sozialistischen Propagierungen zum Trotz offenbarte sich nicht zuletzt im Familienleben die „kleinbürgerlich nivellierte Nischengesellschaft" (*Günter Gaus*) der DDR. Dies war in der DDR geradezu das Synonym für Privatheit und bildete eine Gegenwelt zur Gesellschaft. In der Familie wurden Defizite kompensiert. Dies hatte „ein ausgesprochen familienzentriertes Verhalten ..., einen Rückzug ins Private (und) eine auffällige Tendenz zur Abkapselung und Verhäuslichung der Freizeit" zur Folge (Frauenreport '90, 115).

b) Bundesrepublik

Art. 6 und 13 des Grundgesetzes gewährleisten die staatlich geschützte Autonomie und den Schutz der Familie in der BR und unterstreichen anders als in der DDR den spezifisch **privaten** Charakter der Familie. Die Einrichtung eines Familienministeriums (1953) und eine Vielzahl von **familienpolitischen Maßnahmen** (etwa Kindergeld, Steuerpolitik, Wohnungspolitik) dienen der Stützung und Stabilisierung der Familie und zeigen deren exponierte gesellschaftliche Bedeutung. Bei der großen Bevölkerungsmehrheit gelten Ehe und Familie als **kulturelle Selbstverständlichkeit** und zumeist als Merkmal der Vollendung des Erwachsenwerdens. Insbesondere in den 60er Jahren, dem „golden age of marriage" (*Tyrell* 1988, 151), ist den Statistiken eine „überwältigende **Ehefreudigkeit**" (*Pross* 1971, 502, Hervorh. T.M.) zu entnehmen. Ihnen zufolge haben 95% der Bevölkerung wenigstens einmal im Leben geheiratet und wurden ca. 94% aller Kinder ehelich geboren (*Kaufmann* 1975). Die Familie ist ein millionenfach selbstverständlich gelebtes Grundmuster, und bis weit in die 60er hinein erscheint sie als die einzig normale, gesellschaftlich „richtige" und rechtlich legitimierte private Lebensform (*Tyrell* 1979, 17).

9.4 Materielle Situation der Familie

In beiden Teilen Deutschlands hatten sich in der Nachkriegsgeschichte – wenngleich auf deutlich unterschiedlichem Niveau – die materiellen Voraussetzungen des Familienlebens sowohl hinsichtlich des Einkommens als auch in bezug auf den Besitz langlebiger Konsumgüter rapide verbessert (vgl. S. 38 ff.). Die allgemeine Verbesserung der Lebensverhältnisse für alle Einkommensschichten (*Lepsius* 1974, 272ff.) war eine wichtige Voraussetzung für den weitgehenden Abbau der bislang nach sozialen Gruppen und Schichten stark divergierenden Familienformen und die Entwicklung eines kollektiv einheitlichen, bürgerlich eingefärbten Familienstils (*Schwartau/Vortmann* 1989, 293; *Gysi* 1989, 143; vgl. *Speigner* 1987, 124ff.). In der DDR war es gerade in den letzten Jahren zu einer Verbesserung der Lebensbedingungen für die meisten Familiengruppen gekommen (Frauenreport'90, 117ff.). Die beispiellose Anhebung des Lebensstandards und der sozialpolitischen Sicherungssysteme, der sog. „Abschied von der Proletarität" (*Mooser* 1984, 224) befreite die Familie zunehmend aus unmittelbar ökonomischen Zwängen und bildete eine strukturelle Voraussetzung für die **Verallgemeinerung des bürgerlichen Familientyps**. Ungeachtet dessen waren variierende Soziallagen für das Familiengeschehen in der BR wie auch der DDR von großer Bedeutsamkeit. Wie an anderer Stelle ausgeführt (vgl. S. 231), waren in beiden deutschen Gesellschaften nachhaltige Prozesse schichtspezifischer Sozialisation feststellbar. In der DDR wie in der BR wurden die Bildungs- und Lebenschancen maßgeblich von den familialen Voraussetzungen – der sozialen Herkunft und insbesondere dem Bildungsniveau der Eltern – bedingt. Für die BR galt, daß insbesondere kinderreiche Familien sich gehäuft in wirtschaftlich randständigen Soziallagen befanden. Insgesamt ist sogar – orientiert an den Regelsätzen der Sozialhilfe – eine steigende Verarmungstendenz festzustellen. 1986 waren 9% der Ein-Kind-Familien und mehr als jede vierte kinderreiche Familie arm (*Kaufmann* u. a. 1987, 62ff.; vgl. S. 172). Auch in der sozialistischen Gesellschaft der DDR war in den unterschiedlichen Soziallagen der Familien ein Zentrum der Reproduktion gesellschaftlicher Ungleichheit auszumachen. Obwohl für kinderreiche Familien Unterstützungsleistungen gesetzlich vorgeschrieben wurden, bildeten sie ein auf fast allen Parteitagen der SED diskutiertes Problem; die Notwendigkeit der Verbesserung der Lebens- und insbesondere der Wohnbedingungen kinderreicher Familien wurde immer wieder betont (*Gysi* 1984, 105; *Meyer/Speigner* 1982, 143).

9.5 Demographische Entwicklungen und Veränderungen im familialen Zusammenleben

Wenn auch der „sozialistische", „einheitliche Familientyp" (*Kabat vel Job/Pinther* 1981) bzw. die bürgerliche Normalfamilie den vorherrschenden Privatheitstyp darstellte, erweist sich eine auf diese Organisationsform beschränkte Perspektive als familiensoziologisch unzureichend (vgl. hierzu ausführlich *Meyer* 1992). Denn jenseits der Veränderungen innerhalb der hergebrachten Kleinfamilie haben sich in den letzten Jahren in beiden Teilen Deutschlands verstärkt anders strukturierte Variationen des privaten Zusammenlebens durchgesetzt. Das relativ einheitliche Muster, auf das sich der säkulare Entwicklungsprozeß der Familie hinbewegte, hat sich binnen weniger Jahre aufgelöst und einer bislang unbekannten **Pluralität von Privatheitsmustern** Raum geschaffen. Pluralität soll hier die Zurückdrängung der „unduldsamen kulturellen Vorherrschaft" (*von Trotha* 1990, 454) und der „traditionellen Alternativlosigkeit" (*Tyrell* 1979, 43) einer Familienform bedeuten. Auch in der DDR galt die Existenz verschiedener, nebeneinander bestehender Familienformen seit einigen Jahren als „selbstverständliche" Wirklichkeit (vgl. *Gysi* 1988, 508). Einer Sichtweise, die den seit geraumer Zeit zu beobachtenden familialen Umbrüchen gerecht werden will, ist es anzuraten, die neuen Wandlungserscheinungen verstärkt in den Blick zu rücken.

9.5.1 Geburtenentwicklung

a) Bundesrepublik

Im Zusammenhang mit der rückläufigen Geburtenquote (vgl. S. 286 ff.) und der sich schon seit Jahrzehnten abzeichnenden Verselbständigung der älteren Generation setzte sich die schon länger zu beobachtende Verkleinerung der Familie in Form der Zweigenerationen- Kleinfamilie fort. 1988 lebten lediglich in 2% der Mehrpersonenhaushalte in der Bundesrepublik mehr als zwei Generationen (*Pöschl* 1989, 631). Die durchschnittliche Geburtenzahl stieg in der „familienbetonten Phase" der 50er und frühen 60er Jahre ebenso wie die Zahl der Familien mit mehr als drei Kindern. Heute dagegen dominieren die Familien mit zwei Kindern. Das Bundesinstitut für Bevölkerungsforschung (1984, 308) schätzt, daß aus nur etwa 17% der 1973 bis 1977 geschlossenen Ehen drei und mehr Kinder hervorgehen werden. Dagegen wurden in 35% der 1922 bis 1925 geschlossenen Ehen drei und mehr Kinder gezeugt. Der

Geburtenrückgang hat also insbesondere im **Rückgang der Mehrkinderfamilien** (mehr als zwei Kinder) seinen Ausdruck gefunden. Hervorzuheben ist der Befund von *Klein* (1989), daß ein Trend zur Ein-Kind-Familie insgesamt nicht bemerkbar ist. Beträchtlich zugenommen haben dagegen die „Null-Kind-Familien" (ebd., 11); nur die Zahl der kinderreichen Familien mit mehr als drei Kindern hat sich kontinuierlich verringert. Diese Entwicklung korrespondiert mit einer Zunahme der sogenannten **„späten Mutterschaft"**. Während 1975 im Durchschnitt Erstkinder mit 22,7 Jahren geboren wurden, liegt das statistische Mittel heute dagegen bei ca. 26 Jahren (*Erler* u. a. 1987, 13). Der Geburtenrückgang manifestiert sich, wie angedeutet, in einem **Anstieg kinderloser Ehen**. Die wenigen Studien hierzu zeigen deutlich, daß die bewußte Entscheidung für die Ehe ohne Kinder in der BR ein neues, zunehmend bedeutsames Phänomen darstellt (*Nave-Herz* 1988; *Schwarz* 1988). *Schwarz* (ebd., 102) geht davon aus, daß ca. 30% (!) der Frauen in der Bundesrepublik zukünftig kinderlos bleiben. Nach einer Untersuchung über junge Paare (*Erler u. a.* 1987, 9) will ca. ein Drittel der befragten Paare keinen Nachwuchs oder ist sich unschlüssig. Häufig kommt aber auch ein vorhandener und immer wieder verschobener Kinderwunsch später aus biologischen Gründen nicht mehr zur Realisierung, womit sich die faktisch relativ hohe Zahl kinderloser Ehen erklärt (vgl. *Nave-Herz* 1988). Eine Ehe einzugehen und dann Kinder zu bekommen, steht in zunehmendem Maße zur individuellen Disposition. Dies bedeutet, daß ein bislang unstrittig zusammengehörendes Handlungsmuster nicht mehr zum fraglosen Bestandteil des familialen „Normalzyklus" gehört. Zwar ist der hohe Stellenwert von Elternschaft in den biographischen Entwürfen von Jugendlichen – ca. 90% wollen Eltern werden (*Shell-Studie* 1982, Bd. 2, 204ff.; Bd. 3, Tab. 15.24) – belegt; die gleichen Untersuchungen zeigen aber auch, daß Kinder nicht mehr als die unabdingbare Voraussetzung eines glücklichen Lebens gelten. 77% der Männer und Frauen sind sogar der Meinung, „Leute ohne Kinder" hätten es heutzutage besser als „Leute mit Kindern" (*Erler* u. a. 1987, 19, Abb. 3).

b) DDR

Der Geburtenrückgang und die mit diesem einhergehende kontinuierliche Abnahme der Bevölkerung hatte in den 70er Jahren in der DDR – nach erfolglosen Appellen an die „sozialistische Familienmoral" – zu einer erheblichen Ausweitung **bevölkerungs- und familienpolitischer Maßnahmen** geführt. Der Familienrechtlerin *Grandtke* zufolge ist der „Verzicht auf Kinder, (wie) auch die gewollte Beschränkung auf ein Kind ... moralisch in der Regel nicht gerechtfertigt und ... Ausdruck einer kleinbürgerlichen Haltung" (zit. nach *Helwig* 1984, 792). Die Sozialpolitik hat insbesondere versucht, die Vereinbarkeit von Erwerbstätigkeit und Mutterschaft zu harmonisieren (vgl. *Koch/Knöbel 1986*). Gezielte Unterstützungen sollten die Bereitschaft zur Mehrkinderfamilie erhöhen. Anfang der 80er Jahre zeigte sich auch – ein durch die geburtenstarken Jahrgänge noch unterstütztes – gehobenes Geburtenniveau, welches nach einer Stagnationsphase gegen Ausgang der 80er Jahre wieder abflachte. Eine Zunahme kinderreicher Familien konnte nicht erreicht werden. Im Gegenteil: Zwischen 1971 und 1981 sank der Anteil von Familien mit drei und mehr Kindern an allen Mehrpersonen-Haushalten von 10 auf 4% (Sozialreport '90, 45). Erst durch finanzielle Unterstützungen, die seit 1986 kinderreichen Familien gewährt wurden, konnte ein Anstieg der Drittgeburten erreicht werden, ohne allerdings den seit 1980 in der DDR wieder rückläufigen Geburtentrend insgesamt zu verhindern. Die realen Kinderwünsche stagnierten bei knapp zwei Kindern (vgl. *Speigner* 1987, 83ff.). Und auch in den Zukunftsplänen der Jugendlichen verfestigte sich das Ideal der **Zweikind-Familie**. Anders als in der BR konnte – wohl nicht zuletzt auch als Resultat einer gezielten Bevölkerungspolitik – ein Trend zur kinderlosen Ehe nicht festgestellt werden. Die DDR-Bürger waren auf „Zweisamkeit und Kinder ‚programmiert'" (Frauenreport '90, 114) und lehnten ein Single-Dasein ebenso wie die kinderlose Ehe mehrheitlich ab.

9.5.2 Eheschließungen und -scheidungen

a) Bundesrepublik

Bei Männern und Frauen ist die **Heiratsneigung** binnen nur zehn Jahren deutlich **gesunken**. Von den 20-25jährigen (25-30jährigen) Männern sind 1975 22% (60%) verheiratet, von den gleichaltrigen Frauen 51% (80%). 1985 heiraten nurmehr 10% (41%) der Männer und 26% (62%) der Frauen in diesem Alter (*Vaskovics* 1989, 379, Tab. 2). Trotz der absoluten Zunahme von Mehrfachehen aufgrund massiv angestiegener Scheidungsquoten **sinkt** bei Geschiedenen und Verwitweten insgesamt **die Bereitschaft, sich wieder zu verheiraten** (Bundesinstitut für Bevölkerungsforschung 1984, 304). Während in den 60er Jahren noch rund drei Viertel aller Geschiedenen eine neue Ehe eingehen, sind es 1983 weniger als zwei Drittel (*Cornelius* 1988, 25; *Rottleutner-Lutter* 1989, 608). Desweiteren ist im Kontext der wachsenden Zahl von NELG und Alleinlebenden sowie einer durchschnittlich späteren Lösung vom Elternhaus (mit ca. 25 Jahren) (*Schwarz* 1989a, 39) ein durchschnittlich **gestiegenes Heiratsalter** festzustellen. Bei den Frauen beträgt es 1960 durchschnittlich 23,7 Jahre und 1988 25,5 Jahre; bei den Männern 1960 25,9 Jahre und 1988 28,0 Jahre. Seit 1960 – unterbrochen lediglich von einer „rechtstechnisch bedingten „Stauung" (*Kappe* 1986, 175) nach dem neuen Scheidungsrecht von 1976 – steigen die **Scheidungen** beinahe kontinuierlich an und haben sich mehr als verdoppelt. Die Zahl der Ehescheidungen im Verhältnis zu 100 Eheschließungen ist von 15,8% im Jahr 1950 auf 32,4% 1988 deutlich angestiegen (StBA 1990c, 127). Hier fällt besonders die Zunahme der sogenannten ‚Frühscheidungen' ins Gewicht. Anders ausgedrückt bedeutet dies:

„1960 wurden fast elfmal soviel Ehen geschlossen wie geschieden, 1984 lag das Verhältnis unter 3:1. ... Die vom Statistischen Bundesamt errechneten „ehedauerspezifischen Scheidungsziffern" ... erlauben die Aussage: Von zehn geschlossenen Ehen wurden drei geschieden" (*Kappe* 1986, 175).

Auffallend ist hierbei, daß gegenwärtig über 70% aller Scheidungen von Frauen beantragt werden (*Fend* 1988, 108).

b) DDR

Die **Ehebereitschaft** ging in der DDR insgesamt ebenfalls zurück. Zwischen 1960 und 1988 sank die Zahl der Ehen von 9,7 pro 1000 Einwohner auf 8,2 (Statistisches Jahrbuch 1989, 366). Im gleichen Zeitraum erhöht sich das durchschnittliche Heiratsalter der Männer von 23,9 auf 25,0 Jahre, das der Frauen von 22,5 auf 22,9. In den 70er Jahren steigen infolge der sozialpolitischen Maßnahmen zwar bis 1977 die Heiratszahlen, der Ehebestand wird aber in zunehmendem Maße durch Scheidungen reduziert. Neben dem wachsenden Anteil dauerhaft Lediger verzichten Geschiedene in zunehmendem Maße auf eine erneute Ehe. Die **Wiederverheiratungsbereitschaft** war gegenüber 1970 deutlich **rückläufig**. Im Zuge der zurückgehenden Eheschließungshäufigkeit und der zunehmenden Scheidungen hatte sich die verheiratete Bevölkerung zugunsten der ledigen und geschiedenen verringert. 1970 macht der Anteil der Verheirateten an der Bevölkerung 69 %, 1988 nur noch 64% aus (Sozialreport' 90 1990, 17). Während 1970 13,9% der Wohnbevölkerung nicht heiraten, sind es 1988 bereits 18,2% (Sozialreport'90, 190, 32f.). Ist ein 20jähriger Mann 1977 noch durchschnittlich 7 Jahre ledig geblieben, so sind es 1982 bereits 11 Jahre; bei den gleichaltrigen Frauen hatte sich die Dauer des Unverheiratetseins von fünf auf zehn Jahre verdoppelt. Der Anteil der verheirateten 20jährigen Frauen war von 43% im Jahr 1970 auf 18% im Jahr 1988 (Frauenreport '90, 104) gesunken. In nur wenigen Jahren hatten sich also signifikante Veränderungen des Heiratsverhaltens durchgesetzt (vgl. *Speigner* 1987, 44). In der DDR wurde nicht nur weniger und später geheiratet, sondern es wurden seit Mitte der 60er und forciert seit Beginn der 70er Jahre auch immer mehr Ehen geschieden. Das Schuldprinzip war bereits seit Mitte der 50er abgeschafft. Von 1960 bis 1985 hatte sich die Anzahl der **Scheidungen mehr als verdoppelt** (*Gysi* 1989, 260), jährlich mehr als 50 000 Ehen wurden geschieden. 1965 waren 2,5% und 1989 bereits 6% der Bevölkerung geschieden (Frauenreport'90, 104). Grundsätzlich galt auch in der DDR: je jünger die Eheschließenden waren, desto scheidungsanfälliger war ihre Beziehung. Aber bemerkenswert ist, daß 1985 auch ca. 17% der Scheidungen nach 20jähriger Ehe ausgesprochen wurden, also zu einem Zeitpunkt, als die Kinder die Familie bereits verlassen hatten (*Gysi* 1988, 514). Hervorzuheben ist auch, daß ähnlich wie in der BR und mit steigender Tendenz – 1960: 55,1 %; 1975: 65,5%; 1989: 69% – die Frauen die Scheidung beantragten (Frauenreport'90, 111).

c) Zusammenfassung

Ost- wie Westdeutsche charakterisiert eine rückläufige Eheschließungsquote, wobei die DDR-Bürger insgesamt aber deutlich heiratsfreudiger waren als ihre Nachbarn und zudem auch früher heirateten. Der „Bund fürs Leben" hielt in der DDR aber weniger lange als im Westen. Die DDR bewegte sich auf einem, auch im internationalen Vergleich, sehr hohen Scheidungsniveau mit deutlichem Vorsprung vor der BR.

Abb. 9.1: *Zusammengefaßte Erstheiratsziffern BR und DDR*
Von 100 ledigen Frauen heiraten ...

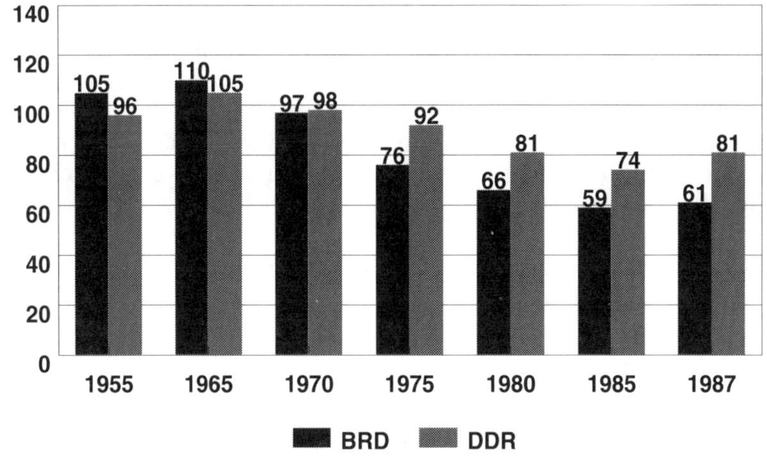

erstellt nach: Höhn u.a. 1990, 141

Abb. 9.2: *Ehescheidungen je 1000 Einwohner im Vergleich*

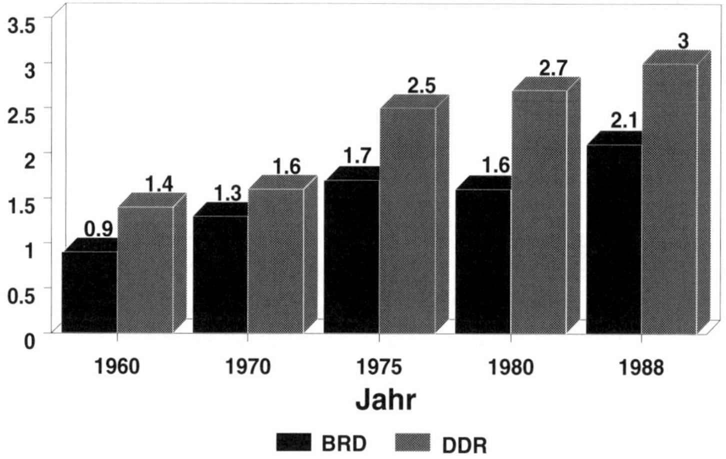

erstellt nach: Statistische Jahrbücher

Die Entwicklung der Scheidungen hin zum „massenstatistischen" Phänomen kann als ein Indikator für den kulturellen Geltungsverlust des herkömmlichen Ehemodells in beiden Teilen Deutschlands gelten. Indem das gültige Eheverständnis in der BR wie in der DDR die Möglichkeit der Scheidung nicht nur rechtlich, sondern auch kulturell akzeptierte und in seine Definition einschloß, sieht die Gesellschaft den Partnerwechsel im Lauf eines Erwachsenenlebens mehr und mehr als durchaus „normal" an. Infolge dieser Entwicklung gehören sogenannte **Zweit- und Drittfamilien** sowie das mit diesen verknüpfte Problem der „sozialen Elternschaft" zum selbstverständlichen Familienbild in Deutschland.

9.5.3 Nichteheliche Lebensgemeinschaften und Einstellungen zu Ehe und Familie

a) Bundesrepublik

Ein Beleg für den sozialen Geltungsverlust des traditionellen Ehemodells ist die seit einigen Jahren deutlich zu beobachtende Zunahme der nichtehelichen Lebensgemeinschaften (NELG) (vgl. *Meyer* 1992, 74 ff.). Die voreheliche Partnerschaft ist mittlerweile „fast schon zu einer Norm geworden" (*Höpflinger* 1989, 45). Von 1972 bis 1988 ist ein Anstieg von 136 700 auf

820 000 in NELG wohnenden Personen mit **gemeinsamem** Haushalt festzustellen (Stat.Jb. 1990, 58). Nach den Ergebnissen einer Repräsentativerhebung in Baden-Württemberg leben 1985 knapp 8% der Einwohner zwischen 14 und 65 Jahren in NELG; im Bundesgebiet sollen ca. 3 Millionen Personen in NELG leben (*Köcher* 1985, 143). Altersspezifische Differenzierungen präzisieren die Strukturverschiebungen in den letzten Jahren. Noch 1972 waren die über 56jährigen mit ca. 118 000 (1988: 174 000) die zahlenmäßig größte Gruppe (sog. „Onkelehen"). 1988 waren es dann die 18-36jährigen, deren Anzahl sich im gleichen Zeitraum von ca. 82 000 Personen auf ca. 1 069 000 erhöhte (Stat.BA 1990, 20). Mutet diese Zahl im statistischen Vergleich auch nicht allzu hoch an, so läßt doch die große Anzahl derjenigen, welche die NELG gleichsam als biographische „Durchgangspassage" erleben, deren große Relevanz unmittelbar einsichtig werden. Vom Heiratsjahrgang 1980 haben 85% (!) der Partner vor der Eheschließung als NELG zusammengewohnt, 1970 waren es erst 10% und 1950 gar nur 4% (*Nave-Herz* 1984, 51). Nach einer Berechnung von *Schwarz* (1989, 47) hat sich der Anteil der Mittzwanziger, die nichtehelich zusammenleben, von 1972 bis 1987 etwa verzehnfacht. Insofern ist *Schenk* (1987) zuzustimmen, es werde wahrscheinlich demnächst, „als ‚leichtsinnig' gelten, einen Menschen zu heiraten, mit dem man nicht vorher eine zeitlang zusammengelebt hat" (214). Folgt man *Allerbeck/Hoag* (1985, 100), wollen nur 15% der weiblichen und 10% der männlichen Jugend mit Heiratsabsichten erst nach der Eheschließung, 80% dagegen bereits vor der Heirat zusammenleben. Strukturtypisch ist, daß 1987, wenn auch mit steigender Tendenz, lediglich in 11,5% der NELG – zumeist nicht gemeinsame – Kinder vorhanden waren (*Schwarz* 1989, 40). Nach neuesten Berechnungen von *Meyer/Schulze* (1989, 14) hat sich eine bisher typische Dominanz höherer Bildungsschichten in den letzten Jahren nivelliert, wenngleich die Frauen im Vergleich mit den Ehefrauen über eine bessere Ausbildung verfügen. Mit nur relativ geringen Verteilungsunterschieden streuen die NELG über alle Soziallagen und Regionen der Bundesrepublik hinweg. Begleitet wird die Entwicklung der NELG von einer – nach Stadt-Land-Gefälle zu differenzierenden – insgesamt relativ erstaunlichen **sozialen Akzeptanz und Toleranz**. Die noch vor wenigen Jahrzehnten als abweichend begriffene „wilde Ehe" gilt heute nicht mehr verbreitet als „Hort der Sittenlosigkeit", sondern als zunehmend selbstverständliche und alltäglich gewordene Praxis. Nach EMNID (1981, 16) befürworten 70% der Bundesbürger eine „Ehe auf Probe".[3] Die rasche Popularisierung des nichtehelichen Zusammenlebens und die zunehmende Vermischung von dessen Unterschieden zur Ehe ist insbesondere für jüngere Erwachsene charakteristisch. Neben den „objektiven" demographischen Entwicklungsdaten verweisen zahlreiche Einstellungserhebungen der Umfrageforschung auf die parallel zur subjektiven Wertschätzung der Familie (*Köcher*

1985, 4; *Glatzer/Herget* 1984, 134; *Pross* 1982) deutlich erkennbaren Plausibilitätsverluste und **Akzeptanzeinbußen der Institution Ehe** während der letzten Jahrzehnte (*Köcher* 1979; *dies.* 1985, 134; *Schmidtchen* 1984, 23; *Pohl* 1985). Zumal Frauen äußern eine zunehmende Skepsis gegenüber den traditionellen, an Familie und Ehe geknüpften Rollen und erhoffen sich häufig in den alternativen Lebensformen erweiterte Handlungsspielräume (*Meyer/Schulze* 1989; *Meyer* 1989). Haben in den 50er und 60er Jahren laut Allensbach lediglich 1 bis 3% die Institution der Ehe für überlebt gehalten, so waren es 1978 bereits 17% (23% unentschieden) (*Köcher* 1979, 87); folgt man der repräsentativen Sinus-Jugendstudie (1983, 71), so halten, mehr oder minder ausgeprägt, 40% der jungen Männer und 34% der jungen Frauen „vom Heiraten nicht viel". Besonders eindrücklich wird die nachlassende Attraktivität von Ehe und Familie durch die Ergebnisse einer empirischen Vergleichsstudie zur bundesdeutschen Studentenschaft der 60er und 80er Jahre belegt: „Nur etwa die Hälfte der (ledigen) Studenten will heiraten, weniger als die Hälfte (verheiratete eingeschlossen) möchte eine traditionelle Familie mit Kindern haben." Ein Viertel der Studenten äußert darüber hinaus den **Wunsch nach Kindern ohne Heiratsabsicht** (*Clement* 1986, 73).

b) DDR

Auch in der DDR war die rasche Zunahme der NELG in den letzten Jahrzehnten ein bedeutsamer Ausdruck des veränderten Stellenwerts von Ehe und Familie. 1987 lebten 28,7% der Frauen und 26,5% der Männer unverheiratet zusammen (Frauenreport'90, 112). Die NELG lösten mehr und mehr die traditionelle Vorform der Ehe, die Verlobung, als Probephase ab. Ungefähr 50% der DDR-Jugend votierten bei einer Befragung für diese Variante der Partnerprüfung. Neben den Jüngeren waren es insbesondere die Geschiedenen, welche die NELG der Ehe vorzogen. Zu beachten ist allerdings, daß zwar durch die besonderen staatlichen Zuwendungen für unverheiratete Mütter in der DDR die Zurückstellung einer Heirat begünstigt wurde, die legale Ehe aber die einzige Form des Zusammenlebens war, welche qua Gesetz privilegiert wurde. Finanzielle Anreize und die Chance, eine Wohnung zu bekommen, legten es grundsätzlich nahe, möglichst rasch eine Ehe einzugehen. Gleichwohl zogen es immer mehr junge Menschen vor, zunächst in einer NELG zu leben. Einstellungsuntersuchungen zu Ehe und Familie zeigen weitere interessante Entwicklungen. Zwar richteten sich die Wünsche nach Partnerschaft und Familie weiterhin überwiegend auf die Ehe. Für eine Mehrheit von 65,8% aller 1990 befragten Männer und Frauen war die Ehe weiterhin die beste Form des Zusammenlebens. In anderen Untersuchungen zeigte sich jedoch eine Relativierung der Heiratsabsichten. Den Ergebnissen des Zentralinstituts für Jugendforschung zufolge waren 1983 lediglich 66% der Schüler und Lehrlinge – 1973: 95% der Jugendlichen – ganz sicher, daß sie einmal heiraten würden (*Schmidt* 1989, 241). Eine Befragung von jungen Arbeiter/innen zeigte, daß, nachdem 1985 noch ca. Dreiviertel auf jeden Fall heiraten wollten, 1988 nur noch ca. 40% davon fest überzeugt waren. 63% der Befragten hielten die NELG für genauso gut wie die Ehe, lediglich 9% lehnten sie prinzipiell ab (Sozialreport'90, 35f. u. 276). Hervorzuheben ist noch der im Gegensatz zur BR beachtlich hohe Anteil von NELG mit Kindern: Diese machen – tendenziell zwar steigend – in der BR lediglich 11,5% (*Schwarz* 1989, 40) aus;[4] dagegen läßt sich für die DDR, in Anknüpfung an vorliegende Schätzungen, von einem erheblich höheren Anteil ausgehen, denn mehr als die Hälfte aller „Alleinerziehenden", d.h. mindestens 9% aller Familien lebten de facto in einer NELG (*Bertram* u. a. 1988, 160).

9.5.4 Ein-Eltern-Familie

a) Bundesrepublik

Die Ein-Eltern-Familien, welche langezeit bezeichnenderweise – in Kontrastierung zum gesellschaftlichen „Normalfall" – als defizitäre, *unvollständige* Familien etikettiert wurden, **nehmen** seit Jahren **kontinuierlich zu**. Im Bundesgebiet gibt es 1988 952 000 Ein-Eltern-Familien mit Kindern unter 18 Jahren. In Großstädten machen sie bis zu 25% aller Familien aus. Ihr Anteil hat sich seit 1971 mehr als verdoppelt. 1976 sind lediglich 9%, 1978 10%, 1982 11,4% und 1988 bereits 13,8% aller Familien Einelternfamilien. Auffällig ist auch die deutliche Zunahme alleinerziehender Väter (um ca. 130%) in den letzten Jahren (*Gutschmidt* 1985, 16). Mittlerweile haben über 10% einen männlichen Haushaltsvorstand.[5] Der Zuwachs an Ein-Eltern-Familien ist zuallererst Resultat der Ehescheidungen, aber auch der steigenden Zahl lediger Frauen mit Kindern. Insgesamt sind fast zwei Drittel der Haushaltsvorstände von Ein-Eltern-Familien geschieden oder leben getrennt. Für Frauen stellt eine uneheliche Geburt heute im Vergleich zu früher ein erheblich weniger folgenreiches, d.h. weniger negativ sanktioniertes Ereignis dar. Der Anteil der **unehelichen Geburten** ist seit 1960 insgesamt um ein Drittel gestiegen (*Flessner/Knake-Werner* 1989, 122). Ein Strukturmerkmal der Ein-Eltern-Familien ist die im Vergleich zu den „Normalfamilien" niedrigere Kinderzahl. Mit 71% gegenüber 44% dominiert bei den Alleinerziehenden entschieden die **Ein-Kind-Familie** (eigene Berechnung nach *Napp-Peters* 1985, 18f.). Weiterhin ist, trotz eines hohen und steigenden Anteils an Sozialhilfeempfängerinnen, eine im Vergleich mit verheirateten Frauen häufigere Erwerbsarbeit hervorzuheben (ebd., 19; *Gutschmidt* 1985, 18). 1987 stehen insgesamt 56%

aller Alleinerziehenden, 73% aller ledigen und 78% aller geschiedenen alleinerziehenden Mütter im Erwerbsleben (StBA 1990c, 49). Nach *Vogel* (1983) betraf in der Nachkriegszeit „die gesellschaftliche Diffamierung alleinstehender Frauen und Mütter alle Frauen und kam objektiv einem Zwang zur Familie und Mutterschaft im traditionellen Sinn gleich" (101). Immer noch entscheidet die Nähe zur Ehe über den Status und das Prestige der Frau. Im Zusammenhang mit der „Veralltäglichung" der Scheidung kann aber insgesamt von Auffassungsveränderungen in Richtung einer größeren sozialen Toleranz ausgegangen werden.

b) DDR

Die Ein-Eltern-Familien hatten in der DDR noch dramatischer zugenommen als in der BR. 1981 waren laut Volkszählung 18% aller Familien Ein-Eltern-Familien, davon bestanden 96% aus Müttern, die zu ca. einem Drittel ledig waren. Bedenkt man die seitdem weiter gestiegenen Scheidungsraten und insbesondere die gewachsene Zahl unverheirateter Mütter, so ist davon auszugehen, daß diese Lebensform weiter zugenommen hat (Sozialreport'90, 264f.). Anders als in der BR kann geschlossen werden, daß in Anbetracht der hohen Frauenerwerbstätigkeit die Alleinerziehenden praktisch immer berufstätig waren. Der Anteil unehelich geborener Kinder hatte sich zwischen 1970 und 1986 von 13% auf 34% rasant erhöht (*Gysi* 1989, 47) und übertraf damit deutlich die ebenfalls steigende, sich bei ca. 10% bewegende Quote in der BR. Ein großer Anteil der ledigen Mütter lebte sicherlich in NELG bzw. heiratete häufig später noch. Wie bereits erwähnt, ist davon auszugehen, daß mindestens 50% der Alleinerziehenden mit einem Partner zusammenlebten. Im Unterschied zur BR waren die Alleinerziehenden allerdings kaum Diskriminierungen ausgesetzt. Ein-Eltern-Familien kamen zumeist in den Genuß aller familienpolitischen Leistungen. Anders als in der BR mangelte es in der DDR kaum an öffentlichen Möglichkeiten der Kinderbetreuung (vgl. S. 253 f.). Zudem wurde ihnen – wie auch bei den Wohnungen – ein Vorrang bei der Zuteilung von Krippen- und Kindergartenplätzen eingeräumt. Beim Anspruch auf Pflegeurlaub waren sie den Müttern mit mindestens zwei Kindern gleichgestellt (vgl. S. 261). Trotzdem war ihre materielle Lebenssituation, insbesondere durch den Ausfall eines zweiten Einkommens, im Vergleich mit derjenigen der vollständigen Familien weniger günstig. In offizieller Lesart galten unverheiratete Mütter als Ausdruck der sozialen und wirtschaftlichen Unabhängigkeit der Frau, und die Abkehr von der Muß-Ehe galt als „großer ideologisch-moralischer Erfolg" (*Schlegel/Kabat vel Job* 1986, 82). Gleichwohl wurden Ein-Eltern-Familien als eine zeitlich befristete biographische Phase der Frauen und weniger als eine eigenständige Lebensform angesehen (*En-*

ders 1986, 15). Ungeachtet der starken Ausbreitung dieser Familienform wurde – ähnlich wie in der BR – zumeist nicht aus Überzeugung ohne Partner gelebt, sondern aus der Diskrepanz zwischen Erwartungen und gegebenen Realisierungschancen. Für die meisten Alleinerziehenden besaß eine auf Partnerschaft beruhende Familie eine ebenso hohe Bedeutung wie für die Frauen in „normalen" Familien (*Gysi* 1989, 271).

9.5.5 Alleinlebende und „Singles"

In dem hinsichtlich der Bevölkerungszahl der Bundesrepublik vergleichbaren Deutschen Kaiserreich gab es um die Jahrhundertwende rund 1 Million alleinwohnende Menschen, 1989 waren es dagegen über 9,8 Millionen. Besonders nach 1945 nahm der Anteil der **Einpersonenhaushalte** an der Gesamtzahl aller Haushalte rapide zu (1925: 7%; 1939: 10%; 1957: 18%; 1975: 28%; 1985: 34%; 1988: 35% – Bundesinstitut für Bevölkerungsforschung 1984, 384, Tab.14; StBA 1987, 38f.; StBA 1990c, 16). Auch in der DDR war insgesamt ein – wenn auch leichterer – Anstieg der Einpersonenhaushalte festzustellen (1964: 27,2%; 1971: 26% 1981: 26,6%; und 1988: 29,6%) (eigene Berechnung nach Sozialreport'90, 44). Der Anstieg der Ein-Personen-Haushalte hängt in beiden Gesellschaften aufs engste mit der gestiegenen Lebenserwartung und der veränderten Altersstruktur der Bevölkerung zusammen. Zu einem massiven Anstieg hat insbesondere die Vergrößerung des Bevölkerungsanteils der über 65jährigen geführt. In den Einpersonenhaushalten der DDR lebten 1981 nahezu 70% über 60jährige (ebd., 45). Neben dem Einfluß demographischer Faktoren war die Tendenz zum Alleinleben Resultat längerer Ausbildungszeiten, einer generell gesunkenen Heiratsbereitschaft sowie hoher Scheidungsziffern. Im Zuge der allgemeinen Hochschätzung moderner, individualistischer Wertorientierungen werden die Alleinlebenden in der BR – häufig pauschal und undifferenziert – als „**Singles**" bezeichnet. Der Bedeutungsgehalt des Begriffs charakterisiert aber eigentlich nur die begrenzte Zahl mehr oder weniger bewußt Alleinlebender. Diese früher zumeist eher negativ etikettierte Lebensform hat in den letzten Jahren für bestimmte Altersklassen einen deutlichen Prestigezuwachs erfahren. Der Anteil der alleinlebenden Personen betrug in der BR 1972 bei den unter 25jährigen 2,3%, bei den 25- bis 35jährigen 7,5% (Bundesinstitut für Bevölkerungsforschung 1984, 327). Er erhöhte sich 1982 aber bei den unter 25jährigen auf 11% und bei den 25- bis 45jährigen auf 24% (eigene Berechnung nach StBA 1987, 47). Von den Geburtsjahrgängen 1942/46 lebten im Alter von 25 bis 29 Jahren nur 10% der Männer, von den Jahrgängen 1952-1956 dagegen – im Kontext einer verspäteten und insgesamt nachlassenden Heiratsbereitschaft – 21% allein. Der Anteil der alleinlebenden Mittzwanziger hat sich im vergleichsweise kurzen

Zeitraum von 1972 bis 1987 ungefähr verdreifacht (*Schwarz* 1989, 47). Betont werden muß jedoch, daß etwa ein Drittel der Alleinwohnenden einen festen Partner hat und somit als eine Form des „**living apart together**" eigentlich den NELG zuzurechnen ist (*Diewald* 1989, 19). Grundsätzlich ist festzuhalten, daß die jüngeren Alleinlebenden bislang ein signifikant höheres Bildungsniveau aufweisen als Verheiratete. Eine Lebensform bewußt alleinlebenwollender, an Selbstverwirklichungswerten orientierter „Singles", wie sie sich in der BR schwach abzeichnet, spielte in der DDR nur eine sehr untergeordnete Rolle. Nicht zuletzt die Wohnungspolitik stand dieser in der DDR nicht erwünschten „kapitalistischen" Entwicklung entgegen. Ein Sachverhalt übrigens, der auch die Ausbreitung von anderen alternativen Lebensformen wie Wohngemeinschaften verhinderte. Letztere bilden in der BR einen zwar lediglich marginalen, mittlerweile aber doch selbstverständlichen Bestandteil der Privatheitskultur.

9.5.6 Familien- und Sexualmoral

Auch die traditionelle Familien- und Sexualmoral hatte sich in beiden Gesellschaften nachhaltig verändert. Als äußeres Zeichen können in der BR etwa die sogenannte „Sex-Welle" in den 60er Jahren und die sie begleitenden kommerzialisierten Buch- und Filmproduktionen stehen. Ihr folgte eine durch die Studentenbewegung stärker an der Frankfurter Schule und *Wilhelm Reich* orientierte „freudmarxistische" Kritik der bürgerlichen Ehe und sexuellen Praxis. In ihrem Mittelpunkt steht die Unterdrückung der Sexualität der Frau in der bürgerlich-patriarchalischen Familie. Desweiteren wurden die sexualitätsverneinende Kleinkinderziehung und das Monogamieprinzip der lebenslänglich definierten Ehe in Frage gestellt, welche die Anpassung an autoritäre Strukturen und entfremdete Arbeitsbedingungen und damit die Aufrechterhaltung der herrschenden Verhältnisse garantiere. Die Frauenbewegung führte diese Kritik zu Beginn der 70er Jahre teilweise fort. Sie trug sicherlich zur Revision überlieferter kultureller Definitionsprozesse und zur allgemeinen Delegitimierung der bürgerlichen Ehe und Familie sowie ihrer Sexualmoral bei.

Die Bildungs- und Erziehungsinstitutionen der DDR stellten sich zwar das Ziel, ein Bewußtsein dafür zu schaffen, daß befriedigende sexuelle Beziehugen auf Dauer nur in einer Ehe verwirklicht werden könnten (*Helwig* 1984, 80), nach neueren Veröffentlichungen war aber die Erfüllung sexueller Bedürfnisse, auch außerhalb von Ehe und Familie, ein Bestandteil des sozialistischen Ziels der „allseitigen Persönlichkeitsentwicklung". Nachhaltige Veränderungen der Privatsphäre belegt das gegenwärtig allgemein gebilligte unverheiratete Zusammenleben junger Leute, welches keinesfalls vergleichbar unmißverständlich wie die Verlobung den Übergang in die Ehe ankündigt. Die Ehe hat ihre Stellung als einzig legitimer Ort sexueller Betätigung verloren. Zudem ist es zu einer deutlichen Vorverlegung des Beginns von Zweier-Beziehungen gekommen, und der Beginn der Sexualerfahrungen hat sich in die Jugendphase eingelagert. In beiden Gesellschaften wurden seit den 70er Jahren die herkömmlichen moralischen und religiösen Vorbehalte gegen bestimmte Muster des Sexualverhaltens zurückgedrängt. Der voreheliche Geschlechtsverkehr – ehedem sozial illegitim bzw. in Form der Verlobung an die spätere Heiratsabsicht geknüpft – war für alle Jugendlichen selbstverständlich geworden. Jugendliche haben heute früher sexuelle Kontakte als ihre Vorgängergeneration. In den 50er Jahren hatten erst ca. 20% der 16jährigen Jungen und 10% der Mädchen in der BR sexuelle Erfahrungen mit dem anderen Geschlecht gemacht. Gegenwärtig gilt dies, unabhängig vom Geschlecht, bereits für ca. 60% der Jugendlichen (*Fuchs* 1985, 204f.). Von den DDR-Jugendlichen erlebten 44% der Jungen und 41% der Mädchen vor dem 17. Lebensjahr ihren ersten Geschlechtsverkehr (*Starke/Friedrich* 1984, 137). Die Bindung der Sexualität an Ehe und Familie hatte sich also deutlich gelockert. Dennoch betonten junge Menschen das Ideal einer relativ stabilen Partnerschaft, allerdings ohne die ehemals offiziellen Legitimationen. Sexuelle Beziehungen wurden nicht mehr primär mit Heirat und Ehe assoziiert, sondern mit übergreifenden Werten wie Liebe, Glück, Zärtlichkeit, Lust und Partnerschaft (*Gysi* 1989, 127). Gegenwärtig gehören intime Beziehungen wohl nicht nur zum sozial akzeptierten, sondern zum „erwarteten Bestandteil des ‚Miteinander Gehens'" (*Rerrich* 1988, 95).

9.6. Bilanz und Ausblick

Der Wandel der Familie in den hochentwickelten beiden deutschen Industriegesellschaften in den letzten Jahrzehnten ergab **ähnlich gelagerte Entwicklungen,** wenngleich mit systemspezifischen Ausprägungen. Es kam nicht nur zur analogen Durchsetzung und zur **Vorherrschaft der Kleinfamilie,** sondern gemeinsam war ihnen auch eine verstärkte **Pluralisierung der Privatheitsformen,** d.h. der **Monopolverlust der bürgerlichen Familie** (*Meyer* 1992, 111ff.).

Der „gänzlich veränderte" (*Runge* 1985, 110), „historisch neue Grundtyp" der sozialistischen Familie war von seinem bundesdeutschen Pendant nicht so unterschieden, wie es die offizielle Propaganda behauptete. In beiden Gesellschaften hat die Mehrkindfamilie deutlich an Bedeutung verloren. Dagegen hat sich zunehmend – das häufig nicht mehr realisierte – Ideal der Zweikindfamilie etabliert. Weiterhin charakterisiert beide Teile der deutschen Gesellschaft eine Relativierung der vormals als endgültig gedachten Partnerwahl. Die Vorstellungen der lebenslangen Ehe werden immer mehr in Frage gestellt und durch die Möglichkeit einer Fluktuation der Partner ersetzt. In der Möglichkeit, eine „Beziehung" - gemessen an einer Scheidung – rasch und leicht aufzulösen, ist auch ein zentraler Grund der bereits fortgeschrittenen Etablierung der NELG zu sehen. Obwohl sich grundlegend andere „DDR- Familienverhältnisse" – abgesehen von der bedeutsamen durchgängigen Berufstätigkeit der Frau – nicht konstatieren lassen, verdienen die wichtigsten Unterschiede im Vergleich DDR – BR noch einmal hervorgehoben zu werden: An erster Stelle sind hier die größere Heiratshäufigkeit, das niedrigere Heiratsalter, die höheren Geburtenquoten sowie nicht zuletzt die deutlich höheren Scheidungszahlen in der DDR zu nennen. Weiterhin gab es im Vergleich zur BR durchschnittlich mehr und auch weniger stark diskriminierte Ein-Eltern-Familien. Dagegen spielten die in der BR schon länger das ehemalige „Monopol" der sogenannten Normalfamilie in Frage stellenden „alternativen" privaten Lebensformen eine nur geringe Rolle in der DDR. Es gab weniger NELG und insbesondere Singles, „WG's" und auch alleinerziehende Väter waren von untergeordneter Bedeutung. Obwohl mit größeren und weitreichenden familialen „Vermischungsturbulenzen" im neuen Deutschland nicht zu rechnen ist, dürfte wohl die für die DDR selbstverständlich gewesene Berufstätigkeit der Frauen für Spannungen im zukünftigen Familienleben sorgen. Dies gilt nicht zuletzt vor dem Hintergrund des nur durch zwei Einkommen rasch zu erreichenden westlichen Lebensniveaus. Eine Angleichung der höheren Geburtenraten in der ehemaligen DDR an das niedrigere bundesdeutsche Niveau ist angesichts der für die dortigen Frauen in vielerlei Hinsicht schwieriger werdenden soziale Lage, insbesondere bezüglich der Vereinbarkeit von Beruf und Familie, zu erwarten (vgl. S. 262). Deshalb und in Anbetracht der ausgeprägteren Scheidungsbereitschaft im östlichen Teil Deutschlands ist – trotz der vergleichsweise prekären sozialen Situation der Alleinerziehenden – in den nächsten Jahren mit einer Fortdauer, wenn nicht gar mit einer Steigerung der Scheidungsquoten zu rechnen. Angesichts der modernen, auch in der DDR schon länger erkennbaren, an Selbstverwirklichung und individuellen Freiräumen orientierten Werte (vgl. *Friedrichs* 1990) sowie angesichts des zunehmenden beruflichen Erfolgsstrebens wird sich wohl auch im östlichen Teil Deutschlands der Anteil Alleinlebender und kinderloser Ehen erhöhen. Zwar deutet einerseits manches darauf hin, daß die vielfältigen sozialpolitischen Maßnahmen für die Familie zu einer im Vergleich mit der BR größeren Attraktivität dieser Lebensform in der DDR führen werden. Andererseits spricht aber auch einiges dafür, daß gerade die sogenannten „alternativen" – und hier insbesondere die kinderlosen – Lebensformen den Mobilitätserfordernissen und Werthaltungen der modernen und dynamischen Industriegesellschaft entsprechen und sich auch in der neuen Bundesrepublik weiter ausdehnen werden (vgl. *Meyer* 1992). Der als **Pluralisierung familialer Lebensformen** zu begreifende Wandel der deutschen Familienverhältnisse bedeutet aber keineswegs den Niedergang der Familie. Insbesondere die die Konturen des deutschen Familienbildes zunehmend kennzeichnenden Alleinerziehenden, Singles und kinderlosen Ehen werden nur von einer kleinen Minderheit als idealer und dauerhafter Privatheitsstatus angesehen. **Das Kleinfamilienmodell ist in seinem Monopolanspruch zwar relativiert, bleibt aber für die Mehrheit der deutschen Bevölkerung Fixpunkt und Leitbild familialer Orientierungen.** Abschließend seien nochmals die wichtigsten, z. T. schon länger in den beiden Teilen Deutschlands angelegten Entwicklungen hervorgehoben:

- die Verkleinerung der Familien;
- eine insgesamt niedrigere Heiratsbereitschaft und eine wachsende Zahl nichtehelicher Geburten;
- die zunehmende Zahl von Trennungen bzw. Scheidungen von Partnerschaften und der Rückgang der Wiederverheiratungsbereitschaft;
- eine Zunahme von Zweit- und Drittfamilien, d.h. eine häufigere Fluktuation des „Familienpersonals“ als Folge von Scheidungen und Wiederverheiratungen;
- eine steigende Zahl erwerbstätiger und -williger Frauen, insbesondere Mütter;
- die wachsende Erwartung, daß der Ehe- und Familiengründung eine durch eine relativ leichte Kündbarkeit gekennzeichnet NELG vorausgeht; ein unverheiratetes Zusammenleben mit und ohne Kinder sowie ein Leben mit und ohne Partner als zunehmend “normaler Erwachsenenstatus“;
- eine Pluralisierung der Familien- und Haushaltsformen.

Anmerkungen

1 So kann es nicht überraschen, daß die als Ost-West-Vergleich angelegte Untersuchung STUDENT‘ 90 bei den DDR-Studenten einen signifikant höheren Stellenwert der Familienorientierung in den Wertpräferenzen feststellt: Während 76% der DDR-Studenten einer Familie mit Kindern einen wichtigen bzw. sehr wichtigen Stellenwert einräumten, waren dies nur 55% auf westlicher Seite (*Brämer/Heublein* 1990, 16 u. 9).

2 Die Erstheiratsziffer besagt, daß unter den Bedingungen des Beobachtungsjahres von 100 Ledigen so und so viel Prozent heiraten würden. Die eigentlich unlogischen Periodenwerte über 100, welche eine hohe Heiratsintensität anzeigen, gehen auf kriegsbedingte Nachholeffekte des Heiratsverhaltens in der Nachkriegszeit zurück.

3 Aufschlußreich ist der Befund der gleichen Untersuchung, daß bei dem Vorhandensein von Kindern in NELG die Zustimmung auf 29% absinkt.

4 *Nave-Herz* (1988) spricht demgemäß zu Recht von der primär „kindorientierten Ehegründung“ und hebt hervor, daß in der Regel ein erwartetes bzw. der Wunsch nach einem Kind zur endgültigen Heirat führt. So waren 1989 nur bei 5,5% aller Eheschließungen bereits gemeinsame Kinder vorhanden. Anders in der DDR: dort hatten 26,9 % der Eheschließenden schon vor der Heirat Kinder (*Sommer* 1991, 30, Tab. 5).

5 *Vgl. Neubauer* 1988, 8 u. 26; *Gutschmidt* 1985, 148, Tab. 5; *Napp-Peters* 1985, 9; *Frick* u. a. 1990, 558.

10. Struktur und Entwicklung der Bevölkerung

Rainer Geißler und Thomas Meyer

Unter **Bevölkerung** versteht man die Gesamtzahl der Einwohner innerhalb eines politisch abgrenzbaren Gebietes. Sie ist ein Grundelement jeder Gesellschaft, und ihre Struktur und Entwicklung stehen in einer engen Wechselbeziehung zu anderen Teilen der Sozialstruktur. Einerseits wird die Bevölkerungsbewegung – die Geburtenziffern und die Lebenserwartungen sowie die Wanderungen – wesentlich durch soziale Faktoren mitbestimmt. Andererseits haben die quantitativen Veränderungen vielfältige Rückwirkungen auf die Gesellschaft, auf die sozialen Institutionen und die Lebenschancen der Menschen – z. B. auf das wirtschaftliche Leben und die Erwerbs- und Einkommenschancen, auf die Familien- und Haushaltsformen, auf das Bildungswesen und die Bildungschancen, auf das System der sozialen Sicherung und die verschiedenen Lebensrisiken.

10.1 Bevölkerungsentwicklung im Überblick

Abb. 10.1: *Bevölkerungsentwicklung (in Millionen)*

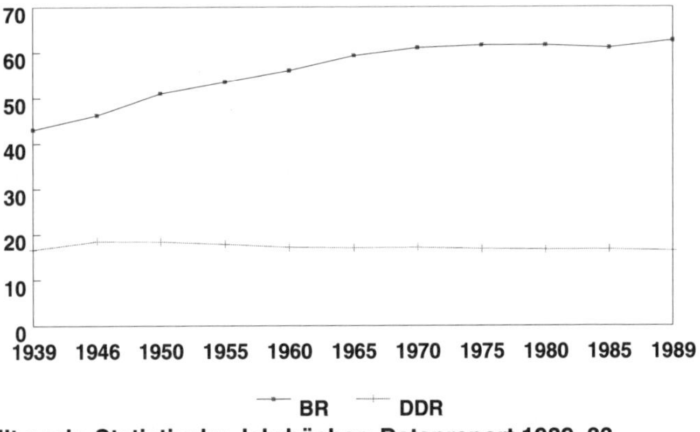

erstellt nach: Statistische Jahrbücher; Datenreport 1989, 33 (Die Zahlen vor 1949 beziehen sich auf die Gebiete der späteren DDR bzw. BR.)

Hinter den Veränderungen der Bevölkerungszahl (vgl. Abb. 10.1) verbergen sich zwei analytisch zu trennende Komplexe von Bedingungsfaktoren: die **Wanderungen** und die sog. „natürliche Bevölkerungsbewegung". Mit letzterem Etikett versieht die Bevölkerungswissenschaft die Veränderungen in den **Geburtenzahlen (generatives Verhalten)** und im **Lebensalter (Sterblichkeit).**

10.1.1 Bundesrepublik

Die Bevölkerungsentwicklung in der BR läßt sich in drei Phasen gliedern: Einer Wachstumsphase von ca. drei Jahrzehnten (1945-1974) folgt ein Jahrzehnt der Stagnation mit z. T. rückläufigen Entwicklungen (1975-1984/86); seit 1986, verstärkt seit 1988, nimmt die Bevölkerung wieder zu (Einzelheiten in Abb. 10.1).

Wachstumsphase. Das seit ca. 150 Jahren in Deutschland zu beobachtende Bevölkerungswachstum setzt sich bis Mitte der 70er Jahre fort. Die Einwohnerzahl steigt von 46 Millionen im Jahr 1946 auf über 62 Millionen im Jahr 1974. Eine Ursache dieser Entwicklung sind die vergleichsweise hohen und bis 1964 **ansteigenden Geburtenzahlen** („Babyboom") und die daraus resultierenden Geburtenüberschüsse („Geburtenberg") bis 1972. Noch stärker schlagen die **drei Einwanderungswellen** der Vertriebenen, DDR-Flüchtlinge und Ausländer zu Buche. 1944 – 1950 strömten ca. 8 Millionen Vertriebene aus den ehemaligen deutschen Ostgebieten in die Westzonen bzw. in die BR, 1950-1961 ca. 2,5 Millionen Bürger aus der DDR, und zwischen 1961 und 1974 erhöhte sich die westdeutsche Bevölkerung um ca. 3,5 Millionen Ausländer (Einzelheiten auf S. 153 ff.).

Stagnationsphase. Der **Geburtenrückgang** nach 1964 („Pillenknick"), der seit 1972 für längere Zeit Geburtendefizite zur Folge hatte, sowie das **Abebben der Einwanderungen** durch den Mauerbau (1961) und durch den Anwerbestop für Ausländer (1973) brechen in der Mitte der 70er Jahre den säkularen Trend des Bevölkerungswachstums. Zwischen 1975 und 1985 schwankt die Einwohnerzahl – teils leicht sinkend, teils leicht steigend – zwischen 61 und 62 Millionen.

Erneutes Wachstum. Die Krise des Sozialismus löst im Jahre 1988 eine **vierte Einwanderungswelle** aus. Spätaussiedler aus Osteuropa und Übersiedler aus der DDR lassen die Einwohnerzahl wieder deutlich ansteigen. Mit 62,6 Millionen erreicht sie 1989 den höchsten Stand in der Geschichte der BR. 1989 leben in der BR 252 Einwohner pro qkm, 1950 waren es nur 201 und 1939 auf dem Gebiet der alten Bundesländer erst 160.

10.1.2 DDR

Die Bevölkerungsentwicklung in der DDR weicht von anderen Industriegesellschaften ab und stellt einen „**Sonderfall**“ (*Dorbritz/Speigner* 1990, 68) dar. Nur in den ersten drei Nachkriegsjahren wuchs die Bevölkerung analog zum Westen, bedingt durch die Aufnahme von Vertriebenen. Danach war die DDR das einzige Land der Welt, dessen Geschichte **durchgängig durch Bevölkerungsverluste gekennzeichnet** ist. Im Gegensatz zum Einwanderungsland Bundesrepublik stellt sich die DDR von Anbeginn an als **Auswanderungsland** dar. Als Folge davon ist die Bevölkerungszahl zwischen 1948 und 1989 von 19,1 auf 16,4 Millionen Einwohner gesunken. Die **Bevölkerungsdichte** verringerte sich im gleichen Zeitraum von 171 auf 154 Einwohner pro qkm. Insbesondere bis zum Bau der Mauer 1961 war eine stetige Bevölkerungsabnahme zu verzeichnen, die sich aber auch danach, wenngleich deutlich verlangsamt, fortsetzte. Neben der negativen Wanderungsbilanz machte sich hierbei der **Geburtenrückgang**, der in den frühen 70er Jahren seinen Höhepunkt erreichte, bemerkbar. Auch das kurze „Geburtenhoch“ Ende der 70er Jahre konnte den insgesamt rückläufigen Bevölkerungstrend nicht aufhalten.

Wir werden im folgenden die Prozesse, die hinter der Bevölkerungsentwicklung in den beiden deutschen Gesellschaften stecken – zunächst die natürliche Bevölkerungsbewegung und danach die Wanderungen – etwas genauer darstellen.

10.2 Veränderungen im generativen Verhalten: Babyboom und Geburtenrückgang

Methodische Anmerkung. Die Geburtenentwicklung läßt sich mit verschiedenen statistischen Meßziffern beschreiben. Die **absoluten Geburtenziffern** geben die jeweilige Zahl der Lebendgeborenen an. Da sie u. a. davon abhängen, wie groß die Zahl der Frauen ist, die sich in einem für eine Geburt günstigen Alter befinden, zeigen sie Veränderungen im generativen Verhalten nur ungenau an. Diese werden erheblich besser erfaßt durch die sog. **„Fruchtbarkeitsraten“.** Diese Größen geben an, wieviele Kinder im statistischen Durchschnitt von einer bzw. 100 Frauen geboren werden.[1]

10.2.1 Geburtenentwicklung

Die Grundlinie der Geburtenentwicklung – gemessen an den Fruchtbarkeitsraten – verläuft in den beiden deutschen Gesellschaften in den drei ersten Nachkriegsjahrzehnten ähnlich und weist die Form einer großen Welle auf: Ein Geburtenanstieg, der sog. **Babyboom**, in den späten 50er und frühen 60er Jahren erreicht den Gipfel Mitte der 60er Jahre; ihm folgt nach dem sog. „Pillenknick“ (eine mißverständliche Bezeichnung, da sie das komplexe Ursachenbündel ausblendet) ein Jahrzehnt eines dramatischen Geburtenrückgangs, wobei die Talsohle der rasanten Abwärtsbewegung Mitte der 70er Jahre erreicht wird (Einzelheiten in Abb. 10.2 und 10.3). Der Babyboom läuft der allgemeinen industriegesellschaftlichen Tendenz zu rückläufigen Geburtenraten (vgl. S. 29 f.) entgegen und ist als Spätwirkung des Zweiten Weltkrieges zu deuten. Er wurde ausgelöst durch nachgeholte Eheschließungen, die der Krieg verhindert hatte, sowie durch die wirtschaftliche und soziale Stabilisierung nach den Wirren der Kriegs- und Nachkriegsjahre. Nach dem Babyboom der 60er Jahre werden die beiden deutschen Gesellschaften von dem säkularen Trend des Geburtenrückgangs, der den Strukturwandel zur modernen Gesellschaft begleitet, wieder eingeholt.

Abb. 10.2: *Geburten je 100 Frauen*

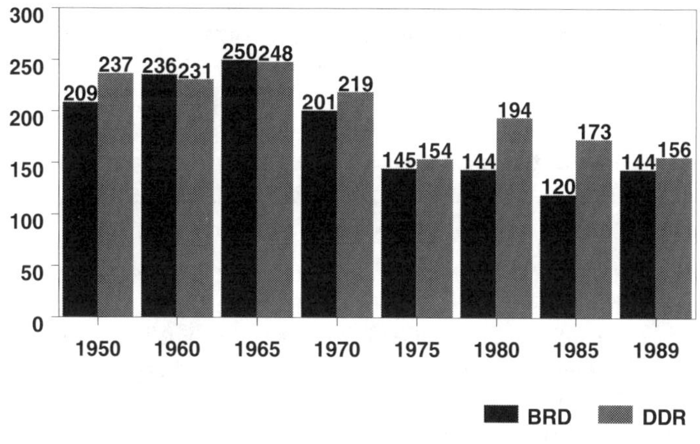

Summe der altersspezifischen Geburtenziffern (15-45 Jahre)
erstellt nach: Stat. Jb. 1990, 418; Höhn u.a. 1990, 146

Bei genauerem Hinsehen ergeben sich interessante Unterschiede zwischen der BR und der DDR. In der **Bundesrepublik** hatte der Babyboom einen sog. **„Geburtenberg“** zur Folge. Die Geburtenzahlen steigen von 820 000 im Jahr 1955 auf 1 065 000 im Jahre 1964, das den Gipfel des Berges markiert. Bis 1978 geht dann die Zahl der Lebendgeborenen drastisch auf 576 000 zurück, sie wird also nahezu halbiert (vgl. Abb. 10.3).

Abb. 10.3: *Lebendgeborene 1950 – 1989 (in 1000)*

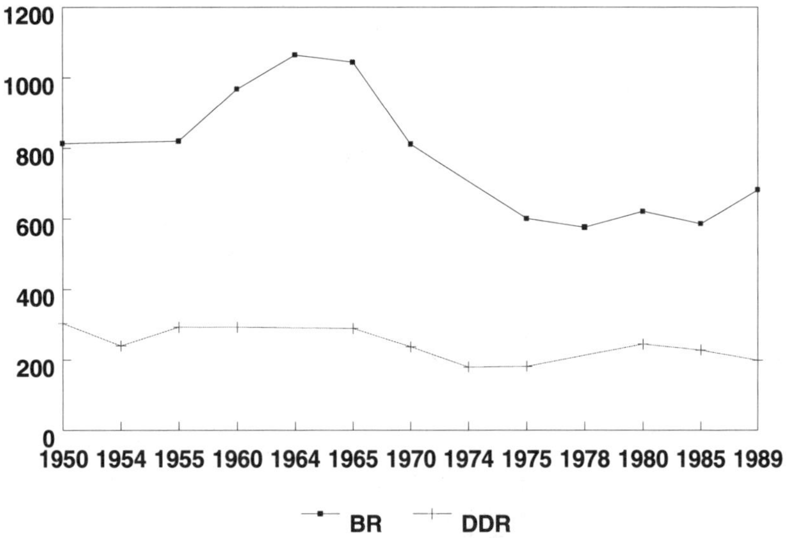

erstellt nach: Statistische Jahrbücher 1990

Die geburtenstarken Jahrgänge der 60er Jahre werden manchmal mit Recht als **benachteiligte Generation** bezeichnet. Im Laufe ihrer Lebensgeschichte schieben sie sich durch das Gefüge der gesellschaftlichen Institutionen – aus dem „Geburtenberg“ wurde zunächst ein „Schülerberg“, dann ein „Lehrlingsberg“ und „Studentenberg“; z. Zt. bildet er einen „Berg von Arbeits- und Wohnungssuchenden“, und später wird er einmal ein „Rentnerberg“. Bei ihrem Marsch durch die Gesellschaft lösen die geburtenstarken Jahrgänge Anpassungsprobleme in den Bildungseinrichtungen, auf dem Arbeits- und Wohnungsmarkt und im System der sozialen Sicherung aus, die ihre Lebenschancen beeinträchtigen: Wo sie auftauchen, wird es eng und knapp.

Der **drastische Geburtenrückgang** nach 1964 wird aus den folgenden Zahlen deutlich: 1965 brachten 100 westdeutsche Frauen im statistischen Durchschnitt noch 250 Kinder zur Welt, 1985 nur noch 120; bis 1989 hat sich diese Zahl wieder leicht auf 144 erhöht (vgl. Abb. 10.2). Die rasante Talfahrt der Geburtenzahlen führte dazu, daß seit 1972 in der BR mehr Menschen starben als geboren wurden. **Geburtendefizite** waren vorher nur aus Krisenzeiten – z. B. durch Kriegseinwirkungen – bekannt. In den 70er Jahren war die Bundesrepublik daher auch die einzige Industriegesellschaft mit dieser Erscheinung, 1982 folgte Ungarn, 1984 Dänemark.

Die folgenden Zahlen verdeutlichen, daß der Geburtenrückgang in der BR einen säkularen Trend fortsetzt: Um die Jahrhundertwende wurden in Deutschland 36 Kinder auf 1000 Einwohner geboren, 1960 nur noch 17, 1980 noch 13. Der Tiefpunkt dieser Entwicklung wurde 1984 mit 9,5 erreicht (Stat. Jb. 1990, 61). Mitte der 70er Jahre hatten die Westdeutschen die niedrigste Geburtenrate pro 1000 Einwohner der Welt, sie waren sozusagen zum „Weltmeister im Kinderverhüten" avanciert. In den letzten Jahren stieg die Zahl wieder geringfügig auf 11 (1989) an; dadurch wurde die Bundesrepublik 1987 von den Italienern auf Platz 2 verdrängt (Datenreport 1987, 42 und 1989, 40).

Die Entwicklung in der **DDR** zeigt einige charakteristische Abweichungen von der Bundesrepublik. Es gibt keine benachteiligte Generation, weil der Babyboom der frühen 60er Jahre keinen Geburtenberg zur Folge hatte. Der anschließende Geburtenrückgang verlief etwas weniger dramatisch als in der BR; zwischen 1965 und 1974 sank die Geburtenziffer von 281 000 um ca. ein Drittel auf den Tiefststand von 180 000. Durch bevölkerungs- und familienpolitische Maßnahmen (vgl. S. 270 f.) wurde die rückläufige Entwicklung gestoppt und in einen vorübergehenden zweiten Babyboom in den späten 70er Jahren umgebogen, der schwächer ausgeprägt war als der erste in den frühen 60er Jahren. Die Geburtenzahlen stiegen bis 1980 wieder auf 245 000 an, seitdem sinken sie erneut nahezu kontinuierlich; 1989 waren sie auf 199 000 zurückgegangen. Die Fruchtbarkeitsraten lagen 1989 in der DDR noch geringfügig höher als in der BR; 100 Frauen brachten im statistischen Durchschnitt 156 Kinder zur Welt (BR: 144) (vgl. Abb. 10.2).

Seit etwa zwei Jahrzehnten – in der BR seit 1969, in der DDR seit 1971 – werden nicht mehr genug Kinder geboren, um die Bevölkerung – bei Nichtbeachtung der Wanderungsbewegungen – in ihrem Bestand zu erhalten. Um so die „Reproduktion" der Bevölkerung zu gewährleisten, müßte jede Frau im statistischen Durchschnitt knapp 2,2 Kinder zur Welt bringen. In der Bundesrepublik wurden 1989 nur 64% und in der DDR nur 74% der Kinder geboren, die nötig sind, um den derzeitigen Umfang der Bevölkerung ohne Zuwanderung langfristig zu sichern (Stat. Jb. BRD 1990, 61; Sozialreport '90, 24).

10.2.2 Ursachen des Geburtenrückgangs

Die Ursachen des Geburtenrückgangs waren bisher in ihrem komplizierten Bedingungsgefüge nicht genau empirisch-theoretisch aufzuhellen. Es lassen sich mindestens fünf Ursachenkomplexe ausmachen, wobei unklar bleibt, welches Gewicht den verschiedenen Faktoren zukommt:[2]

1. **Funktions- und Strukturwandel der Familie.** Die Mithilfe der Kinder in der Familienwirtschaft und die Fürsorge der Kinder bei Krankheit und im Alter waren früher Motive für hohe Kinderzahlen. Der kontinuierliche Rückgang der Familienbetriebe und die stärkere Übernahme der Fürsorgeleistungen durch gesellschaftliche und staatliche Einrichtungen verminderte die „ökonomische" Bedeutung der Kinder für die Eltern. Empirische Hinweise auf diesen Ursachenkomplex liefern z. B. die hohen Kinderzahlen in den Bauernfamilien, die von dem erwähnten Strukturwandel nur am Rande erfaßt wurden (vgl. S. 110).
2. **Konsumdenken und anspruchsvoller Lebensstil.** Kinder stellen für die Familien einen erheblichen finanziellen Kostenfaktor dar und schränken die Bewegungsfreiheit der Eltern, insbes. der Mütter, räumlich und zeitlich ein. Sie kollidieren daher bei vielen mit den gestiegenen materiellen und individualistischen Ansprüchen, mit den intensiveren Bedürfnissen nach hohem Lebensstandard und persönlicher Ungebundenheit.
3. **„Emanzipation" und „Enthäuslichung" der Frau.** Kinder binden – angesichts der derzeit geschlechtstypischen Arbeitsteilung in der Familie – insbes. die Mütter ans Haus. Sie kollidieren daher z. T. mit dem sich ausbreitenden Wunsch der Frauen, einer Berufstätigkeit nachzugehen und sich auch anderweitig aus den engen Bindungen an den häuslichen Bereich zu lösen (vgl. *v. Trotha* 1990, 459; vgl. auch S. 242 f.). So ist es z. B. empirisch belegt, daß Frauen mit höherem Bildungsniveau häufiger auf Kinder verzichten (*Klein* 1989).
4. **Rationalisierung und Familienplanung.** Die Geburt eines Kindes wird durch Aufklärung und bessere Methoden der Empfängnisverhütung (z. B. durch die Pille) planbarer. Die heiße Diskussion um den Schwangerschaftsabbruch weist allerdings darauf hin, daß nicht jede Elternschaft bewußt und geplant entstand. Auch das generative Verhalten unterliegt zwar dem allgemeinen Rationalisierungsprozeß, aber „Irrationalitäten" sind weiterhin im Spiel.
5. **Zunehmende gesellschaftliche Akzeptanz von Kinderlosigkeit.** Kinderlose private Lebensformen werden zunehmend gesellschaftlich akzeptiert (empirische Belege bei *Meyer* 1992, 67 ff.). Das geschieht trotz ihrer rentenpolitischen Brisanz; denn Kinderlosigkeit beeinträchtigt den Generationenvertrag (vgl. dazu S. 294) in der Alterssicherung: Wer kinderlos bleibt, muß im Alter von den Kindern anderer versorgt werden („rentenpolitische Trittbrettfahrer").

Beim Vergleich der beiden deutschen Gesellschaften ist die Beobachtung interessant, daß es in der DDR in den späten 70er Jahren einen zweiten Babyboom gab und daß die Fruchtbarkeitsraten bis heute höher liegen,

- obwohl der Lebensstandard niedriger und die Wohnverhältnisse beengter waren;
- obwohl fast alle Frauen erwerbstätig und zu weiteren gesellschaftlichen Aktivitäten verpflichtet waren;
- obwohl 1972 die Schwangerschaftsunterbrechung legalisiert wurde. (Die Legalisierung führte nur kurzfristig und vorübergehend zu einem Anstieg der Schwangerschaftsabbrüche – vgl. *Helwig* 1982, 75).

Offenbar konnten die familien- und frauenpolitischen Maßnahmen der 70er Jahre dem säkularen Trend des Geburtenrückgangs etwas entgegenwirken.

10.3 Lebenserwartung und Sterblichkeit

Die durchschnittliche Lebenserwartung stellt nicht nur einen Bestimmungsfaktor der Bevölkerungsentwicklung dar, sondern auch einen wichtigen sozialen Indikator für Lebensqualität.

Fortschritte in Medizin, Gesundheitsvorsorge, Hygiene und Unfallverhütung sowie die allgemeine Wohlstandssteigerung hatten zur Folge, daß sich in beiden Teilen Deutschlands im Verlauf der letzten Jahrzehnte die **Säuglingssterblichkeit** verringerte und die **Lebenserwartung anstieg**.

In der BR konnten Männer 1986/88 mit einem durchschnittlichen **Lebensalter** von gut 72 Jahren rechnen, das waren 7,5 Jahre mehr als 1949/51. Frauen leben länger; sie konnten ihre Lebensdauer in diesem Zeitraum um gut 10 Jahre auf fast 79 Jahre steigern. In der DDR war die Lebensdauer hinter der Entwicklung in der Bundesrepublik zurückgeblieben; 1988 lag sie bei Männern um 2,4 Jahre und bei Frauen um 2,7 Jahre niedriger als in Westdeutschland (Stat. Jb. BRD 1990, 68 und DDR 1990, 428). Die Ost-West-Unterschiede sind schwer erklärbar. Bislang mangelt es an eindeutigen Erkenntnissen. Eine Ursache stellt die deutlich höhere Selbstmordrate in der DDR dar. Diese lag zwischen 1965 und 1988 bei durchschnittlich 3,2 und in der BR bei 2,0 pro 10 000 Einwohnern (eigene Berechnung nach *Höhn u. a.* 1990, 160, Tab. 8). (Auffallend ist, daß in beiden Teilen Deutschlands mehr als doppelt so viele Männer wie Frauen freiwillig aus dem Leben scheiden (*Böhm* 1991, 51).) Grundsätzlich wird den unterschiedlichen sozioökonomischen Verhältnissen – und hier insbesondere dem Lebensstandardgefälle – ein großer Stellenwert zugeschrieben. Diskutiert werden auch die Unterschiede in der medizinischen Versorgung und die schlechteren Umweltbedingungen in der DDR. Seit neuerem geraten die Wanderungsströme ebenfalls ins Blickfeld. Es wird vermutet, daß die Gesunden und Robusten an den Auswanderungen überproportional beteiligt waren (*Stein* 1990).

10.4 Altersstruktur und Alterung

10.4.1 Altersstruktur im Wandel: Von der Pyramide zum Pilz

Die Altersstruktur einer Bevölkerung läßt sich graphisch gut als „Altersbaum" darstellen (Abb. 10.4 und 10.5).

Abb. 10.4: *Altersaufbau der Bevölkerung 1987/89 (in %)*

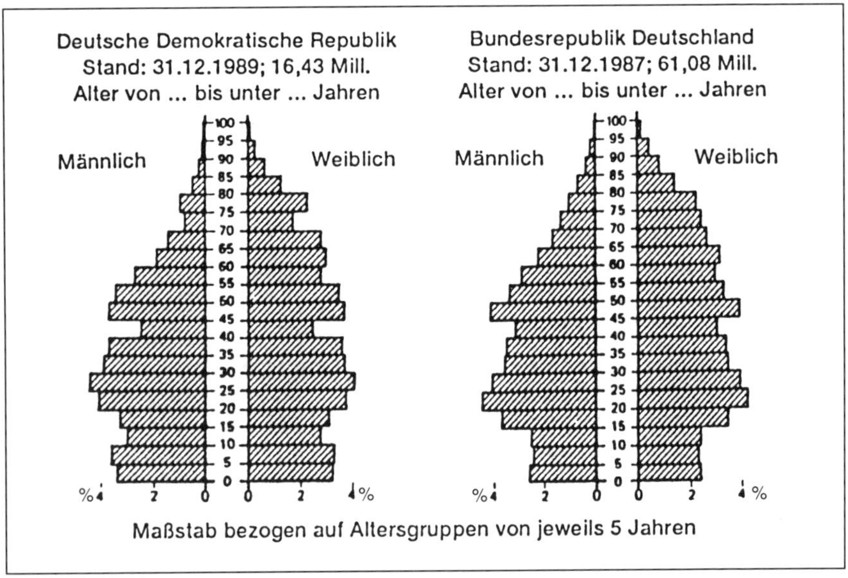

Quelle: Höhn u. a. 1990, 170

Die Grafiken veranschaulichen nicht nur den Altersaufbau der deutschen Gesellschaften, sondern spiegeln auch die einschneidenden Ereignisse der Bevölkerungsgeschichte wider. Vor dem Ersten Weltkrieg wies der Altersbaum noch die für vorindustrielle und agrarische Bevölkerungen typische Form einer „störungsfreien" **Pyramide** auf. Seit 1914 entwickelt sich die Pyramide zur **„zerzausten Wettertanne"**. Die beiden Weltkriege verursachten deutliche Einschnitte und Ausbuchtungen in den Altersbäumen der BR und der DDR bei den ca. 70jährigen und bei den 45-50jährigen. Unter den Männern waren mehr Kriegsopfer zu beklagen als unter den Frauen, wobei der Frauenüberschuß in den älteren Jahrgängen noch durch deren höhere Lebenserwartung verstärkt wird. Andererseits kam es auch zu **Geburtenausfällen in den**

Kriegs- und unmittelbaren Nachkriegsjahren. Wegen des Geburtenrückgangs in den letzten Jahrzehnten nimmt der Umfang des Baumes im unteren Teil ab, in der BR deutlich stärker als in der DDR. Die Wettertanne verwandelt sich allmählich in einen **„Pilz“** mit breiter Haube und schmalerem Stiel (Abb. 10.5).

Abb. 10.5: *Altersstruktur im Wandel*

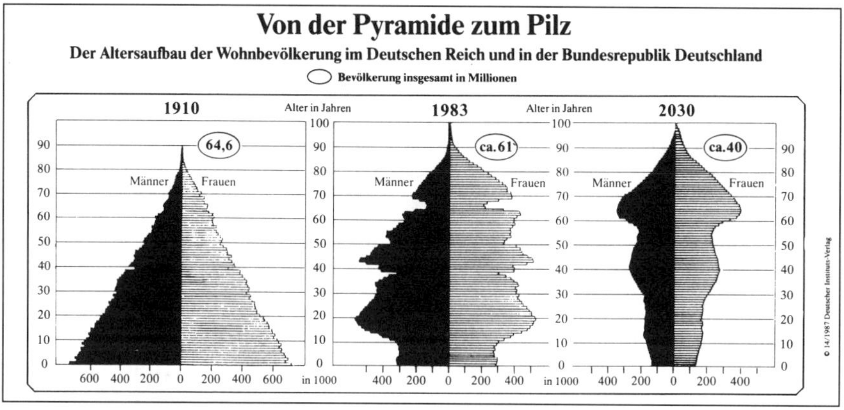

Modellrechnung für das Jahr 2030 unter der Annahme einer konstanten Nettoreproduktionsrate von 0.627

Quelle: iwd 14/1987, 5

10.4.2 Alterung der Bevölkerung

Geburtenrückgang und steigende Lebenserwartungen haben eine **demographische Alterung** der Bevölkerung zur Folge; d.h. die Anteile der jüngeren Jahrgänge an der Gesamtbevölkerung gehen zurück, die Anteile der älteren Jahrgänge nehmen zu. Abb. 10.6 zeigt, daß auch der Alterungsprozeß ein säkularer Vorgang ist, der sich bereits seit mehr als einem Jahrhundert vollzieht.

In der **Bundesrepublik** setzt er sich in den letzten Jahrzehnten fort. Der Anteil der Jüngeren (bis 18 Jahre) sank zwischen 1950 und 1988 von 28% auf 18%, der Anteil der Älteren (über 65 Jahre) dagegen stieg in demselben Zeitraum von 9% auf 15%.

In der **DDR** vollzog sich wegen der höheren Geburtenraten und wegen der Ost-West-Wanderung eine abweichende Entwicklung. Vor der Absperrung der Grenze (1961) verließen insbesonderer jüngere Menschen die DDR, so daß die Bevölkerung drei Jahrzehnte lang überaltert war. Diese ungünstige Altersstruktur erschwerte eine angemessene Versorgung der älteren Men-

Abb. 10.6: *Demographische Alterung 1871 – 1989 (in Prozent)*

	Jüngere bis 18J.	18 – 65jährige	Ältere ab 65 J.	Jüngere bis 18 J.	18 – 65jährige	Ältere ab 65 J.
		Deutsches Reich				
1871	40	56	5			
		Bundesrepublik			DDR	
1950	28	63	9			
1960/61[1]	25	64	11	25	61	14
1981	23	64	13	24	57	19
1988/89[2]	18	67	15	23	64	13

[1] BR 1961, DDR 1960 [2] BR 1988, DDR 1989

Quellen: Stat. Jb. BR 1990, 52; Stat. Jb. DDR 1990, 392; Gesellschaftliche Daten 1982, S. 13ff.

schen. Das Vorrücken wanderungsgeschwächter Jahrgänge ins Rentenalter und die Ausreisegenehmigungen für Rentner in der Ära Honecker dagegen hatten zur Folge, daß der Anteil der älteren Menschen in den 80er Jahren stark zurückging und z.Zt. etwas unter dem westdeutschen Niveau liegt.

Die Verschiebungen in den Altersgruppen werden bei der **Alterssicherung** zum Problem, die auf dem sog. **Generationenvertrag** aufbaut. Die erwerbstätige Generation finanziert die Renten der älteren, aus dem Erwerbsleben ausgeschiedenen Generation. Die Alterung führt dazu, daß immer weniger Erwerbstätige immer mehr Rentner zu versorgen haben – eine Entwicklung, die durch längere Ausbildungszeiten und eine frühere Beendigung des Arbeitslebens noch zusätzlich verschärft wird.

10.5 Wanderungen

Wanderungen sind in Deutschland ein wesentlicher Bestimmungsfaktor der Bevölkerungsentwicklung; sie beeinflussen maßgeblich die Einwohnerzahl und wichtige Aspekte der Sozialstruktur wie etwa die Alters-, Geschlechts- und Schichtstrukturen. Die Migration innerhalb Deutschlands ist in ihrem Ausmaß und in ihrer Größenordnung nahezu einzigartig unter den Industriegesellschaften. Während die „natürliche Bevölkerungsbewegung" in den beiden deutschen Gesellschaften ähnlich verlief, vollzogen sich in der Bundesrepublik und in der DDR völlig gegensätzliche Wanderungsprozesse mit erheblichen unterschiedlichen Folgen für das Bevölkerungswachstum und für die damit zusammenhängenden sozioökonomischen und auch politischen Entwicklungen. **In der Bundesrepublik lösten Zuwanderungen ein starkes Bevölkerungswachstum aus und stimulierten den wirtschaftlichen**

und sozialen Fortschritt; in der DDR dagegen verursachten Abwanderungen ein Schrumpfen der Bevölkerung und waren Ursache für wirtschaftliche, soziale und politische Krisen. Der Auswanderungsdruck und die Massenflucht am Ende der 80er Jahre waren schließlich ein wichtiger Faktor im Ursachenkomplex für den Zusammenbruch der DDR.

10.5.1 Die Wanderungen im Überblick

In Deutschland kann man fünf sich teilweise überlagernde, bedeutende Wanderungsströme unterscheiden:
1. 1944 – 1950: Die letzten Kriegs- und die ersten Nachkriegsjahre beider Gesellschaften sind durch die Aufnahme von **Vertriebenen und Flüchtlingen aus dem ehemaligen deutschen Osten** gekennzeichnet. Die Bundesrepublik nimmt bis 1950 knapp 8 und die DDR etwa 4 Millionen Flüchtlinge auf.
2. 1945 – 1961: Bis zum Mauerbau ziehen mindestens 3,1 Millionen **Flüchtlinge und Übersiedler aus der DDR** in die Bundesrepublik, dem stehen ca. 470 000 Abwanderungen aus der BR in die DDR gegenüber. Zur gleichen Zeit wandern aus der BR über 2 Millionen Menschen nach Übersee aus, überwiegend in die USA, nach Kanada und Australien (*Cromm/Jürgens* 1988, 17; *Wendt* 1991, 388).
3. Seit 1961 (insbes. bis 1974): Nach der Absperrung der deutsch-deutschen Grenze (1961) wurden über ein Jahrzehnt lang ausländische Arbeitskräfte angeworben. Dadurch stieg die Zahl der **Ausländer** in der BR zwischen 1961 und 1974 um ca. 3,5 Millionen und seit 1974 um weitere 700 000 auf 4,85 Millionen im Jahr 1989 an. Ein kleiner Teil der Ausländer sind Menschen, die in der BR Asyl suchten und z. T. auch erhielten. Die Zahl der **Asylbewerber** unterliegt größeren Schwankungen – in den 80er Jahren z. B. zwischen 108 000 (1980), 20 000 (1983) und 121 000 (1989) (Stat. Jb. 1990, 60). Die Jahre 1990 und 1991 bildeten mit 193 000 bzw. 256 000 Asylanträgen den bisherigen Höhepunkt. Wie viele Asylbewerber langfristig in der BR bleiben, ist nicht bekannt.
4. Seit 1987 strömen wieder verstärkt **Spätaussiedler** in die BR. Nach 1950 wurden knapp 2,4 Millionen Zuwanderer aus Ost- und Südosteuropa aufgenommen, davon fast 1 Million zwischen 1988 und 1990.
5. Seit 1988: Die Krise und der Zusammenbruch der sozialistischen Systeme lösten eine erneute **Ausreisewelle aus der DDR** aus, die dann nach der deutschen Vereinigung in eine **Binnenwanderung** überging. Seit 1988 zogen bis zum Beitritt der DDR zur Bundesrepublik am 3. Oktober 1990 ca. 700 000 DDR-Bürger nach Westdeutschland.

Der Zuwanderungsdruck der letzten Jahre hat Westdeutschland eine internationale Spitzenposition als Einwanderungsland eingebracht. Die Zuwanderungsrate pro 1000 Einwohner, die unter den Nicht-Flüchtlingsländern derzeit nur noch von Israel übertroffen wird, lag in den Jahren 1989 und 1990 fast doppelt so hoch wie zur Zeit der Masseneinwanderungen in die USA in den 20er Jahren (iwd 31/1991, 4).

Wir wollen im folgenden die einzelnen Wanderungsbewegungen noch etwas genauer betrachten (mit Ausnahme der Ausländermigration, die in Kap. 5.6 behandelt wird).

10.5.2 Flüchtlinge und Vertriebene aus den Ostgebieten

In der Folge des Zweiten Weltkrieges wurden ca. 12 Millionen Deutsche durch Flucht und Vertreibung gezwungen, aus Ostmitteleuropa in die vier Besatzungszonen umzusiedeln. Nach der ersten Volkszählung 1946 waren 3,6 Millionen Ostdeutsche in die SBZ und weitere 5,9 Millionen in die Westzonen geflüchtet bzw. vertrieben worden. In der BR stieg diese Zahl bis 1950 nochmals um 2 Millionen auf 16,5% der Gesamtbevölkerung. Viele von ihnen kamen aus der SBZ/DDR, wo sie sich zunächst vorübergehend niedergelassen hatten; daher erhöhte sich ihre Zahl in der DDR bis 1950 nach Schätzungen westlicher Experten nur noch geringfügig von 3,6 auf 3,8 Millionen. Die größten Kontingente der Vertriebenen stellten neben anderen Volksgruppen die Schlesier mit knapp 3,2 Milionen, die Sudetendeutschen mit 2,9 Millionen und die Ostpreußen mit 1,9 Millionen (Der Große Brockhaus 1983, Bd. 23, 114).

Die erzwungene Ost-West-Wanderung war von **herausragender Bedeutung für die ost- wie westdeutsche Nachkriegsentwicklung**. Einerseits stellte die Integration der Flüchtlinge in die sich gerade erst etablierenden zwei neuen deutschen Gesellschaften eine große Herausforderung und Belastung dar (*Waldmann* 1979; für die DDR vgl. *Meinicke* 1988). Nach anfänglichen erheblichen **Integrationsproblemen** – 1950 war z. B. jeder dritte Arbeitslose in der BR ein Vertriebener – gelang die rasche wirtschaftliche und gesellschaftliche Eingliederung. Sie war bereits Anfang der 60er Jahre vollzogen und wird häufig als „Nachkriegswunder" bezeichnet. Heute wissen wir, daß die Zuwanderer für den wirtschaftlichen Wiederaufbau der BR von erheblicher Bedeutung waren und daß deren Arbeitskräftepotential zu einem **„strukturellen Wachstumsfaktor"** für die westdeutsche Wirtschaft wurde (*Bauer* 1987, 32; *Mackensen* 1979). Es ist plausibel, daß die Vertriebenen wegen des Verlustes ihrer Vermögen und wegen ihres Flüchtlingsstatus eine besonders motivierte und aufstiegsorientierte Gruppe waren.

Für die **DDR** kann ebenfalls begründet angenommen werden – auch wenn hier keine gesicherten Erkenntnisse über die wirtschaftliche Bedeutung vorliegen –, daß die Vertriebenen die ab 1947 stark rückläufige Bevölkerungsentwicklung relativierten und, nach Überwindung anfänglicher Eingliederungsprobleme, ähnlich wie im Westen ein qualifiziertes Arbeitspotential und einen wichtigen **ökonomischen Faktor** darstellten (vgl. *Meinicke* 1988, 873ff.). So wirkte sich etwa der Kinderüberschuß der Aussiedler im Vergleich zur einheimischen Bevölkerung für die weitere Entwicklung positiv aus.

10.5.3 Deutsch-deutsche Flüchtlinge und Übersiedler

Seit der Gründung der beiden deutschen Teilstaaten ist deren Bevölkerungsgeschichte durch deutsch-deutsche Migrationen gekennzeichnet. Umfangreiche Fluchtbewegungen stellten sich in erster Linie von Ost nach West ein. Diesen kam im deutschen Wanderungsgeschehen herausragende Bedeutung zu. Die Bevölkerungszahl der DDR sank zwischen 1947 und 1961 kontinuierlich – insbesondere deshalb, weil der revolutionäre Umbau von Politik, Wirtschaft und Gesellschaft viele Menschen veranlaßte, der DDR den Rücken zu kehren. Die SED-Beschlüsse zur Verstaatlichung und Kollektivierung im Jahre 1952 ließen die Flüchtlingszahlen sprunghaft ansteigen. Im Jahr des Aufstands 1953 erreichten sie mit 331 000 den höchsten Stand in der Geschichte der DDR. Danach ebbte der Übersiedlerstrom etwas ab, u. a. wegen verschärfter Kontroll- und Strafmaßnahmen; 1957 wurde die Auswanderung als „Republikflucht" kriminalisiert. Die Zwangskollektivierung der Bauern im Jahr 1960 und andere Sozialisierungs- und Kollektivierungsmaßnahmen sowie die sich ankündigende Absperrung der Grenze ließen die Flüchtlingszahlen wieder dramatisch ansteigen – im Jahr 1961 auf über 200 000 bis zum 13. August. Zwischen 1950 und 1961 verließen 2,4 bis 2,6 Millionen Menschen die DDR.[3] Durch den Bau der Berliner Mauer und die gleichzeitige Absperrung der deutsch-deutschen Grenze versiegte der Flüchtlingsstrom für 17 Jahre zu einem kleinen Rinnsal. Zwischen 1962 und 1988 wurden noch 625 000 Zuzüge aus der DDR in die BR gezählt, davon 565 000 Flüchtlinge und Übersiedler in Notaufnahmeverfahren (*Höhn u. a.* 1990, 162; Einzelheiten in Abb. 10.7).

Die deutsch-deutsche Grenze wurde nicht nur von Ost nach West, sondern auch umgekehrt von **West nach Ost** überquert. Zwischen 1950 und 1961 zogen ca. 400 000 Bundesbürger in die DDR, eine vergleichsweise niedrige, aber gleichwohl beachtenswerte Zahl. Die Auswanderungen aus der BR erreichten bereits 1950 mit 57 000 Fortzügen ihren Höhepunkt; nach 1963 pendelten sie sich dann auf Werte zwischen 1 500 und 3 000 pro Jahr ein (Stat. Jahrbücher). Ein Teil dieser Menschen waren Rückkehrer; man schätzt, daß ca. 10% der DDR-Flüchtlinge die BR wieder verlassen haben (DDR-Handbuch 1985, 419).

Obgleich zuverlässige und detaillierte Befunde über die **Motive und Gründe der Massenabwanderung aus der DDR** bislang fehlen, lassen sich vier Ursachenkomplexe ausmachen (vgl. u. a. *Voigt u. a.* 1987, 45; *Thomas* 1988, 31):

Abb. 10.7: *Flüchtlinge und Übersiedler aus der DDR 1949 – 3.10. 1990 (in 1000)*

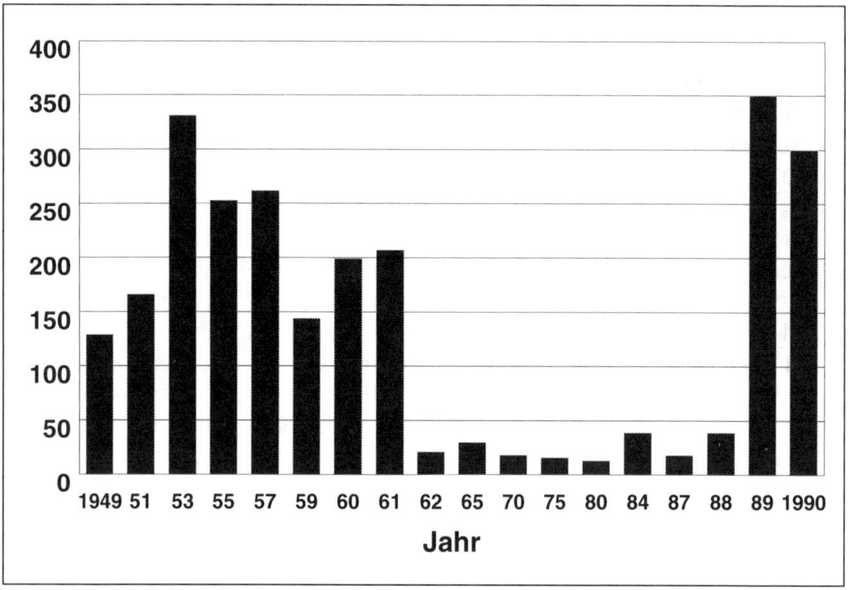

Quelle: Zusammengestellt nach Ammer 1989 und Tagespresse

- Die **unzureichende Unterstützung der Vertriebenen**: Unter den von *Koch* (1986, 39) registrierten 2,4 Millionen Migranten, die zwischen 1950 und 1961 in die BR kamen, waren ca. 700 000 Vertriebene. Diese erhielten in der DDR nach 1950 keine staatlichen Hilfen zur Integration mehr (vgl. auch DDR-Handbuch 1985, 213f.).
- Die **revolutionären Umwälzungen** in Wirtschaft und Gesellschaft: Zahlreiche geflüchtete Bürger rekrutierten sich aus den Bevölkerungsgruppen, die von Enteignungen, Kollektivierungsdruck und Privilegienverlusten direkt betroffen waren oder sich bzw. ihre Kinder in ihren zukünftigen Lebenschancen beeinträchtigt sahen (Bauern, Handwerker, Unternehmer, andere Selbständige, Akademiker).

- Der **Mangel an Freiheit und Demokratie:** Politische Restriktionen und die Eindämmung jeglicher politischer Opposition ließen viele abwandern.
- Das **Wohlstandsgefälle:** Der westdeutsche Wirtschaftsaufschwung und die vergleichsweise stockende Entwicklung in der DDR führten vermehrt zu ökonomisch motivierten Fluchtbewegungen.

Sozioökonomische Folgen. Die Massenwanderungen wirkten sich in den beiden Gesellschaften sehr unterschiedlich aus. Die Wirtschaft der **DDR** geriet durch die anhaltende Flucht von hochqualifizierten Arbeitskräften mit Hoch- und Fachschulabschluß sowie vieler Unternehmer, Handwerker, Facharbeiter und Bauern zunehmend in Schwierigkeiten. In den 50er Jahren verlor die DDR ungefähr ein Drittel ihrer Akademiker (*Lüttinger* 1986, 30). Zudem waren ungefähr die Hälfte der Auswanderer bis zum Mauerbau jünger als 25 Jahre, was sich auf die ohnehin ungünstige Altersstruktur der DDR zusätzlich negativ auswirkte (vgl. *Sontheimer/Bleek* 1979, 140). Die Auswanderungswellen verschärften die bereits durch Binnenwanderungen und territorial differenzierte Geburtenentwicklung ausgelösten Bevölkerungsverluste in den industriellen Ballungszentren der DDR (*Dorbritz/Speigner* 1990, 80). Innenpolitisch hatte die Massenauswanderung durchaus auch Vorteile für das System (*Storbeck* 1963), wurde doch die DDR dadurch von systemkritischem Potential teilweise entlastet. Insgesamt erwies sich jedoch der Verlust von qualifizierten Arbeitskräften als eine einschneidende wirtschaftliche Belastung, so daß sich die SED-Führung entschloß, die Auswanderung im August 1961 gewaltsam durch die Abriegelung der Grenze zu stoppen. Sie schuf damit die Voraussetzungen für eine etwa 25jährige Phase der ökonomischen, gesellschaftlichen und politischen Stabilisierung und Konsolidierung.

Zu den Auswirkungen der deutsch-deutschen Wanderung auf die **Bundesrepublik** liegen nur wenige Studien vor. Dennoch kann man davon ausgehen, daß diese von den Zuwanderungen erheblich profitierte. Während Anfang der 50er Jahre zunächst über eine mögliche Eindämmung des Zustroms aus der DDR diskutiert wurde, waren die Flüchtlinge und Übersiedler schon bald hochwillkommen. Ihre häufig hohen Qualifikationen wurden auf dem Arbeitsmarkt für den beginnenden wirtschaftlichen Aufschwung benötigt (*Bethlehem* 1974). Zudem sparte die BR durch den „Humankapitaltransfer" aus der DDR Ausbildungskosten, so daß die Ausgaben für den Bildungsbereich vorübergehend unter die Standards der Weimarer Republik absanken (*Lüttinger* 1986, 30). Da die Übersiedler zumeist nicht nur gut qualifiziert, sondern auch sehr leistungsorientiert und einsatzfreudig waren, brachte ihre wirtschaftliche Integration kaum Probleme mit sich; allerdings waren ihre beruflichen und schulischen Chancen nicht so gut wie die der einheimischen Bevölkerung (*Lüttinger* 1986, 20). Auf die Altersstruktur der BR wirkte sich die Zuwanderung positiv aus, weil jüngere und mittlere Jahrgänge und Familien mit größerer Kinderzahl überproportional vertreten waren. Auch den späteren Übersiedlern, die im Zuge der 1984er-Welle auswanderten, gelang zumeist die rasche ökonomische Eingliederung, obwohl in der BR Massenarbeitslosigkeit herrschte. Intergrationsdefizite waren in erster Linie im sozialen Bereich auszumachen (*Ronge* 1990, 45ff.).

10.5.4 (Spät-)Aussiedler aus Ost- und Südosteuropa

Auch nach dem Ende der Vertreibungen ist der Strom deutscher Aussiedler aus Osteuropa in die BR nie versiegt. Als isolierte und häufig rechtlich diskriminierte Minderheiten mit nur geringen Möglichkeiten, ihre kulturelle Identität zu erhalten, zog es Deutsche ungebrochen über mehr als vier Jahrzehnte hinweg in ihre „alte Heimat". Von 1950 bis 1990 wurden knapp **2,4 Millionen Aussiedler** aufgenommen, fast 1 Million allein in der jüngsten Vergangenheit zwischen 1988 und 1990. Sie verhinderten in den 70er Jahren nicht zuletzt auch durch ihre Geburtenüberschüsse einen noch deutlicheren Bevölkerungsrückgang.

Der Zustrom der Aussiedler war in den 60er und 70er Jahren sehr erwünscht. Diese Menschen waren hochmobile und motivierte Erwerbspersonen und halfen, die regionalen Engpässe auf dem Arbeitsmarkt zu mindern (iwd 15/ 1989, 4). Erst gegen Ende der 80er Jahre ergab sich eine veränderte Situation. Neben dem Umfang des Aussiedlerstroms hat sich in den letzten Jahren auch dessen Zusammensetzung gewandelt. Polendeutsche bilden weiterhin die stärkste Gruppe. Auf ungefähr ein Viertel angewachsen ist inzwischen die Gruppe der Sowjetdeutschen; die Rumäniendeutschen stellen 6%. Wenngleich die Eingliederung der Spätaussiedler nicht unproblematisch ist (Wohnungssituation, Sprachförderung, Umschulungsmaßnahmen), werden langfristig – wie schon bei ihren Vorgängern – insbesondere auch **arbeitsmarktpolitische Vorteile** von ihnen erwartet (vgl. *Leciejewski* 1989). Ausgeprägter noch als ihre Vorgängergeneration waren die in den letzten Jahren zugewanderten Aussiedler durchschnittlich erheblich jünger als die einheimische Bevölkerung. In den Jahre 1987/88 waren bei den Einheimischen 19% (1978: 25%) jünger als 18 Jahre, bei den Aussiedlern dagegen 32% (1978: 28%). 15% der Einheimischen waren älter als 65 Jahre, aber nur 4% der Aussiedler (1978: 8%) (*Wahl* 1989, 2, Tab. 3). Auch die jüngste Aussiedlergeneration hat also eine wesentlich günstigere Altersstruktur als die einheimische Bevölkerung, so daß von ihr **demographische Entlastungseffekte** zu erwarten sind. Dies und die im Schnitt höhere Kinderzahl dürften mittelfristig das System der sozialen Sicherung positiv beeinflussen. Von ihrem Bildungsstand und ihren beruflichen Qualifikationen sind allerdings ambivalente Aus-

Abb. 10.8: *Aussiedler nach Herkunftsgebieten 1950 – 1990 (in 1000)*

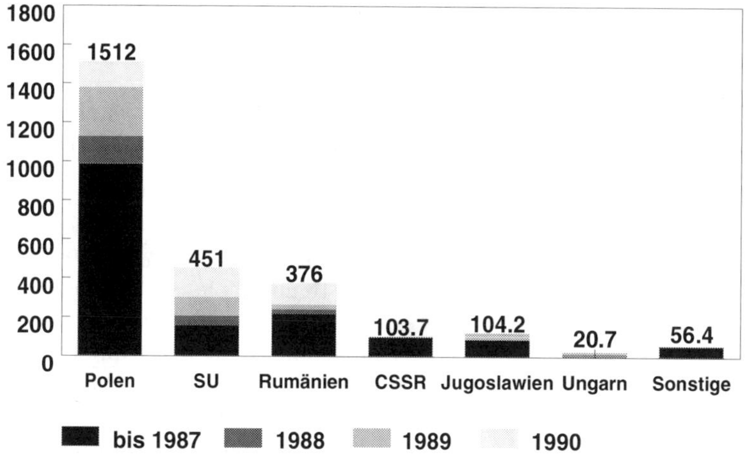

erstellt nach: Datenreport 1989, 34
u. Tagespresse

wirkungen zu erwarten. Ein zentrales Problem war und ist, daß ca. 70-80% der Zugewanderten die deutsche Sprache gar nicht oder kaum beherrschen, und nach *Wahl* (1989, 2) ähnelt deren „Alters-, Bildungs- und Berufsstruktur stark den Strukturen, die die bundesdeutsche Bevölkerung Mitte dieses Jahrhunderts aufwies". Andererseits üben viele der Aussiedler handwerkliche Mangelberufe aus (z. B. Schlosser, Mechaniker, Elektriker, Baufacharbeiter), und ohnehin erwiesen sich Aussiedler bislang als eine regional und beruflich flexible, aufstiegsorientierte Bevölkerungsgruppe. Insgesamt gilt, daß – anders als in den ersten Nachkriegsjahrzehnten – die Aussiedler in neuerer Zeit auf eine hochentwickelte Dienstleistungs- und Wohlfahrtsgesellschaft treffen, die sich nicht nur in ihrem wirtschaftlich-technischen Entwicklungsniveau, sondern auch in ihrem Normen- und Wertsystem von ihren Herkunftsländern deutlich unterscheidet und ihre soziale Integration erschwert.

10.5.5 Von der Aus- zur Binnenwanderung

Die Krise und der Zusammenbruch der DDR lösten die letzte große Auswanderungswelle aus. 1988 erhöhte sich der Zahl der Flüchtlinge von ca. 6 000 im Vorjahr auf ca. 9 000, und die Zahl der legalen Übersiedler stieg von 11 500 auf 29 000. 1989, im Jahr der Grenzöffnung, schnellten dann die Auswanderungen – bis zum 9. November zumeist ohne Ausreiseantrag über die Drittländer Ungarn und Tschechoslowakei – auf rund 350 000 hoch, selbst 1990 siedelten noch bis zum Beitritt der DDR zum Bundesgebiet am 3. Oktober rund 300 000 Menschen in die BR über.

Bei genauerer Betrachtung der Fluchtwellen zwischen Oktober 1989 und März 1990 fallen einige Besonderheiten auf (vgl. *Voigt u. a.* 1990, 734f.):

- Nach der Grenzöffnung erhöhte sich der Männerüberschuß unter den Ausreisenden auf 63%. Im Vergleich zur Übersiedlerwelle 1984 waren die Zuwanderer von 1989 im Durchschnitt 10 Jahre jünger (*Ronge* 1990, 42), fast 80% jünger als 40 und 16% zwischen 18 und 25 Jahren (*Dorbritz/Speigner* 1990, 69).
- Der vor der Grenzöffnung hohe Anteil von Akademikern und Fachschulabsolventen ging leicht zurück.
- Vor der Grenzöffnung flüchteten noch 57% der DDR-Bürger mit ihren Familien, später nur 30%. Ca. 70% der Übersiedler reisten nunmehr allein aus.

Als **Fluchtmotive** wurden weiterhin an erster Stelle die politische und persönliche Unfreiheit in der DDR genannt. Zunehmend verstärkte sich dann auch der Unmut über den Lebensstandard, der als bedrückend niedrig empfunden wurde, sowie über die schlechten und gesundheitsgefährdenden Arbeitsbedingungen (vgl. *Voigt u. a.* 1990, 736f.).

Im vereinten Deutschland setzt sich infolge des Wohlstandsgefälles der Zug gen Westen nunmehr als **Binnenwanderung** fort. Auch nach dem Beitritt siedeln monatlich 10 000 bis 20 000 DDR-Bürger in den Westen über. Einer Umfrage im Juli 1991 zufolge spielen hauptsächlich jüngere Menschen mit dem Gedanken umzuziehen. Ca. 800 000 Ostdeutsche – 5 % der Gesamtbevölkerung, bei den unter 30jährigen 13% – gaben an, wahrscheinlich in den Westen gehen zu wollen (*Der Spiegel* 31/1991, 46). Bereits im Verlauf des Jahres 1990 sind die westwärts gerichteten **Pendlerströme** sprunghaft angestiegen. Nach Angaben der Bundesanstalt für Arbeit arbeiteten im August 1991 fast 400 000 Arbeitnehmer aus den neuen Ländern im Westteil der BR, ohne dort dauerhaft zu wohnen.

10.6 Perspektiven der demographischen Entwicklung im vereinten Deutschland

Die deutsche Vereinigung hat das **demographische Bild** in wichtigen Punkten **verändert**:

- In der neuen BR leben 79 Millionen Menschen auf 357 000 qkm, davon rund ein Fünftel – 16,2 Millionen im September 1990 – in den neuen Ländern auf 108 000 qkm. Die **Bevölkerungsdichte** ist von 252 Einwohner pro qkm im alten Bundesgebiet auf 222 Einwohner pro qkm **gesunken**.
- Die neue BR weist **stärkere regionale Unterschiede** auf. Hinzugekommen sind dünner besiedelte und stärker agrarisch geprägte Gebiete, vor allem im Norden der neuen Länder.
- Die **Altersstruktur** hat sich **verjüngt**; insbesondere hat der Anteil junger Menschen zugenommen, der Anteil der älteren ist nur geringfügig zurückgegangen. In der DDR kamen 1990 auf 1000 Personen im erwerbsfähigen Alter 306 jüngere (bis 15 Jahre) und 250 ältere Menschen (ab 65 Jahre); in den alten Bundesländer waren es dagegen nur 223 Jüngere, aber dafür 275 Ältere. Durch die Vereinigung verschieben sich die Proportionen zugunsten der mittleren und jüngeren Altersgruppen. In der neuen Bundesrepublik entfallen auf 1000 Personen im erwerbsfähigen Alter 240 Jüngere und 270 Ältere – ein Effekt, der mittelfristig das Rentensystem entlasten wird (iwd 41/1990, 5).

Obwohl Aussagen über künftige Entwicklungen nur mit großer Vorsicht gemacht werden können, lassen sich einige langfristige Verlaufsmuster erkennen. Denn durch einige prinzipiell gleichgelagerte Trends in Ost- und Westdeutschland zeichnet sich eine Fortsetzung „altbekannter" Entwicklungen ab; tiefgreifende Veränderungen sind nicht zu erwarten:

- Der Trend zu **niedrigen Kinderzahlen** dürfte fortbestehen. Nach dem Abbau der früheren familien- und frauenpolitischen Maßnahmen in den neuen Ländern ist eine Annäherung der Fruchtbarkeitsraten an das niedrigere westdeutsche Niveau zu erwarten.
- Die Verjüngung der Bevölkerung durch die Vereinigung ist nur eine vorübergehende Erscheinung. Langfristig wird sich der **Alterungsprozeß** fortsetzen. Faßt man die Entwicklung in beiden deutschen Gesellschaften zusammen, so stieg der Anteil der über 60jährigen zwischen 1950 und 1985 von 14,6% auf 19,8% (*Höhn u. a.* 1990, 172). Die mit der Alterung verknüpften Folgeprobleme für Staat und Gesellschaft behalten deshalb ihre Bedeutung. Nach einer UN-Vorausberechnung soll der Anteil der über 60jährigen in Deutschland im Jahr 2000 23,4% betragen und 10 Jahre später bereits 26,2%, mit steigender Tendenz (*Höhn u. a.* 1991, 173). Prognosen dieser Art sind allerdings eine Rechnung mit vielen Unbekannten. So ist es z. B. ungewiß, in welchem Umfang weiterhin **Aussiedler** zuwandern werden. Sie würden entlastend wirken wegen ihrer günstigeren Altersstruktur und ihrer höheren Geburtenziffern, die sich allerdings langfristig an das Geburtsverhalten der ansässigen Bevölkerung annähern.

- Die derzeitigen **Binnenwanderungsströme** von Ost nach West dürften fortdauern, solange das Wohlstandsgefälle zwischen alten und neuen Bundesländern und die damit zusammenhängenden Chancenunterschiede nicht abgebaut sind. Nicht abschätzen lassen sich indessen eventuelle **Ost-West-Wanderungsbewegungen im gesamteuropäischen Rahmen**. Ob in Zukunft, wie manche vermuten, Menschenmassen aus den ärmeren Regionen Osteuropas in die wohlhabenden westeuropäischen Länder einströmen werden und in welchem Maße die BR davon betroffen wird – darüber läßt sich nur spekulieren.

Anmerkungen

1 Die genaue statistische Definition dieser errechneten Größe ist erheblich komplizierter.

2 Vgl. dazu *Bolte/Kappe/Schmid* 1980, 64ff.; *Birg/Koch* 1987; *Urdze/Rerrich* 1981; *Beck-Gernsheim* 1988.

3 Nach *Koch* 1986, 39; *Höhn* u. a. 1990, 163; *Wendt* 1991, 388. Eine wissenschaftlich gesicherte Migrationsstatistik fehlt bislang. Zur Problematik der verschiedenen Datengrundlagen vgl. *Koch* 1986.

11. Grundlinien der Entwicklung zu einer modernen Sozialstruktur

11.1 Modernisierung in der Bundesrepublik

In der folgenden Bilanz werde ich die Grundlinien der sozialstrukturellen Entwicklung in der alten Bundesrepublik, die in den vorangehenden Kapiteln im Detail dargestellt wurden, stark komprimiert zusammenfassen. Gleichzeitig interpretiere ich sie als Tendenzen der **Modernisierung**. Als „modern" bezeichne ich eine funktional stark differenzierte Sozialstruktur, die ihre Leistungsfähigkeit für die Menschen, deren Zusammenleben sie prägt, optimiert; und Optimierung der Leistungsfähigkeit soll bedeuten: die Besonderheiten der einzelnen Elemente der Sozialstruktur und ihr Zusammenwirken ermöglichen eine möglichst hohe Befriedigung der Wünsche und Bedürfnisse möglichst vieler Menschen.[1]

Die Elemente einer modernen Sozialstruktur, des Ausschnitts aus einer modernen Gesellschaft, der in dieser Analyse im Mittelpunkt stand, lassen sich zu elf Punkten verdichten:

1. **Leistungs- und Wohlstandsgesellschaft**: Die ökonomischen Triebkräfte der kapitalistischen Marktwirtschaft lösen in Kombination mit einer pluralistischen Demokratie einen historisch einzigartigen, sich später abschwächenden und auch vorübergehend auf sehr hohem Niveau stagnierenden Anstieg von Lebensstandard und Massenkonsum, verbunden mit hoher sozialer Sicherheit, aus, der fast allen Schichten zugutekommt und u. a. die Entproletarisierung der Arbeiterschaft zur Folge hat.

2. **Wissens- und Bildungsgesellschaft**: Verwissenschaftlichung, Technisierung und wachsende Komplexität der Gesellschaft sind die strukturellen Ursachen einer kontinuierlichen Höherqualifizierung der Bevölkerung mit nachhaltigen Auswirkungen auf viele Bereiche des gesellschaftlichen Lebens.

3. **Industrielle Dienstleistungsgesellschaft**: Steigende Produktivität und Wirtschaftswachstum sowie andere Faktoren des soziokulturellen Wandels verlagern das Schwergewicht von Beschäftigung und Wertschöpfung zunehmend vom primären und sekundären auf den tertiären Produktionssektor, wobei ein großer Teil der Dienstleistungen direkt oder indirekt auf die Güterproduktion bezogen ist. Diese Verschiebungen werden von den folgenden Umschichtungen begleitet:

- Zusammenschmelzen der ehemals strukturprägenden Bauernschaft zu einer immer kleiner werdenden Minderheit mit z. T. randständigen Zügen;
- Schrumpfen des alten bürgerlichen Mittelstandes auf einen derzeit zahlenmäßig stabilen, sozial heterogenen, leistungsmotivierten Kern mit wichtigen Funktionen und sozialen Privilegien;
- Anwachsen der stark differenzierten Dienstleistungsschichten zu den quantitativ dominierenden Gruppen, wobei insbes. die Dienstleistungsmittelschichten zunehmen (Umschichtung nach oben), die sich typischerweise durch Individualismus, Leistungs- und Aufstiegsorientierung sowie relativ hohe Identifikation mit der Arbeit auszeichnen; eine deutsche Besonderheit ist die überdurchschnittlich qualifizierte und privilegierte, politisch besonders aktive Beamtenschaft;
- Schrumpfen und Entproletarisierung der Arbeiterschaft, die in sich stark differenziert ist – in die wachsende Arbeiterelite mit Mittelschichtzügen, in die Facharbeiterschaft und in die Un- und Angelernten, die zu einer Minderheit, bei der sich soziale Nachteile häufen, zusammengeschmolzen sind.

4. **Lockerung des Schichtgefüges**: Vielfältige soziokulturelle Veränderungen lockern die Zusammenhänge von Soziallagen und Subkulturen, lösen jedoch die Schichten nicht auf.

5. **Pluralistische Funktionseliten mit eingeschränkter Macht**: Der „strukturierte Pluralismus" von Teileliten mit pluralistisch und teilweise auch demokratisch beschränkter Macht in verschiedenen gesellschaftlichen Funktionsbereichen ist Ausdruck der funktionalen Differenzierung und relativen Autonomie der verschiedenen gesellschaftlichen Teilbereiche.

6. **Vertikale soziale Ungleichheiten**: Schichtspezifisch ungleiche Lebenschancen, u. a. im Hinblick auf Einkommen, Vermögen und Bildungschancen, bleiben erhalten oder vergrößern sich. Da gleichzeitig das allgemeine Niveau des Lebensstandards und der Qualifikation erheblich ansteigt, verlieren sie an gesellschaftspolitischer Brisanz. Ein gewisses, nicht präzise bestimmbares Ausmaß sozialer Ungleichheit ist eine Voraussetzung für die sozioökonomische Leistungskraft und Wohlstandsdynamik der Gesellschaft.

7. **Randschichten bzw. 80-90%-Gesellschaft**: Der steigende Wohlstand konnte die Randschicht derjenigen, die an oder unter der relativen Armutsgrenze leben müssen und nicht angemessen am Leben der Kerngesellschaft teilnehmen können, verringern, aber nicht beseitigen. „Moderne Armut" wird durch eine wachsende Armutskluft erschwert und durch eine bescheidene Teilhabe am Wohlstandsanstieg sowie durch hohe Fluktuation über die Armutsgrenze hinweg erleichtert. Eine zweite, ethnisch bestimmte, stark fragmentierte Randschicht von AusländerInnen, die sich immer mehr von „Gastarbeitern" in „Einwanderer" verwandeln und vor erheblichen Intergrations-

problemen stehen, entstand in den 60er Jahren. Durch starke Zersplitterung, hohe Fluktuation sowie Tendenzen zur Isolation und Apathie entwickeln die Randschichten keine eigenständige politische Kraft.

8. **Steigende vertikale Mobilität mit Mobilitätsbarrieren**: Die Höherqualifizierung, die Umschichtung nach oben und das Schrumpfen der „Besitzklassen" führten zu einem Anstieg der vertikalen Mobilität, insbes. der Aufstiegsmobilität und der dabei zurückgelegten Mobilitätsdistanzen, ohne daß die traditionellen Mobilitätsbarrieren völlig beseitigt wurden.

9. **Verringerung der sozialen Ungleichheiten zwischen den Geschlechtern**: Während vertikale Ungleichheiten Bestand haben, verringern sich geschlechtsspezifische Ungleichheiten zunehmend – insbes. im Bildungswesen, aber auch in Arbeitswelt und Politik, am wenigsten in der Familie.

10. **Durchsetzung und Verlust des Monopols der bürgerlichen Familie sowie Lockerung und Differenzierung der Formen des privaten Zusammenlebens**: Die Wohlstandsgesellschaft schuf die materiellen Voraussetzungen zur endgültigen Ausbreitung der bürgerlichen Familie in allen Schichten. Diese erhält seit den 60er Jahren zunehmend Konkurrenz durch andere Varianten des privaten Zusammenlebens, bleibt jedoch weiterhin Leitbild für die Mehrheit der Bevölkerung – allerdings in einer „verkleinerten" und „gelokkerten" Form: die Zahl der Kinder nimmt ab, Kinder erlangen eine größere Selbständigkeit gegenüber den Eltern, die Fixierung der Frau auf die Familie lockert sich, starre Formen des familialen Zusammenhalts verwandeln sich in „ein bewegliches Gehäuse mit kündigungsbereiten Mitgliedern" (*v. Trotha* 1990, 470).

11. **Alterung** und **Geburtenrückrang bzw. niedrige Geburtenziffern** sind die charakteristischen Kennzeichen der Bevölkerungsentwicklung. Die Sogwirkungen der Wohlstandsgesellschaft eröffnen die Möglichkeit, eventuelle negative Auswirkungen dieser Tendenzen durch **Einwanderungen** zu relativieren.

11.2 Modernisierungsrückstand in der DDR

Auch die DDR hat ein gutes Stück auf dem Weg in die moderne Gesellschaft zurückgelegt. Wohlstandssteigerung, Höherqualifizierung, Verschiebungen innerhalb der drei Produktionssektoren, Lockerung des Schichtgefüges, Verringerung der Unterschiede zwischen den Geschlechtern, Differenzierung der privaten Lebensformen, Alterung und Geburtenrückgang sind Indikatoren ihrer Modernisierung. In einem Bereich war die ostdeutsche Gesellschaft moderner als die westdeutsche: Die „Emanzipation von oben" hat die **Gleichstellung der Frau** in der DDR ein Stück weiter vorangetrieben. Auch in ihrer Qualifikationsstruktur, die im Vergleich zu anderen Teilstrukturen der DDR-

Gesellschaft relativ modern war, existiert in einem kleinen Teilbereich ein Modernisierungsvorsprung: durch die intensive berufliche Weiterbildung von Erwachsenen schrumpfte der **Bevölkerungsanteil ohne berufliche Ausbildung** stärker zusammen als in der Bundesrepublik.

Diesen „fortschrittlichen Elementen“ stehen jedoch zahlreiche Besonderheiten der ostdeutschen Sozialstruktur gegenüber, die sich als erhebliche Modernisierungsrückstände deuten lassen:[2]

1. **Leistungsschwäche** und ein **wachsender Rückstand bei Lebensstandard und Konsumchancen** waren Defizite, die der einzelne wohl am schmerzlichsten spürte und die das **Mehr an sozialer Sicherheit** – keine Arbeits- und Wohnungslosigkeit, keine Armut unter der „Normalbevölkerung“ – nicht ausgleichen konnten.
2. **Hohe Machtkonzentration:** Die Existenz einer Monopolelite mit extrem hohen Steuerungschancen in allen wichtigen gesellschaftlichen Sektoren (mit Ausnahme des religiös-kirchlichen) zeigt die ungenügende funktionale Differenzierung und die ungenügende relative Autonomie der gesellschaftlichen Teilbereiche an.
3. **Überzogene Nivellierung sozialer Ungleichheiten**: Die egalitäre Politik der „Annäherung aller Klassen und Schichten“ sowie die allgemeinen Versorgungsmängel und Freiheitsbeschränkungen haben Einkommensunterschiede und andere Unterschiede in den Lebenschancen so stark nivelliert, daß das sozioökonomische Wachstum gebremst wurde. Die sozialistische Ungleichheitsstruktur behindert also durch zwei Besonderheiten die Optimierung der Leistungsfähigkeit: Modern und effizient sind der Abbau von Machtkonzentration und die Erhaltung (gewisser) anderer vertikaler Ungleichheiten; in der ostdeutschen Sozialstruktur war es genau umgekehrt: Macht war konzentriert, andere vertikale Ungleichheiten nivelliert.
4. **Deformation des Dienstleistungssektors**: Die niedrige Produktivität und die Theorie und Bürokratie der Planwirtschaft hatten einen Tertiärisierungsrückstand zur Folge bei gleichzeitiger personeller Überbesetzung der bestehenden Dienstleistungssegmente in den Betrieben und öffentlichen Aufgabenbereichen.
5. **Schichtstruktur mit vorwiegend „vormodernen“ und „realsozialistisch-unmodernen“ Elementen**: Das zentralistisch-bürokratische Herrschaftssystem, die Planwirtschaft und ihre deformierte Dienstleistungsstruktur sowie weitere direkte gesellschaftspolitische Eingriffe schufen eine Schichtstruktur, die neben der bereits erwähnten Monopolelite die folgenden Besonderheiten aufweist:

- eine streng von oben kontrollierte, disziplinierte und hierarchisch abgestufte Dienstklasse, die – sieht man einmal von ihrer Teilhabe an der Macht ab

– nur in den oberen Positionen wesentliche soziale Privilegien genoß;
- eine SED-loyale und daher weitgehend unkritische, sozial nivellierte und wenig innovative Intelligenz;
- einen verkümmerten, d.h. zahlenmäßig dezimierten und in seinen Aktivitäten erheblich eingeschränkten Rest des alten bürgerlichen Mittelstandes;
- eine gesellschaftlich gut integrierte, aber überdimensionierte und relativ „ineffiziente“ landwirtschaftliche Arbeitnehmerschaft (überwiegend „Genossenschaftsbauern“) als Ersatz für den vernichteten bäuerlichen Mittelstand;
- eine gleichfalls überdimensionierte, formal gut qualifizierte Arbeiterschaft, die durch eine arbeiterorientierte Politik eine im Vergleich zu anderen ostdeutschen Schichten günstige Soziallage hatte – mit hoher Arbeitsorientierung, aber Defiziten in Leistungsmotivation und Arbeitsdisziplin;
- eine Randschicht alter Menschen (überwiegend Frauen), deren Randschichtenschicksal – so zynisch es klingen mag – als „unmodern“ bezeichnet werden kann, weil es auf Dauer angelegt war.

6. Die letzte Phase der **sozialen Schließung der höheren Bildungswege** in den 80er Jahren und die damit verbundenen **Einbußen an vertikaler Mobilität** lassen sich ebenfalls als Abweichung vom Weg der Modernisierung deuten.
7. **Auswanderungsdruck**: Das West-Ost-Wohlstands- und Demokratie-Gefälle übt keine Sog-, sondern Abstoßwirkungen aus, so daß negative Folgen der Bevölkerungsentwicklung nicht durch Einwanderungen gemildert, sondern durch Auswanderungen verschärft werden.

11.3 Die neuen Länder unter Modernisierungsdruck

Die Sozialstrukturen der beiden Teile Deutschlands werden nicht „zusammenwachsen, in dem sie sich aufeinanderzubewegen“, wie es die Vertreter der sogenannten Konvergenztheorie vermuteten (vgl. *Aron* 1962, 210f.) oder deren Gegner befürchteten (z. B. *Aßmann* u. a. 1977, 287), sondern das „Modell DDR“ (*Thomas* 1982) wird weitgehend im „Modell Bundesrepublik“ aufgehen. Inzwischen ist das zentralistisch-bürokratische Herrschaftssystem der DDR durch das politische Institutionengefüge der Bundesrepublik ersetzt worden, und die wirtschaftlichen Strukturen werden in ihren Grundzügen so schnell wie möglich dem westdeutschen „Vorbild“ mit seinen Vor- und Nachteilen angepaßt. Daher ist davon auszugehen, daß auch die damit verflochtene Sozialstruktur unter **hohem Anpassungsdruck** steht. Es gibt bereits eine Fülle empirischer Anhaltspunkte dafür, daß die skizzierten sozialstrukturellen Besonderheiten Ostdeutschlands weitgehend verschwinden werden – einige langsamer, andere schneller; ein Teil von ihnen, wie z. B. die Monopolelite mit ihrer Dienstklasse, aber auch einige Elemente des Gleichstellungsvorsprungs der Frau sind bereits nicht mehr vorhanden.

Die Anpassung der ostdeutschen Sozialstruktur an das „westdeutsche Modell" ist **überwiegend gleichbedeutend mit Modernisierung**, im Fall der Frauenemanzipation bedeutet sie jedoch auch Rückschritt.

Die westdeutsche Gesellschaft hat sich über Jahrzehnte hinweg allmählich modernisiert, in Ostdeutschland dagegen wird der sozialstrukturelle Wandel durch die vollzogene politische Revolution, der eine ökonomische folgt, ungeheuer beschleunigt. Die Anpassung läuft im **Zeitraffertempo** ab, wobei für alle Beobachter erkennbar ist, daß dieser Prozeß nicht reibungslos, sondern **problembeladen** und z. T. auch **schmerzhaft** vonstatten geht. Es mag für die meisten Betroffenen ein Trost sein, daß es sich bei diesem Strukturwandel überwiegend um Modernisierung handelt, die der großen Mehrheit der Bevölkerung zumindest längerfristig zugute kommt, um das Aufholen eines Modernitätsrückstandes, um das letzte Stück eines langen, entbehrungsreichen und für viele auch leidvollen realsozialistischen Umweges in die moderne Gesellschaft.

Anmerkungen

1 Dies ist eine Möglichkeit, Modernität zu definieren; zu anderen Varianten der Begriffe „moderne Gesellschaft" und „Modernisierung" vgl. *J. Berger* 1988; *Hradil* 1990a, 127ff.; *Schäfers* 1990a; *Zapf* 1986, 368ff. und 1991, 44ff.; die Beiträge von *Beck, Luhmann, Scheuch* und *Zapf* in *Zapf* 1991a.

2 Vgl. dazu auch *Berger* 1991, 14f. und 1991a, 75f.

Bibliographie

Abkürzungen

DA	Deutschland Archiv
DZPH	Deutsche Zeitschrift für Philosophie
IBW	Informationen Bildung Wissenschaft (hrsg. v. Bundesminister für Bildung und Wissenschaft)
ISI	Informationsdienst Soziale Indikatoren
iwd	Informationsdienst des Instituts der deutschen Wirtschaft
JSS	Jahrbuch für Soziologie und Sozialpolitik
KZfSS	Kölner Zeitschrift für Soziologie und Sozialpsychologie
MatAB	Materialien aus der Arbeitsmarkt- und Berufsforschung
MittAB	Mitteilungen aus der Arbeitsmarkt- und Berufsforschung
SID	Informationen zur soziologischen Forschung in der Deutschen Demokratischen Republik
Sowi	Sozialwissenschaftliche Informationen
wib	woche im bundestag. Parlamentskorrespondenz
WiSta	Wirtschaft und Statistik
ZfB	Zeitschrift für Bevölkerungswissenschaft
ZfS	Zeitschrif für Soziologie

Adler, F. 1991: Einige Grundzüge der Sozialstruktur der DDR. In: Projektgruppe SOEP (Hrsg.), S. 152-177.

Adler, F. 1991a: Soziale Umbrüche. In: R. Reißig/G.-J. Glaeßner (Hrsg.), S. 174-218.

Agrarberichte 1988-1992 (des Bundesministers für Ernährung, Landwirtschaft und Forsten). Bonn.

aid (Ausländer in Deutschland). Informationsdienst zu aktuellen Fragen der Ausländerarbeit.

Allerbeck, K./W. Hoag, 1985: Jugend ohne Zukunft? München 1985.

Ammer, T. 1989: Flucht aus der DDR. In: DA 22, S. 1206-1208.

Angele, G. 1988: Obdachlosigkeit in der Kleinstadt. In: K.A. Chassé u. a. (Hrsg.), S. 71-109.

Angele, G. 1989: Obdachlosigkeit. Weinheim.

Anweiler, O. u. a. (Hrsg.) 1990: Vergleich von Bildung und Erziehung in der Bundesrepublik Deutschland und in der Deutschen Demokratischen Republik. Köln.

Arbeitsmarktanalyse 1988. Sonderdruck aus: Amtliche Nachrichten der Bundesanstalt für Arbeit 1989, Nr.3 und 5.

Aron, R. 1962: Die industrielle Gesellschaft. Frankfurt a.M.

Aßmann, G. u. a. 1977: Wörterbuch der marxistisch-leninistischen Soziologie. Berlin (Ost).

Aubin, H./W. Zorn (Hrsg.) 1976: Handbuch der deutschen Wirtschafts- und Sozialgeschichte. Band 2. Stuttgart.

Autorenkollektiv 1985 (Leitung: K. Krambach): Wie lebt man auf dem Dorf? Berlin (Ost).

Autorenkollektiv 1988 (Leitung: M. Lötsch): Ingenieure in der DDR. Berlin (Ost).

Badstübner, R. u. a. 1987: Geschichte der Deutschen Demokratischen Republik. Berlin (Ost).

Baethge, M./H. Oberbeck 1986: Die Gleichzeitigkeit von Entwertung und Aufwertung der Fachqualifikation: Zur Entwicklung von Tätigkeitsprofilen im Büro. In: Sozialwissenschaftliche Informationen 15, S. 18-24.

Bahrdt, H.-P. 1966: Wege zur Soziologie. München.

Bahro, R. 1977: Die Alternative. Köln/Frankfurt a. M.

Ballerstedt, E./W. Glatzer 1979: Soziologischer Almanach. Frankfurt/New York, 3. völlig neu bearb. Aufl.

Bargel, T./B. Dippelhofer-Stiem/J.-V. Sandberger, H.-G. Walter 1987: Arbeiterkinder nach dem Abitur. In: A. Bolder/K. Rodax (Hrsg.), S. 181-206.

Bargel, T./N. Höpfinger 1986: Schwierigkeiten und Belastungen von Studierenden aus Arbeiterfamilien. In: A. Funke (Hrsg.), S. 136-172.

Bartholmai, B./M. Melzer/E. Schulze 1990: Privathaushalte mit Wohnungsbedarf in Deutschland bis zum Jahr 2000. In: DIW Wochenbericht, Nr. 42, S. 591-598.

Baske, S. 1990: Die Erweiterte Oberschule in der DDR. In: O. Anweiler u. a. (Hrsg.), S. 210-217.

Bathke, G.-W. 1984: Herkunfstbedingungen von Studienanfängern. In: U. Starke/U. Bruhn-Schlegel (Hrsg.): Leistungsstreben von Studienanfängern. Leipzig, S. 72-77.

Bathke, G.-W. 1985: Sozialstrukturelle Herkunftsbedingungen und Persönlichkeitsentwicklung von Hochschulstudenten. Diss. B Leipzig.

Bathke, G.-W. 1986: Soziale Herkunft. In: W. Friedrich/A. Hoffmann (Hrsg.): Persönlichkeit und Leistung. Berlin (Ost), S. 243-251.

Bathke, G.-W. 1988: Sozialstruktur – Soziale Herkunft – Persönlichkeitsentwicklung. In: H. Timmermann (Hrsg.), S. 55-76.

Bathke, G.-W. 1990: Soziale Reproduktion und Sozialisation von Hochschulstudenten in der DDR. In: G. Burkart (Hrsg.): Sozialisation im Sozialismus. Pfaffenhofen, S. 114-128.

Bauer, F.J. 1987: Zwischen „Wunder" und Strukturzwang. Zur Integration der Flüchtlinge und Vertriebenen in der Bundesrepublik Deutschland. In: Aus Politik und Zeitgeschichte B 32, S. 21-33.

Beck, U. 1983: Jenseits von Klasse und Stand? In: Kreckel (Hrsg.), S. 35-74.

Beck, U. 1986: Risikogesellschaft. Frankfurt a.M.

Beck, U./E. Beck-Gernsheim 1990: Das ganz normale Chaos der Liebe. Frankfurt/Main.

Beck-Gernsheim, E. 1984: Frauen zurück in die Familie? In: WSI-Mitteilungen 37, S. 23-32.

Beck-Gernsheim, E. 1988: Die Kinderfrage. München.

Becker, H. B. 1988: Die funktionelle und berufsethische Abgrenzung von Beamten und Arbeitnehmern im öffentlichen Dienst. Münster.

Bedau,K.- D. 1990: Die Entwicklung der Einkommensverteilung in der Bundesrepublik Deutschland (ohne neue Bundesländer) seit 1970 nach Einkommensarten und nach Haushaltsgruppen. In: DIW-Viertelsjahresheft, S. 295-309.

Bedau, K.-D. 1990a: Das Einkommen sozialer Haushaltsgruppen in der Bundesrepublik Deutschland 1988. In: DIW Wochenbericht 57, Nr. 22, S. 304-313.

Bedau, K.-D./H. Vortmann 1990: Die Einkommensverteilung nach Haushaltsgruppen in der ehemaligen DDR. In: DIW-Wochenbericht 57, Nr. 47, S. 655-600.

Bell, D. 1973: The Coming of Post-Industrial Society. New York. (dt.: Die nachindustrielle Gesellschaft. Reinbek bei Hamburg 1979).

Bellebaum, A. 1978: Soziologie der modernen Gesellschaft. Hamburg, 2. Aufl.

Belwe, K. 1988: Emanzipation der Frauen versus Konservatismus der Männer. Analysen und Berichte des Gesamtdeutschen Instituts, Nr. 10/88. Bonn.

Belwe, K. 1989: Sozialstruktur und gesellschaftlicher Wandel in der DDR. In: W. Weidenfeld/H. Zimmermann (Hrsg.), S. 125-143.

Belwe, K. 1990: 40 Jahre Gleichberechtigung der Frauen in der DDR. In: deutsche studien 28, S. 143-160.

Belwe, K. 1990a: Entwicklung der Intelligenz innerhalb der Sozialstruktur der DDR in den Jahren 1978 bis 1989. Vervielf. Man. Bonn (Analysen und Berichte des Gesamtdeutschen Instituts Nr. 1/1990).

Belwe, K. 1991: Arbeitslosigkeit in der DDR bzw. in den fünf neuen Bundesländern im Jahr 1990. In: DA 24, S. 121-130.

Belwe, K. 1991a: Psycho-soziale Befindlichkeit der Menschen in den neuen Bundesländern nach der Wende im Herbst 1989. Pressespiegel. Vervielf. Man. Bonn.

Belwe, K. 1991b: Zur Beschäftigungssituation in den neuen Bundesländern, in: Aus Politik und Zeitgeschichte B 29, S. 27-39.

Belwe, K./F. Klinger 1986: Der Wert der Arbeit. In: Tradition und Fortschritt in der DDR. Köln, S. 61-86.

Berger, J. 1988: Modernitätsbegriffe und Modernitätskritik in der Soziologie. In: Soziale Welt 37, S. 224-236.

Berger, J./C. Offe 1984: Die Entwicklungsdynamik des Dienstleistungssektors. In: C. Offe: Arbeitsgesellschaft. Frankfurt a.M./New York, S. 229-271.

Berger, P. A. 1986: Entstrukturierte Klassengesellschaft? Opladen.

Berger, P. A. 1987: Klassen und Klassifikationen. In: KZfSS 39, S. 59-86.

Berger, P. A. 1990: Ungleichheitsphasen. In: P. A. Berger/S. Hradil (Hrsg.), S. 319-343.

Berger, P. A. 1991: „Was früher starr war, ist nun in Bewegung" – oder: Von der eindeutigen zur unbestimmten Gesellschaft". Manuskript. Erscheint in: M. Thomas (Hrsg.): Sozialstrukturtheorie und Sozialstrukturforschung. Berlin.

Berger, P. A. 1991a: Von Bewegungen in zur Beweglichkeit von Strukturen. In: Soziale Welt 42, S. 68-92.

Berger, P. A./S. Hradil (Hrsg.) 1990: Lebenslagen – Lebensläufe – Lebensstile. Göttingen.

Berger, U./C. Offe 1984: Das Rationalisierungsdilemma der Angestelltenarbeit. In: C. Offe: Arbeitsgesellschaft. Frankfurt a.M./New York, S. 271-290.

Berger-Schmitt, R. 1986: Arbeitsteilung und subjektives Wohlbefinden von Ehepartnern. In: W. Glatzer/R. Berger-Schmitt (Hrsg.): Haushaltsproduktion und Netzwerkhilfe. Frankfurt/Main.

Bergmann, J./G. Brandt/K. Körber/E. Mohl/C. Offe 1969: Herrschaft, Klassenverhältnis und Schichtung. In: T. W. Adorno (Hrsg.): Spätkapitalismus oder Industriegesellschaft? Stuttgart, S. 69-87.

Bertl, W./R. Rudat/R. Schneider 1989: Arbeitnehmerbewußtsein im Wandel. Frankfurt/New York.

Betram, B. (Ltg. d. Autorenkollektivs) 1989: Typisch weiblich – Typisch männlich? Berlin.

Bertram, B./W. Friedrich/O. Kabat vel Job 1988: Adam und Eva heute. Leipzig.

Bertram, H./R. Borrmann-Müller 1988: Von der Hausfrau zur Berufsfrau? In: U. Gerhardt/Y. Schütze (Hrsg.): Frauensituation. Frankfurt/Main, S. 251-272.

Bethlehem, S. 1982: Heimatvertreibung, DDR-Flucht, Gastarbeiterzuwanderung. Stuttgart.

BfA 1990 (Bundesanstalt für Arbeit, Hrsg.): Presseinformationen Nr. 7.

Bilden, H. 1991: Geschlechtsspezifische Sozialisation. In: K. Hurrelmann/D. Ulich (Hrsg.): Neues Handbuch der Sozialisationsforschung. Weinheim und Basel, S. 279-301.

Biller, M. 1989: Arbeitsmarktsegmentation und Ausländerbeschäftigung. Frankfurt/New York.

Birg, H./H. Koch 1987: Der Bevölkerungsrückgang in der Bundesrepublik Deutschland. Frankfurt.

Blinkert, B. 1988: Die Ausbreitung von Randständigkeit. In: Blätter der Wohlfahrtspflege 135, S. 89-93.

Blossfeld, H.-P. 1982: Höherqualifizierung und Verdrängung. (VASMA-Projekt, Arbeitspapier Nr. 28) Mannheim.

Blossfeld, H.-P. 1989: Kohortendifferenzierung und Karriereprozeß. Frankfurt/New York.

Blossfeld, H.-P./V. Jaenichen 1990: Bildungsexpansion und Familienbildung. In: Soziale Welt 41, S. 454-476.

BMAS 1989a (Der Bundesminister für Arbeit und Sozialordnung, Hrsg.): Ausländerdaten. Bonn. Dezember 1989.

BMAS 1990 (Der Bundesminister für Arbeit und Sozialordnung, Hrsg.): Statistisches Taschenbuch. Bonn.

BMBW 1981 (Der Bundesminister für Bildung und Wissenschaft, Hrsg.): Grund- und Strukturdaten 1981/82. München.

BMBW 1986 (Der Bundesminister für Bildung und Wissenschaft, Hrsg.): Das soziale Bild der Studentenschaft in der Bundesrepublik Deutschland. 11. Sozialerhebung des Deutschen Studentenwerks. Bad Honnef.

BMBW 1989 (Der Bundesminister für Bildung und Wissenschaft, Hrsg.): Grund- und Strukturdaten 1989/90. Bad Honnef.

BMBW 1989a (Der Bundesminister für Bildung und Wissenschaft, Hrsg.): Das soziale Bild der Studentenschaft in der Bundesrepublik Deutschland. 12. Sozialerhebung des Deutschen Studentenwerks. Bad Honnef.

BMBW 1990 (Der Bundesminister für Bildung und Wissenschaft, Hrsg.): Grund- und Strukturdaten 1990/91. Bad Honnef.

BMBW 1990a (Der Bundesminister für Bildung und Wissenschaft, Hrsg.): Informationen Bildung Wissenschaft, 9.

BMIB 1984 (Bundesministerium für innerdeutsche Beziehungen, Hrsg.): Informationen, Nr. 16.

BMIB 1985 (Bundesministerium für innerdeutsche Beziehungen, Hrsg.): DDR Handbuch, 2 Bde. Köln.

BMIB 1987 (Bundesministerium für innerdeutsche Beziehungen, Hrsg.): Materialien zum Bericht zur Lage der Nation im geteilten Deutschland. 1987. Bonn.

BMJF 1991 (Bundesministerium für Jugend und Familie, Hrsg.): Die Lebenssituation alleinstehender Frauen. Stuttgart u.a..

BMJFFG 1989 (Bundesministerium für Jugend, Familie, Frauen und Gesundheit): Frauen in der Bundesrepublik Deutschland, Köln.

Bofinger, J. 1990: Neuere Entwicklungen des Schullaufbahnverhaltens in Bayern. München.

Bögenhold, D. 1985: Die Selbständigen. Frankfurt a.M./New York.

Bögenhold, D. 1987: Der Gründerboom. Realität und Mythos der neuen Selbständigkeit. Frankfurt a.M./New York.

Bögenhold, D. 1987a: Selbständige im Beschäftigungssystem. In: A. Weymann (Hrsg.): Bildung und Beschäftigung. Göttingen, S. 317-334.

Bögenhold, D. 1988: Niedergang und Renaissance der Selbständigen. In: ZfS 17, S. 390-395.

Böhm, K. 1991: Sterbefälle 1989 nach Todesursachen. In: WiStA, S. 49-53.

Bolder, A./K. Rodax (Hrsg.) 1987: Das Prinzip der aufge(sc)hobenen Belohnung. Bonn.

Bolte, K. M. 1970: Entwicklungen und Probleme der Berufsstruktur. In: K. M. Bolte/F. Neidhardt/H. Holzer: Deutsche Gesellschaft im Wandel. Band 2. Opladen, S. 279-448.

Bolte, K. M. 1990: Soziale Ungleichheit in der Bundesrepublik Deutschland im historischen Vergleich. In: P. A. Berger/S. Hradil (Hrsg.), S. 27-50.

Bolte, K. M./S. Hradil 1984: Soziale Ungleichheit in der Bundesrepublik Deutschland. Opladen 5. Aufl.

Bolte, K. M./D. Kappe/F. Neidhardt 1967: Soziale Schichtung der Bundesrepublik Deutschland. In: K. M. Bolte (Hrsg.): Deutsche Gesellschaft im Wandel. Opladen, S. 233-351.

Bolte, K. M./D. Kappe/F. Neidhardt 1975: Soziale Ungleichheit. Opladen.

Bolte, K. M./H. Recker 1976: Vertikale Mobilität. In: R. König (Hrsg.): Handbuch empirischer Sozialforschung. Band 5. 2. völlig neu bearb. Aufl. Stuttgart, S. 40-103.

Borchardt, K. 1972: Die Industrielle Revolution in Deutschland. München.

Bös, M./W. Glatzer 1991: Trends subjektiven Wohlbefindens. Vortrag auf der DGS-Tagung „Lebensbedingungen und Lebensformen in Deutschland" in Bamberg.

Böttcher, W. 1991: Soziale Auslese im Bildungswesen. In: Die Deutsche Schule 83, S. 151-161.

Böttcher, W./H. G. Holtappels/E. Rösner 1988: Wer kann sich Studieren noch leisten? Weinheim und München.

Böttcher, W./H. G. Holtappels/E. Rösner 1988a: Zwischen Studium und Beruf – Soziale Selektion beim Übergang zur Hochschule. In: Jahrbuch der Schulentwicklung 5, S. 103-156.

Brämer, R./U. Heublein 1990: Studenten in der Wende? In: Aus Politik und Zeitgeschichte B 44, S. 3-16.

Braun, M./R. Uher 1990: Einstellungen zur sozialen Ungleichheit in Ungarn, der Bundesrepublik Deutschland und den Vereinigten Staaten. In: W. Müller u. a. (Hrsg.): Blickpunkt Gesellschaft. Opladen, S. 191-210.

Braun, S. 1964: Zur Soziologie der Angestellten. Frankfurt.

Braun, S./J. Fuhrmann 1970: Angestelltenmentalität. Neuwied/Berlin.

Brinkmann, Ch. 1984: Die individuellen Folgen langfristiger Arbeitslosigkeit. In: MittAB 17, S. 454-470.

Brinkmann, Ch. 1988: Die Langzeitarbeitslosen und ihre Familien. In: Beiträge zur Konfliktforschung 18, S. 63-82.

Brinkmann, Ch. 1989: Langzeitarbeitslosigkeit in der Bundesrepublik Deutschland und Möglichkeiten zu ihrem Abbau. In: Caritas 90, S. 340-355.

Brückner, G. 1990: Krankenhausstatistik vom 1958 bis 1988. In: WiSta, S. 352-357.

Buch, G. 1987: Namen und Daten wichtiger Personen der DDR. Berlin/Bonn, 4. überarb. u. erw. Aufl.

Buhr, P./M. Ludwig/S. Leibfried 1990: Armutspolitik im Blindflug. In: D. Döhring u. a. (Hrsg.), S. 79-107.

Bundesinstitut für Bevölkerungsforschung 1984: Demographische Fakten und Trends in der Bundesrepublik Deutschland. In: ZfB 3, S. 295-397.

Bundesministerium für Jugend, Familie und Gesundheit (Hrsg.) 1985: Nichteheliche Lebensgemeinschaften in der Bundesrepublik Deutschland. Schriftenreihe Bd. 170, Stuttgart.

Bundeszentrale für politische Bildung (Hrsg.) 1990: Umbrüche in der Industriegesellschaft. Bonn.

Bürkner, H.-J. 1987: Die soziale und sozialräumliche Situation türkischer Migranten in Göttingen. Saarbrücken/Fort Lauderdale.

Busch, B. u. a. 1990: DDR. Schritte aus der Krise. 1. Teil. Königswinter.

Chassé, K. A. 1988: Nach dem Wirtschaftswunder: Armut in den 80er Jahren. In: K. A. Chassé u. a. (Hrsg.), S. 31-60.

Chassé, K. A./N. Preußer/W. Wittich (Hrsg.) 1988: Wohnhaft. München.

Claessens, D./A. Klönne/A. Tschoepe 1985: Sozialkunde der Bundesrepublik Deutschland. Reinbek bei Hamburg.

Clark, C. 1940: The Conditions of Economic Progress. London/New York.

Clement, U. 1986: Sexualität im sozialen Wandel. Stuttgart.

Commichau, I. 1990: Ausländer in der DDR – die ungeliebte Minderheit. In: DA 22, S. 1432-1439.

Conze, W. 1976: Sozialgeschichte 1800-1850. In: H. Aubin/W. Zorn (Hrsg.), S. 426-494.

Conze, W. 1976a: Sozialgeschichte 1850-1918, In: H. Aubin/W. Zorn (Hrsg.), S. 602-684.

Conze, W. 1981: Vom „Pöbel“ zum „Proletariat“. In: H.-U. Wehler (Hrsg.): Moderne deutsche Sozialgeschichte. Königstein i. Ts./Düsseldorf, S. 111-136.

Cornelius, I. 1988: Von der Pyramide zum Pilz. Die Bevölkerungsentwicklung in der Bundesrepublik Deutschland. In: I. Cornelius u. a.: Bevölkerungsentwicklung und Bevölkerungspolitik in der Bundesrepublik, Stutgart, S. 11-37.

Cremer-Schäfer, H. 1981: Arbeitslosigkeit, Einkommensverlust und Armut (Arbeitspapier Nr. 54 des Sonderforschungsbereichs 3). Frankfurt a. M.

Cromm, J./H. W. Jürgens 1989: Die Bevölkerungsentwicklung. Bonn.

Croner, F. 1962: Soziologie der Angestellten. Köln/Opladen.

Dahrendorf, R. 1965: Gesellschaft und Demokratie in Deutschland. München.

Datenreport 1987. Hrsg.: Statistisches Bundesamt. Bonn 1987.

Datenreport 1989. Hrsg.: Statistisches Bundesamt. Bonn 1989.

DDR Handbuch 1985. Hrsg.: Bundesministerium für innerdeutsche Beziehungen. 2 Bde. Köln, 3. Aufl.

Deininger, D. 1990: Sozialhilfeempfänger 1988. In: WiSta, S. 421-429.

Derlien, H.-U./G. Pippig 1990: Die administrative Elite. In: Der Bürger im Staat 40, H. 1, S. 32-35.

Deutscher Bundestag 1991: Fortschreibung des Berichts der Bundesregierung über die Lage der Freien Berufe in der Bundesrepublik Deutschland (Drucksache 12/21). Bonn.

Diekmann, A. 1990: Der Einfluß schulischer Bildung und die Auswirkungen der Bildungsexpansion auf das Heiratsverhalten. In: ZfS 19, S. 265-277.

Diewald, M. 1989: Der Wandel von Lebensformen und seine Folgen für die soziale Integration, Paper der Arbeitsgruppe Sozialberichterstattung des WZB (Wissenschaftszentrum Berlin für Sozialforschung), Berlin.

Dippelhofer-Stiem, B. 1986: Arbeiterkinder an der Universität. In: A. Funke (Hrsg.), S. 173-198.

Dippmann, W. 1983: Auswirkungen des wissenschaftlich-technischen Fortschritts im Sozialismus. In: Sid 19, S. 47-51.

DIW 1985 (Deutsches Institut für Wirtschaftsforschung, Hrsg.): Handbuch DDR-Wirtschaft. Reinbek.

Dorbritz, J./W. Speigner 1990: Die Deutsche Demokratische Republik – ein Ein- und Auswanderungsland? In: ZfB 16, S. 67-85.

Döring, W./W. Hanesch/E.-U. Huster (Hrsg.) 1990: Armut im Wohlstand. Frankfurt a. M.

Dornheim, A. 1990: Adel. In: Der Bürger im Staat 40, H. 1, S. 47-53.

Drewe, P. 1974: Methoden zur Identifizierung von Eliten. In: J. van Koolwijk/M. Wieken-Mayser (Hrsg.): Techniken der empirischen Sozialforschung, Band 4, München, S. 162-179.

Drude, H. 1987: Wohnungslose in der Bundesrepublik Deutschland 1987. In: Soziale Arbeit 36, S. 38-43.

Drygala, A. 1988: Sozialpolitik in den 80er Jahren. In: K. A. Chassé u. a. (Hrsg.), S. 13-30.

Edinger, L. J. 1960: Post-Totalitarian Leadership. Elites in the German Federal Republic. In: American Political Science Review 54, S. 58-83.

Ehmann, C. 1986: Besondere Zugangswege zur Hochschule für Arbeiterkinder. In: A. Funke (Hrsg.), S. 67-112.

Eichener, V. 1988: Ausländer im Wohnbereich. Regensburg.

Elias, N. 1989: Studien über die Deutschen. Frankfurt/Main.

Ellwein, T./R. Zoll 1973: Berufsbeamtentum – Anspruch und Wirklichkeit. Düsseldorf.

EMNID Informationen 1981: Einstellungen zur Ehe auf Probe und Ehe ohne Trauschein, Heft 4, S. 16-17.

EMNID 1986: Jugend zwischen 13 und 24. Tabellenband I und II, Trendkommentar Band III, Bielefeld.

EMNID 1991: Das Image von Berufen. Bielefeld.

Enders, U. 1984: „... damit sie ihre Pflichten als Berufstätige, Ehefrau und Mutter immer besser vereinbaren kann.“ In: I. Spittmann-Rühle/G. Helwig (Hrsg.): Lebensbedingungen in der DDR. Köln, S. 37-48.

Enders, U. 1986: Kinder, Küche, Kobinat – Frauen in der DDR. In: Aus Politik und Zeitgeschichte B 6-7, S. 26-37.

Enders, U./S. Weigandt 1986: Von der Frauenarbeitspolitik zur Familien- und Bevölkerungspolitik der DDR. In: Sozialistisches Osteuropakommitee (Hrsg.): Frauen – Alltag und Emanzipation, Osteuropa-Info Nr. 67, S. 8-21.

Endruweit, G. 1979: Elitebegriffe in den Sozialwissenschaften. In: Zeitschrift für Politik 28, S. 30-46.

Engelbrech, G. 1987: Zukunftsperspektiven für Mädchen und Frauen im Erwerbsleben. In: Soziale Welt 38, S. 57-73.

Engels, H. 1983: Bedürfnisse und sozialistische Lebensweise. In: JSS, S. 35-50.

Engelsing, R. 1978: Zur Sozialgeschichte deutscher Mittel- und Unterschichten. Göttingen, 2. Aufl.

Enke, E. 1974: Oberschicht und politisches System der Bundesrepublik Deutschland. Frankfurt a.M.

Erbe, G. 1982: Arbeiterklasse und Intelligenz in der DDR. Opladen.

Erbslöh, B./T. Hagelstange/D. Holtmann/J. Singelmann/H. Strasser 1990: Ende der Klassengesellschaft? Regensburg.

Erd, R./O. Jaccobi/W. Schumm (Hrsg.) 1986: Strukturwandel in der Industriegesellschaft. Frankfurt a.M./New York.

Erichsen, R. 1988: Zurückkehren oder bleiben? Zur wirtschaftlichen Situation von Ausländern in der Bundesrepublik Deutschland. In: Aus Politik und Zeitgeschichte B 24, S. 14-25.

Erler, G. u. a. 1987: Kind? Beruf? oder Beides? Brigitte/DJI, Hamburg/ München.

Euler, M. 1985: Geldvermögen privater Haushalte Ende 1983. In: WiSta, S. 408-418.

Euler, M. 1988: Ausstattung privater Haushalte mit ausgewählten langlebigen Gebrauchsgütern im Januar 1988. In: WiSta, S. 307-315.

EVS – Einkommens- und Verbrauchsstichprobe

Faulstich-Wieland, H. u. a. 1984: Erfolgreich in der Schule, diskriminiert im Beruf. In: H.-G. Rolff u. a. (Hrsg.): Jahrbuch der Schulentwicklung. Bd. 3. Weinheim, S. 117-143.

Fauser, R./N. Schreiber 1987: Schulwünsche und Schulwahlentscheidungen in Arbeiterfamilien. In: A. Bolder/K. Rodax (Hrsg.), S. 31-58.

Feist, U. u. a. 1989: Wandel der Industriegesellschaft und Arbeitnehmerbewußtsein. Frankfurt a.M./New York.

Felber, W. 1986: Eliteforschung in der Bundesrepublik Deutschland. Stuttgart.

Fend, H. 1988: Sozialgeschichte des Aufwachsens. Frankfurt.

FES 1991 (Friedrich-Ebert-Stiftung): Hochschulen im Umbruch. Forum Deutsche Einheit. Aktuelle Kurzinformation Nr. 3.

Fleischer, H. 1988: Ausländer im Bundesgebiet 1987. In: Wirtschaft und Statistik, S. 323-327.

Fleischer, H. 1989: Entwicklung der Ausländerzahl seit 1987. In: Wirtschaft und Statistik, S. 594-599.

Fleischer, H. 1990: Ausländer 1989. In: Wirtschaft und Statistik, S. 540-544.

Flessner, H./W. Knake-Werner 1989: Einige Daten zur materiellen, sozialen und psychischen Situation von Familien in der BRD. In: H. Flessner u. a., Frauenunterdrückung und Familienverhältnisse. Frankfurt, S. 121-150.

Fourastié, J. 1949: Le Grand Espoir du xxe Siècle. Paris.

Franz, H.-W./W. Kruse/H.-G. Rolff (Hrsg.) 1986: Neue alte Ungleichheiten. Opladen.

Frauenreport '90. Hrsg. v. G. Winkler. Berlin 1990.

Frick, J./P. Krause/J. Schwarze 1991: Haushalts- und Erwerbseinkommen in der DDR. In: KZfSS 43, S. 334-343.

Frick, R./P. Krause/H. Vortmann 1990: Die ökonomische Situation von Alleinerziehenden in der DDR und der Bundesrepublik in den 80er Jahren. In: DIW Wochenbericht 57, S. 598-603.

Fricke, K. W. 1989: Kaderpolitik in Ost-Berlin. In: DA 22, S. 7-10.

Fricke, K. W. 1990: Macht und Entmachtung des Staatssicherheitsapparates in der DDR. In: Die DDR auf dem Weg zur deutschen Einheit. Köln, S. 116-127.

Friedrich, H. 1988: „Neue Armut" in der Bundesrepublik Deutschland. In: Gegenwartskunde 37, S. 365-375.

Friedrich, W. 1986: Jugend und Jugendforschung 1986: In: Thesen zum 6. Leipziger Kolloquium der Jugendforscher 1986. Leipzig.

Friedrich, W. 1990: Mentalitätswandlungen der Jugend in der DDR. In: Aus Politik und Zeitgeschichte B 16-17, S. 25-37.

Friedrich, W./W. Gerth (Hrsg.) 1984: Jugend konkret. Berlin (Ost).

Friedrich-Ebert-Stiftung (Hrsg.) 1987: Frauen in der DDR. Bonn.

Fuchs, D./H.-D. Klingemann/C. Schöbel 1991: Perspektiven der politischen Kultur im vereinigten Deutschland. In: Aus Politik und Zeitgeschichte B 32, S. 35-46.

Fuchs, W. 1985: Jugend als Lebenslaufphase. In: A. Fischer u.a.: Jugendliche + Erwachsene '85, Bd.1, Leverkusen, S. 195-263

Funke, A. (Hrsg.) 1986: Hochschulzugang und Probleme beim Studium von Arbeiterkindern. Düsseldorf.

Funke, A. 1987: Vom Betrieb in die Hochschule. In: A. Bolder/K. Rodax (Hrsg.), S. 232-245.

Fürstenberg, F. 1966: Sozialstruktur als Schlüsselbegriff der Gesellschaftsanalyse. In: KZfSS 18, S. 439-453.

Galbraith, J. K. 1968: Die moderne Industriegesellschaft. München/Zürich.

Gehring, A./F. Böltken 1987: Einstellungen zu Gastarbeitern. In: Datenreport 1987, S. 496-504.

Geiger, T. 1932: Die soziale Schichtung des deutschen Volkes. Stuttgart (Nachdruck: Darmstadt 1972).

Geiger, T. 1939: Sociologi. Kopenhagen.

Geiger, T. 1949: Die Klassengesellschaft im Schmelztiegel. Köln/Hagen.

Geiger, T. 1949a: Aufgaben und Stellung der Intelligenz in der Gesellschaft. Stuttgart.

Geiger, T. 1955: „Schichtung". In: W. Bernsdorf/F. Bülow (Hrsg.): Wörterbuch der Soziologie. Stuttgart (abgedruckt in: Arbeiten zur Soziologie, hrsg. von P. Trappe. Neuwied/Berlin 1962, S. 186-205).

Geiger, T. 1962: Eine dynamische Analyse der sozialen Mobilität. In: Ders.: Arbeiten zur Soziologie, hg. v. P. Trappe. Neuwied am Rhein/Berlin, S. 100-113 (zuerst engl. 1954).

Geiger, T. 1962a: Typologie und Mechanik der gesellschaftlichen Fluktuation. In: Ders. Arbeiten zur Soziologie, hg. v. P. Trappe. Neuwied am Rhein/Berlin, S. 114-150 (zuerst 1955).

Geiger, T. 1962b: Befreiung aus dem Ideologiebann. In: Ders.: Arbeiten zur Soziologie, hrsg. v. P. Trappe. Neuwied am Rhein/Berlin, S. 431-459.

Geiger, T. o. J.: Demokratie ohne Dogma. München.

Geißler, H. 1975: Neue Soziale Frage – Zahlen, Daten, Fakten. Mainz.

Geißler, R. 1981: Junge Deutsche und Hitler. Eine empirische Studie zur historisch-politischen Sozialisation. Stuttgart.

Geißler, R. 1983: Bildungschancen und Statusvererbung in der DDR. In: KZfSS 35, S. 755-770.

Geißler, R. 1985: Die Schichtungssoziologie von Theodor Geiger. Zur Aktualität eines fast vergessenen Klassikers. In: KZfSS 37, S. 387-410.

Geißler, R. (Hrsg.) 1987: Soziale Schichtung und Lebenschancen in der Bundesrepublik Deutschland. Stuttgart.

Geißler, R. 1987a: Zur Problematik des Begriffs der sozialen Schicht. In: R. Geißler (Hrsg.), S. 5-24.

Geißler, R. 1987b: Soziale Schichtung und Bildungschancen. In: R. Geißler (Hrsg.), S. 78-110.

Geißler, R. 1987c: Politische Ungleichheit: Soziale Schichtung und Teilnahme an Herrschaft. In: R. Geißler (Hrsg.), S. 50-78.

Geißler, R. 1987d: Soziale Schichtung und Kriminalität. In: R. Geißler (Hrsg.), S. 138-161.

Geißler, R. 1990: Entwicklung der Sozialstruktur und Bildungswesen in der Bundesrepublik Deutschland und in der DDR. In: O. Anweiler u. a. (Hrsg.), S. 83-111.

Geißler, R. 1990a: Schichten in der postindustriellen Gesellschaft. In: P. A. Berger/S. Hradil (Hrsg.), S. 81-102.

Geißler, R. 1990c: Soziale Ungleichheiten zwischen Männern und Frauen – Erfolge und Hindernisse auf dem Weg zur Gleichstellung in den beiden deutschen Gesellschaften. In: Sowi 19, S. 181-196.

Geißler, R. 1990d: Agitation als Selbsttäuschung. In: P. Ludes (Hrsg.): DDR-Fernsehen intern. Berlin, S. 297-306.

Geißler, R. 1991: Transformationsprozesse in der Sozialstruktur der neuen Bundesländer. In: Berliner Journal für Soziologie 1, S. 177-194.

Geißler, R. 1991a: Soziale Ungleichheit zwischen Frauen und Männern im geteilten und vereinten Deutschland. In: Aus Politik und Zeitgeschichte B 14-15, S. 13-24.

Geißler, R. 1991b: Soziale Schichtung und Teilnahme an Herrschaft in der Bundesrepublik Deutschland und in der Deutschen Demokratischen Republik. In: B. Claußen (Hrsg.): Politische Sozialisation in Ost und West. Opladen (im Druck).

Geißler, R. 1991c: Umbruch und Erstarrung in der Sozialstruktur der DDR. In: W. Glatzer (Hrsg.): „Die Modernisierung moderner Gesellschaften". Opladen, S. 520-524.

Geißler, R./N. Marißen 1990: Kriminalität und Kriminalisierung junger Ausländer. In: KZfSS 42, S. 663-687.

Gemeinsames Statistisches Amt (der neuen Länder) 1991: Monatszahlen 5/91.

Gerhard, U. 1989 und 1990: Lebenslagen, Armut und Unterversorgung von Frauen. In: Informationen für die Frau 11-12, S. 13-16 und 1, S. 7-9.

Gershuny, J. 1978: After Industrial Society. London.

Gerstenmaier, J./F. Hamburger 1978: Erziehungssoziologie. Opladen.

Gesamtdeutsches Institut 1989: Staats- und Parteiapparat der DDR. Bonn.

Giesbrecht, A. 1987: Wohnungslos-Arbeitslos-Mittellos. Leverkusen.

Giesen, B./C. Leggewie, (Hrsg.) 1991: Experiment Vereinigung. Berlin.

Glaeßner, G.-J. 1977: Herrschaft durch Kader. Opladen.

Glaeßner, G.-J. 1983: Partei und Staat in der DDR. In: H.-G. Wehling (Red.): DDR. Stuttgart u. a., S. 72-91.

Glaeßner, G.-J. 1989: Die andere deutsche Republik. Opladen.

Glastetter, W./R. Paulert/U. Spörel 1983: Die wirtschaftliche Entwicklung in der BRD 1950-1980. Frankfurt a.M./New York 3. Aufl.

Glatzer, W. 1989: Die materiellen Lebensbedingungen in der Bundesrepublik Deutschland. In: W. Weidenfeld/H. Zimmermann (Hrsg.), S. 276-291.

Glatzer, W./H. Herget 1984: Ehe, Familie und Haushalt. In: W. Glatzer/W. Zapf (Hrsg.): Lebensqualität in der Bundesrepublik. Frankfurt/New York, S. 124-140.

Goldthorpe, J. 1980: Social Mobility and Class Structure in Modern Britain. Oxford.

Golter, F. 1986: Aufgaben der Landwirtschaft in der modernen Industriegesellschaft. In: Aus Politik und Zeitgeschichte B 42, S. 30-41.

Gornig, M./J. Schwarze 1990: Hohe pauschale Lohnsteigerungen in der DDR gefährden die Wettbewerbsfähigkeit. In: DA 22, S. 1619-1624.

Götz, V. 1986: Physische und psychische Erkrankungen bei Arbeitsmigranten in der BRD. Gelsenkirchen.

Griebel, W. 1991: Aufgabenteilung in der Familie. In: Zeitschrift für Familienforschung 3, S. 21-62.

Grimm, S. 1987: Soziologie der Bildung und Erziehung. München.

Groschoff, K. (Leiter des Autorenkollektivs) 1984: Stadt und Land in der DDR. Berlin (Ost).

Gross, P. 1983: Die Verheißungen der Dienstleistungsgesellschaft. Opladen.

Groß, H./C. Thoben/F. Bauer 1989: Arbeitszeit '89. Köln.

Grundmann, S./M. Lötsch/R. Weidig 1976: Zur Entwicklung der Arbeiterklasse und ihrer Struktur in der DDR. Berlin (Ost).

Gutschmidt, G. 1985: Kind und Beruf. Zur Alltagsorganisation erwerbstätiger alleinerziehender Mütter. Weinheim/München.

Gutschmidt, G. 1989: Armut in Einelternfamilien. In: Blätter der Wohlfahrtspflege 136, S. 335-338.

Gysi, J. (Leiterin des Autorenkollektivs) 1989: Familienleben in der DDR. Zum Alltag von Familien mit Kindern. Berlin (Ost).

Gysi, J. 1984: Frauen- und Familienentwicklung als Gegenstand sozialistischer Politik. In: JSS, S. 95-109.

Gysi, J. 1988: Familienformen in der DDR. In: JSS, S. 508-524.

Gysi, J. u.a. 1990: Die Zukunft von Familie und Ehe, Familienpolitik und Familienforschung in der DDR. In: G. Burkart (Hrsg.): Sozialisation im Sozialismus. Pfaffenhofen, S. 33-41.

Gysi, J./U. Meier 1982: Zu theoretischen Problemen einer soziologischen Analyse der familialen Lebensweise. In: JSS, S. 121-130.

Habermas, J. 1985: Die neue Unübersichtlichkeit. Frankfurt/M.

Habich, R./M. Häder/P. Krause/E. Priller 1991: Die Entwicklung des subjektiven Wohlbefindens vom Januar bis zum Herbst 1990 in der DDR und Ostdeutschland. In: Projektgruppe SOEP (Hrsg.), S. 332-356.

Habich, R./B. Headey/P. Krause 1991: Armut in der Bundesrepublik mehrheitlich kurzfristiger Natur. In: ISI Nr. 5, S. 5-7.

Habich, R./P. Krause/E. Priller 1991: Subjektives Wohlbefinden. In: G. Wagner u. a. (Hrsg.), S. 37-41.

Hagemann-White, C. 1984: Sozialisation: Weiblich – männlich? Opladen.

Haller, M. 1986: Sozialstruktur und Schichtungshierarchie im Wohlfahrtsstaat. In: ZfS 15, S. 167-187.

Handl, J. 1988: Berufschancen und Heiratsmuster von Frauen. Frankfurt/New York.

Hanesch, W. 1990: Unterversorgung im Bildungssystem. In: D. Döring u. a. (Hrsg.), S. 185-205.

Hansen, R./H.-G. Rolff 1990: Abgeschwächte Auslese und verschärfter Wettbewerb. In: Jahrbuch der Schulentwicklung 6, S. 45-79.

Hartenstein, W. u. a. 1988: Geschlechtsrollen im Wandel. Stuttgart u. a.

Hartmann, H. 1981: Sozialhilfebedürftigkeit und „Dunkelziffer der Armut“. Stuttgart.

Hauser, R. 1988: Ergebnisse der Armutsforschung in der Bundesrepublik Deutschland. In: Akademie der Arbeit in der Universität Frankfurt. Mitteilungen. Neue Folge 38.

Hauser, R./H. Cremer-Schäfer/U. Nouvertné 1981: Armut, Niedrigeinkommen und Unterversorgung in der BRD. Frankfurt/New York.

Hauser, R./P. Semrau 1990: Polarisierungstendenzen in der Einkommensverteilung? In: ISI Nr. 3, S. 1-4.

Häußermann, H. 1984: Wandel der Wohnverhältnisse von Arbeitern. In: R. Ebbinghausen/F. Tiemann (Hrsg.): Das Ende der Arbeiterbewegung in Deutschland. Opladen, S. 646-660.

Helwig, G. 1979: Zum Stellenwert der Familienerziehung in der DDR. In: DA 12, S. 1311-1315.

Helwig, G. 1984: Jugend und Familie in der DDR. Köln.

Helwig, G. 1987: Frau und Familie: Bundesrepublik Deutschland – DDR. 2. Aufl. Köln.

Helwig, G. 1987a: Emanzipation und Familienpolitik. In:DA 20, S. 897-900.

Henning, F.-W. 1989: Die Industrialisierung in Deutschland 1800 bis 1914. Paderborn u. a., 7. Aufl.

Herbert, W. 1991: Die Wertorientierungen der Deutschen vor der Vereinigung. In: BISS Public, Heft 2, S. 119-132.

Herkommer, S. 1983: Sozialstaat und Klassengesellschaft. In: R. Kreckel (Hrsg.), S. 75-92.

Hermann, H. 1984: Ausländer. Informationen zur politischen Bildung Nr. 201. München.

Hervé, F. 1973: Studentinnen in der BRD. Köln.

Herz, T. A. 1983: Klassen, Schichten, Mobilität. Stuttgart.

Herz, T. A. 1990: Die Dienstklasse. In: P.A. Berger/S. Hradil (Hrsg.), S. 231-252.

Herzog, D./H. Rebenstorf/C. Werner/B. Weßels 1990: Abgeordnete und Bürger. Opladen.

Herzog. D. 1990: Der moderne Berufspolitiker. In: Der Bürger im Staat 40, H. 1, S. 9-16.

Hess, D./H. Hartenstein/M. Smid 1991: Auswirkungen von Arbeitslosigkeit auf die Familie. In: MittAB 24, S. 193-250.

Hettlage, R. (Hrsg.) 1990: Die Bundesrepublik. München.

Hildebrandt, K. 1990: Frauen in DDR-Hochschulen. In: Das Argument 32, S. 379-388.

Hille, B. 1985: Familie und Sozialisation in der DDR. Opladen.

Hille, B. 1990: Mädchen- und Frauenbildung. In: O. Anweiler u. a. (Hrsg.), S. 581-596.

Hoecker, B. 1987: Frauen in der Politik. Opladen.

Hoffmann-Lange, U. 1983: Eliteforschung in der Bundesrepublik Deutschland. In: Aus Politik und Zeitgeschichte B 47, S. 11-25.

Hoffmann-Lange, U. 1985: Structural Prerequisites of Elite Integration in the Federal Republic of Germany. In: Research in Politics and Society 1, S. 45-96.

Hoffmann-Lange, U. 1989: Positional power and political influence in the Federal Republic of Germany. In: European Journal of Political Research 17, S. 51-76.

Hoffmann-Lange, U. 1990: Eliten in der modernen Demokratie. In: Der Bürger im Staat 40, H. 1, S. 3-8.

Hoffmann-Lange, U. 1990a: Wer gehört zur Machtelite der Bundesrepublik? In: Der Bürger im Staat 40, H. 1, S. 54-58.

Hoffmann-Lange, U./A. Kutteroff/G. Wolf 1982: Projektbericht. Die Befragung von Eliten in der Bundesrepublik Deutschland. In: ZUMA-Nachrichten 10, S. 35-53.

Hoffmann-Lange, U./H. Neumann/B. Steinkemper 1980: Konsens und Konflikt zwischen Führungsgruppen in der Bundesrepublik Deutschland. Frankfurt.

Hoffmann-Novotny, H.-J. 1987: Gastarbeiterwanderungen und soziale Spannungen. In: H. Reimann/H. Reimann (Hrsg.): Gastarbeiter. Opladen, 2. völlig neu bearb. Aufl., S. 46-66.

Hofmeier, K. 1988: Die Nase vorn. Die wachsende Bedeutung des Dienstleistungssektors. In: Das Parlament 38, S. 16.

Hohmann, K. 1985: Agrarpolitik. In: BMIB 1985, S. 13-21.

Höhn, C. u. a. 1990: Bericht 1990 zur demographischen Lage. In: ZfB 16, S. 135-205.

Hohorst, G./J. Kocka/G.A. Ritter 1975: Sozialgeschichtliches Arbeitsbuch. Materialien zur Statistik des Kaiserreichs 1870-1914. München.

Holst, E./E. Priller 1991: Zeitverwendung in der DDR am Vorabend der Marktwirtschaft. In: Projektgruppe SOEP (Hrsg.), S. 237-259.

Holst, E./J. Schupp 1990: Frauen in Familie und Beruf. In: DIW Wochenbericht 57, Nr. 29, S. 400-409.

Holtmann, D. 1990: Die Erklärungskraft verschiedener Berufsstruktur- und Klassenmodelle für die Bundesrepublik Deutschland. In: ZfS 19, S. 26-45.

Holtmann, D./H. Strasser 1990: Klassen in der Bundesrepublik heute. In: Schweizerische Zeitschrift für Soziologie 16, S. 79-106.

Holtz-Bacha, C. 1990: Wenn Frauen den Journalismus erorbern oder: Was bringt die Quotierung? In: Media-Perspektiven 8/1990, S. 497-503.

Holzweißig, G. 1985: Militärwesen in der DDR. Berlin (West).

Hondrich, K. O. 1972: Demokratisierung und Leistungsgesellschaft. Stuttgart u. a.

Hönekopp, E./H. Ullmann 1980: Auf dem Weg zur Dienstleistungsökonomie? In: MittAB 13, S. 255-271.

Höpflinger,F. 1989: Nichteheliche Lebensgemeinschaften in der Agglomeration Zürich. In: Schweizerische Zeitschrift für Soziologie 15, S. 39-55.

Hörner, W. 1990: Polytechnischer Unterricht in der DDR und Arbeitslehre in der Bundesrepublik Deutschland. In: O. Anweiler u. a. (Hrsg.), S. 218-232.

Hornstein, W. 1988: Vater ist arbeitslos – Was passiert in der Familie? In: Deutsches Jugendinstitut (Hrsg.): Wie geht's der Familie? München, S. 259-268.

Hradil, S. 1983: Die Ungleichheit der ‚Sozialen Lage'. In: R. Kreckel (Hrsg.), S. 101-118.

Hradil, S. 1985: Die ‚neuen' sozialen Ungleichheiten. In: Ders. (Hrsg.): Sozialstruktur im Umbruch. Opladen, S. 51-68.

Hradil, S. 1987: Sozialstrukturanalyse in einer fortgeschrittenen Gesellschaft. Opladen.

Hradil, S. 1987a: Soziale Schichtung und Arbeitssituation. In: R. Geißler (Hrsg.), S. 25-49.

Hradil, S. 1989: Milieus, Subkulturen, Lebensstile. Manuskr. (erscheint in: L. Vaskovics (Hrsg.): Subkulturen und Subkulturkonzepte. Opladen).

Hradil, S. 1990: Individualisierung, Pluralisierung, Polarisierung: Was ist von den Schichten und Klassen geblieben? In: R. Hettlage (Hrsg.): Die Bundesrepublik. München, S. 111-138.

Hradil, S. 1990a: Postmoderne Sozialstruktur? In: P. A. Berger/S. Hradil (Hrsg.), S. 125-152.

Hüfner, K./J. Naumann/H. Köhler/G. Pfeffer 1986: Hochkonjunktur und Flaute. Bildungspolitik in der Bundesrepublik Deutschland 1967-1980. Stuttgart.

Hümmler, H. 1988: Die Schicht der Handwerker und Gewerbetreibenden. In: R. Weidig, S. 160-175.

IAB 1990 (Institut für Arbeitsmarkt- und Berufsforschung, Hrsg.): Zahlenfibel. Ausgabe 1989/90. Bayreuth.

Iben, G. 1989: Zur Definition von Armut. In: Blätter der Wohlfahrtspflege 139, S. 276-279.

IDW 1989 (Institut der deutschen Wirtschaft, Hrsg.): Zahlen zur wirtschaftlichen Entwicklung der Bundesrepublik Deutschland. Ausgabe 1989. Köln.

IDW 1990 (Institut der deutschen Wirtschaft): Zahlen zur wirtschaftlichen Entwicklung der Bundesrepublik Deutschland 1990. Köln.

IDW 1990a (Institut der deutschen Wirtschaft): Informationen zu deutsch-deutschen Fragen. Köln.

IDW 1991 (Institut der deutschen Wirtschaft): Zahlen zur wirtschaftlichen Entwicklung der Bundesrepublik Deutschland 1991. Köln.

IfD 1987 (Institut für Demoskopie Allensbach): Ein Querschnitt über den Querschnitt. Allensbach.

IMSF 1972-1974 (Institut für Marxistische Studien und Forschungen): Klassen- und Sozialstruktur der BRD 1950-1970. Teil I-III. Frankfurt/M.

Institut für Bevölkerungsforschung und Sozialpolitik der Universität Bielefeld 1987: Partnerbeziehungen und Familienentwicklung in Nordrhein-Westfalen. Düsseldorf.

Institut Sozialforschung und Gesellschaftpolitik 1991: Ausländerfeindlichkeit auf dem Gebiet der ehemaligen DDR. Vervielf. Köln.

Ipsen, D. 1984: „Wohnen". In: G. Auernheimer (Hrsg.): Handwörterbuch Ausländerarbeit. Weinheim/Basel, S. 347-353.

Isensee, J. 1985: Beamte. In: Görres-Gesellschaft (Hrsg.): Staatslexikon in 5 Bänden. Basel/Wien, 7. Aufl., S. 584-600.

Isensee, J. 1988: Beamtentum – Sonderstatus in der Gleichheitsgesellschaft. Verantwortung und Leistung, Heft 18.

IZA (Informationsdienst zur Ausländerarbeit).

Jaeger, H. 1988: Geschichte der Wirtschaftsordnung in Deutschland. Frankfurt a. M.

Jaeggi, U./H. Wiedemann 1966: Der Angestellte im automatisierten Büro. Stuttgart.

Jetzschmann, H. 1988: Die Rolle des Arbeitskollektivs bei der Entwicklung der sozialen Struktur. In: R. Weidig, S. 239-258.

Joest, H.-J. 1987: Das Capital-Führungskräfte-Panel. In: Capital 7/87, S. 113-120 und 8/87, S. 109-112.

Jühe, R. 1977: Soziale Herkunft und Aufstieg von Gewerkschaftsfunktionären. Köln.

Jung, M. 1990: Die Bundeswehrelite. In: Der Bürger im Staat 40, H. 1, S. 41-46.

Kabat vel Job O./A. Pinther 1981: Jugend und Familie. Berlin (Ost).

Kadritzke, U. 1982: Angestellte als Lohnarbeiter. In: Materialien zur Industriesoziologie. Sonderheft 24 der KZfSS, S. 219-249.

Kaelble, H. 1975: Chancenungleichheit und akademische Ausbildung in Deutschland 1910-1960. In: Geschichte und Gesellschaft 1, S. 121-149.

Kaelble, H. 1983: Soziale Mobilität und Chancengleichheit im 19. und 20. Jahrhundert. Göttingen.

Kaelble, H. 1983a: Industrialisierung und soziale Ungleichheit. Göttingen.

Kappe, D. 1986: Zur Ambivalenz von Ehesscheidungen. In: Gegenwartskunde 35, S. 169-182.

Kappelhoff, P./W. Teckenberg 1987: Intergenerationen- und Karrieremobilität in der Bundesrepublik Deutschland und in den Vereinigten Staaten. In: KZfSS 39, S. 302-329.

Karstedt, S. 1975: Soziale Randgruppen und soziologische Theorie. In: M. Brusten/J. Hohmeier (Hrsg.): Stigmatisierung 1. Neuwied/Darmstadt, S. 169-196.

Karsten, M.-E. 1989: Armut und Kinderreichtum. In: Blätter der Wohlfahrtspflege 136, S. 330-334.

Kaufmann, F.X. 1975: Familiäre Konflikte und gesellschaftliche Spannungsfelder. In: Landeszentrale für politische Bildung des Landes Nordrhein-Westfalen (Hrsg.): Der Mensch in den Konfliktfeldern der Gegenwart, Köln, S. 165-188.

Kaufmann, F.X. u. a. 1987: Partnerbeziehungen und Familienentwicklung in Nordrhein-Westfalen. Düsseldorf.

Keddi, B./G. Seidenspinner 1990: Im Haushalt nichts Neues. In: DJI-Bulletin, H. 16, S. 5.

Kiefl, W./J. Schmid 1985: Empirische Studien zum generativen Verhalten, Boppard am Rhein.

Kirner, E./E. Schulz/J. Roloff 1990: Vereintes Deutschland – geteilte Frauengesellschaft? In: DIW Wochenbericht 57, Nr. 41, S. 575-582.

Klages, H.1991: Der Wertewandel in den westlichen Bundesländern. In: BISS Public, Heft 2, S. 99-118.

Klages, H. 1991a: Es fehlt die Bereitschaft zum bedingungslosen Ärmelaufkrempeln. In: FAZ vom 16. 2. 1991, S. 7.

Klein, T. 1989: Divergierende Familiengrößen und „Neue Kinderlosigkeit". In: Zeitschrift für Familienforschung 1, S. 5-26.

Klein, T. 1989a: Bildungsexpansion und Geburtenrückgang. In: KZfSS 41, S. 465-482.

Kleining, G. 1975: Soziale Mobilität in der Bundesrepublik Deutschland. In: KZfSS 27, S. 273-292.

Klemm, K. 1987: Bildungsexpansion und ökonomische Krise. In: Zeitschrift für Pädagogik 33, S. 823-839.

Klemm, K. u. a. 1990: Bildungsgesamtplan '90. Weinheim/München.

Klingemann, H.-D. 1984: Soziale Lagerung, Schichtbewußtsein und politisches Verhalten. In: R. Ebbinghausen/F. Tiemann (Hrsg.): Das Ende der Arbeiterbewegung in Deutschland. Opladen, S. 593-621.

Klinger, F. 1984: Soziale Auswirkungen und lebensweltliche Zusammenhänge der sozialistischen Rationalisierung. In: Lebensbedingungen in der DDR.Köln, S. 23-26.

Klinger, F. 1988: Zur Entwicklung des Verhältnisses von Produktions- und Dienstleistungssektor in der DDR. In: H. Timmermann (Hrsg.), S. 155-174.

Klinger, F. 1990: Soziale Probleme des wirtschaftlichen Umbruchs in der DDR. In: Die DDR auf dem Weg zur deutschen Einheit. Köln, S. 71-81.

Klinger, F. 1990: Wirtschaftsentwicklung, Beschäftigungssystem und Bildungswesen. In: O. Anweiler u. a. (Hrsg.), S. 57-82.

Koch, H.R. 1986: Die Massen-Migration aus der SBZ und der DDR. In: ZfS 15, S. 37-40

Koch, P./H. G. Knöbel 1986: Familienpolitik der DDR im Spannungsfeld zwischen Familie und Berufstätigkeit von Frauen. Pfaffenweiler.

Koch, R. 1982: Berufsethos und Rollenausführung öffentlich Bediensteter. In: Verwaltungsführung. Berlin/New York, S. 355-374.

Koch, Th. 1991: Statusunsicherheit und Identitätssuche im Spannungsfeld zwischen „schöpferischer Zerstörung“ und nationaler Re-Integration. In: BISS Public, Heft 2, S. 79-98.

Köcher, R. 1979: Sind Ehe und Familie noch zeitgemäß? In: Lebendige Seelsorge 30, S. 87-91.

Köcher, R. 1985: Einstellungen zu Ehe und Familie im Wandel der Zeit. Stuttgart.

Kocka, J. 1981: Die Angestellten in der deutschen Geschichte 1850-1980. Göttingen.

Kocka, J./G. Ritter 1978-82: Statistische Arbeitsbücher zur neueren deutschen Geschichte. 3 Bde. München.

Kocka, J./M. Prinz 1983: Vom „neuen Mittelstand“ zum angestellten Arbeitnehmer. In: W. Conze/M. R. Lepsius (Hrsg.): Sozialgeschichte der Bundesrepublik Deutschland. Stuttgart, S. 210-255.

Köhler, H./G. Schreier: Statistische Grunddaten zum Bildungswesen. In: O. Anweiler u. a. (Hrsg.), S. 112-156.

Köllmann, W. 1976: Bevölkerungsgeschichte 1800-1970. In: H. Aubin/W. Zorn (Hrsg.), S. 9-50.

Könen, R. 1990: Wohnungsnot und Obdachlosigkeit im Sozialstaat. Frankfurt a. M./New York.

König, R. 1974: Materialien zur Soziologie der Familie, Köln, 2. erw. Aufl.

Kracauer, S. 1930: Die Angestellten. Frankfurt a.M. (Nachdruck: Leipzig und Weimar 1981).

Krais, B./L. Trommer 1988: Studentenberg, Akademikerschwemme und Schweinezyklus. In: WSI-Mitteilungen 41, S. 721-730.

Krambach, K. 1988: Die Klasse der Genossenschaftsbauern. In: R. Weidig, S. 93-125.

Krause, K.-P. 1990: Agrarfabrik und Dorfidyll. In: Frankfurter Allgemeine Zeitung vom 19. Mai, S. 15.

Kreckel, R. (Hrsg.) 1983: Soziale Ungleichheiten. Göttingen.

Kreckel, R. 1983a: Theorie sozialer Ungleichheiten im Übergang. In: Ders. (Hrsg.), S. 3-12.

Kreckel, R. 1987: Neue Ungleichheiten und alte Deutungsmuster. In: B. Giesen/H. Haferkamp (Hrsg.): Soziologie der sozialen Ungleichheit. Opladen, S. 93-114.

Kreckel, R. 1990: Klassenbegriff und Ungleichheitsforschung. In: P.A. Berger/S. Hradil (Hrsg.), S. 51-80.

Kretzschmar, A. 1985: Soziale Unterschiede – unterschiedliche Persönlichkeiten? Berlin (Ost).

Kretzschmar, A./D. Lindig 1991: Lebenslagen und soziale Strukturen im Umbruch. In: Projektgruppe ‚Das Sozio-ökonomische Panel‘ (Hrsg.): Lebenslagen im Wandel. Frankfurt/New York, S. 72-80.

Kroh, P./J. Schmollack/K.-H. Thieme 1983: Wie steht es um die Arbeitsdisziplin. Berlin (Ost).

Krüger, H. 1988: Qualifizierungsoffensive – Chance für Frauen? In: Das Argument 30, S. 65-75.

Krysmanski, H.-J. 1989: Entwicklung und Stand der klassentheoretischen Diskussion. In: KZfSS 41, S. 149-169.

Kudera, W./K. Ruff/R. Schmidt 1983: Blue collar – white collar: grey collar? In: Soziale Welt 34, S. 201-227.

Kühl, J. 1988: 15 Jahre Massenarbeitslosigkeit. In: Aus Politik und Zeitgeschichte B 38, S. 3-15.

Kuhnert, J. 1983: Überqualifikation oder Bildungsvorlauf in der DDR? In: DA 16, S. 497-520.

Kuhrig, H. 1988: Die soziale Gruppe der berufstätigen Frauen. In: Weidig, S. 296-327.

Lahner, M./E. Ulrich 1969: Analyse von Entwicklungsphasen technischer Neuerungen. In: MittAB, S. 417-446.

Landua, S. 1990: Verläufe von Arbeitslosigkeit und ihre Folgen für die Wohlfahrt von Haushalten und Familien. In: ZfS 19, S. 203-211.

Landua, D./A. Spellerberg/R. Habich 1991: Der lange Weg zur Einheit. Unterschiedliche Lebensqualität in den „alten“ und „neuen“ Bundesländern. WZB-Paper P 91-101. Berlin.

Landua, D./W. Zapf 1991: Deutschland nach der Wiedervereinigung: Zwei Gesellschaften, eine Nation. In: ISI, Nr. 6, S. 10-13.

Lange, I. 1969: Die Rolle der Frau im Produktionsprozeß bestimmt ihre Stellung in der sozialistischen Gesellschaft. In: Einheit 24, S. 339-347.

Langewiesche, D./K. Schönhoven 1981: Zur Lebensweise von Arbeitern im Zeitalter der Industrialisierung. In: Dies. (Hrsg.): Arbeiter in Deutschland. Paderborn, S. 7-33.

Lapp, P. J. 1992: Integrationsprobleme bei der Bundeswehr. In: Das Parlament, Nr. 9, S. 11.

Leciejewski, K. 1987: Frauen außerhalb der Elite. In: DA 20, S. 601.

Lederer, E. 1912: Die Privatangestellten in der modernen Wirtschaftsentwicklung. Tübingen.

Lederer, E./J. Marschak 1926: Der neue Mittelstand. In: Grundriß der Sozialökonomik, Band IX, Teil I. Tübingen, S. 120-141.

Lederer, G. 1983: Jugend und Autorität. Opladen.

Lederer, G. u. a. 1991: Autoritarismus unter Jugendlichen der ehemaligen DDR. In: DA 24, S. 587-596.

Leisewitz, A. 1977: Klassen in der Bundesrepublik Deutschland. Frankfurt/M.

Lempert, W./W. Thomssen 1974: Berufliche Erfahrung und gesellschaftliches Bewußtsein. Stuttgart.

Lengsfeld, W./W. Linke 1988: Die demographische Lage in der Bundesrepublik Deutschland In: ZfB 14, S. 341-433.

Lepsius, M.R. 1974: Sozialstruktur und soziale Schichtung in der Bundesrepublik Deutschland. In: R. Löwenthal/H.P.Schwarz (Hrsg.): Die zweite Republik. Stuttgart, S. 263-288.

Lerner, D. 1951: The Nazi-Elite. Stanford.

Leszczensky, M./B. Filaretow 1990: Hochschulstudium in der DDR. HIS Hochschul-Informations-System. Hannover.

Lewin, K. 1986: Arbeiterkinder mit Studienberechtigung: Studienneigung, Studienverlaufsdaten, Studienziel. In: A. Funke (Hrsg.), S. 113-119.

Lewis, O. 1966: The Culture of Poverty. In: Scientific American Nr. 215, S. 19-25.

Lompe, K./B. Pollmann/K.-B. Roy 1988: Langzeitarbeitslosigkeit und Armut. In: Sozialer Fortschritt 37, S. 97-101.

Lompe, K./K.-B. Roy 1987: Perspektiven der Forschung zur neuen Armut. In: K. Lompe (Hrsg.): Die Realität der neuen Armut. Regensburg, S. 19-51.

Lötsch, I. 1984: Die Entwicklung der Qualifikationsstruktur als sozialpolitische Aufgabe. In: JSS, S. 52-56.

Lötsch, I. 1987: Zu einigen Problemen der Entwicklung der Sozialstruktur. In: Sid 23, 29-32.

Lötsch, I. 1990: Begriff und Rolle der Intelligenz in der DDR. Vortragsmanuskript.

Lötsch, I./M. Lötsch 1985: Arbeiterklasse und intensiv-erweiterte Reproduktion. Protokolle und Informationen des Wissenschaftlichen Rats für Sozialpolitik und Demografie 4/85, Berlin (Ost).

Lötsch, I./M. Lötsch 1985a: Soziale Strukturen und Triebkräfte. In: JSS, S. 159-177.

Lötsch, I./M. Lötsch 1989: Kontinuität und Wandel in der Sozialstrukturforschung der DDR. In: JSS, S. 231-248.

Lötsch, M. 1980: Zur Entwicklung der Intelligenz in der Deutschen Demokratischen Republik. In: Autorenkollektiv: Die Intelligenz in der sozialistischen Gesellschaft. Berlin (Ost), S. 89-119.

Lötsch, M. 1980a: Probleme der Reduzierung wesentlicher Unterschiede zwischen körperlicher und geistiger Arbeit. In: DZPH 28, S. 26-37.

Lötsch, M. 1981: Zur Triebkraftfunktion sozialer Unterschiede. In: Sid 17, S. 14-19.

Lötsch, M. 1981a: Sozialstruktur und Wirtschaftswachstum. In: Wirtschaftswissenschaft 29, S. 56-69.

Lötsch, M. 1982: Soziale Strukturen als Wachstumsfaktoren und als Triebkräfte des wissenschaftlich-technischen Fortschritts. In: DZPH 30, S. 721-731.

Lötsch, M. 1984: Sozialstruktur und Triebkräfte. In: Sid 20, S. 3-16.

Lötsch, M. 1985: Arbeiterklasse und Intelligenz in der Dialektik von wissenschaftlich-technischem, ökonomischem und sozialem Fortschritt. In: DZPH 33, S. 31-41.

Lötsch, M. 1986: Sozialstruktur und wissenschaftlich-technische Revolution. In: Sid 22, S. 3-15.

Lötsch, M. 1988: Die soziale Schicht der Intelligenz. In: Weidig, S. 125-159.

Lötsch, M. 1988a: Sozialstruktur der DDR – Kontinuität und Wandel. In: H. Timmermann (Hrsg.), S. 13-26.

Lötsch, M. 1990: Die Hofierung der Arbeiterklasse war nicht wirklungslos. In: Frankfurter Rundschau vom 14. Jan., S. 28.

Lötsch, M. 1990a: Stand und Perspektiven der DDR-Soziologie. In: DA 23, S. 552-555.

Lötsch, M./A. Meier 1988: Die Entwicklung von Bildung und Qualifikation. In: Weidig, S. 186-201.

Lötsch, M./J. Freitag 1981: Sozialstruktur und soziale Mobilität. In: JSS, S. 84-101.

Lüdtke, H. 1973: „Struktur". In: W. Fuchs u. a. (Hrsg.): Lexikon zur Soziologie, Opladen, S. 662.

Lüdtke, H. 1989: Expressive Ungleichheit. Zur Soziologie der Lebensstile. Opladen.

Ludz, P.C. 1968: Parteielite im Wandel. Opladen.

Luhmann, N./R. Mayntz 1973: Personal im öffentlichen Dienst. Baden-Baden.

Lundgreen, P. 1973: Bildung und Wirtschaftswachstum im Industrialisierungsprozeß des 19. Jahrhunderts. Berlin.

Lundgreen, P. 1981: Sozialgeschichte der deutschen Schule im Überblick. Teil 2: 1918-1980. Göttingen.

Lüttinger, P. 1986: Der Mythos der schnellen Integration. In: ZfS 15, S. 20-36.

Lutz, B. 1983: Bildungsexpansion und soziale Ungleichheit. In: R. Kreckel (Hrsg.), S. 221-248.

Lyotard, J.-F. 1986: Das postmoderne Wissen. Wien.

Mackenroth, G.: Bevölkerungslehre 1955. In: A. Gehlen/H. Schelsky (Hrsg.): Soziologie. Düsseldorf/Köln, 46-92.

Mackensen, R. 1975: Das generative Verhalten im Bevölkerungsrückgang. In: F. X. Kaufmann (Hrsg.): Bevölkerungsbewegung zwischen Quantität und Qualität, Stuttgart, S. 82-105.

Mackensen, R. 1979: Bevölkerung und Gesellschaft in Deutschland – Die Entwicklung 1945-1978. In: J. Matthes (Hrsg.): Sozialer Wandel in Westeuropa. Frankfurt, S. 443-464.

Mansel, J. 1989: Die Selektion innerhalb der Organe der Strafrechtspflege am Beispiel von jungen Deutschen, Türken und Italienern. Frankfurt a. M. u. a.

Markefka, M. 1982: Vorurteile – Minderheiten – Diskriminierung. 4. veränd. u. erw. Aufl. Neuwied/Darmstadt.

Markl, H. 1989: Wer nicht hören will, muß führen. Anmerkungen eines Biologen zur Elite. In: Frankfurter Allgemeine Zeitung vom 21.1.1989.

Marx, K. 1953: Manifest der Kommunistischen Partei. In: K. Marx: Die Frühschriften. Stuttgart, S. 525-560.

Marx, K. 1973: Das Kapital. Dritter Band. Berlin.

Mayer, H.-L. 1990: Entwicklung und Struktur der Erwerbslosigkeit. In: WiSta, S. 16-30.

Mayer, K. U. 1977: Statushierarchie und Heiratsmarkt. In: J. Handl/K. U. Mayer/W. Müller: Klassenlagen und Sozialstruktur. Frankfurt 1977, S. 155-232.

Mayer, K. U. 1980: Struktur und Wandel der politischen Eliten in der Bundesrepublik. In: R. Lasserre u. a. (Hrsg.): Deutschland-Frankreich. Stuttgart, S. 165-195.

Mayer, K. U. 1989: Empirische Sozialstrukturanalyse und Theorien der gesellschaftlichen Entwicklung. In: Soziale Welt 40, S. 297-308.

Mayer, K. U./H.-P. Blossfeld 1990: Die gesellschaftliche Konstruktion sozialer Ungleichheit im Lebenslauf. In: P.A. Berger/S. Hradil (Hrsg.), S. 297-318.

Mayntz, R. 1966: „Sozialstruktur“. In: Evangelisches Staatslexikon. Stuttgart/Berlin, S. 2099-2103.

Mayntz, R. 1985: Soziologie der öffentlichen Verwaltung. Heidelberg/Karlsruhe, 3. Aufl.

Meier, A. 1974: Soziologie des Bildungswesens. Berlin (Ost).

Meier, A. 1981: Bildung im Prozeß der sozialen Annäherung und Reproduktion der Klassen und Schichten. In: JSS, S. 116-134.

Meier, A. 1990: Abschied von der sozialistischen Ständegesellschaft. In: Aus Politik und Zeitgeschichte B 16-17, S. 3-14.

Meier, A./A. Reimann 1977: Überblick über die Ergebnisse bildungssoziologischer Forschung in der DDR. In: sid 13, S. 1-57.

Meier, U. 1988: Gleichheit ohne Grenzen? – Frauenarbeit in der sozialistischen Gesellschaft der DDR. Vortragsmanuskript.

Meinicke, W. 1988: Zur Integration der Umsiedler in der Gesellschaft 1945-1952. In: Zeitschrift für Geschichtswissenschaft 36, 867-878.

Merkel, W./S. Wahl 1991: Das geplünderte Deutschland. Bonn.

Metz-Göckel, S./U. Müller 1986: Die Partnerschaft der Männer ist (noch) nicht die Partnerschaft der Frauen. In: WSI-Mitteilungen 8, S. 549-558.

Meulemann, H. 1985: Bildung und Lebensplanung. Frankfurt a.M./New York.

Meulemann, H. 1990: Studium, Beruf und der Lohn von Ausbildungszeiten. In: ZfS 19, S. 248-264.

Meulemann, H. 1990a: Schullaufbahnen, Ausbildungskarrieren und die Folgen im Lebenslauf. In: K. U. Mayer (Hrsg.): Lebenverläufe und sozialer Wandel. Opladen, S. 89-117.

Meyer, D./W. Speigner 1982: Bedürfnisse und Lebensbedingungen in der Entscheidung der Frau über ein Drittes Kind. In: JSS, S. 131-143.

Meyer, G. 1984: Parteielite im Wandel? In: Lebensbedingungen in der DDR. Köln, S. 13-22.

Meyer, G. 1985: Zur Soziologie der DDR-Machtelite. In: DA 18, S. 506-528.

Meyer, G. 1986a: Frauen in den Machthierarchien der DDR. In: DA 19, S. 294-311.

Meyer, G. 1986b: Frauen und Parteielite nach dem XI. Parteitag der SED. In: DA 19, S. 1296-1321.

Meyer, S./E. Schulze 1988: Nichteheliche Lebensgemeinschaften. In: KZfSS 40, S. 337-356.

Meyer, S./E. Schulze 1989: Balance des Glücks. Neue Lebensformen: Paare ohne Trauschein, Alleinerziehende und Singles. München.

Meyer, T. 1989: Wandlungsaspekte im familialen Geschlechterverhältnis. In: Sowi 18, S. 260-265.

Meyer, T. 1992: Modernisierung der Privatheit. Differenzierungs- und Individualisierungsprozesse des familialen Zusammenlebens. Opladen.

Miegel, M. 1983: Die verkannte Revolution (1). Stuttgart.

Mierheim, H./L. Wicke 1978: Die personelle Vermögensverteilung. Tübingen.

Mills, Ch. W. 1962: Die amerikanische Elite. Hamburg (zuerst amerik.: The Power Elite, 1956).

Minister für Volksbildung (Hrsg.) 1988: Sozialistisches Bildungsrecht. Berlin (Ost).

Mitterauer, M. 1977: Der Mythos von der vorindustriellen Großfamilie. In: M. Mitterauer/R. Sieder (Hrsg.): Vom Patriarchat zur Partnerschaft. München, S. 38-65.

Mitterauer, M. 1979: Faktoren des Wandels historischer Familienformen. In: H. Pross (Hrsg.): Familie – wohin? Reinbek bei Hamburg, S. 83-131.

Mitterauer, M./R. Sieder (Hrsg.) 1977: Vom Patriarchat zur Partnerschaft. München.

Mooser, J. 1984: Arbeiterleben in Deutschland 1900-1970. Frankfurt a. M.

Mrohs, E. 1983: Landwirte in der Gesellschaft. Soziale Schichten im Vergleich. Bonn.

Müller, W. 1975: Familie – Schule – Beruf. Analysen zur sozialen Mobilität und Statuszuweisung in der BRD. Opladen.

Müller, W. 1983: Wege und Grenzen der Tertiärisierung. In: J. Matthes (Hrsg.): Krise der Arbeitsgesellschaft? Frankfurt/New York, S. 142-160.

Müller, W. 1986: Soziale Mobilität. In: M. Kaase (Hrsg.): Politische Wissenschaft und politische Ordnung. Opladen, S. 339-354.

Müller-Jentsch, W. 1989: Basisdaten der industriellen Beziehungen. Frankfurt/New York.

Nadel, S. F. 1957: The Theory of Social Structure. London.

Napp-Peters, A. 1985: Ein-Elternteil-Familien. Weinheim.

Naumann, A./R. Welskopf 1983: Wissenschaftlich-technischer Fortschritt und sozialistische Lebensweise. In: JSS, S. 51-67.

Nave-Herz, R. 1984: Familiale Veränderungen in der Bundesrepublik Deutschland seit 1950. In: Zeitschrift für Sozialisationsforschung und Erziehungssoziologie 4, S. 45-63.

Nave-Herz, R. 1988: Kinderlose Ehen. Weinheim/München.

Nave-Herz, R. 1989: Familiensoziologie. In: G. Endruweit/G. Trommsdorf (Hrsg): Wörterbuch der Soziologie Bd. 1, Stuttgart, S. 192-201.

Neidhardt, F. 1975: Die Familie in Deutschland: Gesellschaftliche Stellung, Struktur und Funktion. Opladen.

Neubauer, E. 1988: Alleinerziehende Mütter und Väter. Stuttgart.

Nickel, H. M. 1990: Geschlechtertrennung durch Arbeitsteilung. In: Feministische Studien 8, S. 10-21.

Nickel, H. M. 1990a: Geschlechtersozialisation in der DDR. In: G. Burkart (Hrsg.): Sozialisation im Sozialismus. Pfaffenhofen, S. 17-32.

Nickel, H. M./I. Steiner 1981: Schüler und Familie – Ergebnisse bildungssoziologischer Untersuchungen. In: JSS, S. 135-147.

Noll, H.-H. 1984: Erwerbstätigkeit und Qualität des Arbeitslebens. In: W. Glatzer/W. Zapf (Hrsg.): Lebensqualität in der Bundesrepublik. Darmstadt, S. 97-123.

Noll, H.-H. 1985: Schichtung und Mobilität. In: Datenreport 1985. Stuttgart, S. 477-486.

Noll, H.-H. 1987: Schichtung und Mobilität. In: Datenreport 1987. Stuttgart, S. 449-457.

Noll, H.-H. 1990: Beschäftigungsstruktur im Wandel. Vortrag auf dem 25. Deutschen Soziologentag. Manuskript.

Noll, H.-H./R. Habich 1989: Soziale Schichtung und individuelle Wohlfahrt. Manuskript.

Noll, H.-H./R. Habich 1990: Individuelle Wohlfahrt: Vertikale Ungleichheit oder horizontale Disparitäten? In: P. A. Berger/S. Hradil (Hrsg.), S. 153-188.

Nowak, H./U. Becker 1985: „Es kommt der neue Konsument". Werte im Wandel. In: Form Nr. 111, S. 13-17.

Oeckl, A. 1990: Taschenbuch des öffentlichen Lebens. Bonn.

Offe C. 1984: Das Wachstum der Dienstleistungsarbeit: Vier soziologische Erklärungsansätze. In. C. Offe: Arbeitsgesellschaft. Frankfurt a.M./New York, S. 291-319.

Osterland, M. u. a. 1973: Materialien zur Lebens- und Arbeitssituation der Industriearbeiter in der BRD. Frankfurt a. M.

Paraskewopoulos, S. 1990: Die Bedingungen für einen funktionsfähigen Arbeitsmarkt in der DDR. In: Jakob-Kaiser-Stiftung e.V. (Hrsg.): DDR. Schritte aus der Krise. 2. Teil. Königswinter, S. 1-23.

Parsons, T. 1955: The American Family. In: Ders./ R.F.Bales: Family, Socialisation and Interaction Process, New York/London, S. 3-33.

Pege, W. 1985: Das Jahr der Frau. Die Entwicklung der gewerkschaftlichen Mitgliederzahlen im Jahr 1984. In: Gewerkschaftsreport 19, S. 8-17.

Pfister, G. 1987: Die Grenzen der Emanzipation – Aufstiegsbarrieren für Frauen in der DDR. In: D. Voigt (Hrsg.): Elite in Wissenschaft und Politik. Berlin, S. 211-238.

Pfister, G. 1987a: Über den Zusammenhang von beruflicher Karriere und Macht in der DDR. In: M. Deters/S. Weigandt (Hrsg.): Fremdbestimmt – selbstbestimmt? Berlin, S. 33-43.

Pohl, H. 1979: Wirtschafts- und sozialgeschichtliche Grundzüge der Epoche 1870-1914. In: H. Pohl (Hrsg.): Sozialgeschichtliche Probleme in der Zeit der Hochindustrialisierung (1870-1914). Paderborn u. a., S. 13-55.

Pohl, K. 1985: Wende oder Einstellungswandel? Heiratsabsichten und Kinderwunsch 18-28jähriger deutscher Frauen 1978 und 1983. In: ZfB 11, S. 89-110.

Pollack, D. 1990: Das Ende einer Organisationsgesellschaft. In: ZfS 19, S. 292-307.

Pongratz, H. 1987: Bauern am Rande der Gesellschaft? In: Soziale Welt 38, S. 522-544.

Pöschl, H. 1989: Formen des Zusammenlebens 1988. In: WiSta, S. 627-634.

Pöschl, H. 1990: Ausländerfamilien 1988. In: WiSta, S. 80-84.

Prenz, M. 1989: Risiko und Risikobereitschaft der Leiter in Forschung und Entwicklung. In: Wissenschaftliche Zeitschrift der Karl-Marx-Universität Leipzig, Gesellschaftswissenschaftliche Reihe 38, S. 422-425.

Prenzel, W./B. Strümpel 1990: Männlicher Rollenwandel zwischen Partnerschaft und Beruf. In: Zeitschrift für Arbeits- und Organisationspsychologie 34, S. 37-45.

Priebe, H. 1986: Die Landwirtschaft im Spannungsfeld. In: Aus Politik und Zeitgeschichte B 42, S. 42-53.

Projektgruppe „Das Sozio-ökonomische Panel" (Hrsg.) 1991: Lebenslagen im Wandel. Basisdaten und -analysen zur Entwicklung in den Neuen Bundesländern. Frankfurt/New York.

Projekt Klassenanalyse 1973-1974: Materialien zur Klassenstruktur der BRD. Teil I und II. Westberlin.

Pross, H. 1965: Manager und Aktionäre in Deutschland. Frankfurt a. M.

Pross, H. 1969: Über die Bildungschancen von Mädchen in der Bundesrepublik. Frankfurt/Main.

Pross, H. 1971: Die Ehe ist stabiler als ihr Ruf. In: Evangelische Kommentare, S. 501-504.

Pross, H. 1982: Was ist heute deutsch? Wertorientierungen in Deutshland. Reinbek bei Hamburg.

Pust, C. u. a. 1983: Frauen in der BRD. Hamburg.

Reimann, H. 1987: Die Wohnsituation der Gastarbeiter. In: H. Reimann/H. Reimann (Hrsg.): Gastarbeiter. Opladen, 2. völlig neu bearb. Aufl., S. 175-197.

Reißig, R./G.-J. Glaeßner (Hrsg.) 1991: Das Ende eines Experiments. Umbruch in der DDR und deutsche Einheit. Berlin.

Renner, K. 1953: Wandlungen der modernen Gesellschaft. Wien.

Rerrich, M.S. 1988: Balanceakt Familie. Freiburg.

Reuband, K.-H. 1989: Wächst in der Bundesrepublik die Ausländerfeindlichkeit? In: Neue Praxis 19, S. 270-274.

Reulecke, J. 1985: Geschichte der Urbanisierung in Deutschland. Frankfurt a. M.

Riesman, D. u. a. 1958: Die einsame Masse. Hamburg (zuerst amerik. 1950).

Ritter, G. A./J. Kocka (Hrsg.) 1974: Deutsche Sozialgeschichte. Band II: 1870-1914. München.

Rodax, K. 1989 (Hrsg.): Strukturwandel der Bildungsbeteiligung 1950-1985. Darmstadt.

Rodax, K./K. Hurrelmann: 1986: Die Bildungsbeteiligung der Mädchen und Frauen – ein Indikator für wachsende Chancengleichheit? In: Zeitschrift für Sozialisationsforschung und Erziehungssoziologie 6, S. 137-147.

Rodax, K./N. Spitz 1982: Soziale Determinanten des Schulerfolgs von Viertklässlern. In: KZfSS 34, S. 69-93.

Rohrmann, E. 1987: Ohne Arbeit – ohne Wohnung. Heidelberg.

Romotzky, R./A. Alt 1989: Ausländerintegration in Köln im Bundes- und Großstadtvergleich. In: ZA-Informationen 24, S. 65-71.

Ronge, V. 1990: Die soziale Integration von DDR-Übersiedlern in der Bundesrepublik Deutschland. In: Aus Politik und Zeitgeschichte B 1-2, S. 39-47.

Rosenbaum, H. (Hrsg.) 1978: Seminar: Familie und Gesellschaftsstruktur. Frankfurt.

Rosenbaum, H. 1982: Formen der Familie. Frankfurt a. M.

Rostock, J. 1991: Zum Wohnungs- und Städtebau in den ostdeutschen Ländern. In: Aus Politik und Zeitgeschichte B 29, S. 41-50.

Rothenbacher, F. 1989: Soziale Ungleichheiten im Modernisierungsprozeß des 19. und 20. Jahrhunderts. Frankfurt/New York.

Rottleutner-Lutter, M. 1989: Ehescheidung. In: R. Nave-Herz/M. Markefka (Hrsg.): Handbuch der Familien- und Jugendforschung Bd. 1. Neuwied/Frankfurt, S. 607-623.

Rudolf W./G. Schneider 1981: Das Bildungspotential der Facharbeiter effektiver nutzen und planmäßig erweitern. In: Einheit 36, S. 911-917.

Runge, I. 1985: Ganz in Familie, Berlin (Ost).

Runge, I. 1990: Ausland DDR – Fremdenhaß. Berlin (Ost).

Rürup, R. 1984: Deutschland im 19. Jahrhundert 1815-1871. Göttingen.

Salowsky, H. 1991: Fehlzeiten. Köln.

Saurien, D. 1979: Technische Angestellte im Unterweser-Streik 1974. Diss. Bremen.

Schäfer, C. 1990: Die Früchte in einem reichen Land werden immer ungleicher verteilt. In: WSI-Mitteilungen 43, S. 563-581.

Schäfer, H. 1979: Die Industriearbeiter. In: H. Pohl (Hrsg.): Sozialgeschichtliche Probleme in der Zeit der Hochindustrialisierung (1870-1914). Paderborn u. a., S. 143-216.

Schäfer, H. 1989: Armut unter Ausländern. In: Blätter der Wohlfahrtspflege 136, S. 301-305.

Schäfers, B. 1986: „Sozialstruktur". In: Ders. (Hrsg.): Grundbegriffe der Soziologie. Opladen, S. 283-286.

Schäfers, B. 1990: Gesellschaftlicher Wandel in Deutschland. Stuttgart, 5. Aufl.

Schäfers, B. 1990a: Die Gesellschaft der Bundesrepublik: auch ein Fall der Modernisierung? In: R. Hettlage (Hrsg.), S. 280-296.

Scharpf, F. W. 1986: Strukturen der post-industriellen Gesellschaft. In: Soziale Welt 37, S. 3-24.

Schedl, H./K. Vogler-Ludwig 1987: Strukturverlagerungen zwischen sekundärem und tertiärem Sektor. München.

Schelsky, H. 1957: Schule und Erziehung in der industriellen Gesellschaft. Würzburg.

Schelsky, H. 1979: Auf der Suche nach Wirklichkeit. München (zit. Aufsätze zuerst 1953 und 1956).

Schelsky, H. 1979a: Der Mensch in der wissenschaftlichen Zivilisation. In: Ders.: Auf der Suche nach Wirklichkeit. München, S. 449-499 (zuerst 1961).

Schenk, H. 1987: Freie Liebe – wilde Ehe. Über die allmähliche Auflösung der Ehe durch die Liebe. München.

Schildt, A./U. Sywottek 1989: „Wiederaufbau" und „Modernisierung". In: Aus Politik und Zeitgeschichte B 6-7, S. 18-32.

Schlegel, U./O. Kabat vel Job 1986: Junge Frauen heute. Leipzig, 3. überarb. Aufl.

Schmid, J. 1980: Der Kinderwunsch in der modernen Industriegesellschaft. Stuttgart.

Schmid, J. 1989: Die Bevölkerungsentwicklung in der Bundesrepublik Deutschland. In: Aus Politik und Zeitgeschichte B 18/19, S. 3-15.

Schmid, K.-P. 1987: Die Kluft wird kleiner. In: Die Zeit Nr. 10.

Schmid, K.-P. 1990: Wachsender Wohlstand. In: Die Zeit Nr. 46.

Schmidt, L. 1989: Zu einigen Aspekten der Gestaltung sozialer Beziehungen Jugendlicher der DDR in ihren Herkunftsfamilien sowie beim Ausbau ehelicher Partnerschaft. In: H. Bertram (Hrsg.): Blickpunkt Jugend und Familie. München.

Schmidt, R. 1988: Die Leistungsorientierung als Konkurrenzstrategie von Angestellten. In: F. Steinkühler/S. Bleicher (Hrsg.): Zwischen Aufstieg und Rationalisierung. Die Angestellten. Hamburg, S. 159-182.

Schmidtchen, G. 1984: Die Situation der Frau. Berlin.

Schmoller, G. 1918: Die soziale Frage. München/Leipzig.

Schneider, G. 1988: Die Altersrentner im Schatten der Sozialpolitik der SED-Führung? In: Die Wirtschaftspolitik der Ära Honnecker – ökonomische und soziale Auswirkungen. Vervielf. Manuskr. Berlin, S. 41-74.

Schneider, U. 1989: Armut in der Bundesrepublik Deutschland. In: Blätter der Wohlfahrtspflege 136, S. 271-275.

Schneider, U. 1989a: Armut unter Arbeitslosen. In: Blätter der Wohlfahrtspflege 136, S. 292-300.

Schnibben, C. 1990: Wie Erich Honecker und sein Politbüro die Konterrevolution erlebten. In: Der Spiegel Nr.16, S. 72-90; Nr.17, S. 78-98; Nr.18, S. 196-209.

Schreier, G. 1990: Begabungsförderung in der DDR. In: O. Anweiler (Hrsg.), S. 551-560.

Schröder, C. 1991: Wohnungspolitik in Deutschland. Köln.

Schröder, K. T./U. Eckert/P. Georgieff/D.-M. Harmsen 1989: Die Bundesrepublik Deutschland auf dem Weg zur Informationsgesellschaft. In: Aus Politik und Zeitgeschichte B 15, S. 17-24.

Schubarth, W./R. Pschierer/T. Schmidt 1991: Verordneter Antifaschismus und die Folgen. In: Aus Politik und Zeitgeschichte B 9, S. 3-16.

Schueler, H. 1987: Nun die Beamten? Die Mauern zwischen den Klassen wanken. In: Die Zeit vom 24.7.1987, S. 1.

Schüler, K. 1990: Verfügbares Einkommen nach Haushaltsgruppen in erweiterter Haushaltsgliederung 1972 bis 1988. In: Wirtschaft und Statistik, S. 182-194.

Schuler-Wallner, G. 1986: Obdachlosigkeit in der Bundesrepublik Deutschland. Darmstadt.

Schulz, J. 1989: Armut und Sozialhilfe. Stuttgart u. a.

Schupp, J./G. Wagner 1991: Basisdaten für die Beschreibung und Analyse des sozio-ökonomischen Wandels der DDR. In: KZfSS 43, S. 322-333.

Schwartau, C./H. Vortmann 1989: Die materiellen Lebensbedingungen in der DDR. In: W. Weidenfeld/H. Zimmermann (Hrsg.): Deutschland-Handbuch. Eine doppelte Bilanz 1949-1989. Bonn, 292-307.

Schwarz, K. 1988: Demographische und ökonomische Überlegungen zur kinderlosen Ehe. In: ZfB 14, S. 101-103.

Schwarz, K. 1989: In welchen Familien wachsen unsere Kinder auf? In: Zeitschrift für Familienforschung 1, S. 27-48.

Schwarz, K. 1989a: Wann verlassen die Kinder das Elternhaus? In: ZfB 15, S. 39-58.

Schwarze, J./B. Parakenings 1991: Entwicklung der Haushaltseinkommen in Ostdeutschland 1989/90. In: DIW Wochenbericht, Nr. 17, S. 215-220.

Schwitzer, K.-P./G. Winkler 1990: Soziale Sicherung in der DDR. In: Sozialmagazin 15, Heft 3, S. 36-42.

Seltz, R. 1983: Soziale Lage und Bewußtsein von Angestellten. In: W. Littek/W. Rammert/G. Wachtler (Hrsg.): Einführung in die Arbeits- und Industriesoziologie. Frankfurt a.M./New York, 2. Aufl., S. 284-299.

Semrau, P. 1990: Entwicklung der Einkommensarmut. In: D. Döring u. a. (Hrsg.), S. 111-128.

Shell-Studie 1982: Jugend ’81. Lebensentwürfe, Alltagskulturen, Zukunftsbilder, hrsg. vom Deutschen Jugendwerk, Leverkusen.

Sieder, R. 1987: Sozialgeschichte der Familie. Frankfurt. a. M.

Silbereisen, R. K./S. Walper 1989: Arbeitslosigkeit und Familie. In: R. Nave-Herz/M. Markefka (Hrsg.): Handbuch der Familien- und Jugendforschung. Bd. 1. Neuwied/Frankfurt, S. 535-558.

Simmel, G. 1968: Soziologie. 5. Aufl., Berlin.

Sinkwitz, P. 1991: Genossenschaftsbauern – vom Schwinden einer Bevölkerungsgruppe. Vortrag auf der XXIV. DDR-Forschertagung in Bonn-Röttgen.

Sinus-Institut 1983: Die verunsicherte Generation. Jugend und Wertwandel. Opladen.

Sommer, B. 1991: Eheschließungen, Geburten und Sterbefälle 1989. In: WiSta, S. 28-32.

Sontheimer, K./W. Bleek 1979: Die DDR. Hamburg, 5. Aufl.

Sorokin, P. A. 1927: Social Mobility. New York.

Sozialreport ’90. Daten und Fakten zur sozialen Lage in der DDR. Hrsg. v. G. Winkler. Berlin 1990.

Specht, Th. 1990: Spaltung im Wohnungsmarkt. In: D. Döring u. a. (Hrsg.), S. 227-243.

Specht-Kittler, Th./M. Schaub 1990: Gemeinsame Presserklärung der Bundesarbeitsgemeinschaft für Nichtseßhaftenhilfe e.V. und der Bundesarbeitsgemeinschaft Soziale Brennpunkte. Frankfurt a.M./Bielefeld.

Speigner, W. (Leiter des Autorenkollektivs) 1987: Kind und Gesellschaft. Berlin (Ost).

Spiegel, E. 1983: Neue Haushaltstypen – Alternativen zu Ehe und Familie? In: M. Baethge/W. Eßbach (Hrsg.): Soziologie: Entdeckungen im Alltäglichen. Frankfurt, S. 65-87.

Spree, R. 1981: Angestellte als Modernisierungsagenten. In: J. Kocka (Hrsg.): Angestellte im europäischen Vergleich. Göttingen, S. 279-308.

Staritz, D. 1984: Die Gründung der DDR. München.

Staritz, D. 1985: Geschichte der DDR 1949-1985, Frankfurt a. M.

Starke, K. 1984: Einige Ergebnisse von SIL A. In: U. Starke/U. Bruhm-Schlegel (Hrsg.): Leistungsstreben von Studienanfängern. Leipzig, S. 17-30.

Starke, K./A. Hoffmann 1984: Studentische Jugend. In: W. Friedrich/W. Gerth (Hrsg.): Jugend konkret, Berlin (Ost), S. 87-129.

Starke, K./W. Friedrich 1984: Liebe und Sexualität bis 30. Berlin (Ost).

Statistisches Amt der DDR 1990: Die Frau in der Deutschen Demokratischen Republik. Kennziffernsammlung.

Statistisches Taschenbuch der Deutschen Demokratischen Republik 1989. Hrsg. v. der Staatlichen Zentralverwaltung für Statistik. Berlin (Ost) 1989.

StBA 1987 (Statistisches Bundesamt, Hrsg.): Frauen in Familie, Beruf und Gesellschaft. Mainz.

StBA 1987a (Statistisches Bundesamt, Hrsg.): Von den zwanziger zu den achtziger Jahren. Stuttgart u. a.

StBA 1990 (Statistisches Bundesamt, Hrsg.): Fachserie 1. Bevölkerung und Erwerbstätigkeit. Reihe 4.2.1. Struktur der Arbeitnehmer. Stuttgart.

StBA 1990a (Statistisches Bundesamt, Hrsg.): Fachserie 13. Reihe 2. Sozialhilfe 1988. Stuttgart.

StBA 1990b (Statistisches Bundesamt, Hrsg.): Fachserie 14. Finanzen und Steuern. Reihe 6. Personen des öffentlichen Dienstes 1988. Stuttgart.

StBA 1990c (Statistisches Bundesamt, Hrsg.): Familien heute. Wiesbaden.

StBA 1991 (Statistisches Bundesamt, Hrsg.): Fachserie 13. Reihe 2. Sozialhilfe 1989. Stuttgart.

Stegmann, H. 1986: Hochschulzugang und soziale Herkunft. In: A. Funke (Hrsg.), S. 88-112.

Stein, R. 1990: Der realexistierende Sozialismus als Risikofaktor. In: F.A.Z vom 22.11.1990.

Steinack, R. 1987: Abgeschoben und vergessen: Zur Situation obdachloser und nichtseßhafter Älterer. In: Caritas 88, S. 122-130.

Steiner H. 1967: Soziale Strukturveränderungen im Kapitalismus. Zur Klassenanalyse der Angestellten in Westdeutschland. Berlin.

Steinitz, K. 1988: Zur Entwicklung des Verhältnisses von Produktions- und Dienstleistungssektor in der DDR. In: H. Timmermann (Hrsg.), S. 175-196.

Steinkamp, G. 1991: Sozialstruktur und Sozialisation. In: K. Hurrelmann/D. Ulich (Hrsg.): Neues Handbuch der Sozialisationsforschung. Weinheim/Basel, S. 251-277.

Steinkamp, G. 1991a: Politische Sozialisation durch Arbeitslosigkeit. Manuskr., erscheint in: B. Claußen/R. Geißler (Hrsg.): Politisierung des Menschen. Opladen (im Druck).

Stephan, H./E. Wiedemann 1990: Ergebnisse der Lohndatenerfassung vom September 1988. In: MittAB 23, S. 550-562.

Storbeck, D. 1963: Flucht oder Wanderung? In: Soziale Welt 14, S. 153-171.

Strasser, H. 1987: Diesseits von Stand und Klasse. In: B. Giesen/H. Haferkamp (Hrsg.): Soziologie der sozialen Ungleichheit. Opladen.

Strzelewicz, W. 1988: Das 19. Jahrhundert 2: Industrialisierung – soziale Frage. Bonn.

Stück, H. 1988: Angestellte und Gewerkschaften. In: F. Steinkühler/S. Bleicher (Hrsg.): Zwischen Aufstieg und Rationalisierung. Die Angestellten. Hamburg, S. 34-63.

Szyperski, N./K. Nathusius 1977: Gründungsmotive und Gründungsvorbehalte. In: Die Betriebswirtschaft 37, S. 299-309.

Terwey, M. 1989: Der ALLBUS 1988: Die neue „Allgemeine Bevölkerungsumfrage der Sozialwissenschaften“, vorgestellt am Analysebeispiel zum Einstellungswandel gegenüber Gastarbeitern. In: ZA-Information 24, S. 65-71.

Tessaring, M. 1987: Einkommenschancen und Ausbildung. In: Bundesanstalt für Arbeit (Hrsg.): Handbuch zur Berufsvorbereitung. Mannheim, S. 285-292.

Tessaring, M. 1988: Arbeitslosigkeit, Beschäftigung und Qualifikation. In: MittAB 21, S. 177-193.

Tessaring, M. 1988a: Arbeitsmarkt für Akademiker. MatAB 5.

Thien, H. G./H. Wienhold (Hrsg.) 1986: Herrschaft, Krise, Überleben. Gesellschaft der BRD in den 80er Jahren. Münster.

Thomas, R. 1982: Modell DDR. München/Wien, 8. Aufl.

Thomas, R. 1988: Aspekte des sozialen Wandels in der DDR. In: H. Timmermann (Hrsg.), S. 27-53.

Thränhardt, D. 1988: Die Bundesrepublik Deutschland – ein unerklärtes Einwanderungsland. In: Aus Politik und Zeitgeschichte B 24, S. 3-13.

Timmermann, H. (Hrsg.) 1988: Sozialstruktur und sozialer Wandel in der DDR. Saarbrücken-Scheidt.

Tippelt, R. 1990: Bildung und sozialer Wandel. Weinheim.

Tjaden-Steinhauer, M./K. H. Tjaden 1973: Klassenverhältnisse im Spätkapitalismus. Stuttgart.

Touraine, A. 1972: Die postindustrielle Gesellschaft. Frankfurt a.M. (La société post-industrielle, Paris 1969)

Trost, J. 1989: Nichteheliche Lebensgemeinschaften. In: R. Nave-Herz /M. Markefka (Hrsg.): Handbuch der Familien- und Jugendforschung Bd.1, Neuwied/Frankfurt, S. 363-373.

Tyrell, H. 1979: Familie und gesellschaftliche Differenzierung. In: H. Pross (Hrsg.): Familie – wohin? Reinbek bei Hamburg, S. 13-67.

Tyrell, H. 1988: Ehe und Familie. In: K. Lüscher u. a. (Hrsg.): Die „postmoderne Familie". Konstanz, S. 145-156.

Urdze, A./M. S. Rerrich 1981: Frauenalltag und Kinderwunsch. Frankfurt.

Uttitz, P. 1987: Parteipräferenz und Wahlabsicht der Landwirte in der Bundesrepublik Deutschland. In: Zeitschrift für Parlamentsfragen 18, S. 243-252.

Vaskovics, L. 1989: Familienabhängkeit junger Erwachsener und Familienzyklus. In: H. Bertram u. a.(Hrsg.): Blickpunkt Jugend und Familie. München, S. 373-390.

Vaskovics, L./W. Weins 1979: Stand der Forschung über Obdachlose und Hilfen für Obdachlose. Stuttgart.

Vaskovics, L./W. Weins 1983: Randgruppenbildung im ländlichen Raum, Armut und Obdachlosigkeit. Stuttgart u. a.

Villmow, B. 1985: Gastarbeiterkriminalität. In: G. Kaiser u. a. (Hrsg.): Kleines kriminologisches Wörterbuch. Heidelberg, 2. Aufl.

Vogel, A. 1983: Familie. In: W. Benz (Hrsg.): Die Bundesrepublik Deutschland. Bd.2: Gesellschaft. Frankfurt, S. 98-124.

Voigt, D. 1973: Montagearbeiter in der DDR. Darmstadt/Neuwied.

Voigt, D./H. Belitz-Demiriz/S. Meck 1990: Die innerdeutsche Wanderung und der Vereinigungsprozeß. In: DA 23, S. 732-739.

Voigt, D./W. Voss/S. Meck 1987: Sozialstruktur der DDR. Darmstadt.

von Trotha, T. 1990: Zum Wandel der Familie. In: KZfSS 42, S. 452-473.

Vortmann, H. 1975: Einkommensverteilung als Instrument der Sozialpolitik in der DDR. In: DA, Sonderheft, S. 58-68.

Voslensky, M. S. 1980: Nomenklatura. Die herrschende Klasse in der Sowjetunion. Wien u. a., 3. Aufl.

Wagner, G./B. von Rosenbladt/D. Blaschke (Hrsg.) 1991: An der Schwelle zur Sozialen Marktwirtschaft. Bayreuth.

Wagner, G./J. Schupp 1991: Die Sozial- und Arbeitsmarktstruktur in der DDR und in Ostdeutschland. In: Projektgruppe SOEP (Hrsg.), S. 178-197.

Wahl, K./J. Stich/G. Seidenspinner 1989: Das Innenleben der modernen Familien. In: Deutsches Jugendinstitut (Hrsg.): Familienalltag. Hamburg, S. 24-53.

Wahl, S. 1989: Wer sind die Neuankömmlinge? Alter, Bildung und Berufe der Aussiedler. In: DAS PARLAMENT Nr. 35, S. 2.

Waldmann, P. 1979: Die Eingliederung der ostdeutschen Vertriebenen in die westdeutsche Gesellschaft. In: J. Becker/T. Stammen/P. Waldmann (Hrsg.): Vorgeschichte der Bundesrepublik Deutschland. München, S. 163-192.

Walter, G. 1990: Der Kollaps der zentralen Machtstrukturen in der DDR. In: Sowi 19, S. 158-169.

Walter, H.-G. 1986: Zwischen Schule und Hochschule – das Ausbildungsverhalten von Arbeiterkindern. In: A. Funke (Hrsg.), S. 199-221.

Waterkamp, D. 1987: Handbuch zum Bildungswesen der DDR. Berlin (West).

Weber, H. 1985: Geschichte der DDR. München.

Weber, I. 1987: Soziale Schichtung und Gesundheit. In: R. Geißler (Hrsg.), S. 162-182.

Weber, M. 1976: Stände und Klassen. In: Ders.: Wirtschaft und Gesellschaft. Tübingen, S. 177-182

Weber-Kellermann, I. 1981: Die deutsche Familie. Frankfurt am Main, 6. Aufl.

Weidenfeld, W./H. Zimmermann (Hrg.) 1989: Deutschland-Handbuch. Bonn.

Weidig, R. 1981: Sozialstruktur und Lebensweise bei der Gestaltung der entwickelten sozialistischen Gesellschaft in der DDR. In: Wissenschaftlicher Rat für soziologische Forschung in der DDR (Hrsg.): Lebensweise und Sozialstruktur. Berlin (Ost), S. 10-56.

Weidig, R. 1985: Soziale Triebkräfte ökonomischen Wachstums. In: Sozialistische Arbeitswissenschaft 29, S. 167-175.

Weidig, R. (Ltg. d. Autorenkoll.) 1988: Sozialstruktur der DDR. Berlin (Ost).

Weidig, R. 1988a: Die Arbeiterklasse der DDR. In: Ders., S. 41-93.

Weishaupt, H./M. Weiß/ H. v. Recum/R. Haug 1988: Perspektiven des Bildungswesens der Bundesrepublik Deutschland. Baden-Baden.

Welzer, H./A. Wacker/H. Heinelt 1988: Leben mit der Arbeitslosigkeit. In: Aus Politik und Zeitgeschichte B 38, S. 16-28.

Wendt, H. 1991: Die deutsch-deutschen Wanderungen. In: DA 24, S. 386-395.

Wenzel, F./S. Leibfried 1986: Armut und Sozialhilfe. Weinheim/Basel.

Werth, M. 1990: Ausländer in der ehemaligen DDR. In: aid 6, Nr. 4, S. 3-5.

Wiegand, E. 1987: Assimilation von Ausländern. In: Datenreport 1987, S. 505-512.

Wiegand, E. 1989: Assimilation von Ausländern. In: Datenreport 1989, S. 524-533.

Wiegand, E. 1990: Ausländer in Deutschland – Ein langwieriger Integrationsprozeß. In: ISI Nr. 3, S. 5-9.

Wildenmann, R. 1982: Unsere Oberen Dreitausend (I, II). In: DIE ZEIT Nr. 10 und 11.

Wildenmann, R. u. a. 1982: Führungsschicht in der Bundesrepublik Deutschland. Mannheim.

Windolf, P. 1990: Die Expansion der Universitäten 1870-1985. Stuttgart.

Winters, P. J. 1990: Nicht nur „Kreisbauernführer“ haben ihren Besitz verloren. In: F.A.Z. vom 28. März, S. 5.

Woll, A. 1989: Auf den Irrwegen der Ausbeutungstheorie. In: F.A.Z. vom 11. Febr. 1989, S. 13.

Woll-Schumacher, I. 1987: Soziale Schichtung im Alter. In: R. Geißler (Hrsg.), S. 183-200.

Wrong, D. H. 1976: Skeptical Sociology. New York.

Yasuda, S. 1964: A Methodological Inquiry into Social Mobility. In: American Sociological Review 29, S. 16-23.

Zahlenspiegel 1988. Bundesrepublik Deutschland/Deutsche Demokratische Republik. Hrsg.: Bundesministerium für innerdeutsche Beziehungen. Bonn.

Zapf, W. 1965: Wandlungen der deutschen Elite 1919-1961. München.

Zapf, W. 1983: Die Wohlfahrtsentwicklung in Deutschland seit der Mitte des 19. Jahrhunderts. In: W. Conze/M. R. Lepsius (Hrsg.): Sozialgeschichte der Bundesrepublik Deutschland. Stuttgart, S. 46-65.

Zapf, W. 1986: „Wandel, sozialer“. In: B. Schäfers (Hrsg.): Grundbegriffe der Soziologie. Opladen, S. 365-370.

Zapf, W. 1989: Sozialstruktur und gesellschaftlicher Wandel in der Bundesrepublik Deutschland. In: W. Weidenfeld/H. Zimmermann (Hrsg.), S. 99-124.

Zapf, W. 1991: Der Untergang der DDR und die soziologische Theorie der Modernisierung. In: B. Giesen/C. Leggewie (Hrsg.), S. 38-51.

Zapf, W. (Hrsg.) 1991a: Die Modernisierung moderner Gesellschaften. Frankfurt/New York.

Zenke, K./G. Ludwig 1985: Kinder arbeitsloser Eltern. In: MittAB 18, S. 265-278.

Ziche, J./F. Kromka 1982: Gesellschaftliche Veränderungen – Wird die Landwirtschaft zum Sündenbock? In: E. Böckenhoff/H. Steinhauser/W. von Urtt (Hrsg.): Landwirtschaft unter veränderten Rahmenbedingungen. Münster-Hiltrup, S. 103-124.

Zimmermann, W. 1990: Die gymnasiale Oberstufe in der Bundesrepublik Deutschland. In: O. Anweiler u. a. (Hrsg.), S. 201-209.

Zinnecker, J. 1985: Politik, Parteien, Nationalsozialismus. In: A. Fischer u. a.: Jugendliche und Erwachsene ’85. Bd. 3. Opladen, S. 321-408.

Zwahr, H. 1978: Zur Konstituierung des Proletariats als Klasse. Berlin (Ost).

Sachregister